# 清語老乞大譯註

莊 吉 發 譯註

滿 語 叢 刊
文史哲出版社印行

國家圖書館出版品預行編目資料

清語老乞大譯註 / 莊吉發譯註. -- 再版. -- 臺北市：文史哲，民 103.09
面： 公分.（滿語叢刊；20）
ISBN 978-986-314-214-0 (平裝)

1. 滿語 2. 讀本

802.918 103017326

滿 語 叢 刊 20

# 清語老乞大譯註

譯註者：莊 吉 發
出版者：文 史 哲 出 版 社
http:// www.lapen.com.tw
e-mail:lapen@ms74.hinet.net
登記證字號：行政院新聞局版臺業字五三三七號
發行人：彭 正 雄
發行所：文 史 哲 出 版 社
印刷者：文 史 哲 出 版 社
臺北市羅斯福路一段七十二巷四號
郵政劃撥帳號：一六一八〇一七五
電話886-2-23511028・傳真886-2-23965656

實價新臺幣四二〇元

中華民國一〇三年（2014）九月初版


ISBN 978-986-314-214-0 65120

# 清語老乞大譯註

## 目　　次

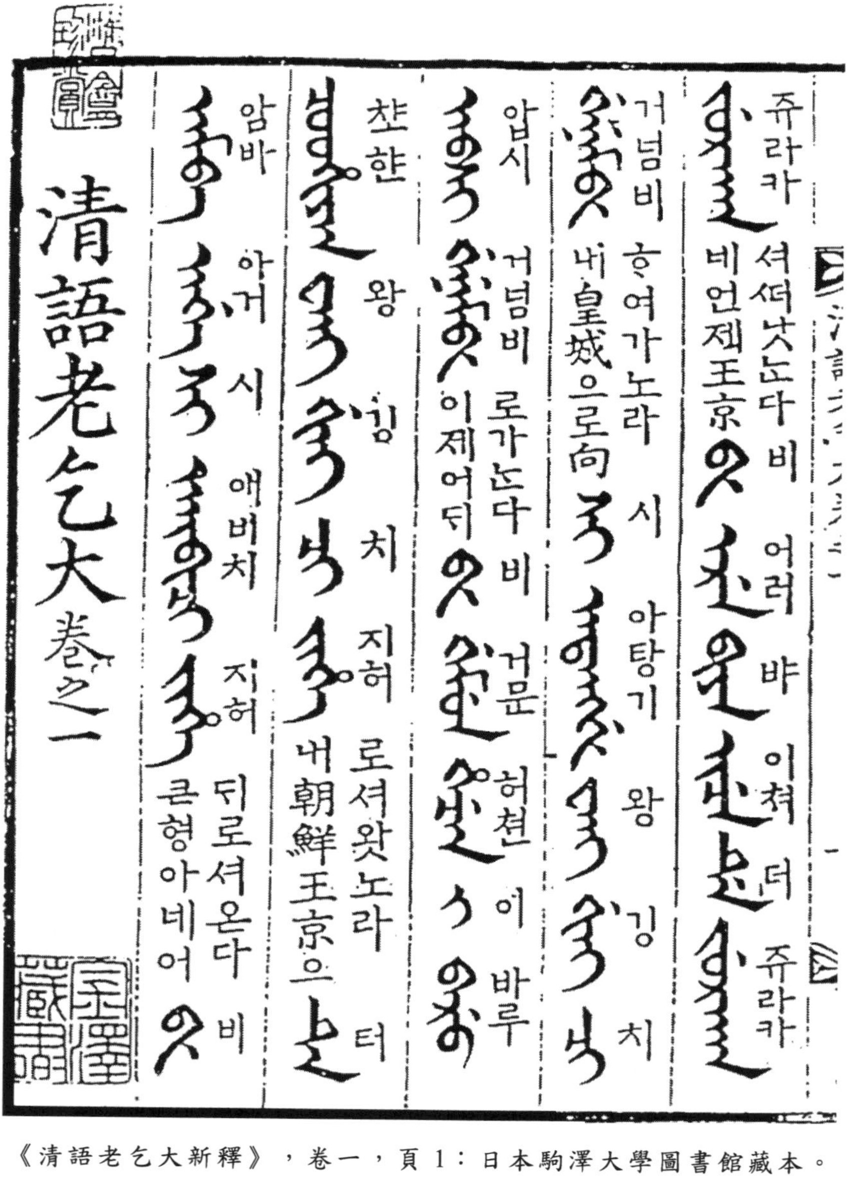
清語老乞大卷之一

《清語老乞大新釋》，卷一，頁 1：日本駒澤大學圖書館藏本。

# 《清語老乞大譯註》導讀

在中韓文化交流史上，朝鮮商人一直扮演著重要的角色，《老乞大》就是朝鮮李朝初期以來爲朝鮮商旅等人而編著的漢語教科書，具有很高的權威性，爲研究元明時期的漢語，提供了很珍貴而且豐富的語文資料。在《老乞大》一書的卷首，就有一段對話提到朝鮮商人學習漢語的動機及其重要性。書中的對話說「你是高麗人，卻怎麼漢兒言語說的好？我漢兒人上學文書，因此上些少漢兒言語省的。」原書又說「你是高麗人，學他漢兒文書怎麼？你說的也是，各自人都有主見。你有甚麼主見？你說我聽著。如今朝廷一統天下，世間用著的是漢兒言語，我這高麗言語，只是高麗地面裏行的，過的義州，漢兒地面來，都是漢兒言語，有人問著一句話，也說不得時，別人將咱們做甚麼人看？你這般學漢兒文書時，是你自心裏學來？你的爺娘教你學來？是我爺娘教我學來。」由於漢語使用很廣，朝鮮來華商人學習漢語，有它實際的需要，《老乞大》就是李朝以來朝鮮人學習漢語的一種重要教科書。

朝鮮商人來華貿易，多在華北，宋元時期，蒙古勢力崛起，爲了學習蒙古語文，漢語《老乞大》後來又譯成蒙古語文。明代後期，由於滿族勢力的興起，清太祖努爾哈齊創製了滿文。清朝勢力進入關內後，爲了教學滿洲語文的目的，又有《清語老乞大》滿語譯本的刊行。對於比較元明時期以來通俗口語的發展變化，各種版本及譯本的《老乞大》，都提供了很有價值的語文資料。

「乞大」，又作「乞塔」，是漢文「契丹」一名的同音異譯，語出蒙古對漢人或中國的通稱，蒙古語讀如"kitad"，「老乞大」，意即「老漢人」，或「老中國」。一說《老乞大》的「老」，是遼東或遼河的「遼」之音變，「老乞大」就是指「遼契丹」[1]。《老乞大》一書，就是朝鮮李朝最具權威性的重要漢語會話教本之一。

《老乞大》現在通行的，都是後來的改訂本。《老乞大》原來的編著者，固然已經不可考，其著成時代，也只能大致推定。韓國學者閔泳珪推斷《老乞大》一書的著成時間，「大概在元末明初」[2]。

民國六十七年（1978）六月，臺灣聯經出版事業公司影印出版《老乞大諺解・朴通事諺解》一冊，書中有丁邦新先生和羅錦堂先生的重印序文。羅錦堂先生在序文中指出：「按老乞大和朴通事是在中國元代（1271-1368）流行於高麗的兩本漢語教科書，而且也是當時最具權威的會話手冊；究竟原來編寫的人是誰？以及編寫的確切年代，現在都無法找到證明。」3丁邦新先生在序文中指出《老乞大》和《朴通事》是朝鮮李朝初期（1392 之後）學習中國話的兩種重要的教科書，《老乞大》書中沒有可以據以推斷成書年代的資料，而《朴通事》書中有一段話說：「南城永寧寺裏聽說佛法去來。一箇

---

1 哈勘楚倫撰〈溫故而知新──「蒙語老乞大」即「蒙語遼契丹」〉，《蒙古文化通訊》，第 12 期，民國八十二年六月，頁 33-34。

2 李學智撰〈老乞大一書編成經過之臆測〉，《中韓關係史國際研討會論文集》（臺北，中華民國韓國研究學會，民國七十二年三月）， 頁 427。

3 《老乞大諺解・朴通事諺解》（臺北，聯經出版事業公司，民國六十七年六月），羅錦堂序，頁 7。

見性得道的高麗和尚，法名喚步虛。」句中「南城」是指元代的燕京，當時以燕京為大都，俗呼「南城」。而在永寧寺裏說法的和尚「步虛」是可考的人物，據《朴通事諺解》說：「步虛俗姓洪氏，高麗洪州人。法名普愚，初名普虛，號太谷和尚，有求法於天下之志，至正丙戌春入燕都。」句中「至正」是元順帝的年號，丙戌是至正六年（1346），所以可以肯定《朴通事》的著成年代不得早於一三四六年。朝鮮李朝實錄有印行《老乞大》、《朴通事》的記載，世宗五年六月條記載：「禮曹據司譯院牒呈啓，《老乞大》、《朴通事》、《前後漢》、《直解孝經》等書，緣無板本，讀者傳寫誦習，請令鑄字所印出，從之。」世宗十六年六月條又說：「頒鑄印《老乞大》、《朴通事》於承文院司譯院，此二書譯中國語之書也。」世宗五年是一四二三年，十六年是一四三四年，可知在一四二三年之前，《老乞大》、《朴通事》兩書已經在朝鮮流行，到一四三四年正式頒行。從步虛和尚的年代，與鑄印《老乞大》、《朴通事》兩書的年代可知《朴通事》一書著成於一三四六至一四二三年之間，丁邦新先生據此推定《老乞大》一書「大概也就是寫成於這個時代」[4]。

中華民國韓國研究學會於民國七十年（1981）十二月十二日至十五日舉行中韓關係史國際研討會，七十二年（1983）三月，該會出版論文集。會中李學智先生發表〈老乞大一書編成經過之臆測〉一篇論文，李學智先生認為丁邦新先生和羅錦堂先生的推斷，有的是根據《老乞大》、《朴通事》兩書的語法而定，有的是根據書中所記事件與人名而定。根據語法所下的斷語，實證太少，缺乏直接的證據。李學智先生於

4 《老乞大諺解・朴通事諺解》，丁邦新序，頁 2。

是提出一種「新看法」，略謂《老乞大》書中都是一些問答的句型，在某些問答中多少也提供一些時間的史證，例如書中說：「我往山東濟寧府東昌、高唐收買些絹子、綾子、綿子廻還王京賣去。」5據《新元史・地理志》記載：「濟寧路：金濟州，屬山東西路。舊治鉅野（今鉅野縣），後徙任城（即今濟寧）。太宗七年（1235）割隸東平府（今東平縣）。至元六年（1269）還治鉅野。八年，升爲濟寧府，治任城。尋仍治鉅野。十二年（1275），復置濟州。是年又以鉅野爲府治，濟州仍治任城，爲散州。十六年（1279），升濟寧府爲路，置總管府。至正八年（1348），遷濟寧路於濟州。十一年（1351），置中書分省於濟寧。」李學智先生引用《新元史・地理志》後指出在《老乞大》問答語句間所記那位扮演高麗商人欲往山東「濟寧府」的回答語句裡，曾將濟寧一地說爲濟寧府。山東的濟寧被稱爲府，僅僅從元世祖的至元八年（1271）到至元十六年（1279），除此以外，未見稱濟寧爲「濟寧府」的記載。所以從這條直接的史料記載，《老乞大》一書寫成的時間，或不至於晚於西元一二七九年以後太久，最低限度在《老乞大》書中的這條問答記錄的時間，應該是在元世祖至元年間6。李學智先生的「新看法」雖然只是一種「臆測」，但也說明《老乞大》寫成的時間當在元代。

澳洲國立大學亞洲研究中心葛維達教授（Svetldana Rimsky-Korsakoff Dyer）著《老乞大之文法分析》（Grammatical Analysis of the Lao Ch'i-ta, with an English Translalion of the Chinese Text）一書指出朝鮮李朝世宗五年（1423）鑄字所印

5 《老乞大諺解》，卷上，頁 11。
6 李學智撰〈老乞大一書編成經過之臆測〉，《中韓關係史國際研討會論文集》，頁 428-429。

行的《老乞大》是原刊舊本，其詞彙都是元朝「時語」，與明清實用的口語，頗有差異，未解之處，屢見不鮮。作者在原書〈緒論〉中指出由於漢語的變化，爲配合時代演變的語言現實，《老乞大》自明初以降，屢經改訂。李朝成宗十一年（1480），朝鮮漢語學者崔世珍編著《老乞大集覽》及《單字解》。房貴和、葛貴等人以當時通行的口語將《老乞大》原刊舊本加以改訂，使其可以解讀，此即《老乞大》最早的改訂新本[7]。現存《老乞大》、《朴通事》兩書的漢語部分，大致反映了明初的漢語，到一五一五年左右，崔世珍把《老乞大》、《朴通事》兩書翻譯成朝鮮語8，編著了《老乞大諺解》上、下二卷，及《翻譯老乞大・朴通事凡例》一卷。明末清初，《老乞大諺解》上、下二卷刊印，後來奎章閣本《朴通事諺解》附《老乞大集覽》及《單字解》，相傳都是崔世珍所作。

朝鮮李朝英祖三十九年（1763），邊憲著《老乞大新釋諺解》出版。正宗十九年（1795），李洙、張濂、金倫瑞等編印《重刊老乞大》一卷，其卷數內容及段落，與《老乞大新釋》頗相近似。《老乞大》現在通行的是後來的改訂本，全書共四十八葉，每葉二十行，每行十七字，而《老乞大新釋》共四十四葉，每葉二十行，每行二十字。葛維達教授指出《老乞大》與《老乞大新釋》在文法結構上有很大的不同，例如《老乞大》說：「我漢兒人上學文書，因此上些小漢兒言語省的。」

---

7 葛維達（Svetldana Rimsky-korsakoff Dyer）著《老乞大之文法分析》（Grammatical Analysis of the Lao Ch'i-ta, With an English Translation of the Chinese Text）p. 9, Canberra, a, Australian National University, 1983.

8 《老乞大諺解・朴通事諺解》，丁邦新序，頁 2。

《老乞大新釋》則說：「我在中國人根前學書來著，所以些須知道官話。」其改變十分有趣，且頗具意義。葛維達維教授也將《老乞大》與《重刊老乞大》互相比較，發現《重刊老乞大》較《新釋老乞大》更接近《老乞大》的原文。《老乞大》與《重刊老乞大》的差異，主要在詞彙的不同，例如《老乞大》裏的「將、休恠、驟面間斯見、這般重意」，《重刊老乞大》，改作「取、別恠、驟然相會、這般見愛。」質言之，對於比較元明清時期通俗口語的發展，各種版本的《老乞大》確實有其價值。

中外學者對漢語《老乞大》的分析研究，論著頗多，有助於了解元明清漢語語法的演變發展。葛維達教授著《老乞大之文法分析》一書，包括緒論、十四章正文、附錄《老乞大》漢文教本的英文翻譯、參考書索引，是近年來探討《老乞大》較有系統的重要著作。葛維達教授將十四章正文分爲三部分：第一章至第九章爲第一部分，分析《老乞大》的語法結構； 第十章至第十三章爲第二部分，討論《老乞大》的習慣表現法；第十四章爲第三部分，探討《老乞大》漢語教本的內容。

原書第一部分，主要在討論代名詞、時節名稱、量度單位、前置詞、副詞、連接詞、動詞、質詞、重疊與附加字的使用及變化。日本學者太田辰夫指出《老乞大》的人稱代名詞只有七個，即：「我、我們、咱、咱們、你、他、他們」，而元代的著作如《元朝秘史》有十二個，《元曲選》有三十三個。葛維達教授認爲《老乞大》的人稱代名詞所以較少且簡單的主要原因，或許是由於《老乞大》不過是爲行走於華北地區的朝鮮商人編寫的口語教本。在《老乞大》裏，「咱」出現七次，「咱們」出現八十五次。因爲「你」、「我」可以表示多數，例如「你三箇」、「我四箇」，所以「你們」、「我們」兩個人稱代名詞並不通行。

在現代口語裏，代名詞「這」、「那」可以單用作主詞，但在《老乞大》裏卻不能單用，而是用「這的」、「那的」。葛維達教授統計「這的」出現三十次，「那的」出現三次，可以分爲不同的三組：第一組，「這的」相當於現代口語裡的「這一箇」；第二組，「這的」、「那的」相當於現代口語裡的「這」、「那」；第三組，「這的」相當於現代口語裡的「這裏」，或「這兒」[9]。楊聯陞先生也指出在現代口語裡，代名詞「這」、「那」可以單用作主詞或起詞。「這」、「那」的意思，與「這個」、「那個」稍有不同。「這個」、「那個」比較確定，通常指的是可以計數的事物，而且指物多於指事。「這」、「那」則比較空靈，不重在分別計數。在《老乞大》、《朴通事》兩書裡，「這箇」、「那箇」，與現在用法相同。但「這」、「那」不能單用，代名詞「這的」、「那的」，用做比較空靈的主語或起詞[10]。

葛維達教授在《老乞大之文法分析》一書中指出在《老乞大》裡，「日」從未用來表示天數，而是在「日頭」前加上數目及單位名稱，以表示天數，例如「限十箇日頭，還足價錢。」在「日頭」前加上吉祥字樣則表示一個幸運吉利的日子，例如「我與你選箇好日頭。」「日頭」也是用來表示未來某一個時間，例如「如今辭別了，休說後頭再不廝見，山也有相逢的日頭。」

9 《老乞大之文法分析》，頁 47。

10 楊聯陞撰〈老乞大朴通事裏的語法語彙〉，《中央研究院歷史語言研究所集刊》，第二十九本，上冊（臺北，中央研究院，民國四十六年十一月），頁 198。

葛維達教授指出《老乞大》的量度單位名稱，往往使用「箇」來代替其他單位名稱，例如「一箇手」、「十箇馬」等。但是使用指示代名詞如「這」或「那」時，往往省略數目及單位名稱，例如「這馬」、「這灑子」、「這馬們」[11]。丁邦新先生觀察《老乞大》一書中的量詞後，歸納爲八類：

（一）單位詞或個體量詞：一「個」學生、一「座」橋、一「頭」驢、一「條」細繩子、一「卷」紙、一「間」空房子、一「枝」箭、一「張」弓。

（二）跟動賓式合用的量詞：我說一「句」話。

（三）群體量詞：一「群」羊、一「束」草。

（四）部分量詞：一「塊」石頭、一「半」兒（漆器家火）。

（五）容器量詞：半「盞」香油、一「盃」酒、一「椀」飯、一「碗」溫水。

（六）標準量詞：八「分」銀子、一「斗」粳米、十「斤」麵、五「里」路。

（七）準量詞：第一「會」、這一「宿」、一「日」辛苦。

（八）動詞用量詞：走一「遭」、打三「下」。

丁邦新先生指出在《老乞大》、《朴通事》兩書中沒有「暫時量詞」，列如：碰了一鼻子灰的「鼻子」、一桌子剩菜的「桌子」，其他各種量詞都已見到[12]。

在《老乞大》裡，「著」的用法甚廣，葛維達教授指出「著」可作「用」或「拿」解，例如「著筯子攪動」；可作「讓」解，例如「不揀怎生，著我宿一夜。」也可作「給」解，例如「著馬喫」；又可作「該」解，例如「文契著誰寫」；有時可作「經

11 《老乞大之文法分析》，頁 67。
12 《老乞大諺解‧朴通事諺解》，丁邦新序，頁 4。

過」解，例如「再著五箇日頭到了」；此外可當「招致」解，例如「休在路邊淨手，明日著人罵」[13]。

重疊字最簡單的形式是單字的重複，在《老乞大》裡的重疊名詞幾乎都是親屬關係的術語，例如「哥哥」、「姐姐」等，然而並不使用「妹妹」、「弟弟」字樣，而是作「妹子」、「兄弟」。重疊形容詞是以單字重複來強化形容詞，例如「這織金胸背，與你五兩是實實的價錢。」至於「嘗一嘗」、「補一補」等，則屬於重疊動詞。

《老乞大之文法分析》一書正文第十章至十三章屬於第二部分，原書討論《老乞大》的習慣表現法，包括常用片語、特殊用語、成語及格言的各種表現法，其中「磨拖」、「害風」、「利家」、「歪斯纏」等詞彙，在現代口語裡已屬罕見。在《老乞大》裡常見有各種成語及格言，例如「千零不如一頓」；「休道黃金貴，安樂直錢多」；「慣曾出外偏憐客，自已貪盃惜醉人」；「一箇手打時響不得，一箇脚行時去不得」；「三人同行小的苦」等等，都是探討特殊表現法的珍貴語文資料。

葛維達教授所著《老乞大之文法分析》一書第十四章屬於第三部分，討論《老乞大》教本的內容。作者所用的《老乞大》教本一卷，四十八葉， 九十六頁，共 16,008 字，其主要內容爲關於行旅交易、飲食、醫藥、爲人處世之道等情事的會話。就《老乞大》全書的結構而言，大致可以分爲對話與長篇獨語兩大部分。前者包括漢族行旅商販、小店主、掮客、農夫與朝鮮商人之間的對話，以及朝鮮行旅商人之間彼此的對話 ；後者又可分爲詞彙的節段及道德上的談話。詞彙部分包括每天實用物品如菓菜、醫藥、衣服、食品、雜貨、

13 《老乞大之文法分析》，頁 90。

馬匹、羊隻、弓箭、車輛的列舉計數，以及親屬方面的術語等；道德上的談話則在教導讀者如何處世待友？簡單地說，《老乞大》的前半部是對話；後半部則爲對話與長篇獨語的混合[14]。葛維達教授著手研究《老乞大》時，原來只想專心分析其語法結構，後來發現書中的習慣表現法，非常有趣，同時因其內容豐富，頗具史料價值，而認爲其重要性並不亞於語法結構，所以也作了相當深入的探討。《老乞大之文法分析》一書引用西文、中文、韓文及日本的論著八十餘種，徵引繁富，足見作者的博雅，原書就是探討《老乞大》的各種問題不可或缺的著作。

《老乞大》的語法結構及習慣表現法，可能受到阿爾泰語系的影響。李學智先生撰〈老乞大一書編成經過之臆測〉一文指出「老乞大一書的漢文，不一定都是當時華北漢語的語法，很可能完全是將一些原非漢語的阿爾泰系的語言，用不高明的漢語常識，直譯而成的。很可能在第十世紀的契丹民族所建立的遼朝時，已由一些出使契丹的高麗通事們從契丹語的問答中譯成高麗語形態的漢文，漸次改正與重編，其間或又將契丹語改爲女真語，甚而由女真語改爲蒙古語，最後又將蒙古語改爲清語即滿洲語，原有的由契丹語譯寫的高麗語形態之漢文本《老乞大》，雖曾經過多次的改正與補充，但仍然保持著高麗時代的漢文形態，所以仍保持著高麗語形態的漢文句形，李學智先生認爲這是韓國《老乞大》一書著成的經過[15]。

楊聯陞先生撰〈老乞大朴通事裏的語法語彙〉一文指出

14 《老乞大之文法分析》，頁 273；《中韓關係史國際研討會論文集》，頁 434；《中央研究院歷史語言研究所集刊》，第二十九本，上冊，頁 202。

15 《中韓關係史國際研討會論文集》，頁 434。

元代漢語，有受蒙古語法影響之處，《老乞大》與《朴通事》兩書裡例子頗多，例如《老乞大》裡「你誰根底學文書來？」「漢兒上學文書」等句中的「根底」、「上」表示場所，「咱弟兄們和順的上頭」的「上頭」表示原因，這都像受了蒙古語法的影響，例如「是漢兒人有」，《老乞大集覽》注云：「元時語必於言終用『有』字，如語助而實非語助，今俗不用。」[16]

爲了教學語言之目的，《老乞大》除漢文本外，先後譯出《蒙語老乞大》、《清語老乞大》等不同文體。朝鮮仁祖十四年（1636），丙子之役以後，朝鮮與滿洲的關係日趨密切，滿洲語文用途日廣，文書往復，言語酬酢，多賴滿洲語文，於是有《老乞大》滿文譯本的刊行，但因字句齟齬生澀，文義率多訛謬，且因歲月寖久，古今異假，書中語法多已不實用。朝鮮崇政大夫行知中樞府事金振夏，以善滿洲語文聞名於當時，於是乘會寧開市之便，就質於寧古塔筆帖式，將舊本字畫音義，詳加考訂。英祖四十一年（1765），歲次乙酉，改編重刊，題爲《清語老乞大》。韓國閔泳珪教授參觀法國巴黎東洋語學校圖書館所見《清語老乞大》八卷，就是經金振夏改訂後再版的箕營重刊本，韓國延世大學發行的《人文科學》第十一、二輯，曾據該館藏本影印出版[17]。一九九八年，鄭光先生編著駒澤大學圖書館所藏《清語老乞大新釋》卷一末附錄〈清語老乞大新釋序〉云：

> 清學在今諸譯為用最緊，為功最難。其課習之書有《老乞大》及《三譯總解》，而《三譯總解》則本以文字翻解，無甚同異訛舛，若《老乞大》則始出於丙子後

---

16 《中央研究院歷史語言研究所集刊》，第二十九本，上冊，頁 202。

17 莊吉發譯《清語老乞大》（臺北，文史哲出版社，民國六十五年九月），序文，頁 ii。

> 我人東還者之因語生解，初無原本之依倣者，故自初已不免齟齬生澀，而今過百季，又有古今之異假，使熟於此書，亦無益於通話之實，從事本學者多病之。庚辰，咸興譯學金振夏因開市往留會寧，與寧古塔筆帖式質問音義，辨明字畫，凡是書之徑庭者改之，差謬者正之。翌季開市時復質焉，則皆以為與今行話一一脗合，自此諸譯無所患於舌本之閒強，振夏儘有功於本院矣。因都提舉洪公筵稟入梓簣營，不佞方與聞院事，故略記顛末如此云。乙酉秋提調行判中樞府事洪啟禧謹序。

引文中「乙酉」，相當於清高宗乾隆三十年，朝鮮英祖四十一年，西元一七六五年，就是《清語老乞大》改編重刊的年分。原書卷八附錄重刊人員職稱及姓名，包括：檢察官資憲大夫行龍驤衛副護軍金振夏，校正官通訓大夫前行司譯院判官邊翰基、朝散大夫前行司譯院直長玄啓百，書寫官通訓大夫前行司譯院判官李光赫、朝散大夫前行司譯院奉事李寅旭、通訓大夫前行司譯院判官尹甲宗，監印官通訓大夫行宣川譯學卞相晉。

將《清語老乞大》與漢語《老乞大》互相比較後，發現兩者頗有出入，不僅卷數不同，在內容上亦有繁簡之別，其文體尤多改變。漢語《老乞大》共一卷，《蒙語老乞大》及《清語老乞大》俱各八卷；漢語《老乞大》云：「大哥你從那裏來？我從高麗王京來。」句中「高麗」，《清語老乞大》及《蒙語老乞大》俱作“coohiyan”，意即「朝鮮」。在漢語《老乞大》卷末曾提到高麗人在中國買書的情形說：「更買些文書。一部《四書》都是晦庵集註，又買一部《毛詩》、《尚書》、《周易》、《禮記》、五子書、韓文、柳文、東坡詩、《詩學大成押韻》、

《君臣故事》、《資治通鑑》、《翰院新書》、《標題小學》、《貞觀政要》、《三國誌評話》。」[18]羅錦堂先生指出在這些書目裏，有兩點值得我們的注意：第一是所買書中，有《三國誌評話》，足見當時的人對此書的重視，與韓柳文、東坡詩一樣看待；第二是其中如《翰院新書》、《標題小學》，甚至《君臣故事》等現在已不是容易看到的書了[19]，可是《蒙語老乞大》及《清語老乞大》都不見這些書目。大致而言，許多見於《老乞大》漢文本的詞句內容，不見於《蒙語老乞大》，朝鮮學者增訂《清語老乞大》時，並未據漢語《老乞大》增訂補譯。質言之，《清語老乞大》的內容詞句更接近於《蒙語老乞大》，而與漢語《老乞大》出入較大。

《清語老乞大》與漢語《老乞大》雖有出入，但兩者大同小異之處頗多，例如漢語《老乞大》敘述北京的物價說：

> 哥哥曾知得，京裏馬價如何？近有相識人來說，馬的價錢，這幾日好，似這一等的馬，賣十五兩以上，這一等的馬，賣十兩以上。曾知得布價高低麼？布價如往年的價錢一般。京裏吃食貴賤？我那相識人曾說，他來時，八分銀子一斗粳米，五分一斗小米，一錢銀子十斤麵，二分銀子一斤羊肉。似這般時，我年時在京裏來，價錢都一般[20]。

《清語老乞大》所述京中物價，可將滿文影印後轉寫羅馬拼音，並譯出漢文於下：

---

18 漢語《老乞大》，《老乞大諺解・朴通事諺解》（聯經出版事業公司，臺北，民國六十七年六月），頁 47。
19 《老乞大諺解・朴通事諺解》，羅錦堂序文，頁 9。
20 漢語《老乞大》，頁 3。

| | |
|---|---|
| 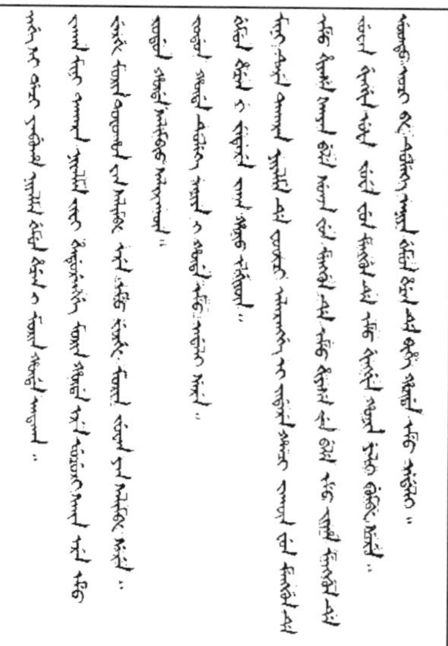 | 阿哥你原來是走過的人，京城的馬價如何？<br>新近我有相識的人來說，這一向馬價很好，這一等的馬值十五兩，這一等的馬值十兩。<br>葛布的價錢值錢嗎？<br>據說葛布價錢是與去年的價錢一樣。<br>京城的食物短缺嗎？富足嗎？<br>我問了認識的那個人，據說他將要來時，一斗白米給八分銀子，一斗小米給五分銀子，十斤麵給一錢銀子，一斤羊肉給二分銀子。<br>若是這樣，與我去年在京城時的價錢一樣[21]。 |
| age si daci yabuha niyalma, gemun hecen i morin hūda antaka？<br>jakan mini takara niyalma jifi hendurengge, morin hūda ere ucuri sain, ere emu jergi morin tofohon yan salimbi, ere emu jergi morin juwan yan salimbi sere.<br>jodon hūda salimbio salirakūn？<br>jodon hūda duleke aniya i hūda emu adali sere.<br>gemun hecen i jetere jaka hajio elgiyūn？<br>mini tere takara niyalma de fonjici, alarangge i jidere hanci, jakūn fun menggun de emu hiyase šanyan bele, sunja fun menggun de emu hiyase je bele, emu jiha menggun de juwan ginggin ufa, juwe fun menggun de emu ginggin honin yali bumbi sere.<br>uttu oci bi duleke aniya gemun hecen de bihe hūda emu adali. | |

由前引內容可知漢語《老乞大》與《清語老乞大》所述馬匹、米麵羊肉的價錢，固然相同，其詞意亦相近。漢語《老乞大》云：

> 你自來到京裏，賣了貨物，卻買綿絹，到王京賣了，前後住了多少時？我從年時正月裏，將馬和布子，到

21 《清語老乞大譯註》，卷一，頁 50。

京都賣了。五月裏到高唐，收起綿絹，到直沽裏上船過海。十月裏到王京，投到年終，貨物都賣了，又買了這些馬并毛施布來了[22]。

前引內容亦見於《清語老乞大》，可先將滿文影印後轉寫羅馬拼音，並譯出漢語如下：

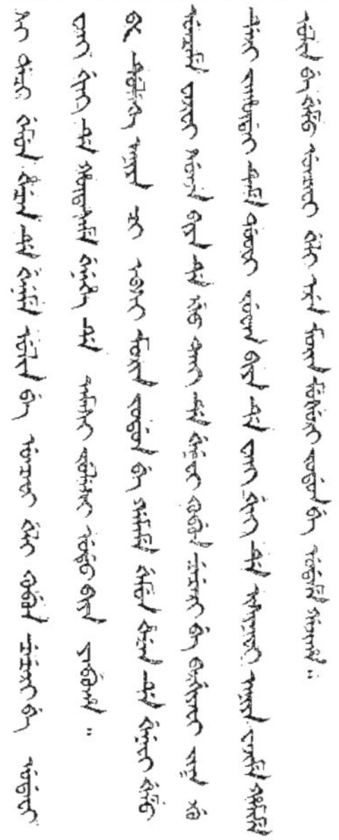

你從前到京城裡賣了貨物，又買棉絹到王京去做生意時，往返走了幾個月？
我從去年以來攜帶馬匹和葛布到京城去都賣完了，五月裡到高唐去收買棉絹，由直沽坐船過海，十月裡到了王京，將近年終，把貨物都賣了，又買了這些馬匹、夏布，葛布帶來了[23]。

si daci gemun hecen de geneme ulin be uncafi, geli kubun ceceri be udafi wang ging de hūdašame genehe de, amasi julesi udu biya yabuha？
bi duleke aniya ci ebsi morin jodon be gamame, gemun hecen de genefi gemu uncame wajifi, sunja biya de g'ao tang de genefi, kubun ceceri be bargiyafi jik g'o deri jahūdai teme doofi, juwan biya de wang ging de isinafi, aniya wajime hamime ulin be gemu uncafi, geli ere morin mušuri jodon be udame gajiha.

由前引內容可知「五月」、「十月」等月分，「高唐」、「直沽」等地名俱相同。引文中「毛施布」，《清語老乞大》作夏布葛布」，爲高麗名產，又作「沒絲布」，以「木絲布」，滿文

22 漢語《老乞大》，頁 5。
23 《清語老乞大譯註》，卷一，頁 61。

讀如“mušuri”，讀音相近，漢人習稱「苧麻布」[24]。除布疋外，馬匹也是朝鮮商人重要的交易項目，漢語《老乞大》和《清語老乞大》都詳列各色馬匹名目，可列表於下：

**漢語《老乞大》、《清語老乞大》馬匹名稱對照表**

| 漢語老乞大 | 清語老乞大 | 漢譯 | 備註 |
|---|---|---|---|
| 兒馬 | dahan morin | 馬駒 | |
| 騸馬 | akta morin | 騸馬 | |
| 赤馬 | jerde morin | 赤馬 | |
| 黃馬 | konggoro morin | 黃馬 | |
| 鷰色馬 | keire morin | 棗馬 | |
| 栗色馬 | kuren morin | 栗色馬 | |
| 黑鬃馬 | hailun morin | 水獺皮馬 | |
| 白馬 | suru morin | 白馬 | |
| 黑馬 | kara morin | 黑馬 | |
| 鎖羅青馬 | sarala morin | 貉皮色馬 | |
| 土黃馬 | kula morin | 土黃馬 | |
| 繡膊馬 | kalja morin | 線臉馬 | |
| 破臉馬 | kara kalja morin | 黑線馬 | |
| 五明馬 | seberi morin | 銀蹄馬 | |
| 桃花馬 | cohoro morin | 豹花馬 | |
| 青白馬 | | | 清語缺 |
| 豁鼻馬 | oforo secihe morin | 開鼻馬 | |
| 騍馬 | geo morin | 騍馬 | |
| 懷駒馬 | sucilehe morin | 懷駒馬 | |
| 環眼馬 | kaca morin | 環眼馬 | |

資料來源：漢語《老乞大》、《清語老乞大》。

前表所列貿易馬匹名目頗多，可以互相對照，對照漢語《老乞大》，有助於了解滿文馬匹名稱的含義，選擇較正確的漢文術語，例如《清語老乞大》中的“jerde morin”，可作“jerde”，漢譯可作「紅馬」，或「赤馬」。《清語老乞大》中所列馬匹名目，有不見於一般滿文字書者，亦可對照漢語

24 《中央研究院歷史語言研究所集刊》，第二十九本，上冊，頁 203。

《老乞大》譯出漢文，例如“kula morin”，當即「土黃馬」；“kaca morin”，當即「環眼馬」。

將《清語老乞大》與漢語《老乞大》互相比較後，發現兩者，詳略不同，大致而言，漢語《老乞大》敘述較詳，而《清語老乞大》所述則較簡略。例如《清語老乞大》云：

| | |
|---|---|
| 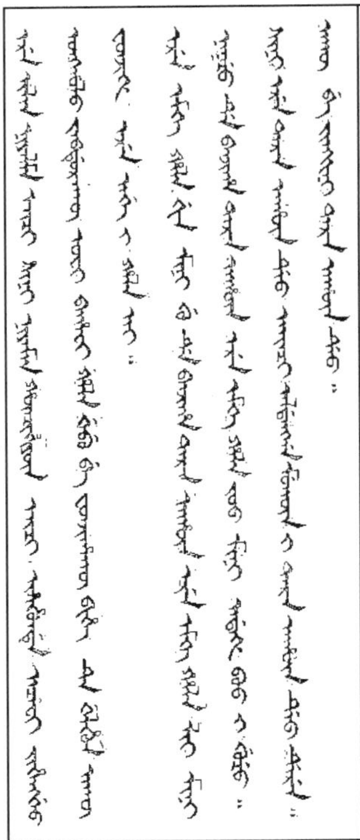 | 這三個人是你的親戚呢？或是相遇而來的呢？以前因未及請教姓名，現在敢請賜告，這位阿哥貴姓？<br>這位姓金，是我姑母所生的表哥，這一位姓李，是我舅舅所生的表哥，這一位姓趙，是我鄰居的伙伴。<br>你的這位表兄弟，想是遠族的表兄弟吧！<br>不，我們是親表兄弟[25]。 |
| | ere ilan niyalma, eici sini niyaman hūncihiyūn? eici ishunde acafi jihenggeo? onggolo jabdurakū ofi bahafi hala gebu be fonjihakū bihe, te gelhun akū fonjiki, ere age i hala ai?<br>ere emke hala gin, mini gu de banjiha tara ahūn, ere emke hala lii, mini nakcu de banjiha tara ahūn, ere emke hala joo, mini adaki boo i gucu.<br>sini ere tara ahūn deo, ainci aldangga mukūn i tara ahūn deo dere.<br>akū, be jingkini tara ahūn deo. |

前引對話，亦見於漢語《老乞大》，但詳略不同，爲便於比較，將漢語《老乞大》原文照錄於下：

25 《清語老乞大譯註》，卷一，頁 63。

這三箇火伴，是你親眷那？是相合來的？都不曾問，姓甚麼？這箇姓金，是小人姑舅哥哥。這箇姓李，是小人兩姨兄弟。這箇姓趙，是我街坊。你是姑舅弟兄，誰是舅舅上孩兒？誰是姑姑上孩兒？小人是姑姑生的，他是舅舅生的。你兩姨弟兄，是親兩姨那？是房親兩姨？是親兩姨弟兄。我母親是姐姐，他母親是妹子[26]。

對照漢語《老乞大》與《清語老乞大》後可知兩者不僅內容詳略不同，其習慣表現法亦有差異。漢語《老乞大》中的姐妹稱呼是值得注意的，不稱妹妹，而作「妹子」。《清語老乞大》敘述賣緞子的一段話說：

“suje uncara age sinde fulaburu bocoi sajirtu, fulgiyan boco de aisin i jodoho suje, sain cece ceri gemu bio？”
賣緞子的阿哥，天青色的胸背，紅色織金的緞子，好的紗羅你都有嗎[27]？

前引內容，文字簡短，滿文不及二十字。漢語《老乞大》則云：

賣段子的大哥，你那天青胸背、柳青膝欄、鴨綠界地雲、鸚哥綠寶相花、黑綠天花嵌八寶、草綠蜂趕梅、栢枝綠四季花、蔥白骨朵雲、桃紅雲肩、大紅織金、

26 漢語《老乞大》，頁 6。
27 《清語老乞大譯註》，卷六，頁 211。

銀紅西番蓮、肉紅纏枝牡丹、閃黃筆管花、鵝黃四雲、柳黃穿花鳳、麝香褐膝欄、艾褐玉塼堦、蜜褐光素、鷹背褐海馬、茶褐暗花，這們的紵絲和紗羅都有麼[28]？

由前引漢語《老乞大》內容可知《清語老乞大》將各色紗羅名目刪略的情形，許多羅緞名稱都不見於《清語老乞大》。《清語老乞大》敘述朝鮮商人學做漢人料理說道：

"muse enenggi buda be nikan be alhūdame weilefi jeki. uttu oci nimaha šasiha, coko šasiha, kataha saikū, halu, mentu dalgilaci sain."

我們今天學漢人做飯吃吧!若是這樣，魚湯，雞湯、風乾的酒菜、細粉、饅頭預備好[29]。

漢語《老乞大》所述較詳，其原文云：

咱們做漢兒茶飯著，頭一道團攛湯，第二道鮮魚湯，第三道雞湯，第四道五軟三下鍋，第五道乾按酒，第六道灌肺、蒸餅、脫脫麻食，第七道粉湯、饅頭，打散[30]。

漢語《老乞大》所載酒菜內容，似乎是元代華北漢人的菜單，其中「脫脫麻食」就是北亞草原民族的一種甜食。《清語老乞大》不僅記述簡略，其內容也看不出是漢人料理。《清語老乞大》記述朝鮮商人擇日看相的一段話。先將滿文影印如下，並轉寫羅馬拼音，譯出漢語。

---

28 漢語《老乞大》，頁 32。
29 《清語老乞大譯註》，卷七，頁 234。
30 漢語《老乞大》，頁 36。

<table>
<tr><td>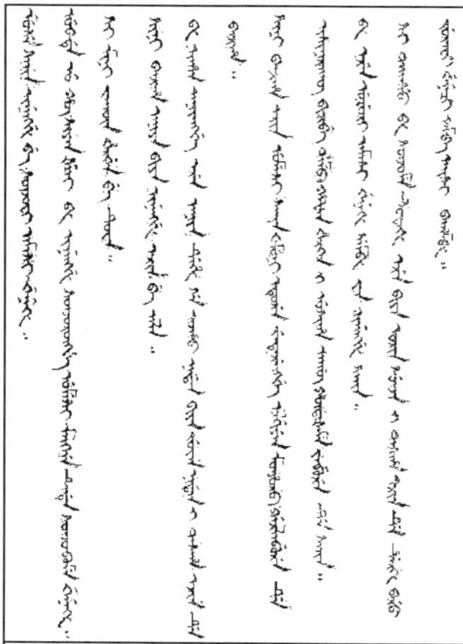</td><td>我們擇個好日子回去吧！<br>這裡有五虎先生，善於擇日，去叫他擇吧！<br>你看看我的八字吧！<br>你的出生年月日時刻告訴我吧！<br>我是屬牛的，今年四十歲了，七月十七日寅時生。<br>你的生辰十分好，雖然衣食尚豐不至於窘迫，但是沒有官星，做買賣很好。<br>我這幾天想要回去，那一個日子好？<br>你且慢，我擇擇看吧！本月二十五日寅時，向東啓程前往時可得大利[31]。</td></tr>
<tr><td colspan="2">muse sain inenggi be sonjofi amasi geneki.<br>ubade u hū siyan šeng bi, inenggi sonjorongge umesi manga, tede sonjobume geneki.<br>si mini jakūn hergen be tuwa.<br>sini banjiha aniya biya inenggi erin be ala.<br>bi ihan aniyangge, ere aniya dehi se oho, nadan biya juwan nadan i tasha erin de banjiha.<br>sini banjiha erin umesi sain kemuni eture jeterengge elgiyen mohoro gacilabure de isinarakū bicibe, damu hafan hergen i usiha akū, hūdašame yabure de sain.<br>bi ere ucuri amasi geneki sembi, ya inenggi sain ?<br>si takasu bi sonjome tuwaki, ere biya orin sunja i tasha erin de, dergi baru jurafi geneci amba aisi bahambi.</td></tr>
</table>

31 《清語老乞大譯註》，卷八，頁 284。

漢語《老乞大》也記述朝鮮商人占卦擇日的一段對話，其原文云：

> 我揀箇好日頭迴去，我一發待算一卦去。這裏有五虎先生，最算的好，咱們那裏算去來。到那卦舖裏坐定，問先生，你與我看命。你說將年月日生時來。我是屬牛兒的，今年四十也，七月十七日寅時生。你這八字十分好，一生不少衣祿，不受貧，官星沒有，只宜做買賣，出入通達。今年交大運，丙戌已後財帛大聚，強如已前數倍。這們時，我待近日迴程，幾日好？且住，我與你選箇好日頭，甲乙丙丁戊己庚辛壬癸是天干，子丑寅卯辰巳午未申酉戌亥是地支，建除滿平定執破危成收開閉，你則這二十五日起去，寅時往東迎喜神去，大吉利[32]。

由前引原文可知《清語老乞大》所述內容，與漢語《老乞大》文意相近，十二生肖中屬牛的朝鮮商人，其年歲及生年月日時辰，俱相同，但兩者詳略不同，《清語老乞大》將天干地支等刪略不載。《清語老乞大》所述內容間有較詳者，例如書中描述炒肉的一段對話，對炒肉的敘述，詳略不同，可將滿文影印於下，先轉寫羅馬拼音，然後譯出漢語。

---

32 漢語《老乞大》，頁 47。原文中「你則這二十五日起去」，句中「則」，《老乞大諺解》，卷下，頁 65，作「只」。

<table>
<tr><td>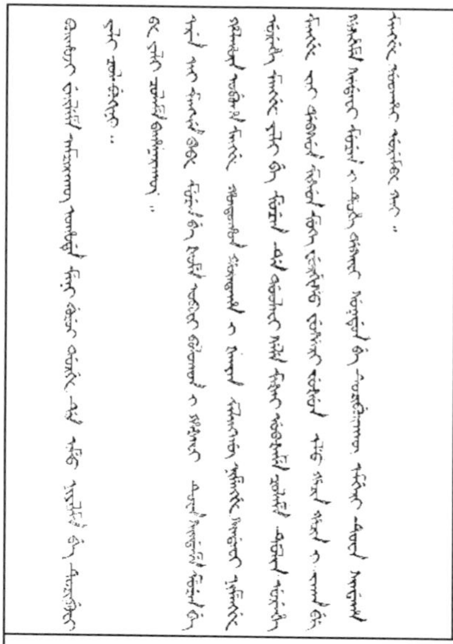</td><td>主人如果來不及做，我們伙伴裡頭，派出一人來炒肉吧！<br>我不會炒肉。<br>這有什麼難處，把鍋刷洗乾淨，燒火，鍋熱時放進半盞白麻油，油沸後把肉倒進鍋裡，用鐵勺翻炒半熟後，再把鹽、醬水、生薑、花椒、醋、葱各樣物料撒進去，把鍋蓋覆蓋上去，不讓它出氣，燒一次火以後就熟了啊[33]！</td></tr>
<tr><td colspan="2">boihoji weileme amcarakū ohode, meni gucui dorgi de emu niyalma be tucibufi yali colabukini.<br>bi yali colame bahanarakū.<br>ere ai mangga babi, mucen be šome obofi bolokon i hašafi, tuwa sindame mucen be halhūn obuha manggi, hontohon hūntaha i šanyan malanggū nimenggi sindafi, nimenggi urehe manggi yali be mucen de doolafi sele maš ai ubašame colame dulin urehe manggi, jai dabsun misun muke furgisu fuseri jušun elu hacin hacin i jaka be sesheme sindafi, mucen i tuhe dasifi sukdun be tuciburakū emgeri tuwa sindaha manggi uthai urembi kai.</td></tr>
</table>

《清語老乞大》將炒肉的技巧及調和食味的各種作料名稱，敘述頗詳。漢語《老乞大》所述內容如下：

主人家，迭不得時，咱們火伴裏頭，教一箇自炒肉。我是高麗人，都不會炒肉。有甚麼難處？刷了鍋著，

33 《清語老乞大譯註》，卷二，頁 72。

燒的鍋熱時，著上半盞香油，將油熟了時，下上肉，著些鹽，著筯子攪動，炒的半熟時，調上些醬水生蔥料物拌了，鍋子上蓋覆了，休著出氣，燒動火一霎兒熟了。[34]

由前引內容可知漢語《老乞大》所用的調味作料，只有醬、鹽、生蔥，而《清語老乞大》則有鹽、生薑、花椒、醋、生蔥，品類較多。

漢語《老乞大》有一段敘述人生價值觀的長篇獨語說：

咱們每年每月每日快活，春夏秋冬一日也不要撇了。咱人今日死的，明日死的，不理會得，安樂時，不快活時，真箇呆人。死的後頭，不揀甚麼，都做不得主張，好行的馬別人騎了，好襖子別人穿了，好媳婦別人娶了，活時節著甚麼來由不受用[35]。

《清語老乞大》也有這一段長篇獨語，先將滿文影印如下，然後轉寫羅馬拼音，並譯出漢語。

34 漢語《老乞大》，頁 7。
35 漢語《老乞大》，頁 37。

<table>
<tr><td>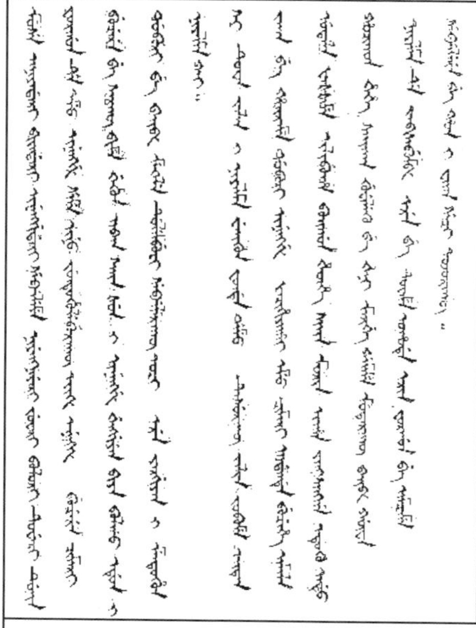</td><td>我們每年每月每日享樂，春夏秋冬四季，一天也不空過地玩吧！不知今日死，明日死，晴天豔陽的日子，明月清風之夜，若白白枉然虛度不行樂時，這實在是蠢人啊！<br>你看世人活著的時候，只是爲不足憂愁而愛惜一切東西，日夜奔波，一旦之間死了以後，這些勤勞建立的家產，好的馬牛，有文彩的衣服，連美女佳妾一點也帶不走，白白的便宜了別人，由此看來，及時行樂，實在不可厚非[36]。</td></tr>
<tr><td colspan="2">muse aniyadari biyadari inenggidari sebjeleme, niyengniyeri juwari bolori tuweri duin forgon de emu inenggi seme inu funtuhuleburakū efiki, enenggi bucere cimari bucere be sarkū bime, gehun abka sain šun i inenggi, genggiyen biya bolho edun i dobori be baibi mekele dulembufi sebjelerakū oci, ere yargiyan i mentuhun niyalma kai.<br>si tuwa jalan i niyalma weihun fonde, damu tesurakū jalin jobome eiten jaka be hairame, dobori inenggi facihiyahai emu cimari andande bucehe amala utala faššame ilibuha boigon hethe, sain morin ihan yangsangga etuku adu, hocikon hehe saikan guweleku be heni majige gamame muterakū, baibi gūwa niyalma de jabšabumbi, ere be tuwame ohode, erin forgon be amcame sebjelere be hon i waka seci ojorakū.</td></tr>
</table>

前引內容可知《清語老乞大》與漢語《老乞大》所述人生觀，其文意極相近，但《清語老乞大》經過潤飾，而與漢語《老乞大》略有不同，同時也說明《清語老乞大》不僅是

36 《清語老乞大譯註》卷七，頁 242。

滿語教科書，而且是一種滿文中罕見的文學作品。

滿語與漢語是兩種語言，在漢語《老乞大》裡，有許多特殊的習慣表現法，其中包括頗多現代口語裏罕見的詞彙，多可透過《清語老乞大》的滿語翻譯，而了解這些詞彙的含義。例如漢語《老乞大》中：「我漢兒人上學文書，因此上些小漢兒言語省的。」[37]句中「省的」，《清語老乞大》作“bahanambi”，意即理會的「會」[38]。漢語《老乞大》說：「小絹一疋三錢，染做小紅裏絹。」[39]句中「小紅」，《清語老乞大》作“fulahūn boco”，意即「淡紅色」[40]。漢語《老乞大》說：「我五箇人，打著三斤麵的餅著，我自買下飯去。」[41]句中「下飯」，《清語老乞大》作“booha”，意即下酒飯的「菜餚」[42]。

由於漢語《老乞大》特殊習慣語的不易理解，可以透過滿語的翻譯，而了解詞意，例如漢語《老乞大》說：「主人家，迭不得時，咱們火伴裏頭，教一箇自炒肉。」[43]句中「迭不得」，《清語老乞大》作“amcarakū”，意即「來不及」[44]，淺顯易懂。漢語《老乞大》說：「火伴你將料撈出來，冷水裏拔著，等馬大控一會，慢慢的喂著。」[45]句中「大控」，《清

37 漢語《老乞大》，頁 1。
38 《清語老乞大譯註》，卷一，頁 36。
39 漢語《老乞大》，頁 5。
40 《清語老乞大譯註》，卷一，頁 58。
41 漢語《老乞大》，頁 7。
42 《清語老乞大譯註》，卷二，頁 70。
43 漢語《老乞大》，頁 7。
44 《清語老乞大譯註》，卷二，頁 72。
45 漢語《老乞大》，頁 8。

語老乞大》作“teyere”，意即「歇息」[46]。漢語《老乞大》說「我不是利家，這段子價錢我都知道。」句中「利家」,《清語老乞大》作“hūdašara niyalma”，意即「生意人」[47]。楊聯陞先生指出「利家」是「市行之人」[48]，與滿語的意思相合。漢語《老乞大》說：「這主人家好不整齊，攪料棒也沒一箇。」[49]句中「好不整齊」,《清語老乞大》作“umesi la li akū”，意即「好不爽快」[50]。漢語《老乞大》說：「主人家哥，休恠，小人們，這裏定害。」[51]句中「定害」,《清語老乞大》作“ambula jobobuha”，意即「太打擾了」[52]。漢語《老乞大》說「這客人，怎麼這般歪斯纏。」句中「歪斯纏」，是元明時期的特殊用語，不見於《朴通事》，葛維達教授認爲《老乞大》裡的「歪斯纏」，意思是「煩擾」[53]，《清語老乞大》則作“balai jamarambi”，意即「胡鬧」[54]。漢語《老乞大》說：「既這般的時，休則管的纏張。」[55]句中「纏張」,《清語老乞大》作“temšere”，意即「爭執」[56]。漢語《老乞大》說：「這賣酒的，也快纏，這們的好銀子，怎麼使不得？」[57]句中「快纏」,

46 《清語老乞大譯註》，卷二，頁 78。
47 《清語老乞大譯註》，卷六，頁 216。
48 《中央研究院歷史語言研究所集刊》，第二十九本，上冊，頁 205。
49 漢語《老乞大》，頁 10。
50 《清語老乞大譯註》，卷二，頁 94。
51 漢語《老乞大》，頁 15。
52 《清語老乞大譯註》，卷三，頁 112。
53 《老乞大之文法分析》，頁 245。
54 《清語老乞大譯註》，卷三，頁 126。
55 漢語《老乞大》，頁 18。
56 《清語老乞大譯註》，卷三，頁 130。
57 漢語《老乞大》，頁 22。

《清語老乞大》作"temšere mangga"，意即「好爭」[58]。漢語《老乞大》說：「咱們休磨拖，趁涼快，馬又喫的飽時，趕動著。」[59]句中「磨拖」，葛維達教授作「浪費時間」解[60]，惟《清語老乞大》則作"teyere"，意即「歇息」[61]。

在漢語《老乞大》裡，常見有各種成語及格言，例如漢語《老乞大》說：「常言道，常防賊心，莫偷他物。」[62]《清語老乞大》也有這一條格言，"bai gisun de henduhengge, aniyadari haji be seremše, erindari hūlha be seremše sehebi."意即：「常言道，年年防飢，時時防賊。」[63]滿語的改譯，較漢語更清晰。現代口語的「吃」，漢語《老乞大》又作「得」，例如：「常言道，馬不得夜草不肥，人不得橫財不富。」[64]《清語老乞大》則云"dekdeni henduhengge, morin dobori orho be jeterakū oci tarhūrakū, niyalma hetu ulin be baharakū oci bayan ojorakū sehebi."意即：「常言道，馬不吃夜草不肥，人不得橫財不富。」[65]句中將頭一個「得」字改譯爲「吃」。漢語《老乞大》說：「飢時得一口，強如飽時得一斗。」[66]句中「得一口」、「得一斗」，俱用「得」字。《清語老乞大》則云"yadahū šara erin de emu angga jeterengge, ebihe de emu hiyase bele bahara ci wesihun."即：「餓時吃一口，強如飽時得米一斗。」

58 《清語老乞大譯註》，卷四，頁 156。
59 漢語《老乞大》，頁 20。
60 《老乞大之文法分析》，頁 243。
61 《清語老乞大譯註》，卷四，頁 144。
62 漢語《老乞大》，頁 12。
63 《清語老乞大譯註》，卷二，頁 94。
64 漢語《老乞大》，頁 11。
65 《清語老乞大譯註》，卷二，頁 92。
66 漢語《老乞大》，頁 15。

[67]句中也是將前面一句的「得」字改譯爲「吃」。漢語《老乞大》說：「卻不說，好看千里客，萬里要傳名。」[68]《清語老乞大》則云 “hendure balama minggan bade antaha be saikan kundulefi unggirengge, tumen bade gebu be bahaki sehebi.” [69]句中「好看」，滿語作 “saikan kundulefi” ，意即「好好地待人恭敬」，全句可譯作「俗話說，敬客千里，傳名萬里。」漢語《老乞大》說：「這早晚黑夜，我其實肚裏飢了，又有幾箇馬，一客不犯二主，怎麼，可憐見，糶與我一頓飯的米和馬草料如何？」[70]句中「一客不犯二主」，葛維達教授譯成英文作 “one guest does not bother two hosts.” 「犯」字，作「煩擾」解[71]。《清語老乞大》則云 “emu antaha inu juwe boihoji de baire kooli akū” [72]意即「一個客人也沒有求兩個主人之例。」句中「犯」，作「求」（baire）解。

由前舉諸例可知《清語老乞大》與漢語《老乞大》的詞彙及特殊語法，頗有不同。漢語《老乞大》、《蒙語老乞大》、《清語老乞大》的文體及內容，並不相同，漢語《老乞大》裡的語法既深受阿爾泰語系的影響，對《清語老乞大》等了解愈多，並加以比較，則對漢語《老乞大》的語法分析，將更有裨益。

大致而言，《清語老乞大》的滿文讀音，與清朝入關後通行的滿文讀音相近。其中稍有出入的滿文，譬如：漢語「半

---

67 《清語老乞大譯註》，卷三，頁 114。
68 漢語《老乞大》，頁 15。
69 《清語老乞大譯註》，卷三，頁 114。
70 漢語《老乞大》，頁 18。
71 《老乞大之文法分析》，頁 270。
72 《清語老乞大譯註》，卷四，頁 132。

年」的「半」，通行的滿文讀如“hontoho”，《清語老乞大》讀作“hontohon”。《清語老乞大》有一句對話說：「你在本月初一日啓程後到如今將近半個月，爲何纔到這裡呢？」句中「半個月」《清語老乞大》讀作“hontohon biya”。漢語「主人」，滿文讀如“boigoji”，《清語老乞大》讀作“boihoji”。例如：「哎呀！主人阿哥在家啊！這一向貴體與府上都好嗎？」句中「主人阿哥」，《清語老乞大》讀作“boihoji age”。漢語「睡覺」，滿文讀如“amgambi”，《清語老乞大》讀作“amhambi”，例如：「在路旁樹底下蔭涼地方歇息睡著。」句中「睡著」，《清語老乞大》讀作“amhaha”。

漢語《老乞大》原刊舊本，所使用的詞彙，多爲元朝「時語」，是元代通俗的華北口語，與明清時期的實用口語，頗有差異，由於漢語的變化，漢語《老乞大》爲了適應社會的實際需要，自明初以來，屢有改訂，於是出現了多種版本。中國本部由於民族的盛衰，政權的遞嬗，民族語言的使用範圍，也隨著轉移。蒙古、滿洲先後崛起，蒙古語文及滿洲語文都成爲統治政府的「國語」，朝鮮商人及春秋信史往返華北，對當地通用語文確有學習的必要，爲了教學語言的目的，除了屢次改訂漢語《老乞大》以外，還將漢語《老乞大》先後編譯成《蒙語老乞大》、《清語老乞大》等各種不同版本及譯本，都具有很高的文學價值，尤其對於比較元明清時期通俗口語的發展變化，提供了很珍貴的語文資料，具有很高的學術價值。

將《清語老乞大》與漢語《老乞大》互相比較後，發現兩者不僅卷數不同，內容也有詳略。大致而言，《清語老乞大》

雖以漢語《老乞大》爲藍本而改譯，但其內容多較簡略。由於滿語譯本文義清晰，淺顯易解，漢語《老乞大》未解的罕見詞彙，可藉《清語老乞大》的滿語譯本而了解其含義，探討漢語《老乞大》的語法及詞彙，《清語老乞大》是不可或缺的參考用書。研究清代的滿文發展，《清語老乞大》也是很有價值的語文資料。漢語《老乞大》裡的語法既深受阿爾泰語系的影響，分析漢語《老乞大》的語法，不能忽略《清語老乞大》的參考價值，《清語老乞大》與漢語《老乞大》的比較研究確實具有意義。

韓國延世大學發行的《人文科學》第十一、二輯曾據法國巴黎東洋語學校圖書館所藏《清語老乞大》，計八卷，影印出版。因影印本字跡漫漶模糊之處頗多，筆者曾於一九七六年據原文逐句重抄，轉寫羅馬拼音，譯出漢語，並承胡格金台先生審訂出版。抄寫疏漏之處，在所難免，爲便於初學者閱讀，此次特據韓國學者鄭光先生編著日本駒澤大學圖書館所藏《清語老乞大新釋》滿文影印譯註，題爲《清語老乞大譯註》，對於初學滿文者，或可提供一定的參考價值。是書滿文羅馬拼音及漢文，由國立中正大學博士班林加豐同學、中國文化大學博士班簡意娟同學打字排版，駐臺北韓國代表部專員連寬志先生、國立苗栗農工國文科彭悅柔老師協助校對，並承國立臺灣大學中文學系滿文班同學的熱心協助，在此一併致謝。

二〇一四年九月

**莊吉發** 識

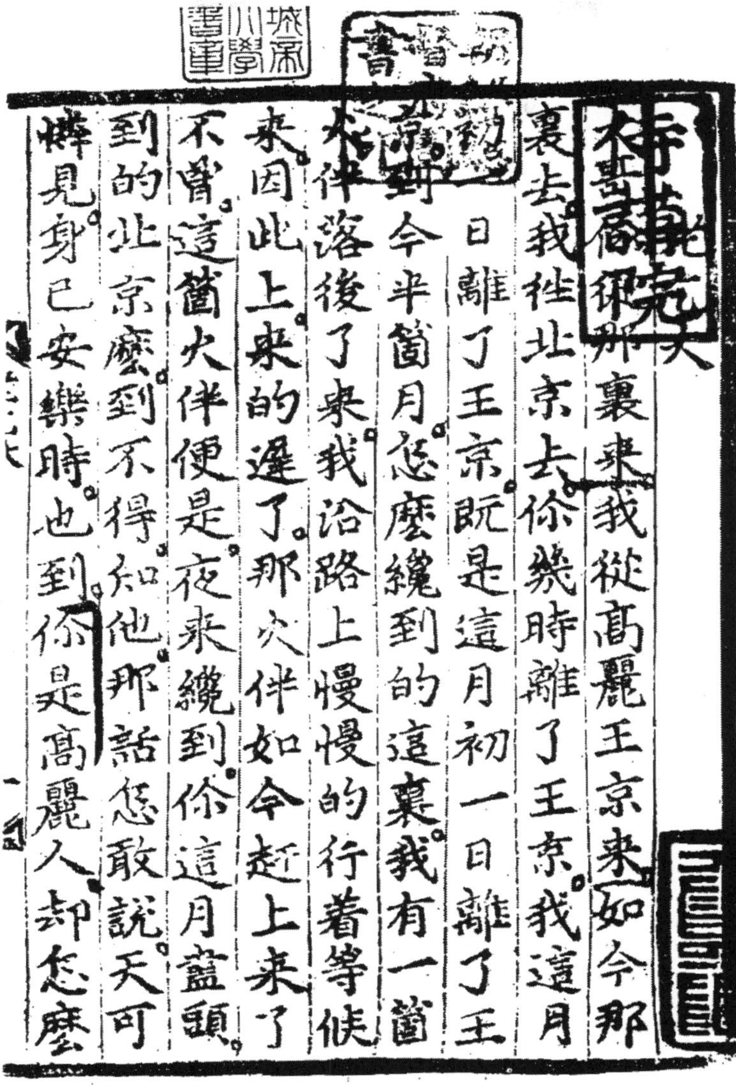
大哥你從那裏來我從高麗王京來如今那
裏去我往北京去你幾時離了王京我這月
初一日離了王京既是這月初一日離了王
京到今半箇月怎麼纔到的這裏我有一箇
火伴落後了來我沿路上慢慢的行着等候
來因此上來的遲了那火伴如今赶上來了
不曾這箇火伴便是夜來纔到你這月盡頭
到的北京麼到不得知他那話怎敢說天可
憐見身已安樂時也到你是高麗人却怎麼

漢語《老乞大》，頁一。《老乞大諺解・朴通事諺解》（臺北，聯經出版事業公司）

ᠠᠮᠪᠠ ᠠᡤᡝ ᠰᡳ ᠠᡳᠪᡳᠴᡳ ᠵᡳᡥᡝ᠉

ᠪᡳ ᠰᠣᠯᡥᠣ ᠸᠠᠩ ᡤᡳᠩ ᠴᡳ ᠵᡳᡥᡝ᠉

ᡨᡝ ᠠᠪᠰᡳ ᡤᡝᠨᡝᠮᠪᡳ᠉

ᠪᡳ ᡤᡝᠮᡠᠨ ᡥᡝᠴᡝᠨ ᡳ ᠪᠠᡵᡠ ᡤᡝᠨᡝᠮᠪᡳ᠉

ᠰᡳ ᠠᡨᠠᠩᡤᡳ ᠸᠠᠩ ᡤᡳᠩ ᠴᡳ ᠵᡠᡵᠠᡴᠠ᠉

ᠪᡳ ᡝᡵᡝ ᠪᡳᠶᠠᡳ ᡳᠴᡝ ᡩᡝ ᠵᡠᡵᠠᡴᠠ᠉

ᠰᡳ ᡝᡵᡝ ᠪᡳᠶᠠᡳ ᡳᠴᡝ ᡩᡝ ᠵᡠᡵᠠᡶᡳ ᡨᡝ ᡥᠣᠨᡨᠣᡥᠣ ᠪᡳᠶᠠ ᡥᠠᠮᡳᡴᠠ ᠠᡳᠨᡠ ᡨᡝᠨᡳ ᡠᠪᠠᡩᡝ ᡳᠰᡳᠨᠵᡳᡥᠠ᠉

ᠮᡳᠨᡳ ᡝᠮᡠ ᡤᡠᠴᡠ ᡨᡠᡨᠠᡶᡳ ᠵᡳᠮᡝ ᠣᡶᡳ ᠪᡳ ᡝᠯᡥᡝᡧᡝᠮᡝ ᠠᠯᡳᠶᠠᡴᡳᠶᠠᠮᡝ ᠶᠠᠪᡠᡵᡝ ᠵᠠᡴᠠᡩᡝ ᡨᡠᡨᡨᡠ ᠵᡳᠮᡝ ᡤᠣᡳᡩᠠᡥᠠ᠉

ᡨᡝᡵᡝ ᡤᡠᠴᡠ ᡨᡝ ᠠᠮᠴᠠᠮᡝ ᡳᠰᡳᠨᠵᡳᠮᠪᡳᠣ ᠠᡴᡡ᠉

ᡝᡵᡝ ᡠᡨᡥᠠᡳ ᡨᡝᡵᡝ ᡤᡠᠴᡠ ᠰᡳᡴᠰᡝ ᡨᡝᠨᡳ ᡳᠰᡳᠨᠵᡳᡥᠠ᠉

# 清語老乞大　卷一

amba age si aibici jihe？
bi coohiyan wang ging ci jihe.
te absi genembi？
bi gemun hecen[1] i baru genembi.
si atanggi wang ging ci juraka？
bi ere biya ice de juraka.
si ere biya ice de jurafi, te hontohon[2] biya hamika bime ainu teni ubade isinjiha？
emu gucu tutafi jime ofi, bi elhešeme aliyakiyame yabure jakade tuttu jime goidaha.
tere gucu te amcame isinjimbio akūn？
ere uthai tere gucu inu sikse teni jihe.

---

大阿哥你是從哪裡來的？
我是從朝鮮王京來的。
如今要往哪裡去？
我要往京城去。
你是幾時從王京啟程的？
我是在本月初一日啟程的。
你在本月初一日啟程後到如今將近半個月，為何纔到這裡呢？
因為有一個伙伴落後了來，我慢慢走著等候，所以來遲了。
那位伙伴如今趕到了嗎？
這位就是那個伙伴，昨天纔到的。

---

大阿哥你是从哪里来的？
我是从朝鲜王京来的。
如今要往哪里去？
我要往京城去。
你是几时从王京启程的？
我是在本月初一日启程的。
你在本月初一日启程后到如今将近半个月，为何纔到这里呢？
因为有一个伙伴落后了来，我慢慢走着等候，所以来迟了。
那位伙伴如今赶到了吗？
这位就是那个伙伴，昨天纔到的。

---

1 “gemun hecen”，韓文諺解作「皇城」，此據乾隆十四年（1749）十二月新定滿語譯作「京城」。
2 漢字「一半」，或「半個」，滿文讀如“hontoho”，此作“hontohon”，異。

ᠰᡳ ᡝᡵᡝ ᠪᡳᠶᠠᡳ ᠮᠠᠨᠠᠰᡥᡡᠨ ᡤᡝᠮᡠᠨ ᡥᡝᠴᡝᠨ ᡩᡝ ᡳᠰᡳᠨᠠᠮᠪᡳᠣ ᡳᠰᡳᠨᠠᡵᠠᡴᡡᠨ᠉

ᠪᡳ ᠠᡩᠠᡵᠠᠮᡝ ᠪᠠᡥᠠᡶᡳ ᠰᠠᠮᠪᡳ ᠠᠪᡴᠠ ᡤᠣᠰᡳᡶᡳ ᠪᡝᠶᡝ ᡝᠯᡥᡝ ᠣᠴᡳ ᡳᠰᡳᠨᠠᠮᠪᡳ ᡩᡝᡵᡝ᠉

ᠰᡳ ᠴᠣᠣᡥᡳᠶᠠᠨ ᡳ ᠨᡳᠶᠠᠯᠮᠠ ᡴᠠᡳ ᠠᡳᠨᡠ ᠨᡳᡴᠠᠨ ᡳ ᡤᡳᠰᡠᠨ ᠪᡝ ᠰᠠᡳᠨ ᠪᠠᡥᠠᠨᠠᠮᠪᡳ᠉

ᠪᡳ ᠨᡳᡴᠠᠨ ᡳ ᠨᡳᠶᠠᠯᠮᠠ ᡩᡝ ᠪᡳᡨᡥᡝ ᡨᠠᠴᡳᡥᠠ ᡨᡠᡵᡤᡠᠨᡩᡝ ᠮᠠᠵᡳᡤᡝ ᠨᡳᡴᠠᠨ ᡳ ᡤᡳᠰᡠᠨ ᠪᡝ ᠪᠠᡥᠠᠨᠠᠮᠪᡳ᠉

ᠰᡳ ᠸᡝᡩᡝ ᠪᡳᡨᡥᡝ ᡨᠠᠴᡳᡥᠠᠪᡳ᠉

ᠪᡳ ᠨᡳᡴᠠᠨ ᡳ ᡨᠠᠴᡳᡴᡡ ᡩᡝ ᠪᡳᡨᡥᡝ ᡨᠠᠴᡳᡥᠠᠪᡳ᠉

ᠰᡳ ᠠᡳ ᠵᡝᡵᡤᡳ ᠪᡳᡨᡥᡝ ᠪᡝ ᡨᠠᠴᡳᡥᠠᠪᡳ᠉

ᠪᡳ ᠯᡝᠣᠯᡝᠨ ᡤᡳᠰᡠᡵᡝᠨ ᠮᡝᠩᡯ ᠠᠵᡳᡤᠠᠨ ᡨᠠᠴᡳᡴᡡ ᡳ ᠪᡳᡨᡥᡝ ᠪᡝ ᡨᠠᠴᡳᡥᠠᠪᡳ᠉

ᠰᡳ ᡳᠨᡝᠩᡤᡳᡩᠠᡵᡳ ᠠᡳᠪᡝ ᡴᡳᠴᡝᠮᠪᡳ᠉

ᡳᠨᡝᠩᡤᡳᡩᠠᡵᡳ ᡤᡝᡵᠰᡳ ᡶᡝᡵᠰᡳ ᡩᡝ ᡳᠯᡳᡶᡳ ᡨᠠᠴᡳᡴᡡ ᡩᡝ ᡤᡝᠨᡝᡶᡳ ᠰᡝᡶᡠ ᡩᡝ ᠪᡳᡨᡥᡝ ᡨᠠᠴᡳᠮᠪᡳ᠉

si bodoci ere biyai manashūn gemun hecen de isinambio isinarakūn？
bi adarame bahafi sambi, abka gosifi beye elhe oci isinambi dere.
si coohiyan i niyalma kai, geli ai šolo de nikan i gisun be mujakū sain i taciha？
bi daci nikan i niyalma de bithe taciha be dahame, nikan i gisun be majige bahanambi.
si wede bithe taciha？
bi nikan i tacikū de bithe taciha.
si ai jergi bithe be taciha？
bi leolen gisuren mengdz[1] ajigan tacin i bithe be taciha.
si inenggidari aibe kicembi？
inenggidari gersi fersi de ilifi tacikū de genefi sefu de bithe tacimbi.

---

你估計本月底能到京城嗎？
我怎麼得知，若上天眷佑身體安好時，想是可到吧！
你是朝鮮人，又有什麼空閒把漢語學的相當好呢？
我原來跟漢人讀書，因此會一點漢語。
你是跟誰讀書的？
我是在漢學堂裡讀書的。
你讀的是哪類書呢？
我讀的是論語、孟子、小學的書。
你每天做什麼功課？
每天黎明即起到學堂裡跟老師讀書。

---

你估计本月底能到京城吗？
我怎么得知，若上天眷佑身体安好时，想是可到吧！
你是朝鲜人，又有什么空闲把汉语学的相当好呢？
我原来跟汉人读书，因此会一点汉语。
你是跟谁读书的？
我是在汉学堂里读书的。
你读的是哪类书呢？
我读的是论语、孟子、小学的书。
你每天做什么功课？
每天黎明即起到学堂里跟老师读书。

---

1 《孟子》，滿文讀如“mengdz bithe”，此作“mengdz”，異。

[illegible]

[illegible] ᡳᠰᡳᡶᡳ ᠪᡠᡩᠠ ᠵᡝᠮᠪᡳ ᠉

[illegible]

[illegible]

ᠠᡳ ᠪᡳᡨᡥᡝ ᠪᡝ ᡤᡳᠶᠠᠩᠨᠠᠮᠪᡳ ᠉

[illegible] ᡳ ᠪᡳᡨᡥᡝ ᠪᡝ ᡤᡳᠶᠠᠩᠨᠠᠮᠪᡳ ᠉

[illegible] ᠪᡳᡨᡥᡝ ᠪᡝ ᡤᡳᠶᠠᠩᠨᠠᠮᠪᡳ ᠉

[illegible]

tacikū ci facame boode jifi buda jeme wajiha manggi, uthai tacikū de genefi bithe arame sefui juleri bithe be giyangnambi.
ai bithe be giyangnambi？
leolen gisuren mengdz ajigan tacin i bithe be giyangnambi.
bithe giyangname wajifi jai aibe kicembi？
yamji oho manggi, sefui juleri sibiya tatafi bithe šejilembi, šejileme mutehengge oci sefu guwebure bithe emke be bumbi, aika šejileme muterakū oci, kadalara šusai tere be dedubufi ilan moo tantambi.
sibiya tatafi bithe šejilere, guwebure bithe burengge adarame？

---

放學到家裡吃完飯後就到學堂裡去寫字，在師傅面前講書。
講什麼書？
講論語、孟子、小學的書。
講完書後又做什麼功課？
到晚間在師傅面前抽籤背書，若能背時，師傅給一張免帖，若是不能背時，管理的生員叫他臥倒打三板。
抽籤背書怎麼給免帖？

---

放学到家里吃完饭后就到学堂里去写字，在师傅面前讲书。
讲什么书？
讲论语、孟子、小学的书。
讲完书后又做什么功课？
到晚间在师傅面前抽签背书，若能背时，师傅给一张免帖，若是不能背时，管理的生员叫他卧倒打三板。
抽签背书怎么给免帖？

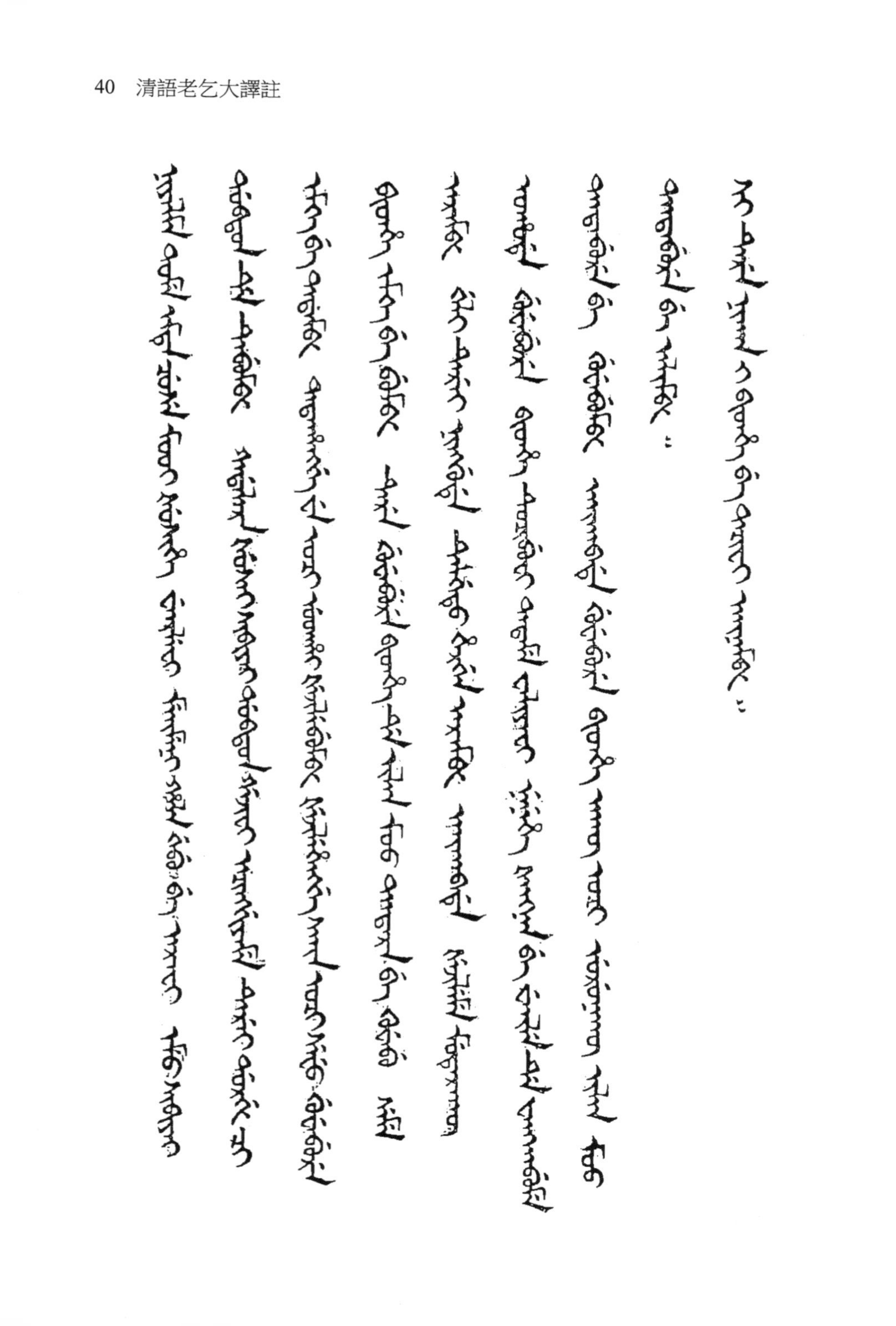

[illegible]

[illegible]

[illegible]

[illegible]

[illegible]

[illegible]

[illegible]

[illegible]

[illegible]

niyalma tome emte cuse mooi šusihe weilefi, meimeni hala gebu be arafi emu sibiyai dobton de tebumbi. kadalara šusai sibiyai dobton gajifi acinggiyame, terei dorgi ci emke be tatambi, tatahangge we oci uthai šejilebumbi, šejilehengge sain oci sefu guwebure bithe emke be bumbi, tere guwebure bithe de ilan moo tantara be guwebu seme arambi, geli terei ninggude temgetu hergen arambi, aikabade šejileme muterakū ohode, guwebure bithe tucibufi tatame waliyafi, nenehe šangnan be weile de fangkabume tantabure be guwebumbi, aikabade guwebure bithe akū oci, urunakū ilan moo tantabure be alimbi.
si tere nikan i bithe be tacifi ainambi？

---

每人各做一塊竹片，寫上各自的姓名，裝入同一個籤筒裡，叫管理的生員拿籤筒來搖動，從那裡面抽一支，抽的是誰，就叫他背書，背的好時，師傅給一張免帖，那免帖上寫著免打三板，那免帖頂上還畫著花押。倘若不會背時，交出免帖撕毀，將前功抵過免打，若是沒有免帖，必定接受打三板。
你學那漢文做什麼？

---

每人各做一块竹片，写上各自的姓名，装入同一个签筒里，叫管理的生员拿签筒来摇动，从那里面抽一支，抽的是谁，就叫他背书，背的好时，师傅给一张免帖，那免帖上写着免打三板，那免帖顶上还画着花押。倘若不会背时，交出免帖撕毁，将前功抵过免打，若是没有免帖，必定接受打三板。
你学那汉文做什么？

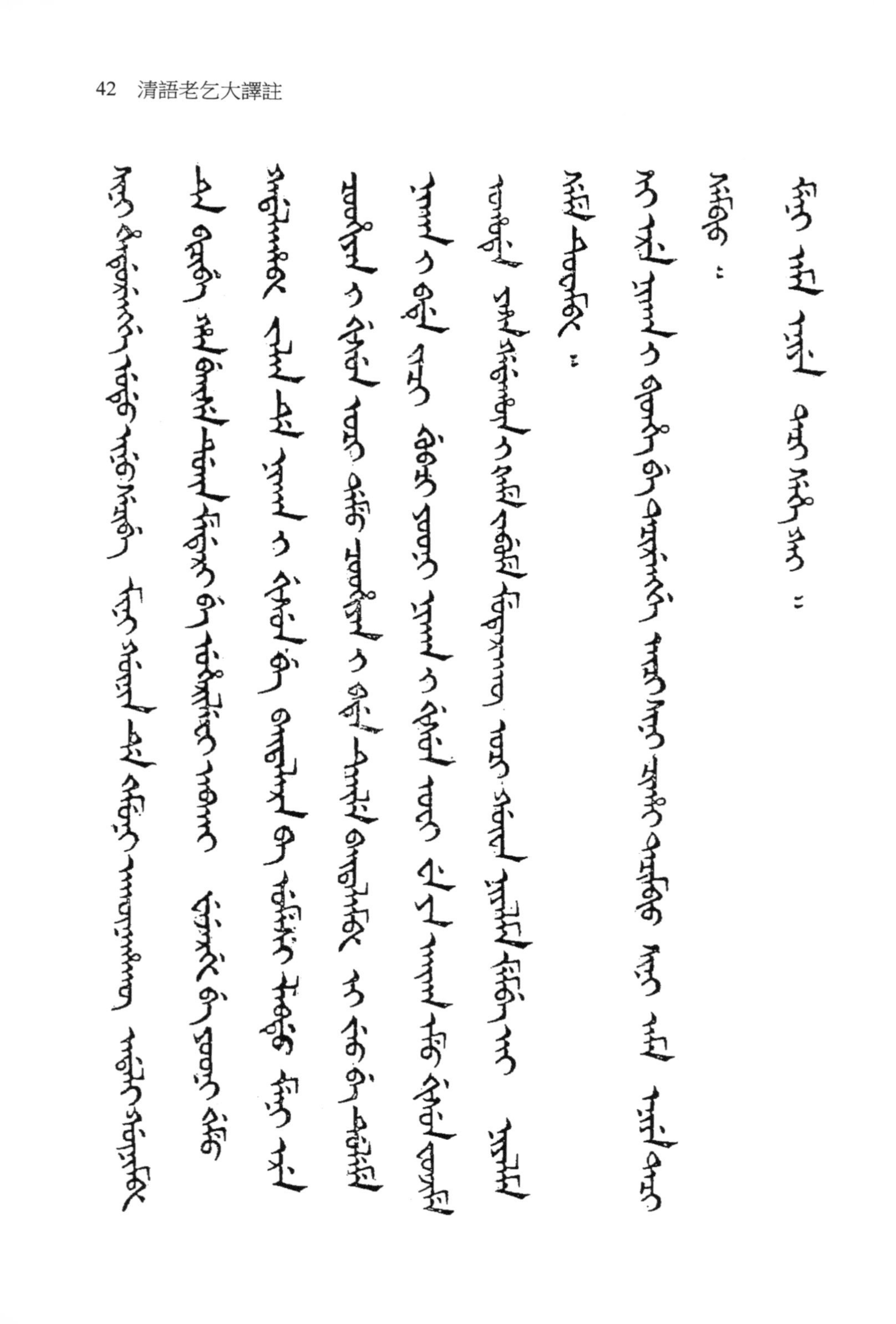

sini hendurengge udu inu secibe, mini gūnin de kemuni akūnahakū adali gūnimbi, te bicibe han beise[1] duin mederi be uherilefi abkai fejergi be yooni gemu kadalahabi, jalan de nikan i gisun be baitalara ba umesi labdu, meni ere coohiyan i gisun oci damu coohiyan i bade teile baitalambi, i jeo be duleme nikan i bade jici, gubci yooni nikan i gisun ofi, we ya aika emu gisun fonjime ohode, yasa gadahūn i šame jabume muterakū oci, gūwa niyalma membe ai niyalma seme tuwambi.
si ere nikan i bithe be tacirengge, eici sini cihai tacimbio, sini ama eniye taci sembio？
meni ama eniye taci sehe kai.

---

你說的雖然也是，敝意似仍不盡然，如今帝王一統四海，天下全都受管轄，世上使用漢語的地方很多，我們這朝鮮話，只用於朝鮮地面，一過義州，來到漢人地面，因為全是漢語，有誰問著一句話瞪眼不能回答時，別人將我們看成什麼人呢？
你學這漢文，是你自願學的嗎？或是你的父母要你學的嗎？
是我們的父母要我學的啊！

---

你说的虽然也是，敝意似仍不尽然，如今帝王一统四海，天下全都受管辖，世上使用汉语的地方很多，我们这朝鲜话，只用于朝鲜地面，一过义州，来到汉人地面，因为全是汉语，有谁问着一句话瞪眼不能回答时，别人将我们看成什么人呢？
你学这汉文，是你自愿学的吗？或是你的父母要你学的吗？
是我们的父母要我学的啊！

---

1 “han beise” ，韓文諺解作「朝廷」，此據滿文譯作「帝王」。

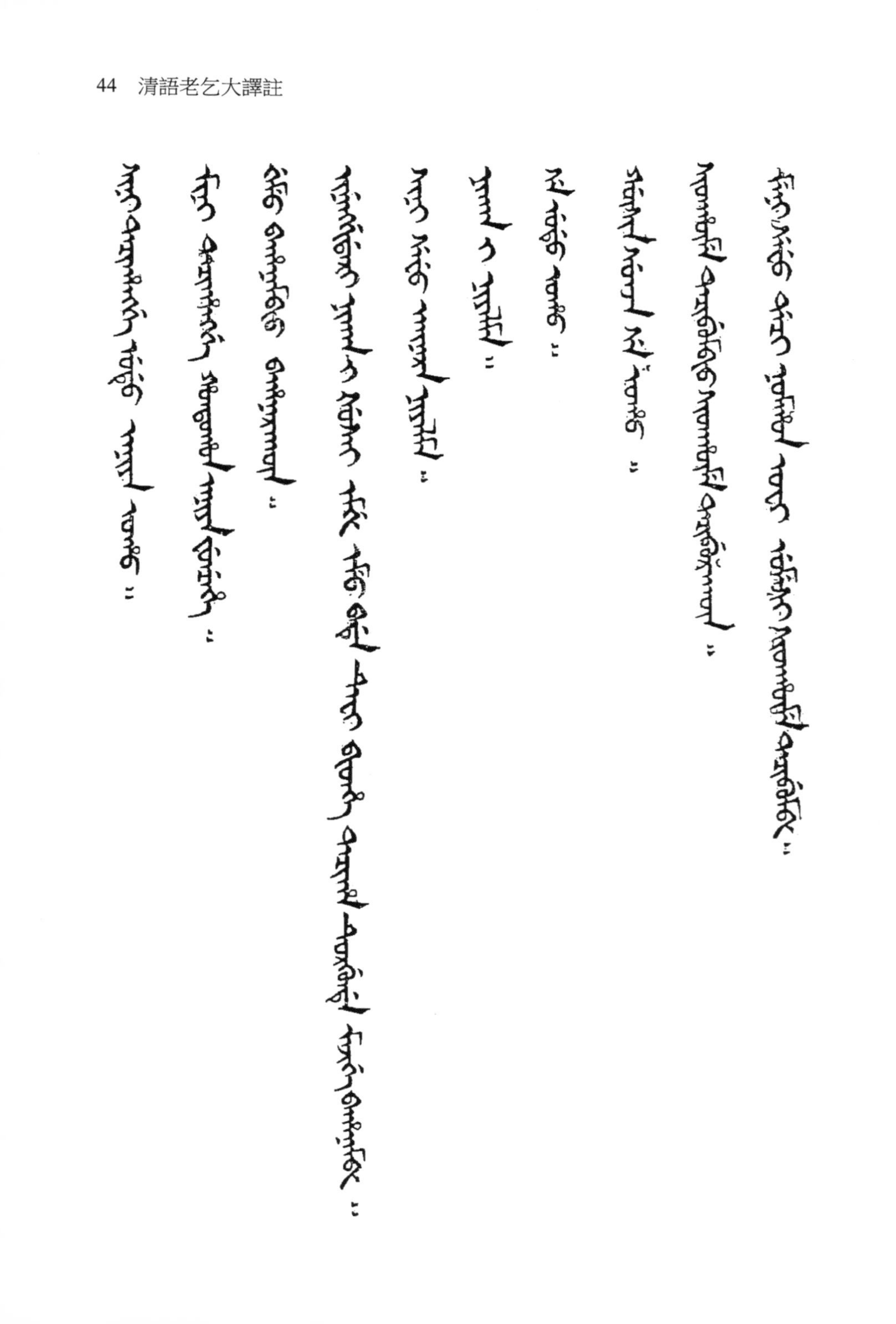

sini tacihangge udu aniya oho？
mini tacihangge hontohon aniya funcehe.
gemu bahanambio bahanarakūn？
inenggidari nikan i šusai emgi emu bade tefi bithe taciha turgunde majige bahanambi.
sini sefu ainara niyalma？
nikan i niyalma.
se udu oho？
gūsin sunja se oho.
sithūme tacibumbio sithūme taciburakūn？
meni sefu daci nomhon ofi, umesi sithūme tacibumbi.

---

你學的幾年了？
我學的半年多了。
都會了嗎？
每天與漢人生員住在一處讀書，因此會一點。
你的師傅是什麼樣的人？
是漢人。
有幾歲了？
三十五歲了。
專心教書嗎？
我們的師傅原來性情溫順，因此很專心教書。

---

你学的几年了?
我学的半年多了。
都会了吗?
每天与汉人生员住在一处读书，因此会一点。
你的师傅是什么样的人?
是汉人。
有几岁了?
三十五岁了。
专心教书吗?
我们的师傅原来性情温顺，因此很专心教书。

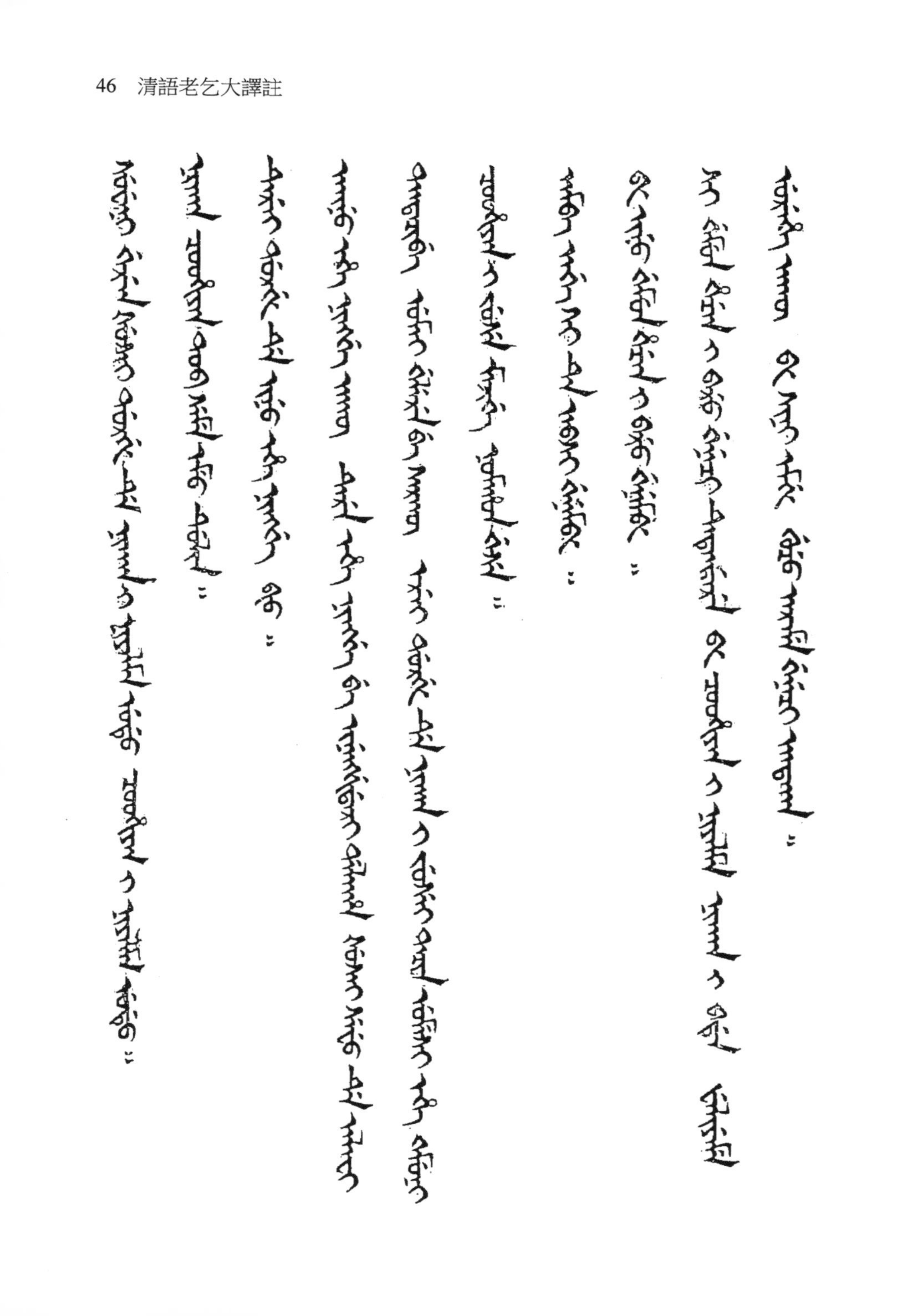

[illegible]

[illegible]

[illegible]

[illegible]

[illegible]

[illegible]

[illegible]

[illegible]

[illegible]

suweni geren šusai dorgi de nikan i niyalma udu coohiyan i niyalma udu？
nikan coohiyan tob seme emu dulin.
terei dorgi de inu ehe ningge bio？
ainu ehe ningge akū, tere ehe ningge be inenggidari dalaha šusai sefu de alafi tantacibe, umai gelere be sarkū, erei dorgi de nikan i jusei tacin umesi ehe, kemuni coohiyan i juse majige nomhon gese.
amba age si te absi genembi？
bi inu gemun hecen i baru genembi.
si gemun hecen i baru geneci tetendere, bi coohiyan i niyalma nikan i bade feliyeme urehe akū, bi sini emgi gucu arame geneci antaka？

---

你們眾生員內有多少漢人，有多少朝鮮人？
漢人、朝鮮人正好各一半。
那裡面也有頑劣的嗎？
為什麼沒有頑劣的呢？雖然為首的生員將那頑劣的稟告師傅責打，但是並不知道害怕。這裡頭漢人小孩的習性很壞，似乎還是朝鮮的小孩循良些。
大阿哥你現在要往哪裡去？
我也是要往京城去。
你既然要往京城去，我是朝鮮人，漢人地方行走不熟，我與你做伴一同去如何？

---

你们众生员内有多少汉人，有多少朝鲜人？
汉人、朝鲜人正好各一半。
那里面也有顽劣的吗？
为什么没有顽劣的呢？虽然为首的生员将那顽劣的禀告师傅责打，但是并不知道害怕。这里头汉人小孩的习性很坏，似乎还是朝鲜的小孩循良些。
大阿哥你现在要往哪里去？
我也是要往京城去。
你既然要往京城去，我是朝鲜人，汉人地方行走不熟，我与你做伴一同去如何？

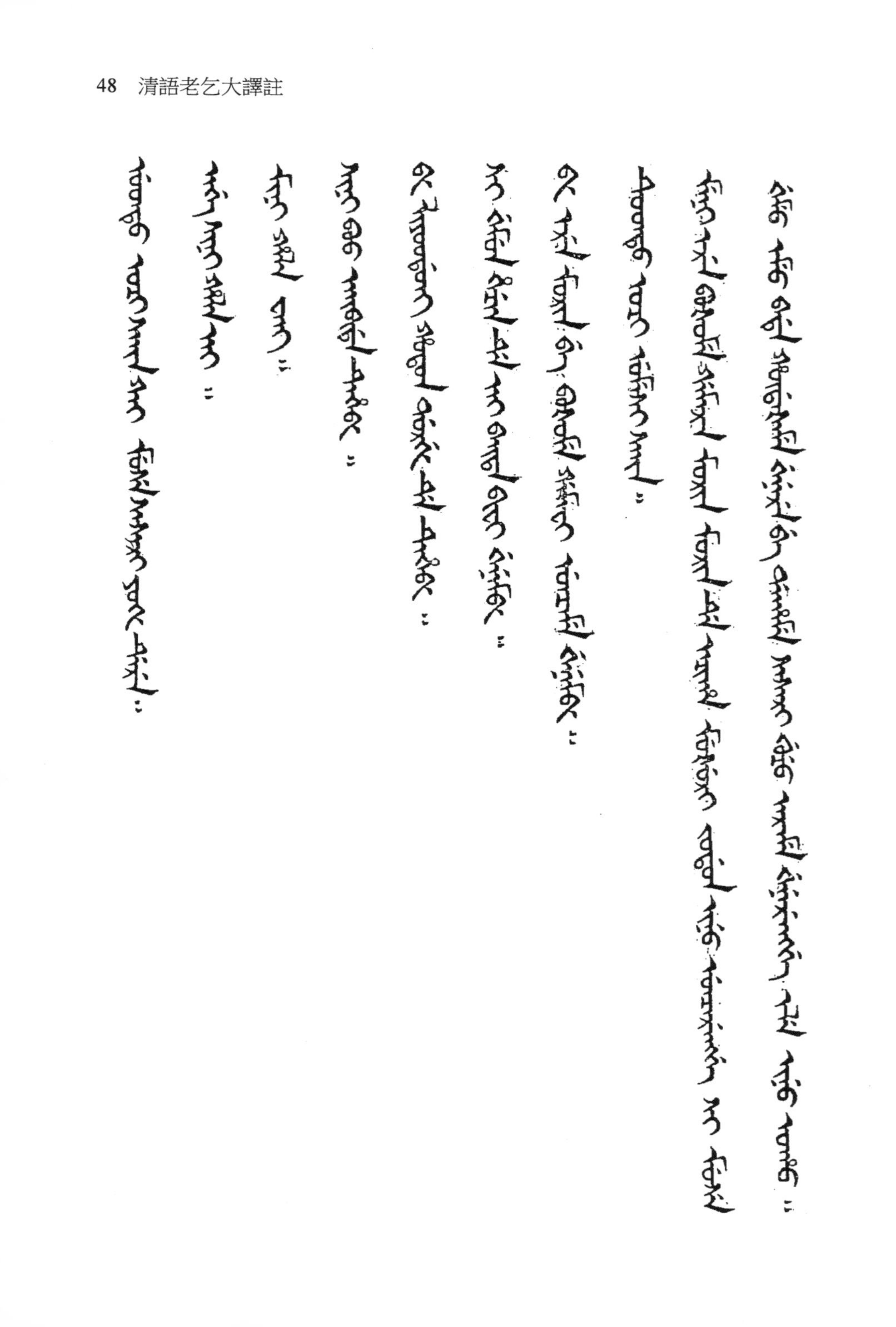

[illegible]

[illegible]

[illegible]

[illegible]

[illegible]

[illegible]

[illegible]

[illegible]

[illegible]

[illegible]

uttu oci sain kai, muse sasari yoki dere.
age sini hala ai？
mini hala wang.
sini boo aibide tehebi？
bi liyoodung hoton dorgi de tehebi.
si gemun hecen de ai baita bifi genembi？
bi ere morin be bošome gamafi uncame genembi.
tuttu oci umesi sain.
meni ere bošome gamara morin, morin de aciha mušuri jodon inu uncarengge, si muse gemu emu bade hūdašame genere be dahame, sasari gucu arame generengge ele inu oho.

---

這樣很好啊！我們一同走吧！
阿哥你貴姓？
我姓王。
你家住在哪裡？
我住在遼東城內。
你有什麼事要到京城去？
我趕帶這馬去賣。
若是那樣最好。
我們趕帶的馬及馬上所馱的夏布、葛布也是賣的，你我既然都到同一個地方去做生意，做伴一齊去的更是了。

---

这样很好啊！我们一同走吧！
阿哥你贵姓？
我姓王。
你家住在哪里？
我住在辽东城内。
你有什么事要到京城去？
我赶带这马去卖。
若是那样最好。
我们赶带的马及马上所驮的夏布、葛布也是卖的，你我既然都到同一个地方去做生意，做伴一齐去的更是了。

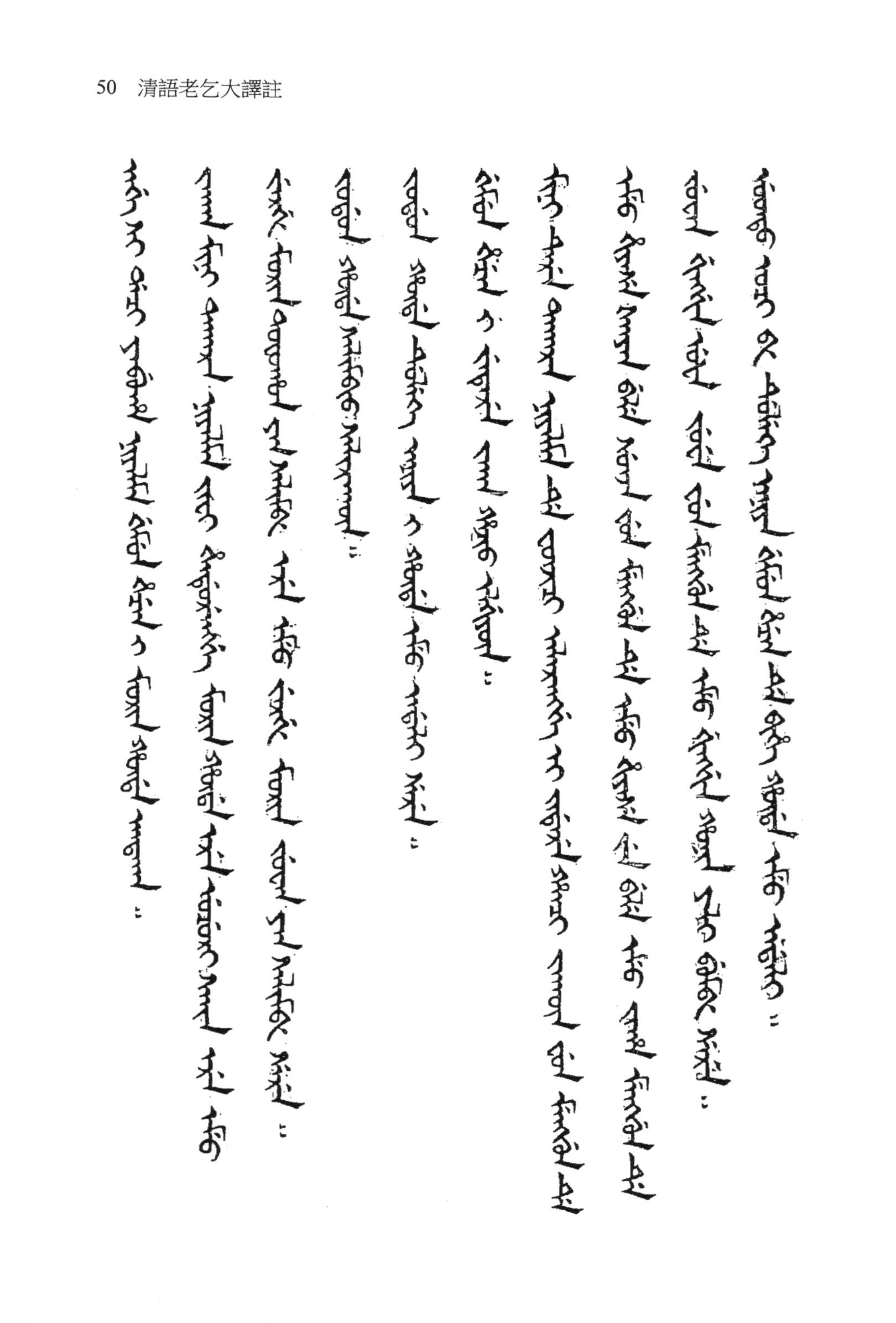

age si daci yabuha niyalma, gemun hecen i morin hūda antaka？
jakan mini takara niyalma jifi hendurengge, morin hūda ere ucuri sain, ere emu jergi morin tofohon yan salimbi, ere emu jergi morin juwan yan salimbi sere.
jodon hūda salimbio salirakūn？
jodon hūda duleke aniya i hūda emu adali sere.
gemun hecen i jetere jaka hajio elgiyūn？
mini tere takara niyalma de fonjici, alarangge i jidere hanci, jakūn fun menggun de emu hiyase šanyan bele, sunja fun menggun de emu hiyase je bele, emu jiha menggun de juwan ginggin ufa, juwe fun menggun de emu ginggin honin yali bumbi sere.
uttu oci bi duleke aniya gemun hecen de bihe hūda emu adali.

---

阿哥你原來是走過的人，京城的馬價如何？
新近我有相識的人來說，這一向馬價很好，這一等的馬值十五兩，這一等的馬值十兩。
葛布的價錢值錢嗎？
據說葛布價錢是與去年的價錢一樣。
京城的食物短缺嗎？富足嗎？
我問了認識的那個人，據說他將要來時，一斗白米給八分銀子，一斗小米給五分銀子，十斤麵給一錢銀子，一斤羊肉給二分銀子。
若是這樣，與我去年在京城時的價錢一樣。

---

阿哥你原来是走过的人，京城的马价如何？
新近我有相识的人来说，这一向马价很好，这一等的马值十五两，这一等的马值十两。
葛布的价钱值钱吗？
据说葛布价钱是与去年的价钱一样。
京城的食物短缺吗？富足吗？
我问了认识的那个人，据说他将要来时，一斗白米给八分银子，一斗小米给五分银子，十斤面给一钱银子，一斤羊肉给二分银子。
若是这样，与我去年在京城时的价钱一样。

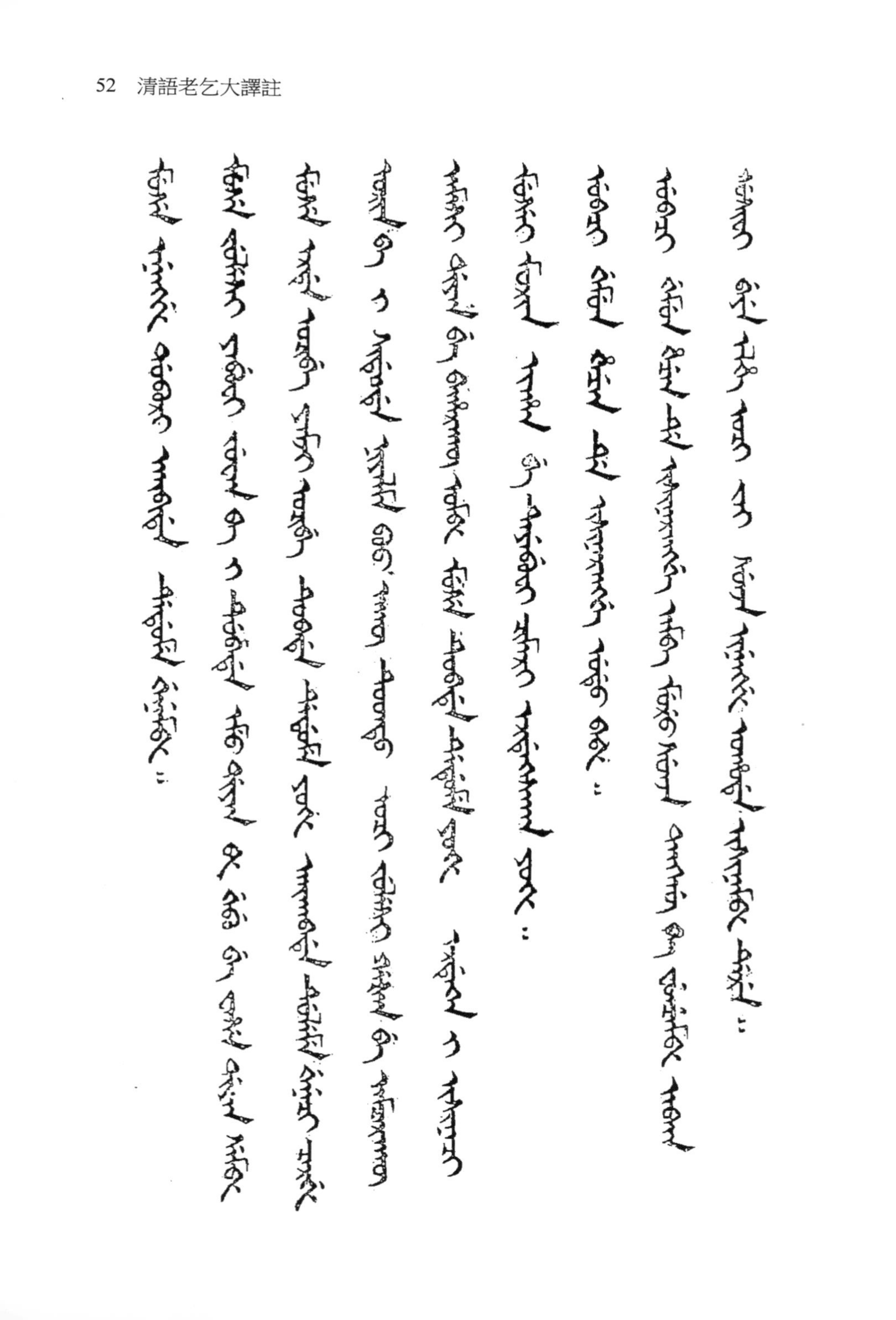

muse enenggi dobori aibide dedume genembi？
muse julesi yabufi juwan ba i dubede, emu diyan bi gebu be wase diyan sembi, muse erde ocibe yamji ocibe tubade dedume yoki, aikabade duleme geneci cargi orin ba i sidende niyalma boo akū tuttu oci julesi gašan be amcarakū amasi diyan be baharakū ombi, muse tubade dedume yoki, erdeken i isinaci musei morin ihan be teyebufi cimari erdekesaka yoki.
ubaci gemun hecen de isinarangge udu babi？
ubaci gemun hecen de isinarangge amba muru sunja tanggū ba funcembi, abka gosifi beye elhe oci jai sunja inenggi ohode isinambi dere.

---

我們今天晚上到哪裡去住宿？
我們往前行十里地方，有一個店，名叫瓦子店，我們不論早或晚到那裡去住宿，倘若過去了的話，那邊二十里之間，沒有人家，若是那樣，前面趕不到村莊，後面又回不到店，我們到那裡去住宿吧！到的早時，好讓我們的馬、牛歇息，明日早點走吧！
從這裡到京城有幾里路？
從這裡到京城大概有五百餘里路，倘若上天眷顧身體安好時，再過五天諒可到達吧！

---

我们今天晚上到哪里去住宿?
我们往前行十里地方，有一个店，名叫瓦子店，我们不论早或晚到那里去住宿，倘若过去了的话，那边二十里之间，没有人家，若是那样，前面赶不到村庄，后面又回不到店，我们到那里去住宿吧！到的早时，好让我们的马、牛歇息，明日早点走吧！
从这里到京城有几里路?
从这里到京城大概有五百余里路，倘若上天眷顾身体安好时，再过五天谅可到达吧！

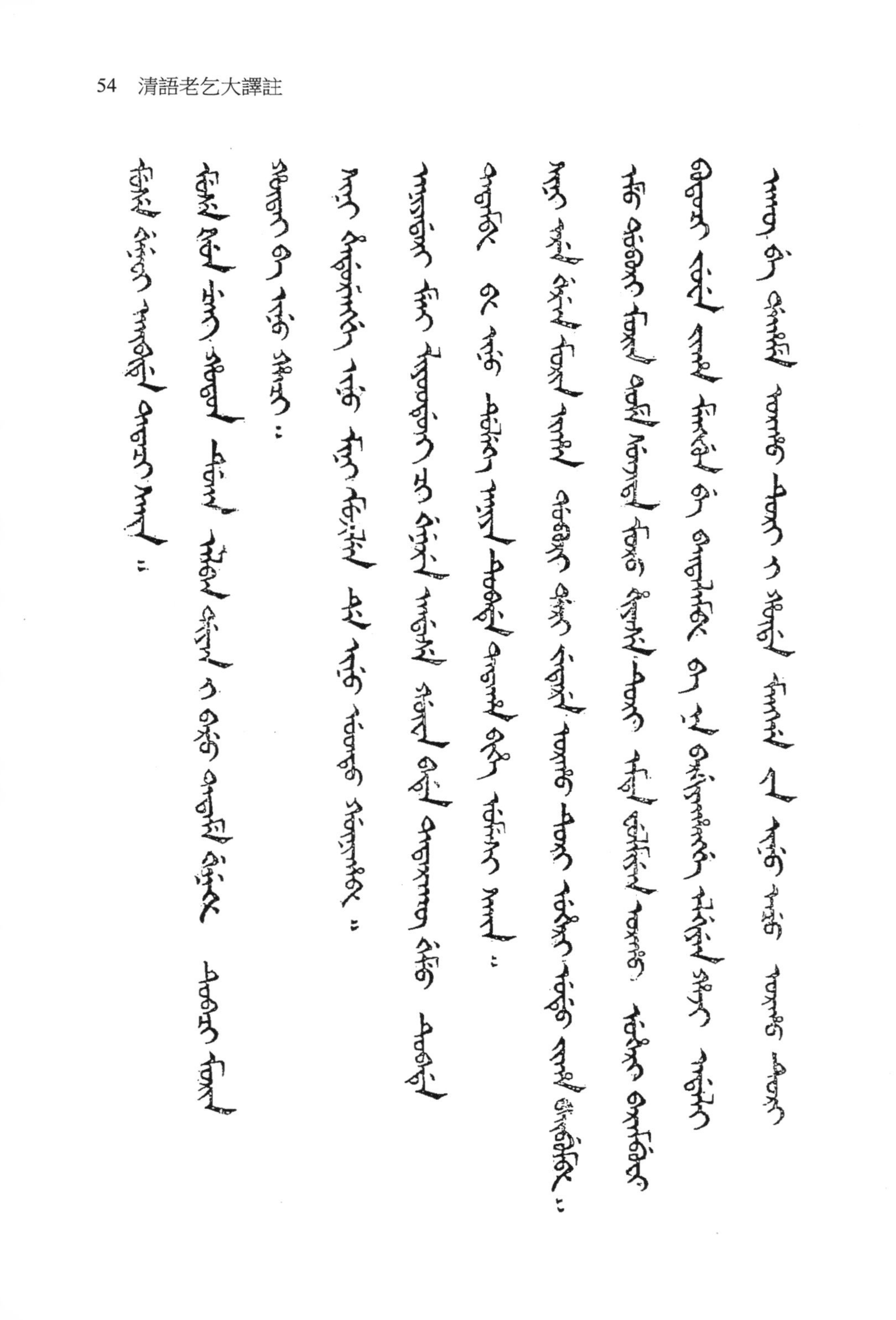

[illegible]

[illegible]

[illegible]

[illegible]

[illegible]

[illegible]

[illegible]

[illegible]

[illegible]

[illegible]

[illegible]

muse genefi aibide tataci sain？
muse šun ceng hoton duka alban diyan i baru tatame geneki, tubaci morin hūdai ba inu hanci.
sini hendurengge inu, mini mujilen de inu uttu gūnihabi.
aniyadari meni liyoodung ci genere andase gūwa bade tatarakū gemu tubade tatambi, bi inu duleke aniya tubade tataha bihe umesi sain.
sini ere geren morin ihan dobori dari jetere orho turi uheri udu jiha baibumbi？
emu dobori morin tome sunjata moro hiyase turi, emte fulmiyen orho, uheri barambufi bodoci juwe jiha menggun be baitalambi, ba na bargiyahangge elgiyen haji adali akū be dahame, orho turi i hūda mangga ja inu encu, orho turi

---

我們去到後在哪裡住好呢？
我們往順城門官店去住，從那裡離馬市也近些。
你說的是，我的心裡也是這樣想了。
每年我們從遼東去的客人們，不住別處，都住在那裡，去年我也在那裡住過，很好。
你的這些馬牛，每夜吃的草豆共需多少錢？
一個夜晚每匹馬各五升豆、一束草，通共合計需二錢銀子，因地方收成豐歉不一樣，草豆價錢貴賤也不同，

---

我们去到后在哪里住好呢?
我们往顺城门官店去住，从那里离马市也近些。
你说的是，我的心里也是这样想了。
每年我们从辽东去的客人们，不住别处，都住在那里，去年我也在那里住过，很好。
你的这些马牛，每夜吃的草豆共需多少钱?
一个夜晚每匹马各五升豆、一束草，通共合计需二钱银子，因地方收成丰歉不一样，草豆价钱贵贱也不同，

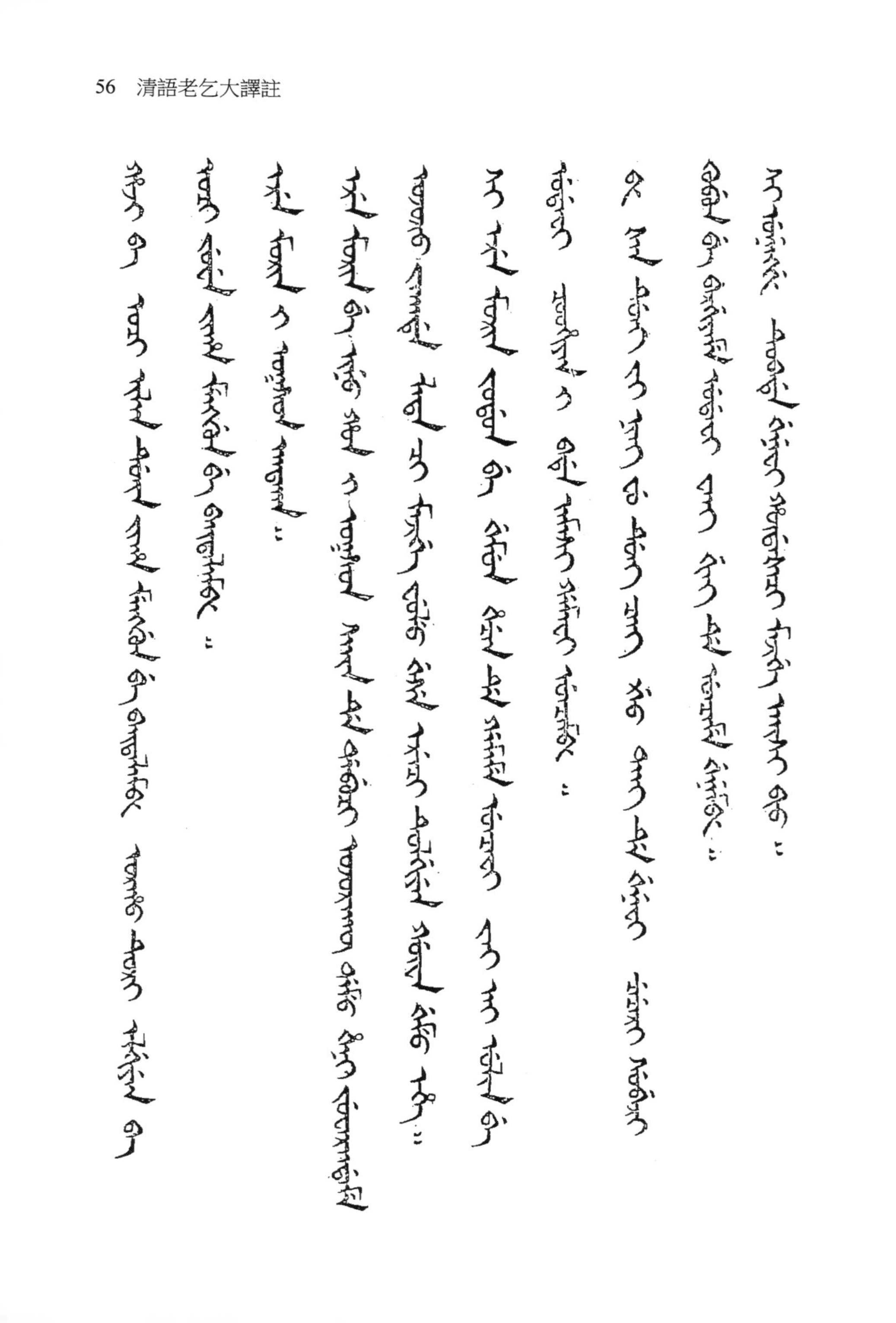

[illegible]

[illegible]

[illegible]

[illegible]

[illegible]

[illegible]

[illegible]

[illegible]

[illegible]

[illegible]

haji ba oci ilan duin jiha menggun be baitalambi, orho turi elgiyen ba oci juwe jiha menggun be baitalambi.
ere morin i okson antaka？
ere morin be inu hon i okson sain de dabuci ojorakū damu heni juwarandame ojoro jakade, lata ci majige fulu gese, ereci tulgiyen gūwa gemu ehe.
si ere morin jodon be gemun hecen de gamame uncafi, jai ai ulin be udafi coohiyan i bade amasi gamafi uncambi？
bi šan dung ji ning fu dung cang g'ao tang de genefi, ceceri suberi kubun be bargiyame udafi, wang ging de uncame genembi.
si unenggi tubade genefi hūdašaci majige aisi bio？

---

要是草豆歉收的地方則需三、四錢銀子，要是草豆豐收的地方則需二錢銀子。
這匹馬的腳步如何？
這匹馬的腳步也不算很好，但因有一點大走，所以似乎比駑馬強些，此外別的都不好。
你帶這馬和葛布到京城去賣了後，還要買些什麼貨物帶回朝鮮地方去賣？
我到山東濟寧府東昌、高唐去收買絹子、綾子、棉花，到王京去賣。
你果真到那裡去做生意時，有一點利益嗎？

---

要是草豆歉收的地方则需三、四钱银子，要是草豆丰收的地方则需二钱银子。
这匹马的脚步如何？
这匹马的脚步也不算很好，但因有一点大走，所以似乎比驽马强些，此外别的都不好。
你带这马和葛布到京城去卖了后，还要买些什么货物带回朝鲜地方去卖？
我到山东济宁府东昌、高唐去收买绢子、绫子、棉花，到王京去卖。
你果真到那里去做生意时，有一点利益吗？

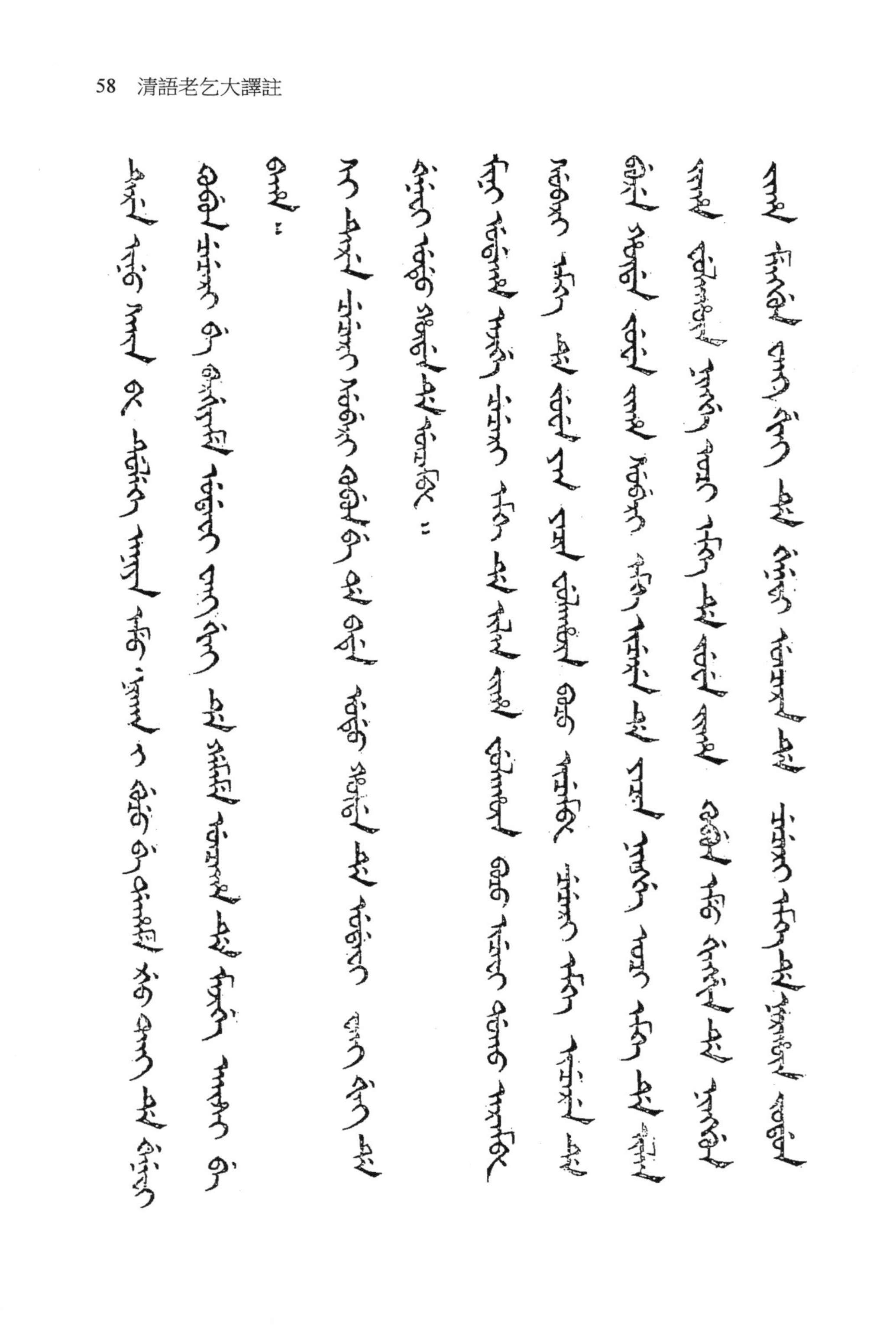

tere inu sain, bi duleke aniya emu nikan i gucu be dahame, g'ao tang de genefi kubun ceceri be bargiyame udafi, wang ging de gamame uncaha de majige aisi be baha.
si tere ceceri suberi kubun be da bade udu hūda de udafi, wang ging de genefi udu hūda de uncambi？
mini udaha ajige ceceri emke de ilan jiha, fulahūn boco icefi doko arambi, suberi emke de juwe yan, yacin fulahūn boco icembi, ceceri emke icere de bure hūda juwe jiha, suberi emke icere de yacin ningge oci emke de ilan jiha fulahūn ningge oci emke de juwe jiha, kubun emu ginggin de ninggun jiha menggun, wang ging de genefi uncara de, ceceri emke de narhūn jodon

---

那也還好，我去年跟著一位漢人伙伴到高唐去收買些棉絹，帶到王京去賣後得了一些利益。
你是以多少價錢在原地購買那些絹綾棉的，到王京去以多少價錢出售呢？
我買的小絹一疋三錢，染成淡紅做裏子，綾子一疋二兩，染成鴉青與淡紅，染絹子一疋給價二錢，染綾子一疋，鴉青的是一疋三錢，淡紅的是一疋二錢，棉花一斤六錢銀子。到王京去賣，絹子一疋

---

那也还好，我去年跟着一位汉人伙伴到高唐去收买些棉绢，带到王京去卖后得了一些利益。
你是以多少价钱在原地购买那些绢绫棉的，到王京去以多少价钱出售呢？
我买的小绢一疋三钱，染成淡红做里子，绫子一疋二两，染成鸦青与淡红，染绢子一疋给价二钱，染绫子一疋，鸦青的是一疋三钱，淡红的是一疋二钱，棉花一斤六钱银子。到王京去卖，绢子一疋

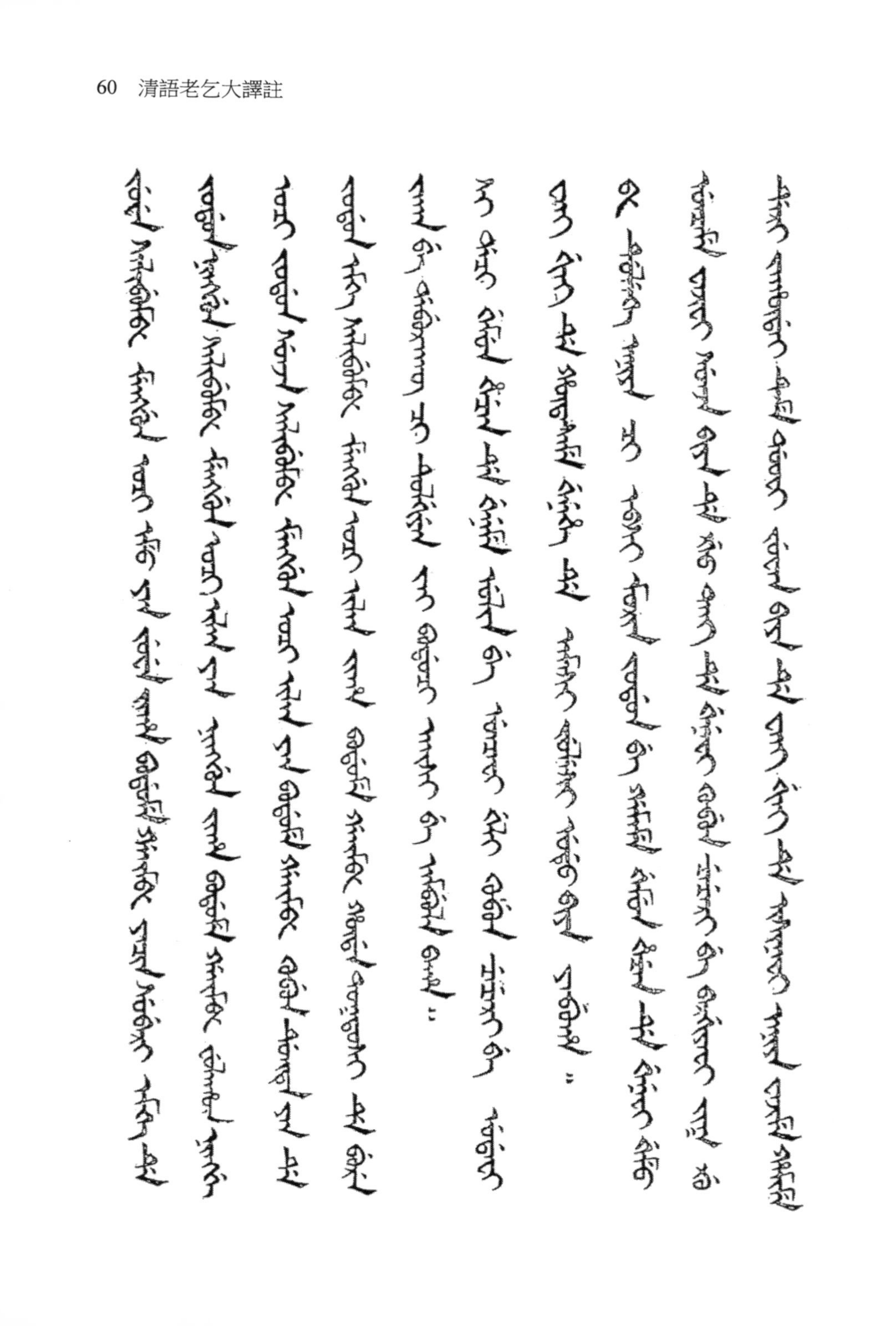

juwe salibumbi, menggun oci emu yan juwe jiha bodome gaimbi, yacin suberi emke de jodon ninggun salibumbi, menggun oci ilan yan ninggun jiha bodome gaimbi, fulahūn ningge oci jodon sunja salibumbi, menggun oci ilan yan bodome gaimbi, kubun duite yan de jodon emke salibumbi, menggun oci ilan jiha bodome gaimbi, hūda toktosi de bure jaka be daburakū ci tulgiyen, jai bodoci aisi be ambula baha.
si daci gemun hecen de geneme ulin be uncafi, geli kubun ceceri be udafi wang ging de hūdašame genehe de, amasi julesi udu biya yabuha？
bi duleke aniya ci ebsi morin jodon be gamame gemun hecen de genefi gemu uncame wajifi, sunja biya de g'ao tang de genefi, kubun ceceri be bargiyafi, jik g'o deri jahūdai teme doofi, juwan biya de wang ging de isinafi, aniya wajime hamime

---

值細葛布二疋，折銀一兩二錢，綾子鴉青的一疋值葛布六疋，折銀子三兩六錢，淡紅的值葛布五疋，折銀子三兩，棉每四兩值葛布一疋，折銀子三錢，除了牙稅不計外，再算時獲利很多。
你從前到京城裡賣了貨物，又買棉絹到王京去做生意時，往返走了幾個月？
我從去年以來攜帶馬匹和葛布到京城去都賣完了，五月裡到高唐去收買棉絹，由直沽坐船過海，十月裡到了王京，將近年終，

---

值细葛布二疋，折银一两二钱，绫子鸦青的一疋值葛布六疋，折银子三两六钱，淡红的值葛布五疋，折银子三两，棉每四两值葛布一疋，折银子三钱，除了牙税不计外，再算时获利很多。
你从前到京城里卖了货物，又买棉绢到王京去做生意时，往返走了几个月？
我从去年以来携带马匹和葛布到京城去都卖完了，五月里到高唐去收买棉绢，由直沽坐船过海，十月里到了王京，将近年终，

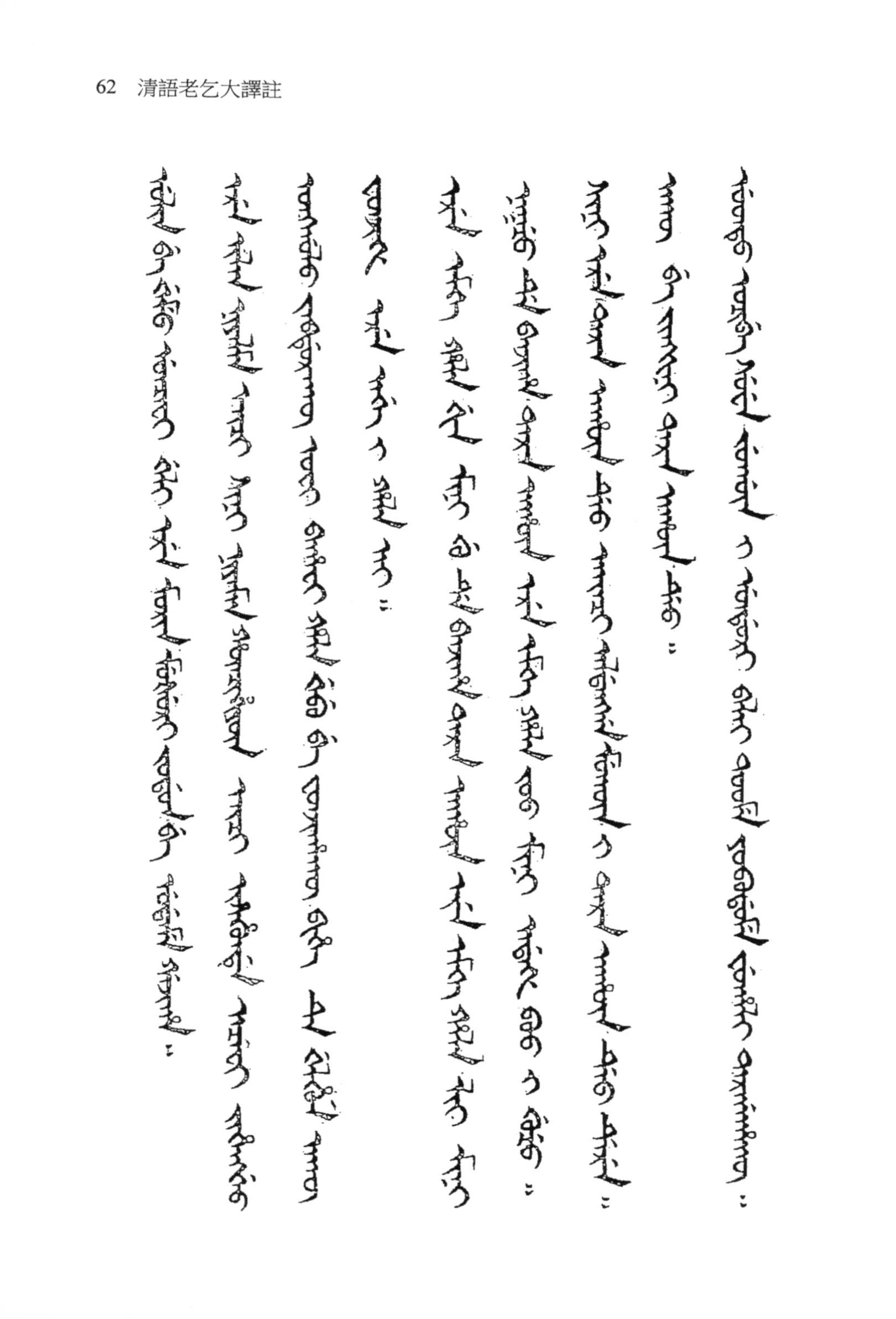

[illegible]

[illegible]

[illegible]

[illegible]

[illegible]

[illegible]

[illegible]

[illegible]

[illegible]

ulin be gemu uncafi, geli ere morin mušuri jodon be udame gajiha.
ere ilan niyalma, eici sini niyaman hūncihiyūn？ eici ishunde acafi jihenggeo？ onggolo jabdurakū ofi bahafi hala gebu be fonjihakū bihe, te gelhun akū fonjiki, ere age i hala ai？
ere emke hala gin, mini gu de banjiha tara ahūn, ere emke hala lii, mini nakcu de banjiha tara ahūn, ere emke hala joo, mini adaki boo i gucu.
sini ere tara ahūn deo, ainci aldangga mukūn i tara ahūn deo dere.
akū, be jingkini tara ahūn deo.
uttu ocibe suwe jugūn i unduri balai toome yobodome fuhali targahakū.

---

把貨物都賣了，又買了這些馬匹、夏布，葛布帶來了。
這三個人是你的親戚呢？或是相遇而來的呢？以前因未及請教姓名，現在敢請賜告，這位阿哥貴姓？
這位姓金，是我姑母所生的表哥，這一位姓李，是我舅舅所生的表哥，這一位姓趙，是我鄰居的伙伴。
你的這位表兄弟，想是遠族的表兄弟吧！
不，我們是親表兄弟。
雖然這樣，你們沿途隨便互罵戲謔，全未避諱。

---

把货物都卖了，又买了这些马匹、夏布，葛布带来了。
这三个人是你的亲戚呢？或是相遇而来的呢？以前因未及请教姓名，现在敢请赐告，这位阿哥贵姓？
这位姓金，是我姑母所生的表哥，这一位姓李，是我舅舅所生的表哥，这一位姓赵，是我邻居的伙伴。
你的这位表兄弟，想是远族的表兄弟吧！
不，我们是亲表兄弟。
虽然这样，你们沿途随便互骂戏谑，全未避讳。

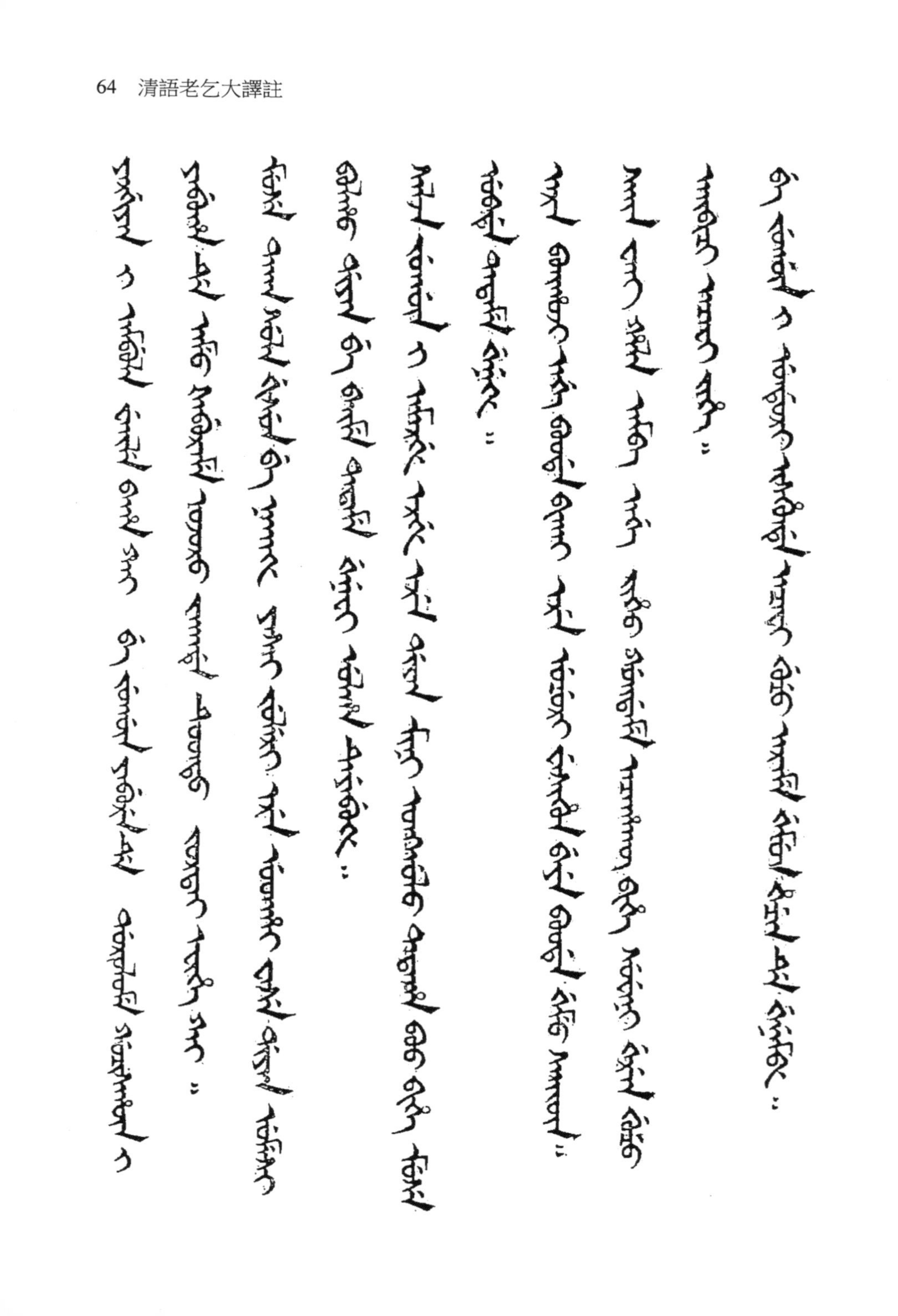

[illegible]

[illegible]

[illegible]

[illegible]

[illegible]

[illegible]

[illegible]

[illegible]

[illegible]

[illegible]

yargiyan i ambula weile baha kai, be jugūn yabure de dorolome gocishūn i yabuha de amu šaburame ojoro jakade tuttu jortai efihe kai.
muse taka sula gisun be nakaki, yasai juleri ere uthai wase diyan, umesi bolho diyan be baime tatame genefi ulha teyebuki.
salja jugūn i amargi ergi ere diyan, mini onggolo tataha boo bihe, muse ubade tatame geneki.
ara boihoji[1] age boode bikai, ere ucuri wesihun beye boode gemu saiyūn？
sain, wang hala amba age jiheo？ goidame acahakū bihe, suweni geren gucu aibici acafi jihe？
be jugūn i unduri ishunde acafi gucu arame gemun hecen de genembi.

---

實在太得罪了啊！我們走路時，若禮讓行走時一定會打瞌睡，所以故意開玩笑啊！
我們暫且休說閒話吧！眼前這個便是瓦子店，去找個最乾淨的店住宿，讓牲口歇息吧！
岔路口北邊這個店是我以前住過的房子，我們到這裡去住宿吧！
哎呀！主人阿哥在家啊！這一向貴體與府上都好嗎？
好，王姓大哥來了嗎？多時不見了，你們各位伙伴從哪裡遇見來的？
我們沿途相遇做伙伴到京城去。

---

实在太得罪了啊！我们走路时，若礼让行走时一定会打瞌睡，所以故意开玩笑啊！
我们暂且休说闲话吧！眼前这个便是瓦子店，去找个最干净的店住宿，让牲口歇息吧！
岔路口北边这个店是我以前住过的房子，我们到这里去住宿吧！
哎呀！主人阿哥在家啊！这一向贵体与府上都好吗？
好，王姓大哥来了吗？多时不见了，你们各位伙伴从哪里遇见来的？
我们沿途相遇做伙伴到京城去。

---

1 漢語「主人」，滿文讀如“boigoji”，此作“boihoji”，異。

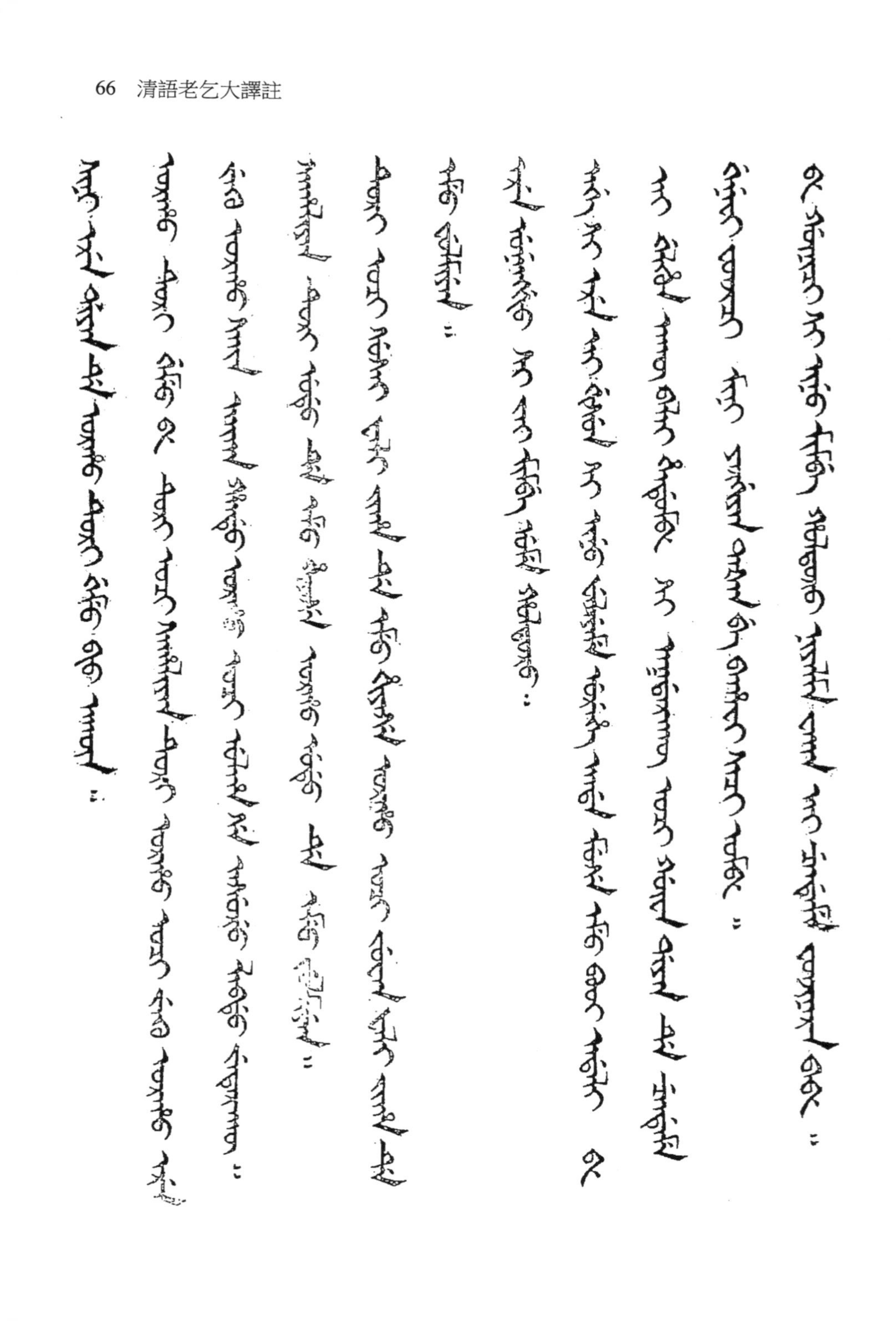

[illegible]

[illegible]

[illegible]

[illegible]

[illegible]

[illegible]

[illegible]

sini ere diyan de orho turi gemu bio akūn？
orho turi gemu bi, turi oci sahaliyan turi, orho oci jeku orho, ere jeku orho sain, aika handu orho oci ulha se asuru labdu jeterakū.
sahaliyan turi udu de emu hiyase？ orho udu de emu fulmiyen？
turi oci susai fali jiha de emu hiyase, orho oci juwan fali jiha de emu fulmiyen.
ere unenggio？ si jai mimbe ume holtoro.
age si ere ai gisun, si inu feliyeme urehe anda, muse emu booi adali, bi ai gelhun akū balai hendumbi, si akdarakū oci gūwa diyan de cendeme genefi fonjici, mini yargiyan tašan be bahafi saci ombi.
bi gūnici si inu mimbe holtoro niyalma waka, ai cendeme fonjinara babi.

---

你這店裡草豆都有嗎？
草豆都有，豆是黑豆，草是穀草，這穀草好，若是稻草時，牲口等多有不吃的。
黑豆多少一斗？草多少一捆？
豆是五十個錢一斗，草是十個錢一捆。
這是真的嗎？你不要再瞞我。
阿哥你這是什麼話？你也是走熟的客人，我們如同一家，我怎麼敢胡說，你不信的話，到別的店裡去試問，可得知我的真假。
我想你也不是騙我的人，有什麼去試問之處？

---

你这店里草豆都有吗？
草豆都有，豆是黑豆，草是谷草，这谷草好，若是稻草时，牲口等多有不吃的。
黑豆多少一斗？草多少一捆？
豆是五十个钱一斗，草是十个钱一捆。
这是真的吗？你不要再瞒我。
阿哥你这是什么话？你也是走熟的客人，我们如同一家，我怎么敢胡说，你不信的话，到别的店里去试问，可得知我的真假。
我想你也不是骗我的人，有什么去试问之处？

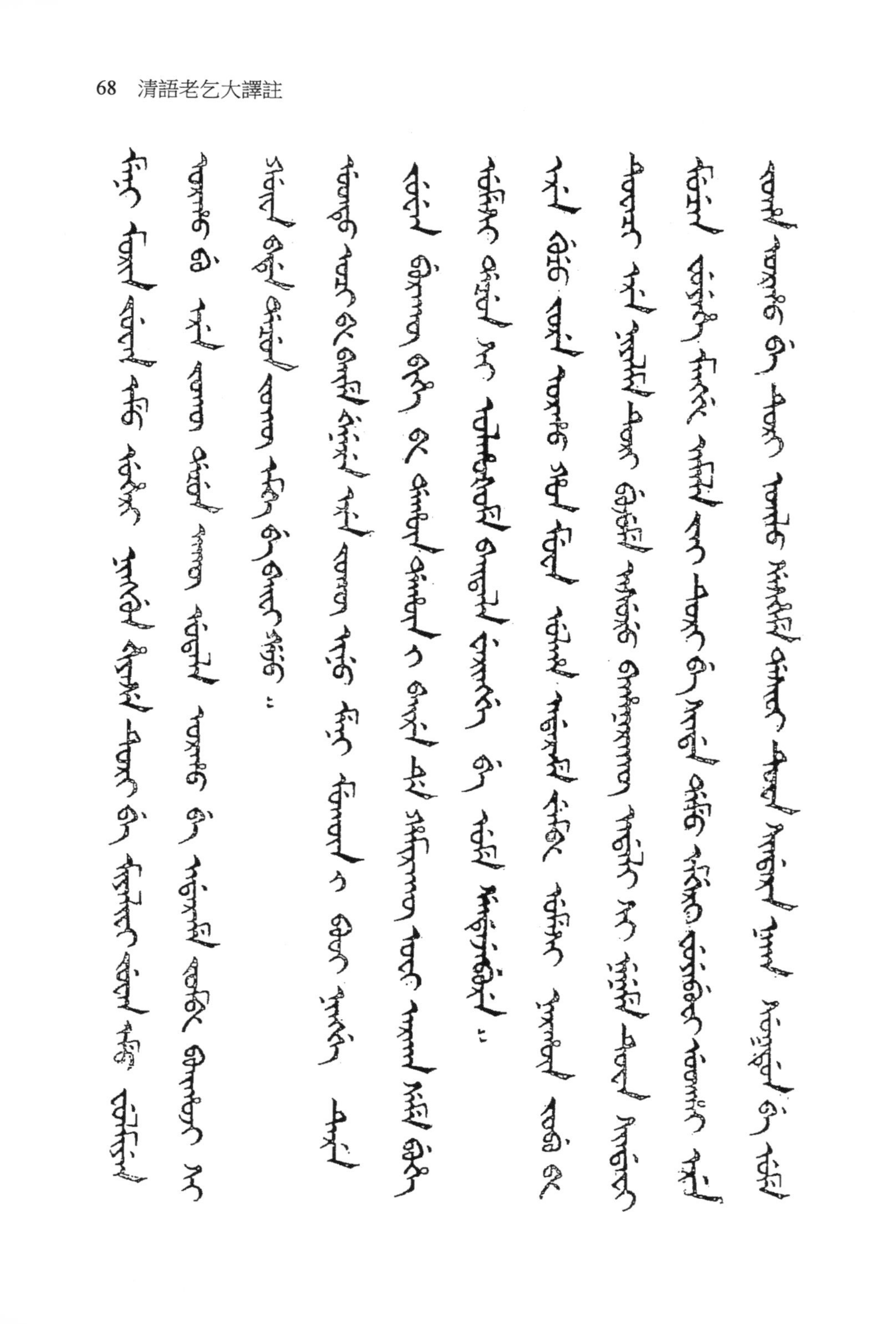

# 清語老乞大　卷二

meni morin juwan emu uheri ninggun hiyase turi be miyalifi juwan emu fulmiyen orho bu, ere jokū dacun akū, utala orho be adarame jombi, boihoji si gūwa bade dacun jokū emke be baifi gaju.
uttu oci bi baime genere, ere jokū inu meni mukūn i booi ningge, tere juwen burakū bihe, bi dahūn dahūn i baire de hamirakū ofi arkan seme buhe, umesi dacun, si olhošome baitala weringge be ume sendejebure.
ere gucu jore orho hon muwa, ulha adarame jembi, umesi narhūn jobu, bi tuwaci ere niyalma turi bujume asuru bahanarakū adali, si neneme tuwa sindafi mucen fuyehe manggi amala jai turi be sinda, damu emgeri fuyebufi uthai ere joha orho be turi oilo sesheme dasifi tuwa sindara naka, sukdun be ume

---

我們的馬十一匹，共量六斗豆，給十一捆草。這鍘刀不快，這麼多草，怎麼切得了，主人你到別處借一口快利的鍘刀拿來吧！
這樣的話，我去借，這口鍘刀也是我們同族人家的，他原來不肯借，因受不了我再三請求，好不容易才勉強給了，很鋭利，你小心些使用，不要把人家的刀口磞壞了。
這位伙伴切的草很粗，牲口怎麼吃，細細的切吧！我看這人好像不大會煮豆，你先燒火，鍋子滾了以後再放豆，只再一滾就將切了的草，撒在豆的上面覆蓋著，停止燒火，別讓它走了氣，

---

我们的马十一匹，共量六斗豆，给十一捆草。这铡刀不快，这么多草，怎么切得了，主人你到别处借一口快利的铡刀拿来吧！
这样的话，我去借，这口铡刀也是我们同族人家的，他原来不肯借，因受不了我再三请求，好不容易才勉强给了，很锐利，你小心些使用，不要把人家的刀口磞坏了。
这位伙伴切的草很粗，牲口怎么吃，细细的切吧！我看这人好像不大会煮豆，你先烧火，锅子滚了以后再放豆，只再一滚就将切了的草，撒在豆的上面覆盖着，停止烧火，别让它走了气，

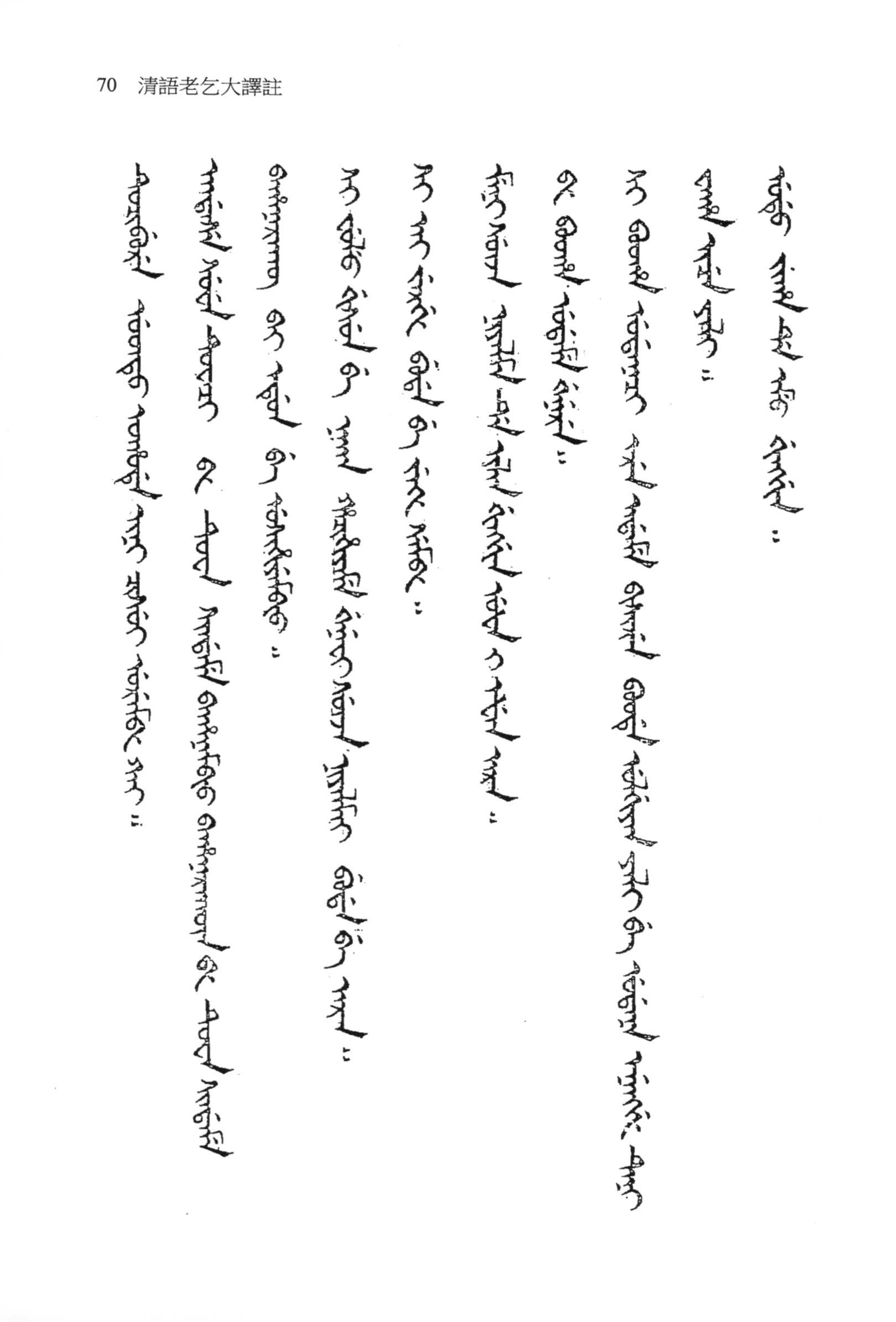

tucibure, uttu ohode ini cisui urembi kai.
andase suwe tuwaci, bi tuwa sindame bahanambio bahanarakūn？ bi tuwa sindame bahanarakū bai edun be usihiyembio？
si fulu gisun be naka, hacihiyame genefi sunja niyalmai buda be ara.
si ai jergi buda be jeki sembi.
meni sunja niyalma de ilan ginggin ufa i efen ara.
bi booha udame genere.
si booha udanaci, ere adame bisire boode ulgiyan yali be udana, enenggi teni waha ice yali.
udu jiha de emu ginggin？

---

這樣的話，自然而然就熟了啊！
客人們你們看，我會不會燒火呢？我若是不會燒火，不是白白喝風嗎？
你不要多說話，趕緊去做五人份的飯吧！
你想吃什麼樣的飯呢？
給我們五個人做三斤麵的餅吧！
我去買菜餚。
你若去買菜餚，到隔壁家去買豬肉，是今天才殺的新肉。
多少錢一斤？

---

这样的话，自然而然就熟了啊！
客人们你们看，我会不会烧火呢？我若是不会烧火，不是白白喝风吗？
你不要多说话，赶紧去做五人份的饭吧！
你想吃什么样的饭呢？
给我们五个人做三斤面的饼吧！
我去买菜肴。
你若去买菜肴，到隔壁家去买猪肉，是今天才杀的新肉。
多少钱一斤？

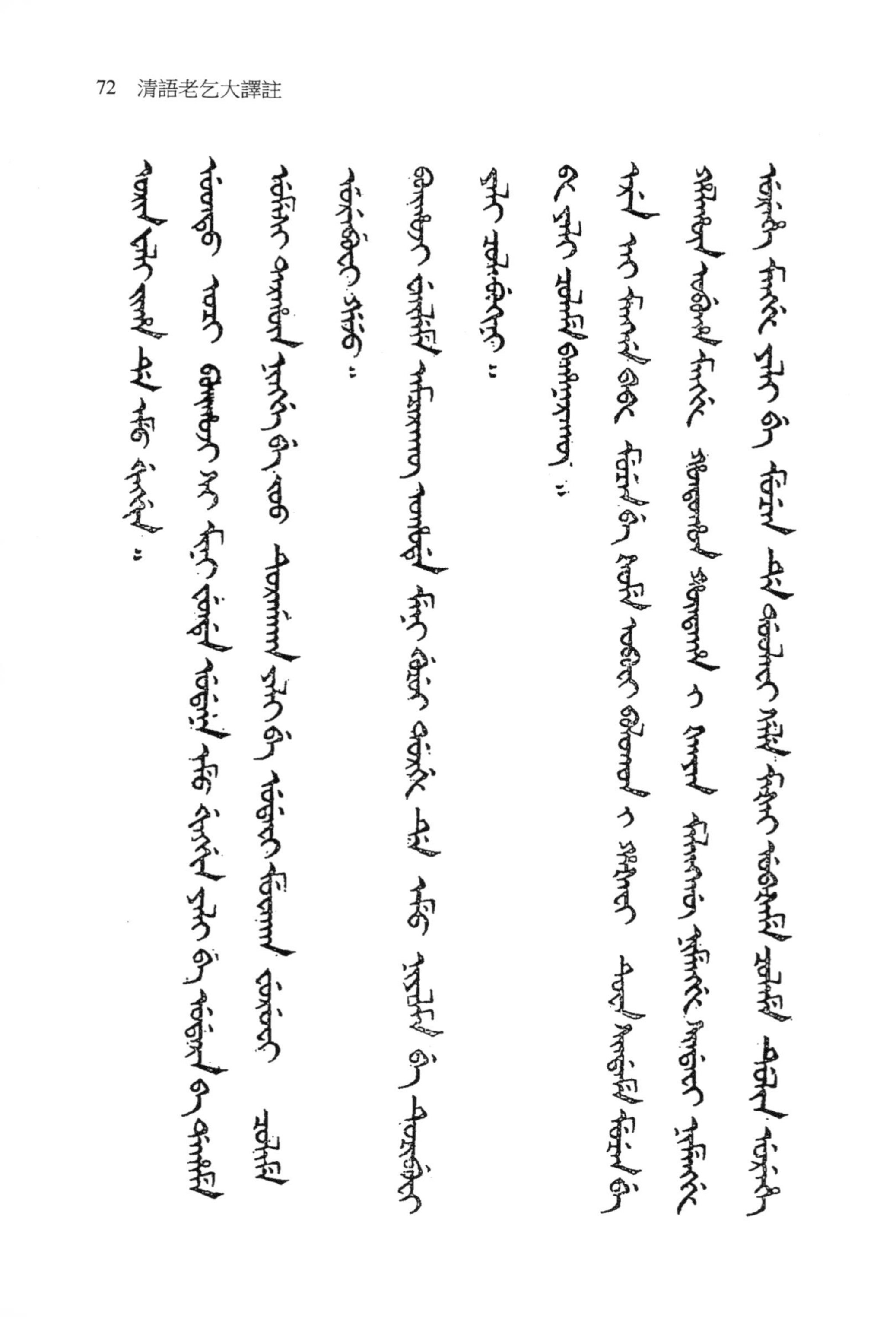

orin fali jiha de emu ginggin.
uttu oci boihoji si mini funde udana, emu ginggin yali be udara be dahame, umesi tarhūn ningge be joo, turgakan yali be udafi muwakan furufi colame urebufi gaju.
boihoji weileme amcarakū ohode, meni gucui dorgi de emu niyalma be tucibufi yali colabukini.
bi yali colame bahanarakū.
ere ai mangga babi, mucen be šome obofi bolokon i hašafi, tuwa sindame mucen be halhūn obuha manggi, hontohon hūntaha i šanyan malanggū nimenggi[1] sindafi, nimenggi urehe manggi yali be mucen de doolafi sele mašai ubašame colame dulin urehe

---

二十個錢一斤。
這樣的話，主人你替我去買，因為買一斤肉，所以不要太肥的，買瘦一點的肉，切大塊一點炒熟了拿來吧！
主人如果來不及做，我們伙伴裡頭，派出一人來炒肉吧！
我不會炒肉。
這有什麼難處，把鍋刷洗乾淨，燒火，鍋熱時放進半盞白麻油，油沸後把肉倒進鍋裡，用鐵勺翻炒半熟後

---

二十个钱一斤。
这样的话，主人你替我去买，因为买一斤肉，所以不要太肥的，买瘦一点的肉，切大块一点炒熟了拿来吧！
主人如果来不及做，我们伙伴里头，派出一人来炒肉吧！
我不会炒肉。
这有什么难处，把锅刷洗干净，烧火，锅热时放进半盏白麻油，油沸后把肉倒进锅里，用铁勺翻炒半熟后

---

1　“šanyan malanggū nimenggi”，漢文意即「香油」或「芝麻油」。

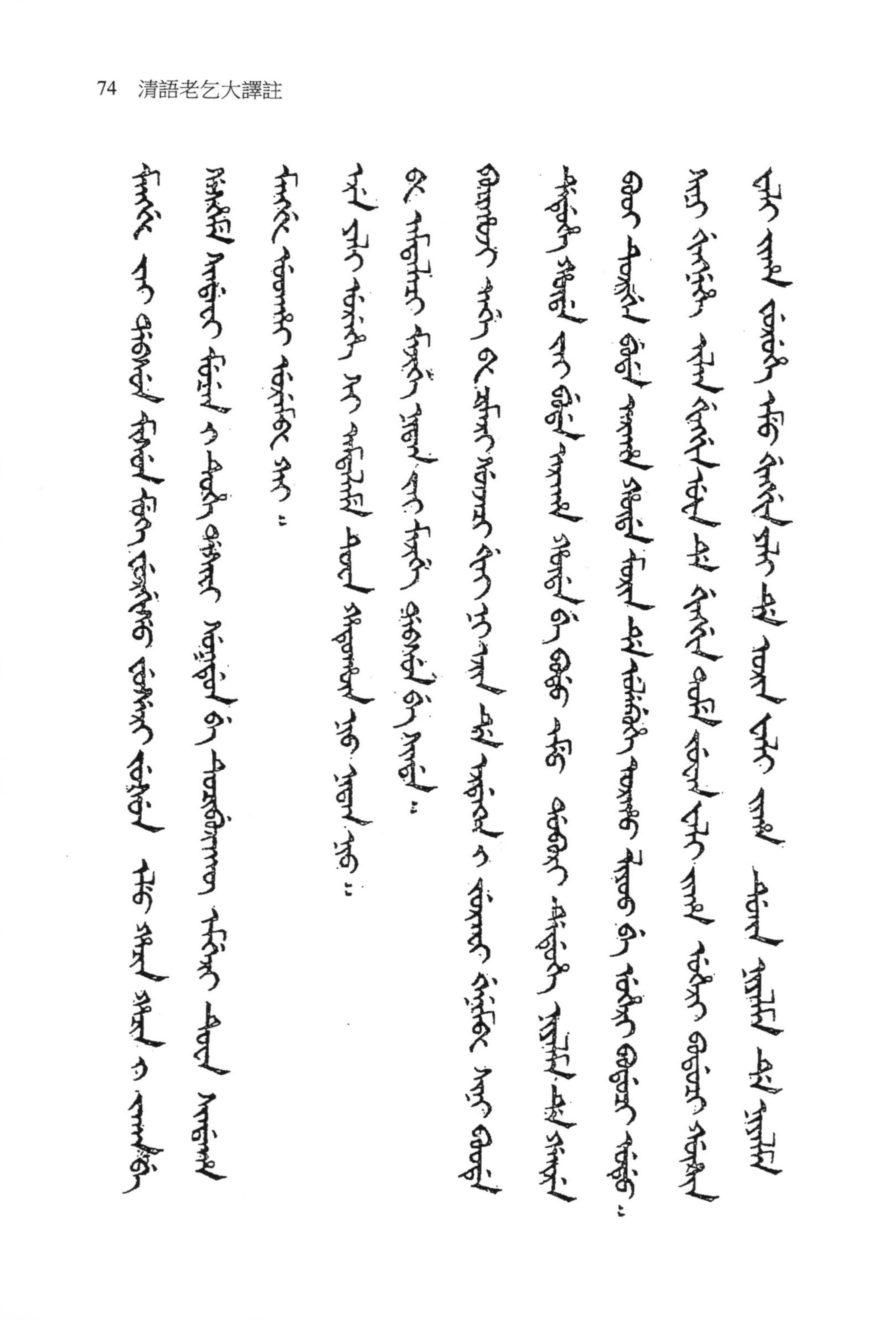

[illegible]

manggi, jai dabsun misun muke furgisu fuseri[1] jušun elu hacin hacin i jaka be sesheme sindafi, mucen i tuhe dasifi, sukdun be tuciburakū, emgeri tuwa sindaha manggi uthai urembi kai.
ere yali urehe si amtalame tuwa, hatuhūn nio？ nitan nio？
bi amtalaci majige nitan, jai majige dabsun be sinda.
boihoji age bi cimari sunjaci ging ni erin de erdeken i jurafi genembi, sini boode deduhe hūda jai buda araha hūda be bodo, emu dobori deduhe niyalma de gaire booi turigen, buda araha hūda morin de ulebuhe orho liyoo be uheri bodoci udu？ sini gingnehe ilan ginggin ufa de, ginggin tome juwan fali jiha uheri bodoci gūsin fali jiha, furuhe emu ginggin yali de orin fali jiha, duin niyalma de niyalma

---

再把鹽、醬水、生薑、花椒、醋、葱各樣物料撒進去，把鍋蓋覆蓋上去，不讓它出氣，燒一次火以後就熟了啊！
這肉熟了，你嚐嚐看，鹹淡如何？
我嚐得有一點淡，再放些鹽吧！
主人阿哥，我明天五更時分早點啟行，在你府上住宿的價錢及做飯的價錢算一算吧！一個晚上住宿的人所需房錢，做飯的價錢，餵馬的草料，總計多少？
你稱了三斤麵，每斤十個錢，共計三十個錢，切了一斤肉二十個錢，四個人，

---

再把盐、酱水、生姜、花椒、醋、葱各样物料撒进去，把锅盖覆盖上去，不让它出气，烧一次火以后就熟了啊！
这肉熟了，你尝尝看，咸淡如何？
我尝得有一点淡，再放些盐吧！
主人阿哥，我明天五更时分早点启行，在你府上住宿的价钱及做饭的价钱算一算吧！一个晚上住宿的人所需房钱，做饭的价钱，喂马的草料，总计多少？
你称了三斤面，每斤十个钱，共计三十个钱，切了一斤肉二十个钱，四个人，

---

1　“fuseri”，《清文總彙》作「花椒」解，韓文諺解作「川椒」。

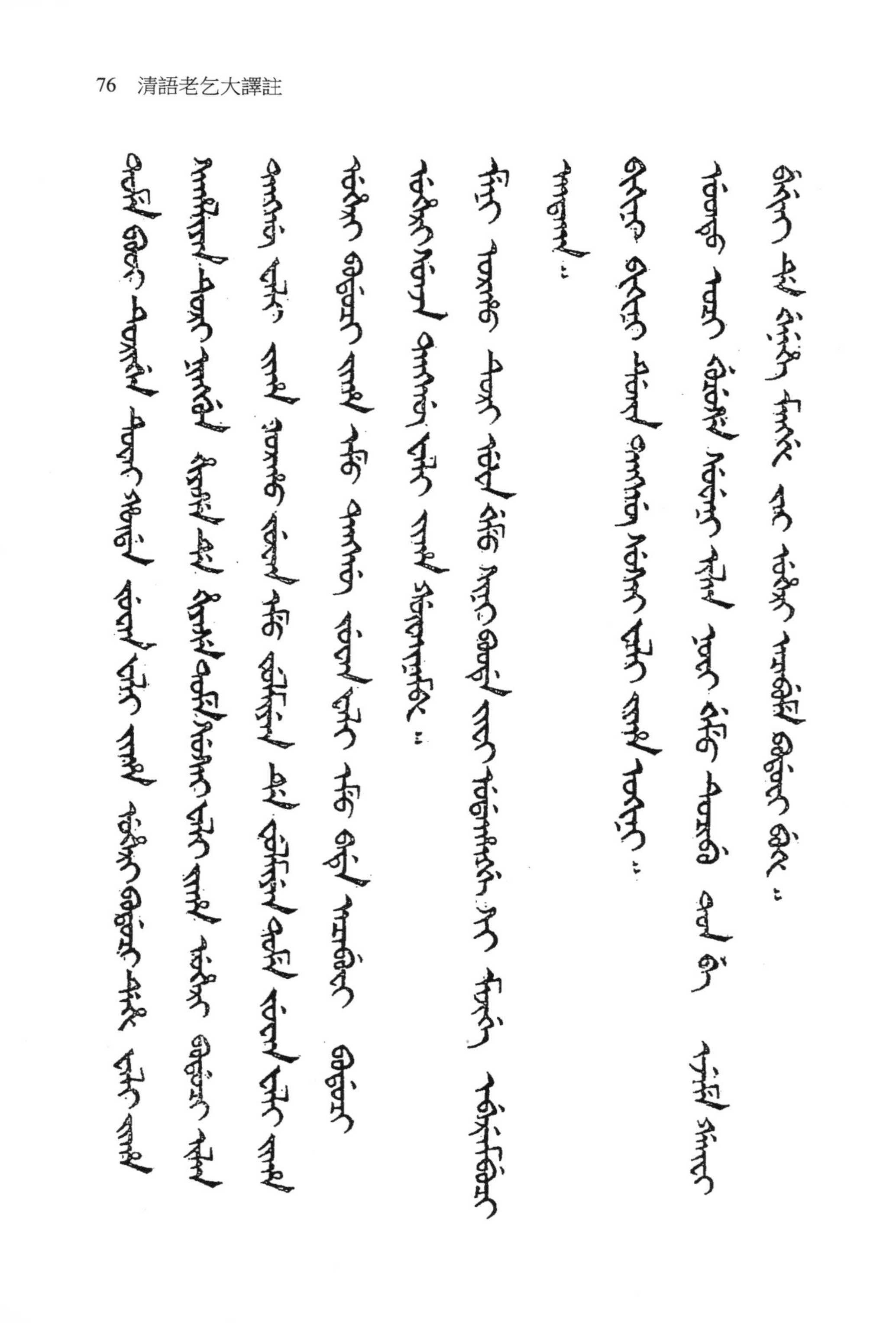

[illegible]

[illegible]

[illegible]

[illegible]

[illegible]

[illegible]

[illegible]

[illegible]

[illegible]

tome booi turigen, tuwai hūda juwan fali jiha, uheri bodoci dehi fali jiha, sahaliyan turi ninggun hiyase de, hiyase tome susai fali jiha, uheri bodoci ilan tanggū fali jiha, orho juwan emu fulmiyen de, fulmiyen tome juwan fali jiha, uheri bodoci jiha emu tanggū juwan fali, emu bade acabufi bodoci, uheri sunja tanggū fali jiha gūwainambi.
meni orho turi ufa gemu sini boode jifi udahangge, si majige eberembuci antanka.
bikini bikini, duin tanggū susai fali jiha okini.
uttu oci gucuse suweni ilan nofi gemu tucibu, ton be ejeme gaifi beging de genehe manggi, jai uheri acabume bodofi buki.

---

每人房錢及火錢十個錢，共計四十錢，黑豆六斗，每斗五十個錢，共計三百個錢，草十一捆，每捆十個錢，共計一百一十個錢，合計該五百個錢。
我們的草豆麵，都是來你家買的，你少算一點如何？
好吧！好吧！就算四百五十個錢吧！
若是這樣，伙伴們你們三人都出，記著數目，到北京時，再合計總數給吧！

---

每人房钱及火钱十个钱，共计四十钱，黑豆六斗，每斗五十个钱，共计三百个钱，草十一捆，每捆十个钱，共计一百一十个钱，合计该五百个钱。
我们的草豆面，都是来你家买的，你少算一点如何？
好吧！好吧！就算四百五十个钱吧！
若是这样，伙伴们你们三人都出，记着数目，到北京时，再合计总数给吧！

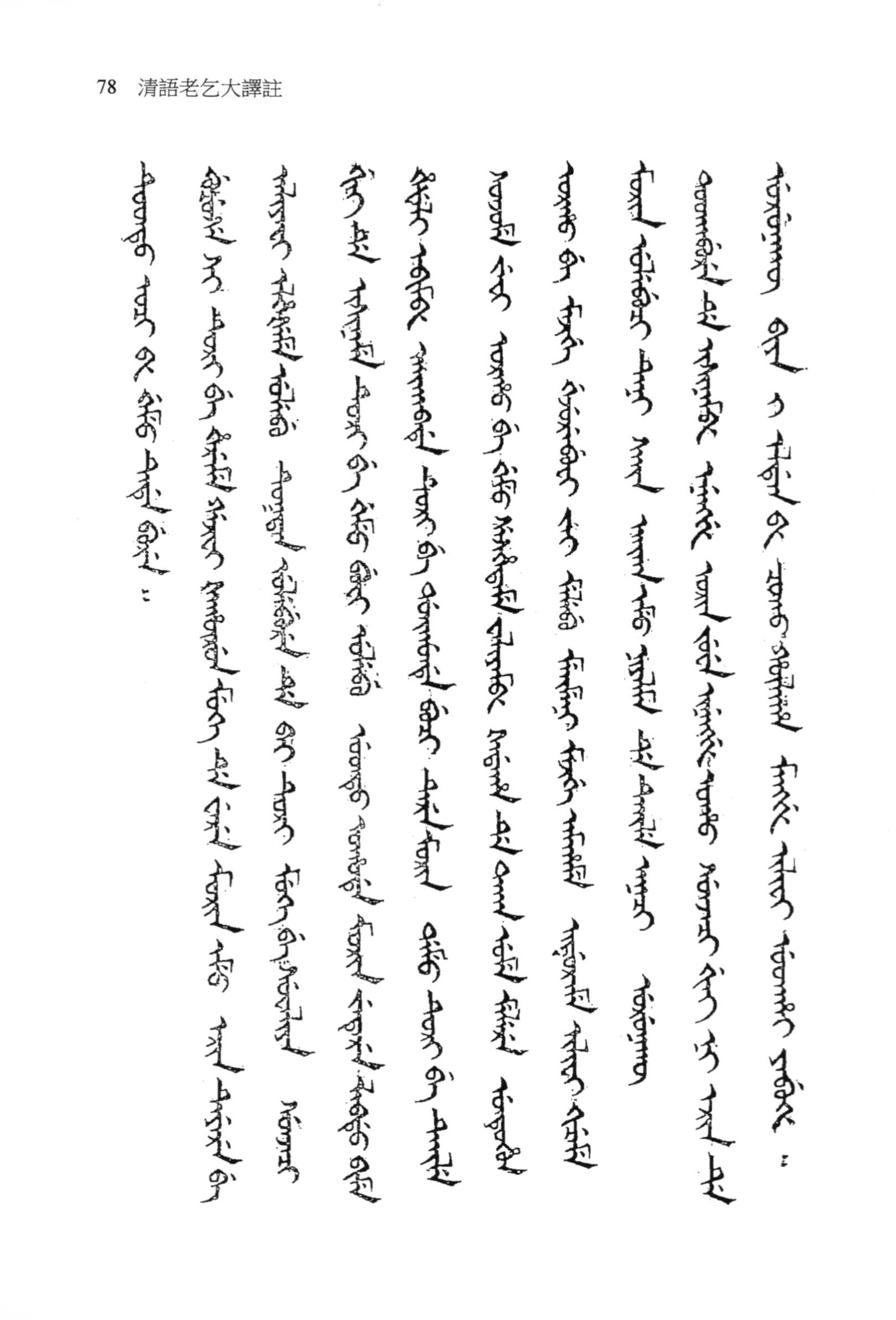

tuttu oci bi gemu tede bure.
gucuse si turi be hereme gajifi šahūrun muke de were, morin emu erin teyere be aliyafi elhešeme ulebu, tuktan ulebure de bai turi muke be suwaliya, sunjaci ging de isiname turi be gemu bufi ulebu, uttu ohode morin jetere labdu bime hefeli ebimbi, aikabade turi be doigonde buci, tere morin damu turi be teile sonjome jefi, orho be gemu seshetame waliyambi, šadaha de taka ume melere, untuhun orho be majige gejurebufi jai melebu, meimeni majige amhame idurame ilifi kiceme morin ulebuci teni sain, aika emu niyalma de teile anaci, urunakū tookabure de isinambi, enenggi orin juwe inenggi oho, sunjaci ging ni erin de urunakū biya i elden bi, coko hūlaha manggi ilifi uthai yabuki.

---

若是那樣，我都給他。
伙伴們你們把豆撈出來，在冷水裡泡著，等馬歇息一會兒慢慢的餵，開始餵時，只將豆和水拌著，到五更時將豆都給牠吃，若是這樣時，馬吃的多，且肚子能飽。倘若先給豆時，那馬只揀了豆吃，將草都拋撒了。疲乏時暫勿飲水，等吃一點空草後再飲。各自睡一會兒，輪著起來勤快餵馬才好。如果只推在一人身上，必致躭誤。今天是二十二日，五更時候一定有月光，鷄叫時起來便走吧！

---

若是那样，我都给他。
伙伴们你们把豆捞出来，在冷水里泡着，等马歇息一会儿慢慢的喂，开始喂时，只将豆和水拌着，到五更时将豆都给牠吃，若是这样时，马吃的多，且肚子能饱。倘若先给豆时，那马只拣了豆吃，将草都抛撒了。疲乏时暂勿饮水，等吃一点空草后再饮。各自睡一会儿，轮着起来勤快喂马才好。如果只推在一人身上，必致躭误。今天是二十二日，五更时候一定有月光，鸡叫时起来便走吧！

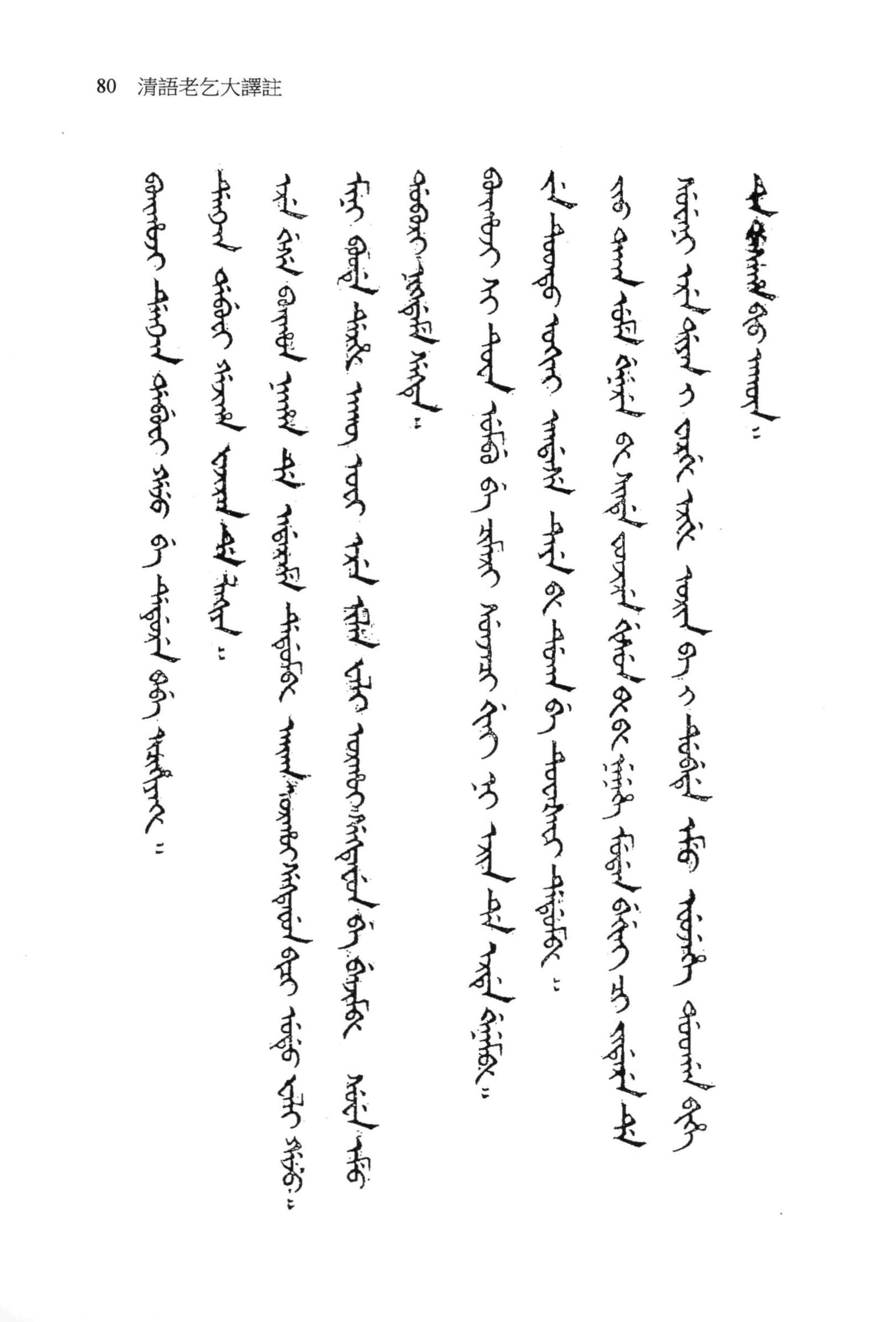

boihoji dengjan dabufi gaju, be dedure babe icihiyaki.
dengjan dabufi gajiha, fajiran de lakiya.
ere gese boihon nahan de adarame dedumbi, aika orhoi sektefun bici udu fali gaju.
mini boode derhi akū ofi, ere ilan fali orhoi sektefun be benjimbi, suwe emu dobori nikedeme sekte.
boihoji si tuwa umbu, be cimari sunjaci ging ni erin de erde genembi.
je tuttu okini, andase teye, bi duka be tuwašafi dedumbi.
jio taka ume genere, bi sinde fonjire gisun bi, bi nenehe mudan beging ci jidere de, suweni ere diyan i wargi ergi orin ba i dubede, emu efujehe doogan bihe, te dasaha bio akūn？

---

主人家點個燈拿來，我們整理睡處。
燈點著拿來了，掛在牆壁上。
像這樣的土炕上面怎麼睡，若有草蓆的話，拿幾塊來吧！
因為我家沒有蘆蓆，所以送來這三塊草蓆，你們將就鋪一個晚上吧！
主人家你把火埋起來，我們明天五更時候清早就走。
是，就那樣吧！客人們歇息，我看看門戶後就睡。
來吧！暫且不要走，我有話問你，我上回由北京來時你們這店西邊二十里處，有一座橋塌了，現在修好了沒有？

---

主人家点个灯拿来，我们整理睡处。
灯点着拿来了，挂在墙壁上。
像这样的土炕上面怎么睡，若有草席的话，拿几块来吧！
因为我家没有芦席，所以送来这三块草席，你们将就铺一个晚上吧！
主人家你把火埋起来，我们明天五更时候清早就走。
是，就那样吧！客人们歇息，我看看门户后就睡。
来吧！暂且不要走，我有话问你，我上回由北京来时你们这店西边二十里处，有一座桥塌了，现在修好了没有？

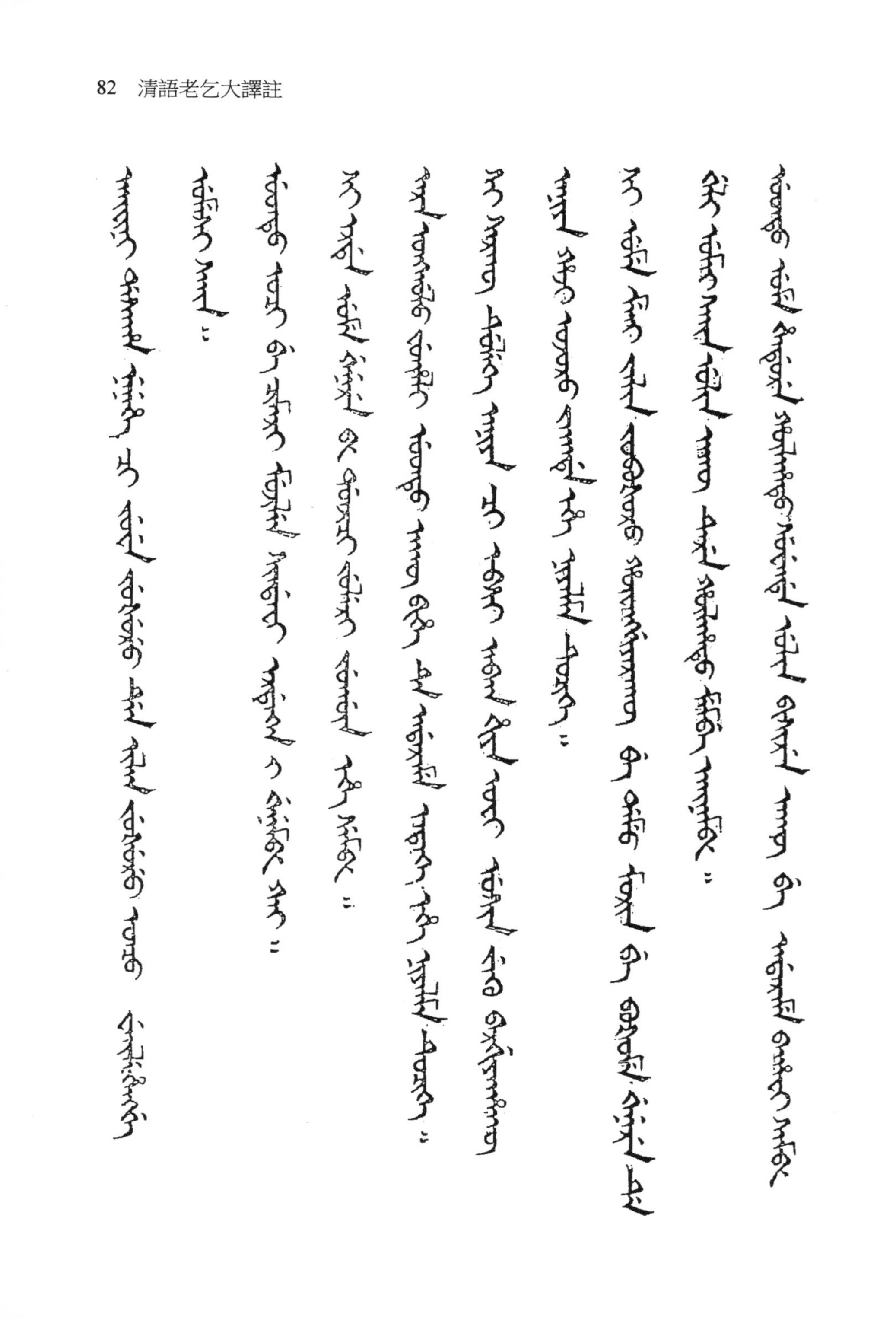

[illegible]

[illegible]

[illegible]

[illegible]

[illegible]

[illegible]

[illegible]

[illegible]

[illegible]

aifini dasaha, nenehe ci juwe jušuru den ilan jušuru onco, weilehengge umesi sain.
uttu oci, be cimari mujilen sindafi erdeken i genembi kai.
si erde ume genere, bi donjici juleri jugūn ehe sembi.
ara onggolo fuhali uttu akū bihe, te adarame enteke ehe niyalma tucike.
si sarkū, duleke aniya ci ebsi abka hiya ofi, usin jeku bargiyahakū, aniya haji ojoro jakade, ehe niyalma tucike.
si ume meni jalin jobošoro hūwanggiyarakū, be damu morin be bošome genere de, geli umai sain ulin akū, tere hūlhatu[1] membe ainambi？
uttu ume hendure, hūlhatu suwende ulin bisire akū be adarame bahafi sambi,

---

早已修好了，比以前高二尺，寬三尺，做的很好。
若是這樣，我們明天可以放心早早的去啊！
你不要早去，我聽說前頭路不好。
哎呀！以前一點也沒有這樣過，現在怎麼有這樣的歹人出現呢？
你不知道，從去年以來，因天旱，田禾欠收，年歲飢荒，所以歹人出來。
你不用為我們擔心，不要緊，我們只是趕幾匹馬去，又並沒有什麼好財貨，那賊徒要把我們怎樣？
不要這樣說，賊徒怎麼知道你們有無財物，

---

早已修好了，比以前高二尺，宽三尺，做的很好。
若是这样，我们明天可以放心早早的去啊！
你不要早去，我听说前头路不好。
哎呀！以前一点也没有这样过，现在怎么有这样的歹人出现呢？
你不知道，从去年以来，因天旱，田禾欠收，年岁饥荒，所以歹人出来。
你不用为我们担心，不要紧，我们只是赶几匹马去，又并没有什么好财货，那贼徒要把我们怎样？
不要这样说，贼徒怎么知道你们有无财物，

---

1 “hūlhatu”，意即「賊徒」，與“hūlha”「盜賊」，詞義相近。

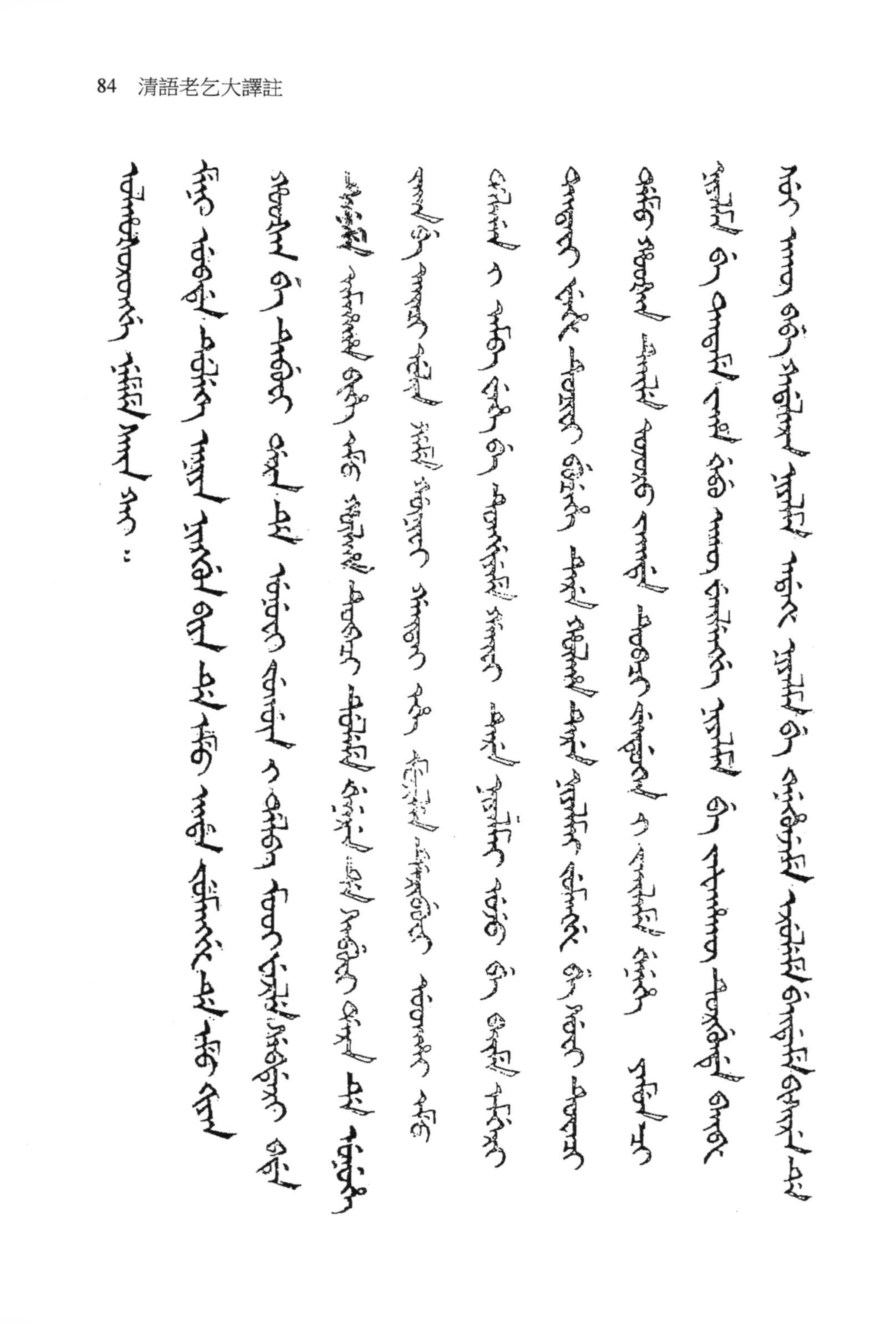

[illegible]

olhošorongge nememe sain kai.
meni ubade duleke aniya ninggun biya de, emu anda jumanggi de emu kiyan hoošan be tebufi, dara de unufi jugūn i dalba mooi fejile sebderi bade teyeme amhaha[1] bihe, emu hūlha emu tubaci duleme genere de sabufi, dara de unuhe jaka be ainci ulin seme gūnifi, gaitai ehe mujilen deribufi, uthai emu dalgan i amba wehe be tunggiyeme gaifi, tere niyalmai uju be baime emgeri tantafi fehi tucifi bucehe, tere hūlha tere niyalmai jumanggi be sufi tuwaci, damu hoošan teile ojoro jakade, tubaci jenduken i jailame genehe, yamun ci niyalma be tantame waha gebu akū weilengge niyalma be jafahakū turgunde, baibi sui akū babe kadalara niyalma, adaki niyalma be kenehunjeme eruleme beideme bisire de

---

小心些比較好。
去年六月我們這裡有一個客人在纏帶裡裝著一卷紙，背在腰上，在路旁樹底下蔭涼地方歇息睡著，被一個賊從那裡走過看見了，以為腰上所背的東西是錢財，突生惡念，就揀起一塊大石頭把那人的頭上打了一下，打出腦漿來死了。那賊把那人的纏帶解開來看時，因為只是紙，就從那裡悄悄的躲避走了，官府捉不到打死沒有名字的罪犯，白白地把無辜的地主及近鄰人疑猜刑訊，

---

小心些比较好。
去年六月我们这里有一个客人在缠带里装着一卷纸，背在腰上，在路旁树底下荫凉地方歇息睡着，被一个贼从那里走过看见了，以为腰上所背的东西是钱财，突生恶念，就拣起一块大石头把那人的头上打了一下，打出脑浆来死了。那贼把那人的缠带解开来看时，因为只是纸，就从那里悄悄的躲避走了，官府捉不到打死没有名字的罪犯，白白地把无辜的地主及近邻人疑猜刑讯，

---

1 漢語「睡了」，滿文讀如“amgaha”，此作“amhaha”，異。

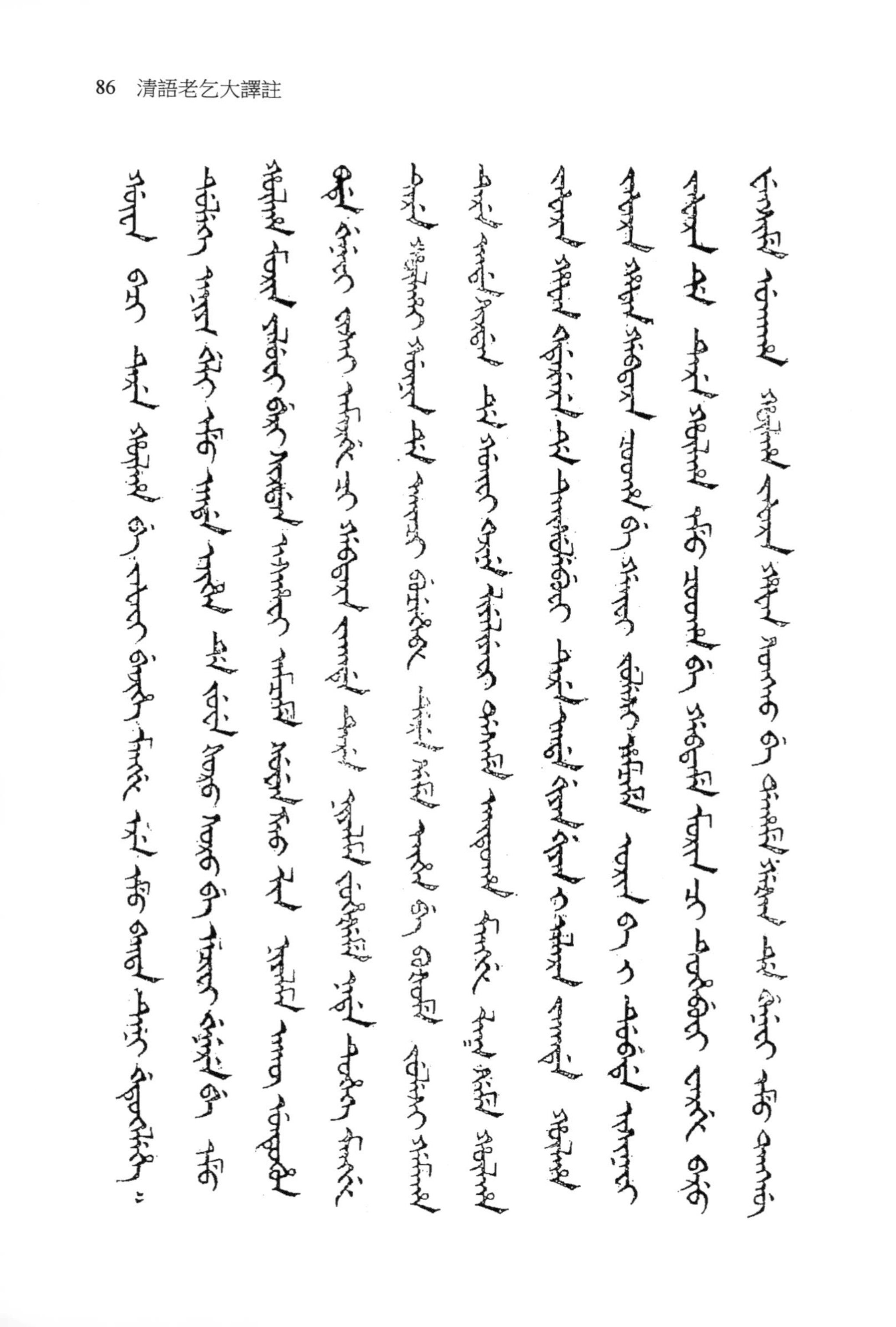

gūwa baci tere hūlha be jafafi benjihe manggi, ere emu baita teni getukelehe.
duleke aniya geli emu anda, eihen de juwe šoro soro be acifi genere be, emu hūlha morin yalufi beri sirdan ashafi amcame, suwen dzao lin niyalma akū untuhun bade genefi, fisai amargi ci gabtara jakade, tere niyalma fuhešeme nade tuheke manggi, tere hūlhai gūnin de ainci bucehebi dere seme, eihen be bošome julesi gamaha, tere anda sirdan de goifi kejine liyeliyefi dasame aituha manggi, lak seme hūlha jafara hafan kederere de teisulebufi tere anda giyan giyan i alara jakade, hūlha jafara hafan gabtara cooha be gaifi, julesi amcame orin ba i dubede isinafi jafara de, tere hūlha emu cooha be gabtame morin ci tuhebufi, wargi baru feksime ukaha, hūlha jafara hafan songko be dahame gašan de genefi, emu tanggū

---

別處將那賊捉住送來後，這一件事才弄清楚了。
去年又有一個客人，驢背上馱著兩筐棗子行路時，有一個騎馬的賊帶著弓箭，從後頭追上來，走到酸棗林無人空曠地方，從背後射箭，那人滾落地上後，那賊心想已經死了，便趕著那驢子往前走。那位客人中箭昏迷許久甦醒過來時，恰巧碰到捕盜官來巡邏，那位客人清清楚楚的稟告，捕盜官帶著弓兵，往前走到二十里地方捉拏時，那賊射中一兵，從馬上跌下來，向西逃跑。捕盜官跟蹤到村裡，

---

别处将那贼捉住送来后，这一件事才弄清楚了。
去年又有一个客人，驴背上驮着两筐枣子行路时，有一个骑马的贼带着弓箭，从后头追上来，走到酸枣林无人空旷地方，从背后射箭，那人滚落地上后，那贼心想已经死了，便赶着那驴子往前走。那位客人中箭昏迷许久苏醒过来时，恰巧碰到捕盗官来巡逻，那位客人清清楚楚的禀告，捕盗官带着弓兵，往前走到二十里地方捉拏时，那贼射中一兵，从马上跌下来，向西逃跑。捕盗官跟踪到村里，

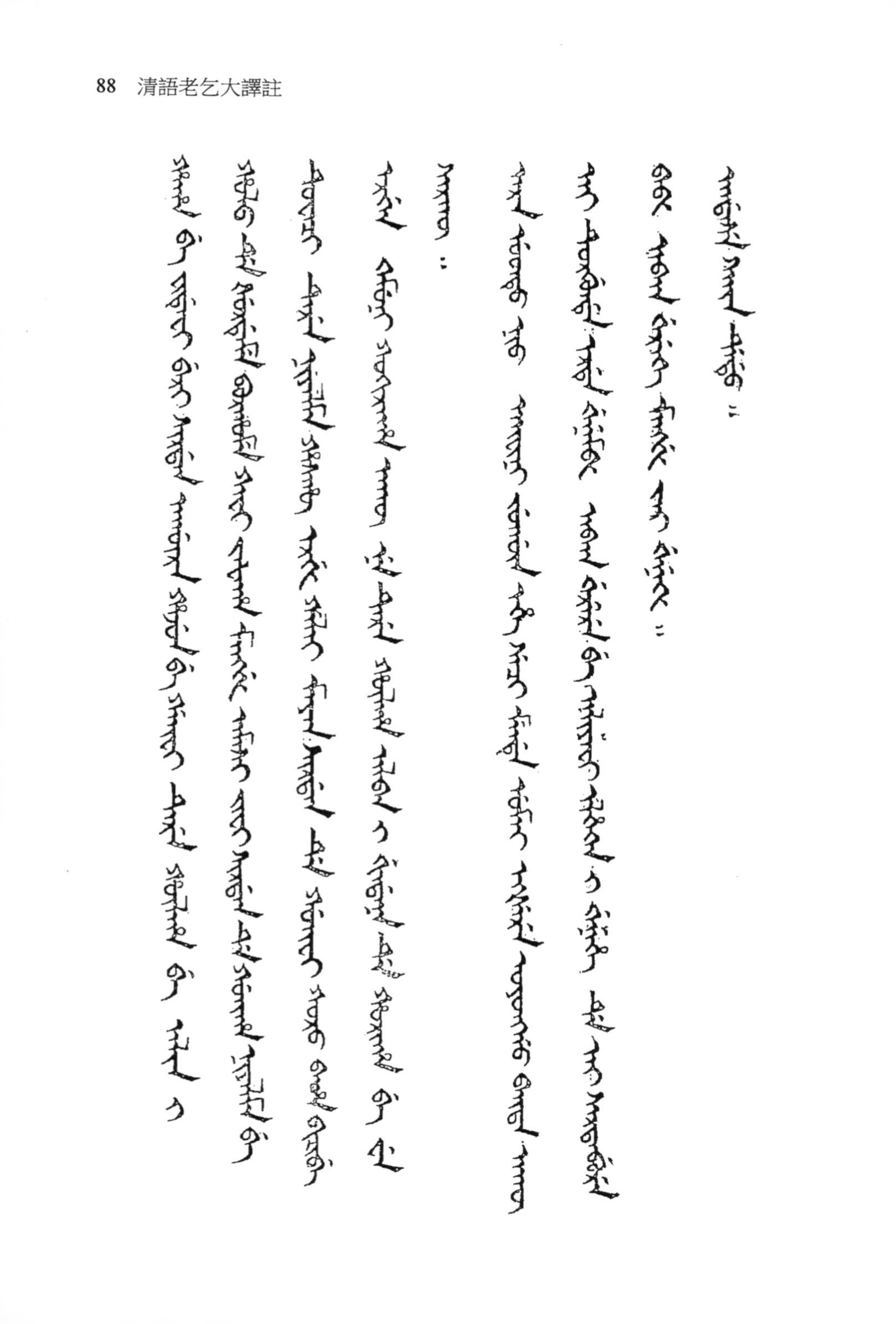

haha be fidefi beri sirdan agūra hajun be gaifi, tere hūlha be alin i holo de šurdeme borhome kafi jafaha manggi, amasi jifi sirdan de goiha niyalma be tuwaci, tere niyalma hashū ergi galai mayan sirdan de goifi koro baha bicibe, ergen kemuni kokiraha akū, ne tere hūlha alban i gindana de horiha be we sarkū？
ara uttu nio, aifini jugūn ehe seci, mende umai ekšere oyonggo baita akū, ai turgunde erde genembi, abka gerere be aliyafi elheken i genehe de ai sartabure babi, abka gereke manggi jai geneki.
andase sain dedu.

---

調了一百個壯丁，帶了弓箭器械，在山谷周圍包圍拏獲那賊後回來看那中箭的人，那人左胳膊雖然中箭受傷，尚非致命，現在那賊在官牢內監禁著，誰不知道呢？
哎呀！既然這樣，早說路上不好的話，我們並無緊急事情，何故早走，等到天亮時慢慢的去有何躭誤之處，天亮時再走吧！
客人們好好睡吧！

---

调了一百个壮丁，带了弓箭器械，在山谷周围包围拏获那贼后回来看那中箭的人，那人左胳膊虽然中箭受伤，尚非致命，现在那贼在官牢内监禁着，谁不知道呢？
哎呀！既然这样，早说路上不好的话，我们并无紧急事情，何故早走，等到天亮时慢慢的去有何躭误之处，天亮时再走吧！
客人们好好睡吧！

ᠪᡝᡳᡤᡝᠨ ᡳ ᠰᡳᠨᡳ ᡴᠣᡵᡳᠨ ᠪᡝ ᡨᡠᠸᠠᠴᡳᡴᡳᠶᠠᠮᡝ ᡤᡝᠮᡠ ᠰᡠᡤᠠᠯᠠ ᠪᡝ ᡨᡠᠸᠠᠮᡝ ᠪᡠᡵᡝ ᠪᡝᠰᡝ

ᠶᠠᠮᡳ ᡤᡝᠨᡝ ᡨᡠᠸᠠᠮᡝ ᡥᡠᠶᠠᠮᡝ ᠰᠠᡳᠨ ᠰᡝᠮᡝ ᠪᡳ ::

ᡤᡝᠮᡠ ᠪᡠᡵᡝ ᠪᡠᠮᡝ ᠮᡠᡨᡝᠮᡝ ᠰᠠᡳᠨ ᠪᡳ ::

ᡤᡝᠮᡠ ᠪᡠᡵᡝ ᡨᡠᠸᠠᠮᡝ ᠰᡝᠮᡝ ᠪᡳ ::

ᡥᠣᠨᡳᠨ ᡴᠣᠰᡳᠨ ᠶᠠᡴᡳᠨ ᡥᡠᠸᠠᠮᡝ ᡥᡠᠸᠠᠮᡝ ᡳ ᠮᠣᡵᡳᠨ ᠪᡝ ᡩᡝᠪᡝᠯᡳ ᠰᡝᠮᡝ ᠪᡳ ᡳ ᡥᠣᠨᡳᠨ ᠪᡝ ᠰᠠᡳᠨ ᠮᠣᡵᡳᠨ

ᡥᠣᠨᡳᠨ ᡨᡠᠸᠠᠮᡝ ᠪᡝ ᡨᡠᠸᠠᠮᡝ ::

ᡥᡠᠯᡥᠠ ᠮᠣᡵᡳᠨ ᡤᡝᠮᡠ ᠪᡝᡩᡝᠯᡳ ᡤᡝᠨᡝ ᠪᡝᡩᡝᠮᡝ ᠪᡳ ::

ᠪᡝᠰᡝ ᠴᠠᡵᠠᠮᡝ ᡳ ᠮᠣᡵᡳᠨ ᠪᡝ ᠰᡝᠮᡝ ᠪᡳᠰᡳᡵᡝ ᡨᡝᡵᡝ ᡩᡠᡴᡳᠶᠠᠮᡝ ::

ᠪᠣᠴᠣ ᠰᠠᡳᠨ ᠪᠣᠴᠣᠩᡤᠣ ᡩᠣᠰᡳᡵᡝ ᠪᡝᠰᡝ ᡤᡝᠮᡠ ᡥᡠᠸᠠᠮᡝ ᠰᡝ ᡨᡠᠸᠠᠴᡳᡴᡳᠶᠠᠮᡝ ᡥᡠᠸᠠᠮᡝ ᠰᡝᠮᠪᡳᡵᡝ ::

ᡤᡝᠮᡠ ᠪᡝᠰᡝ ᡳ ᠪᡠᠴᡳᠯᡳ ᠪᡳ ::

boihoji bi geli emu baita be onggoho, meni ere morin be melehekū, ere teyere šolo de meleme geneki, aibide hūcin bi？
tere booi amala hūcin bi.
muke tatakū bio akūn？
hūcin umesi micihiyan futai tatakū i muke be tatambi, hūcin i dalbade morin melere wehei huju bi.
uttu oci tatakū futa be gemu baifi gaju.
gemu hūcin i dalbade bi.
geli sinde gisun dacilame fonjiki, tere tatakū muke de irurakū oci ainambi？

---

主人家我又忘了一件事，我們這馬不曾飲水，歇息的工夫去飲水，哪裡有井？
那房子的後面有井。
有沒有打水的吊桶呢？
井很淺，用繩吊桶打水，井旁有飲馬的石槽。
若是這樣，把吊桶、吊繩都找來吧！
都在井旁。
還有話請問你，那吊桶若不沈水怎麼辦？

---

主人家我又忘了一件事，我们这马不曾饮水，歇息的工夫去饮水，哪里有井？
那房子的后面有井。
有没有打水的吊桶呢？
井很浅，用绳吊桶打水，井旁有饮马的石槽。
若是这样，把吊桶、吊绳都找来吧！
都在井旁。
还有话请问你，那吊桶若不沈水怎么办？

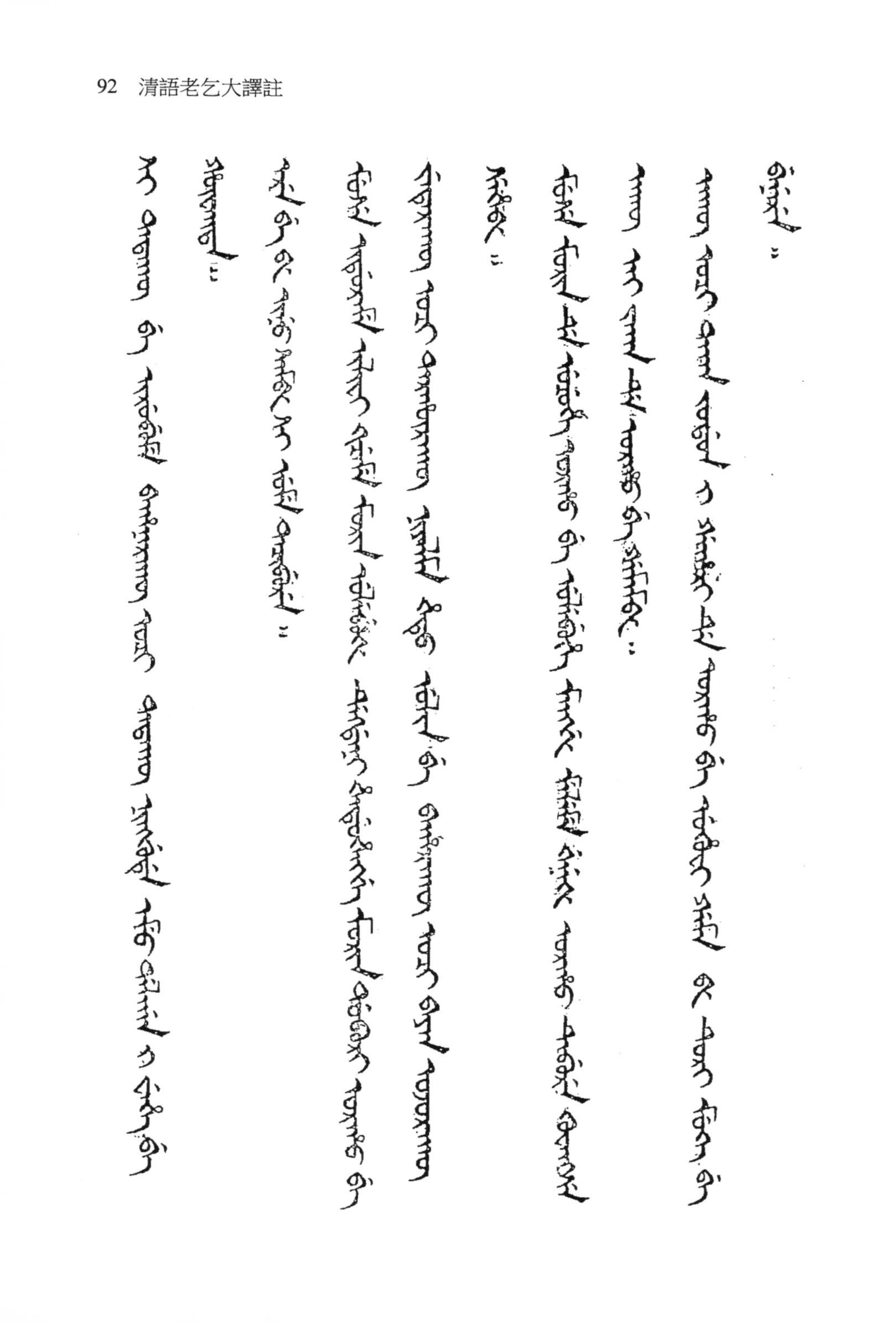

[illegible]

[illegible]

[illegible]

[illegible]

[illegible]

[illegible]

[illegible]

[illegible]

[illegible]

[illegible]

si tatakū be irubume bahanarakū oci, tatakū ninggude emu dalgan i wehe be hūwaita.
ere be bi inu sambi, si ume tacibure.
muse idurame ilifi kiceme morin ulebuki, dekdeni henduhengge morin dobori orho be jeterakū oci tarhūrakū, niyalma hetu ulin be baharakū oci bayan ojorakū sehebi.
muse morin de ucuhe orho be ulebuhe manggi meleme geneki, orho tebure kuwangse akū, ai jaka de orho be gamambi？
akū oci taka jodon i gahari de orho be uhufi gama, bi turi muke be benere.

---

你若不會使吊桶下沈時，可在吊桶上面拴一塊石頭。
這個我也知道，你不必教。
我們輪值起來勤快餵馬，常言道:「馬不吃夜草不肥，人不得横財不富。」
我們把拌草餵馬後去飲水，沒有盛草的筐子，用什麼東西拿草呢？
若是沒有，暫且用葛布衫裹草拿去，我送豆水去。

---

你若不会使吊桶下沈时，可在吊桶上面拴一块石头。
这个我也知道，你不必教。
我们轮值起来勤快喂马，常言道:「马不吃夜草不肥，人不得横财不富。」
我们把拌草喂马后去饮水，没有盛草的筐子，用什么东西拿草呢？
若是没有，暂且用葛布衫裹草拿去，我送豆水去。

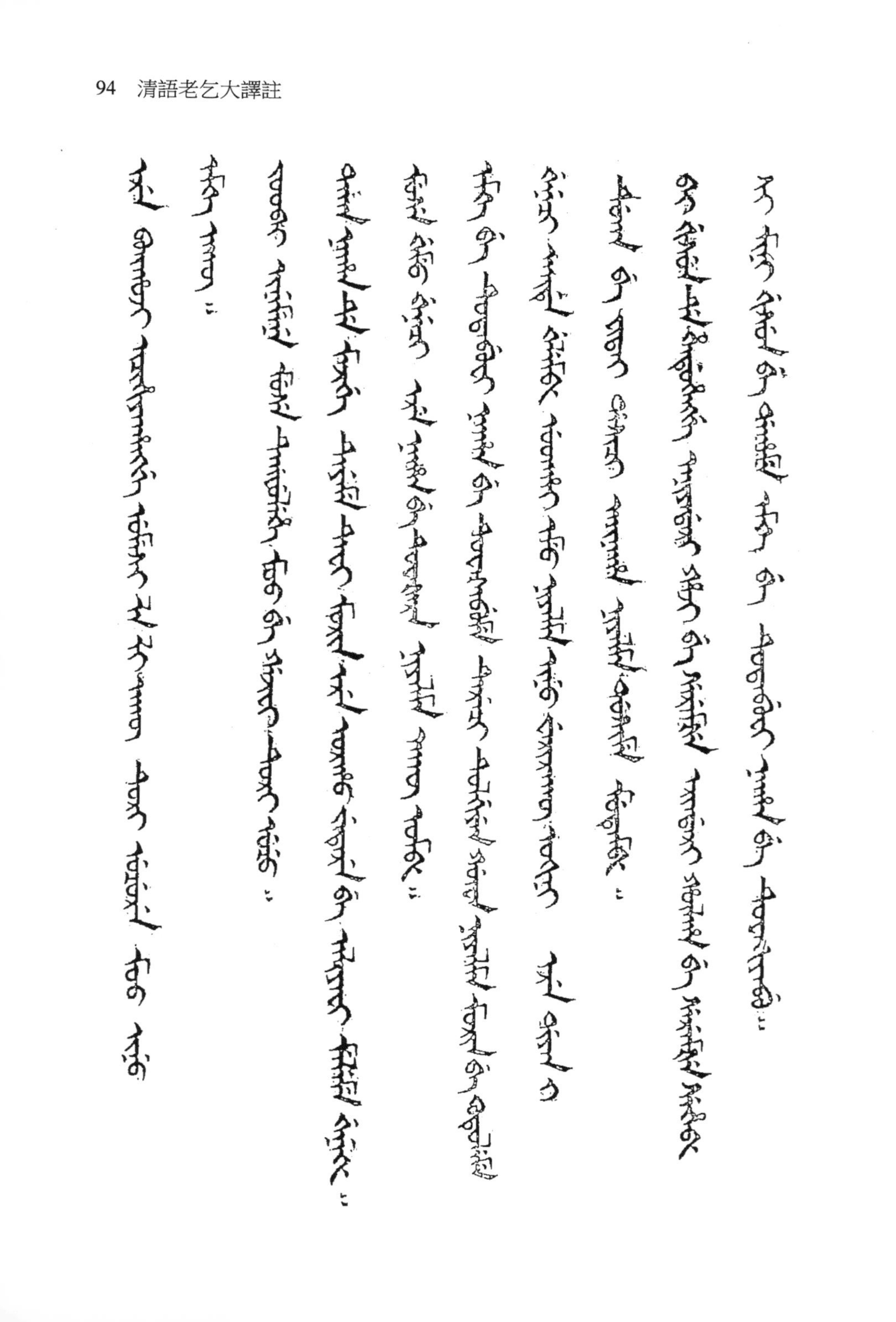

ere boihoji icihiyahangge umesi la li akū, turi ucure moo inu emke akū.
joobai inemene muse teifulehe moo be gajifi turi ucu.
taka nahan de majige teyeme tefi, morin ere orho jetere be aliyafi meleme geneki.
muse gemu geneci, ere nahan[1] be tuwašara niyalma akū ombi.
emke be tutabufi nahan be tuwašabume, tereci tulgiyen gūwa niyalma morin be kutuleme geneci aide gelembi, uthai emu niyalma inu werirakū okini, ere diyan i duka be fitai dasici, ainaha niyalma dosime mutembi.
bai gisun de henduhengge aniyadari haji be seremše, erindari hūlha be seremše sehebi, si mini gisun be dahame emke be tutabufi nahan be tuwakiyabu.

---

這主人家做事很不爽快，攪豆棒一根也沒有。
算了，就拿我們的拄杖來攪豆吧！
暫且在炕上坐著歇息一會兒，等馬吃完這些草去飲水。
如果我們都去時，無人可看顧這家了。
留一個看顧家，此外別的人牽馬去時，有什麼好怕，就是一人也不留，這店裡的門若是關緊時有什麼人能進來。
常言道：「年年防飢，時時防賊。」你依我的話留一人看顧家吧！

---

这主人家做事很不爽快，搅豆棒一根也没有。
算了，就拿我们的拄杖来搅豆吧！
暂且在炕上坐着歇息一会儿，等马吃完这些草去饮水。
如果我们都去时，无人可看顾这家了。
留一个看顾家，此外别的人牵马去时，有什么好怕，就是一人也不留，这店里的门若是关紧时有什么人能进来。
常言道：「年年防饥，时时防贼。」你依我的话留一人看顾家吧！

---

1　“nahan”，意即「炕」，引申作「家、房子」。

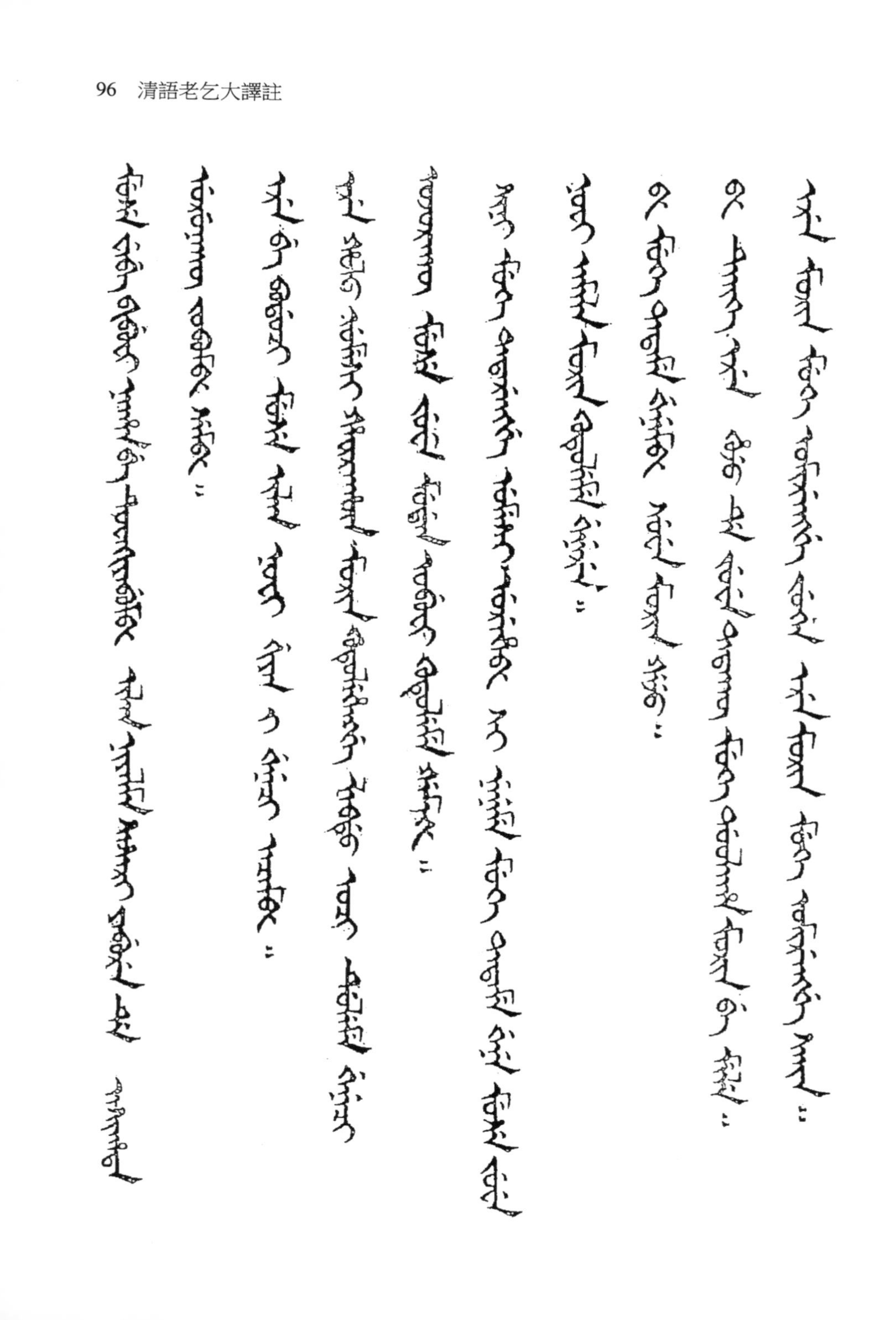

muse webe bibufi nahan be tuwakiyabumbi, ilan niyalma sasari yabure de asihata urunakū jobombi sembi.
ere be bodoci muse ilan nofi giyan i geneci acambi.
ere holo umesi hafirahūn morin kutulehengge labdu oci duleme geneci ojorakū, muse juwe mudan obufi kutuleme gamaki.
sini muke tatarengge umesi urehebi, si neneme muke tatame gene, muse juwe nofi amala morin kutuleme genere.
bi muke tatame genembi, suwe morin gaju.
bi teike ere huju de juwe tatakū muke doolaha morin be mele.
ere morin muke omirengge juken, ere morin muke omirengge sain.

---

我們留誰看顧家，三人同行時必定勞累年輕人。
算起這個，我們三人理應前往。
這山谷很窄，馬牽的多時過不去，我們分兩次牽去。
你的水打的很熟了，你先去打水，我們兩人在後頭牽馬去。
我去打水，你們帶馬來。
我剛才把兩桶水倒進這槽裡，飲馬吧！
這匹馬水喝的略足，這匹馬水喝的恰恰好。

---

我们留谁看顾家，三人同行时必定劳累年轻人。
算起这个，我们三人理应前往。
这山谷很窄，马牵的多时过不去，我们分两次牵去。
你的水打的很熟了，你先去打水，我们两人在后头牵马去。
我去打水，你们带马来。
我刚才把两桶水倒进这槽里，饮马吧！
这匹马水喝的略足，这匹马水喝的恰恰好。

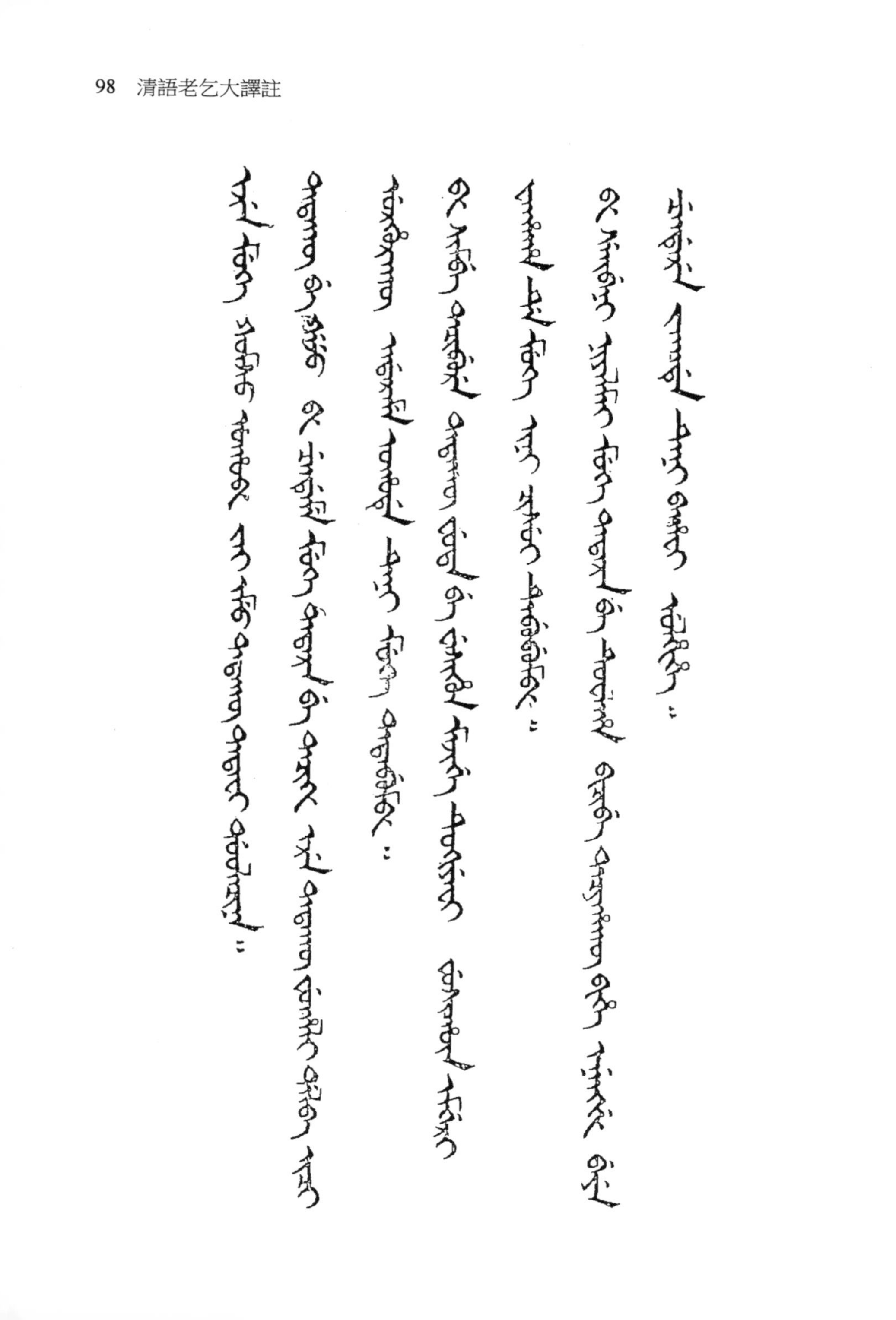

ere muke komso ohobi, jai emu tatakū tatafi doolacina.
tatakū be gaju, bi cendeme muke tatara be taciki, ere tatakū fuhali dalba ici urhurakū, adarame ohode teni muke tatabumbi？
bi simbe tacibure, tatakū futa be wesihun majige tukiyefi fusihūn emgeri fahaha de muke ini cisui tebubumbi.
bi seibeni niyalmai muke tatara be tuwaha bicibe tacihakū bihe, enenggi beye cendere jakade teni bahafi ulhihe.

---

這水少了，再打一桶倒進去吧！
拿吊桶來，我試學打水，這吊桶全然不往旁邊倒，怎麼樣才能打水呢？
我教你，把吊桶繩子稍微提起來，往下扔一下，水自然被盛起來。
我從前雖然曾看過人打水，但不曾學過，今天自己一試才得明白了。

---

这水少了，再打一桶倒进去吧！
拿吊桶来，我试学打水，这吊桶全然不往旁边倒，怎么样才能打水呢？
我教你，把吊桶绳子稍微提起来，往下扔一下，水自然被盛起来。
我从前虽然曾看过人打水，但不曾学过，今天自己一试才得明白了。

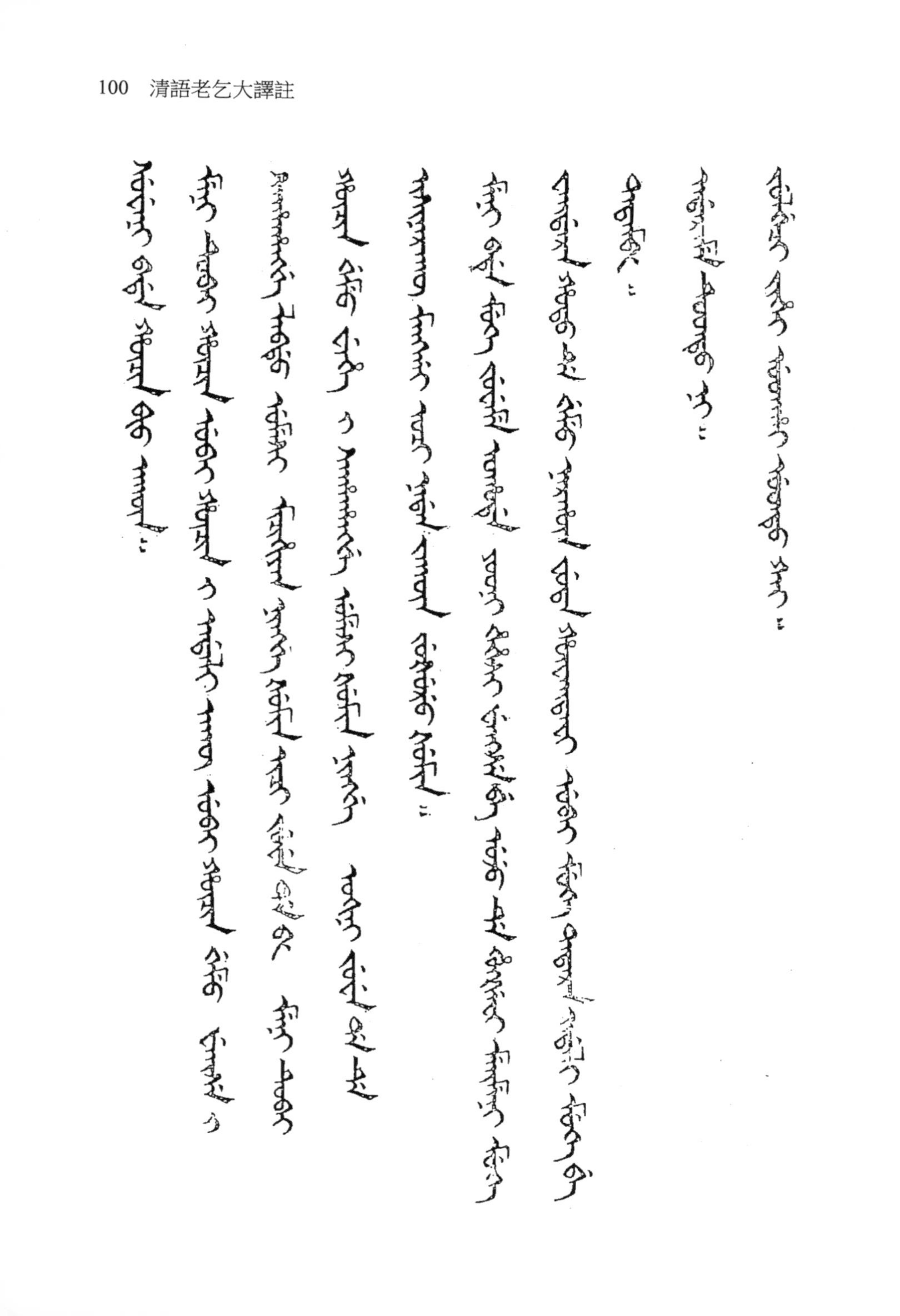

# 清語老乞大　卷三

suweni bade hūcin bio akūn？
meni tubai hūcin ubai hūcin i adali akū, ubai hūcin gemu feise i sahahangge labdu, umesi micihiyan ningge šumin ici juwe da bi, meni tubai hūcin gemu wehe i sahahangge, umesi šumin ningge okini juwe da de isinarakū, manggai oci nadan jakūn jušuru šumin.
meni bade muke juweme ohode, yooni hehesi fengse be uju de hukšefi, meimeni muke waidara hoto de gemu narhūn futa hūwaitafi, ubai muke tatara adali muke be tatambi.
adarame tuttu ni？
julgeci jihei uthai uttu kai.

---

你們的地方有沒有井？
我們那裡的井不像這裡的井，這裡的井很多都是用磚砌的，最淺的有一丈深。我們那裡的井都是石頭砌的，最深的不及一丈，不過是七、八尺深。
我們那裡運水時，全是婦人們把瓦盆頂在頭上，各自在汲水的瓢上都拴了細繩子，像這裡打水一樣的打水。
怎麼那般打水呢？
自古以來就是這樣啊！

---

你们的地方有没有井？
我们那里的井不像这里的井，这里的井很多都是用砖砌的，最浅的有一丈深。我们那里的井都是石头砌的，最深的不及一丈，不过是七、八尺深。
我们那里运水时，全是妇人们把瓦盆顶在头上，各自在汲水的瓢上都拴了细绳子，像这里打水一样的打水。
怎么那般打水呢？
自古以来就是这样啊！

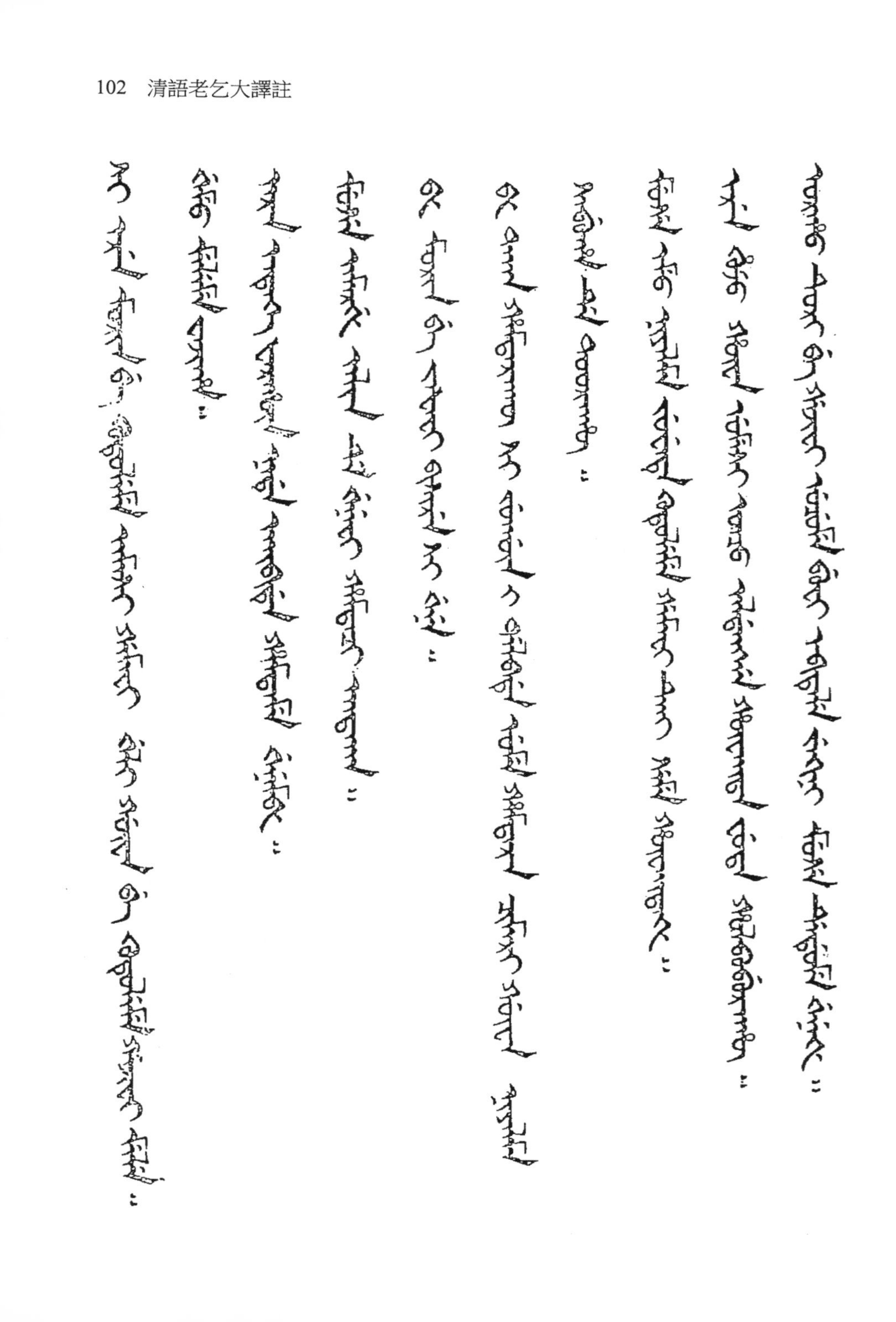

[illegible]

si ere morin be kutuleme amasi gamafi, geli gūwa be kutuleme gajifi mele.
gemu meleme wajiha.
ara enteke farhūn nade aibide hamtame genembi？
muse amargi alin de genefi hamtaci antaka？
bi morin be jafafi bisire si gene.
bi taka hamtarakū, si jugūn i dalbade ume hamtara, cimari gūwa niyalma sabuha de toorahū.
muse emu niyalma juwete kutuleme gamafi teng seme hūwaitaki.
ere huju hūwa umesi onco aldangga hūwaita futa holboburahū.
orho turi be gajifi ucume bufi ebitele jekini, muse dedume geneki.

---

你把這馬牽回去，再牽別的來飲水。
都飲完了。
哎呀！這樣昏黑的地方到哪裡去出恭呢？
我們到後山去出恭如何？
我拿著馬在這裡，你去吧！
我暫且不出恭，你不要在路旁出恭，明天被別人看見了，恐怕要被罵唷！
我們一人各牽二匹去，牢牢的拴好吧！
這槽院很寬，拴的遠一點，恐怕繩子扭結在一起。
拿草豆來拌著給牠們飽飽地吃，我們去睡吧！

---

你把这马牵回去，再牵别的来饮水。
都饮完了。
哎呀！这样昏黑的地方到哪里去出恭呢？
我们到后山去出恭如何？
我拿着马在这里，你去吧！
我暂且不出恭，你不要在路旁出恭，明天被别人看见了，恐怕要被骂唷！
我们一人各牵二匹去，牢牢的拴好吧！
这槽院很宽，拴的远一点，恐怕绳子扭结在一起。
拿草豆来拌着给牠们饱饱地吃，我们去睡吧！

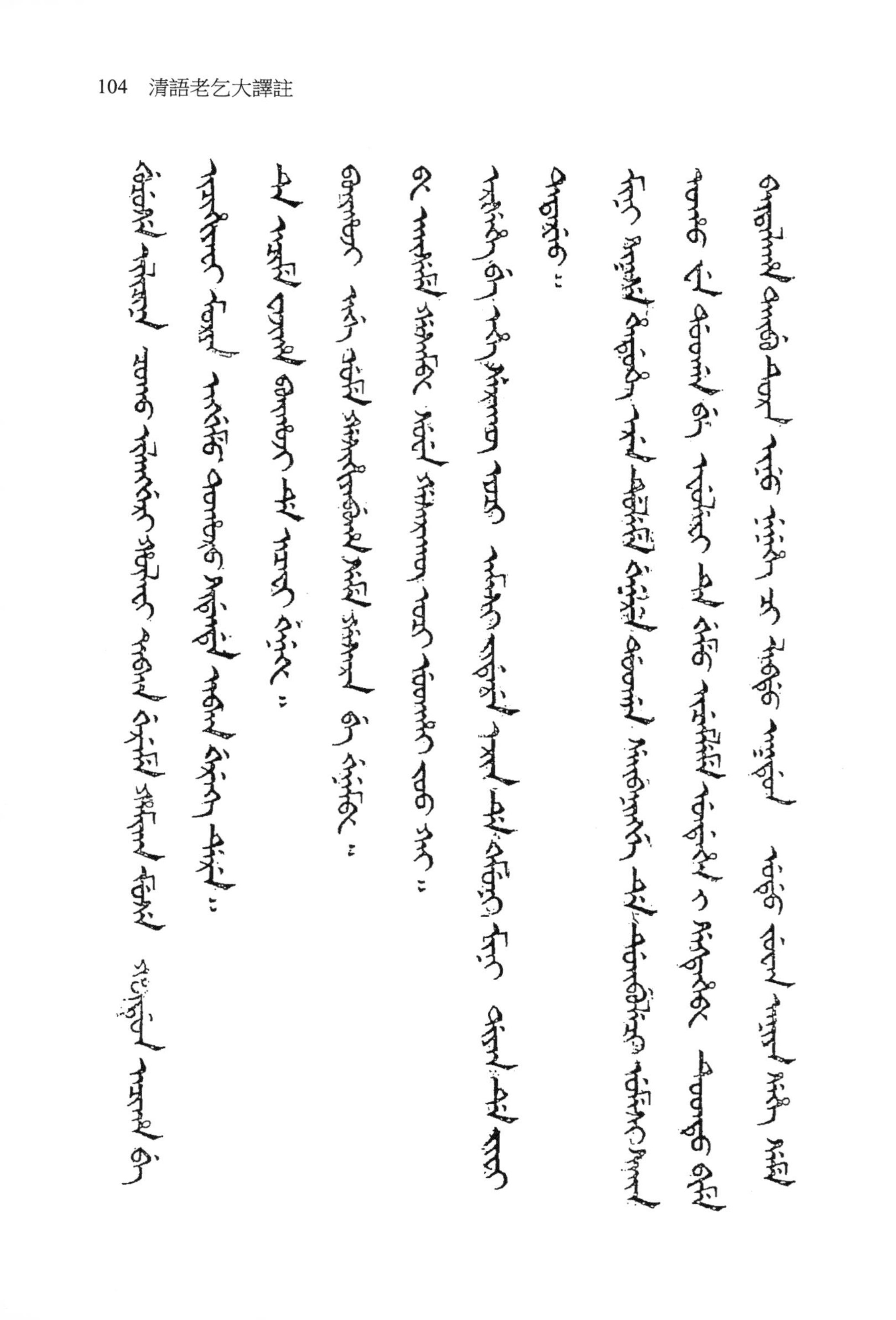

gucuse ilicina, coko ilanggeri hūlafi abka gereme hamika, muse hūdun aciha be icihiyafi, morin enggemu tohoro sidende abka gereke dere.
te acime wajiha, boihoji de acafi geneki.
boihoji age ume gasihiyabuha seme gasara, be genembi.
bi aiseme gasambi, suwe gasarakū oci uthai joo kai.
eršehe be ehe serakū oci, amasi jidere erin de kemuni mini diyan de jifi tatareo.
mini sikse henduhe ere duleme genere doogan, seibeningge de duibuleci umesi sain oho, fe doogan be efulefi te gemu icemleme undehen i sektehebi, tuttu bime baitalaha taibu tura inu nenehe ci labdu akdun, udu juwan aniya sehe seme

---

伙伴們起來吧！鷄叫了三遍了，天快亮了，我們趕快整理行李，在套了馬鞍的工夫，天就亮了吧！
現在整理完了，去見主人家吧！
主人家阿哥不要抱怨我們蹧踏，我們要走了。
我為什麼抱怨你們，你們若不抱怨就好了。
如果不以為招待不好，回來時還請來我的店住宿。
我昨天說的就是這走過的橋，比以前好多了，舊橋拆了，現在都鋪了新板子，而且所用的樑柱也比以前牢多了，雖然十年

---

伙伴们起来吧！鸡叫了三遍了，天快亮了，我们赶快整理行李，在套了马鞍的工夫，天就亮了吧！
现在整理完了，去见主人家吧！
主人家阿哥不要抱怨我们蹧踏，我们要走了。
我为什么抱怨你们，你们若不抱怨就好了。
如果不以为招待不好，回来时还请来我的店住宿。
我昨天说的就是这走过的桥，比以前好多了，旧桥拆了，现在都铺了新板子，而且所用的梁柱也比以前牢多了，虽然十年

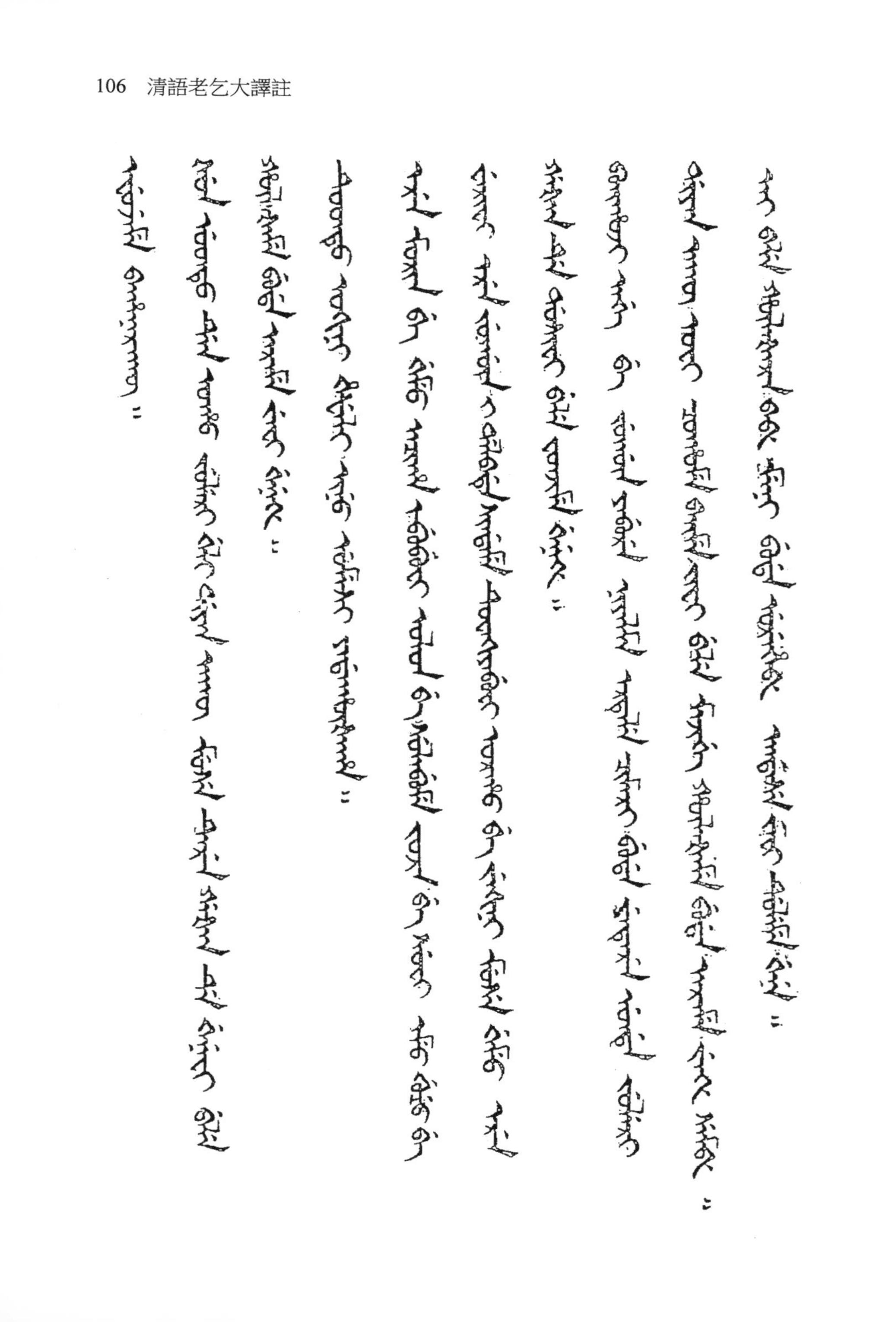

efujeme bahanarakū.
šun uttu den oho, juleri geli diyan akū, muse tere gašan de genefi bele hūlašame buda arame jefi geneki.
tuttu okini hefeli inu umesi yadahūšaha.
ere morin be gemu aciha ebubufi, olon be sulabume jojin be sufi, emu gucu be werifi, ere jugūn i dalbade sindame tuwakiyabufi orho be jekini, muse gemu ere gašan de dosifi bele fonjime geneki.
boihoji age, be jugūn yabure niyalma, ertele cimari buda jetere unde, juleri diyan akū ofi cohome baime jifi, bele majige hūlašame buda arame jeki sembi.
ai bele hūlašara babi, meni buda urehebi, andase jefi duleme gene.

---

也不會壞。
太陽這樣高了，前面又沒有店，我們到那村子去換米做飯吃了走吧！
就那樣吧！肚子也很餓了。
把這馬的行李都卸下來，鬆一鬆肚帶，解下嚼子，留下一個伙伴放在路旁看著讓馬吃草吧！我們都進入這村子去問米吧！
主人家阿哥，我們是行路的人，直到現在還沒吃早飯，因前頭沒有店子，特意來相求，想換些米做飯吃。
還換什麼米呢？我們的飯熟了，客人們吃了過去吧！

---

也不会坏。
太阳这样高了，前面又没有店，我们到那村子去换米做饭吃了走吧！
就那样吧！肚子也很饿了。
把这马的行李都卸下来，松一松肚带，解下嚼子，留下一个伙伴放在路旁看着让马吃草吧！我们都进入这村子去问米吧！
主人家阿哥，我们是行路的人，直到现在还没吃早饭，因前头没有店子，特意来相求，想换些米做饭吃。
还换什么米呢？我们的饭熟了，客人们吃了过去吧！

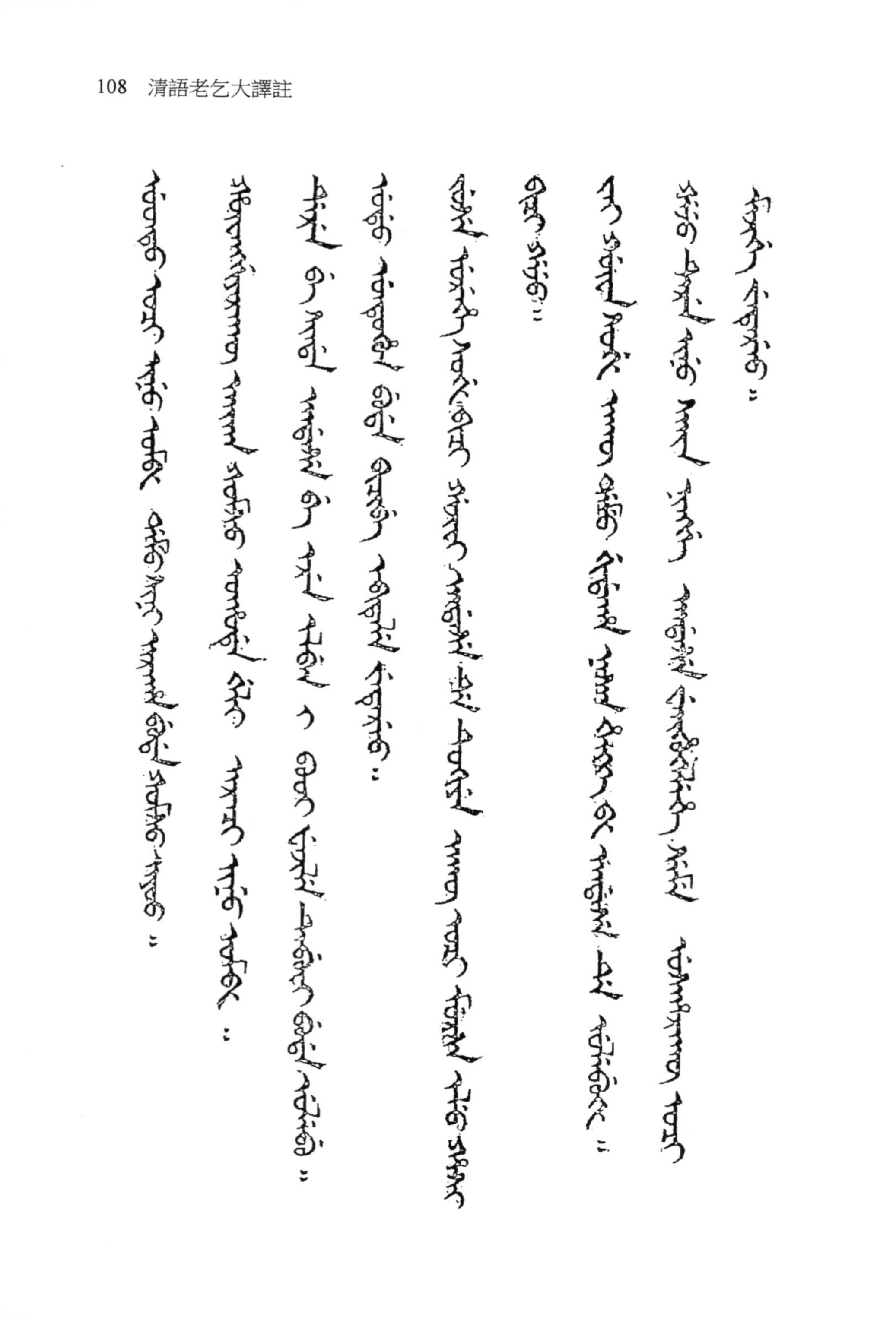

[illegible]

[illegible]

[illegible]

[illegible]

[illegible]

[illegible]

[illegible]

[illegible]

[illegible]

[illegible]

uttu oci inu ombi, damu sini araha buda komso ayoo.
hūwanggiyarakū aika komso ohode geli araci inu ombi.
dere be sinda andase be ere elben i booi fejile tebufi buda ulebu.
udu untuhun buda bicibe ebitele jetereo.
juse urehe sogi bici gajifi andase de tukiye, akū oci mursa elu hasi bici gaju.
jai gūwa sogi akū damu gidaha nasan hengke[1] bi, andase de ulebuki.
gaju tere inu sain ningge, andase weihukelehe seme usharakū oci majige jetereo.

---

若是這樣也使得，但怕你做的飯少吧！
不要緊，若少時再做也使得。
把桌子放下，請客人們在這草棚底下坐下吃飯吧！
雖然是白飯，請吃飽吧！
孩子們若有熟菜，端些來給客人們吃，沒有的話，如有蘿蔔、生葱、茄子就拿來吧！
再沒有別的菜，只有醃的王瓜給客人們吃吧！
拿來吧！那也是好的，客人們若不以為輕慢，請吃一點吧！

---

若是这样也使得，但怕你做的饭少吧！
不要紧，若少时再做也使得。
把桌子放下，请客人们在这草棚底下坐下吃饭吧！
虽然是白饭，请吃饱吧！
孩子们若有熟菜，端些来给客人们吃，没有的话，如有萝卜、生葱、茄子就拿来吧！
再没有别的菜，只有腌的王瓜给客人们吃吧！
拿来吧！那也是好的，客人们若不以为轻慢，请吃一点吧！

---

1 “nasan hengke”，韓文諺解漢譯作「黃瓜」。

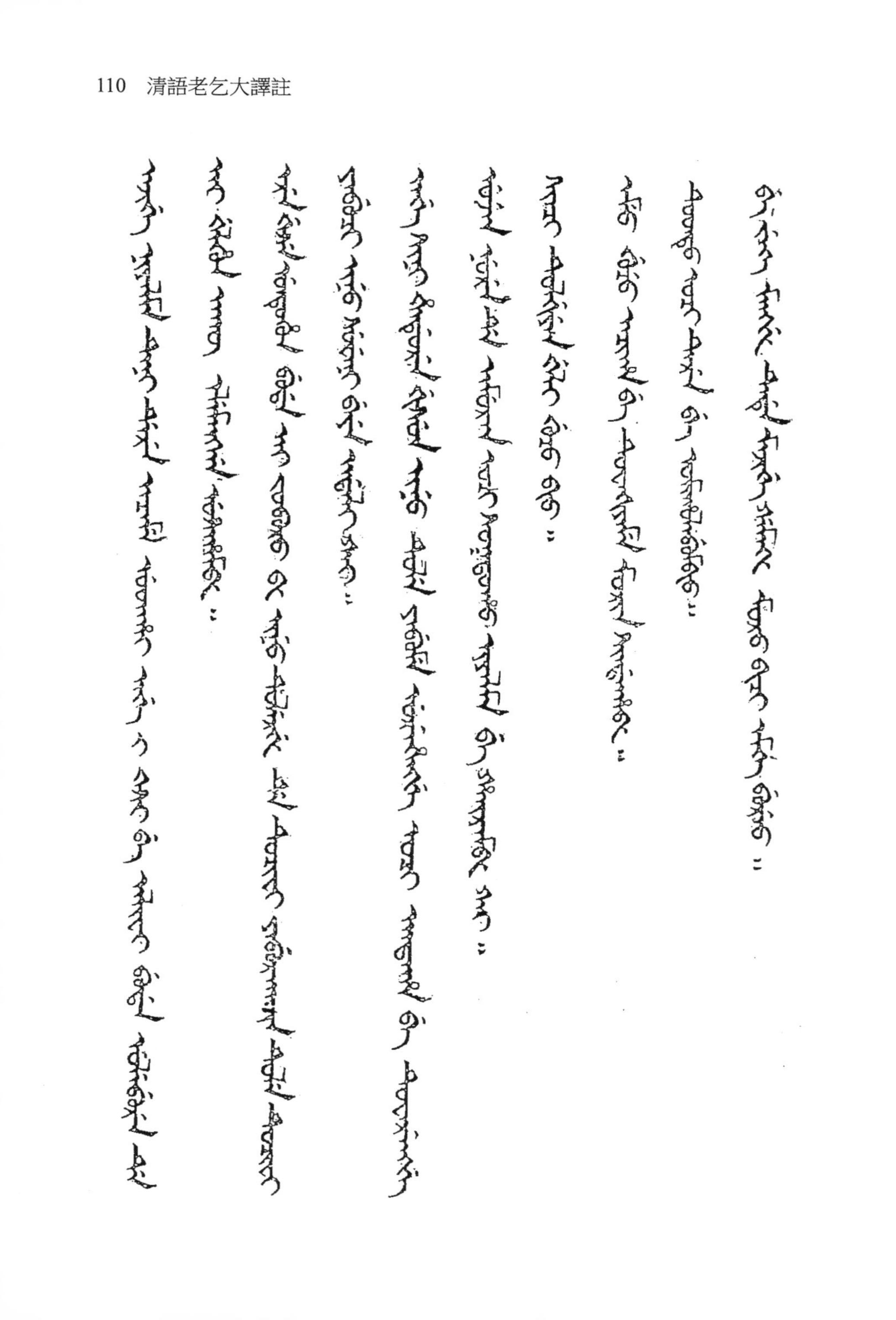

ajige niyalma teni dere acame, uthai age i kesi be alifi buda ulebure de, ai gelhun akū elemangga ushambi？
ere gese untuhun buda ai joboro, bi inu tulergi de tucifi yaburakūn？ tule tucifi yabuci inu suweni beye adali kai.
age sini hendure gisun inu, tule yabume urehengge oci antaha be tuwarengge ujen, nure de amuran oci soktoho niyalma be hairambi kai.
sinci tulgiyen geli gucu bio？
emu gucu aciha be tuwakiyame morin sindahabi.
tuttu oci tere be omiholabumbio？
be jeke manggi tede majige gamaki, moro bici emke bureo.

---

小人才初次見面，就蒙受阿哥的恩典給飯吃，怎麼敢反倒埋怨呢？
像這樣的白飯有什麼費事，我也不出外走嗎？出外走時也和你們一樣啊！
阿哥你說的話很對，出外走熟者看客重，喜好喝酒者惜醉人。
除你以外還有伙伴嗎？
有一位伙伴看行李放馬。
若是那樣，讓他挨餓嗎？
我們吃了後帶一點去給他，若有碗，請給一個吧！

---

小人才初次见面，就蒙受阿哥的恩典给饭吃，怎么敢反倒埋怨呢？
像这样的白饭有什么费事，我也不出外走吗？出外走时也和你们一样啊！
阿哥你说的话很对，出外走熟者看客重，喜好喝酒者惜醉人。
除你以外还有伙伴吗？
有一位伙伴看行李放马。
若是那样，让他挨饿吗？
我们吃了后带一点去给他，若有碗，请给一个吧！

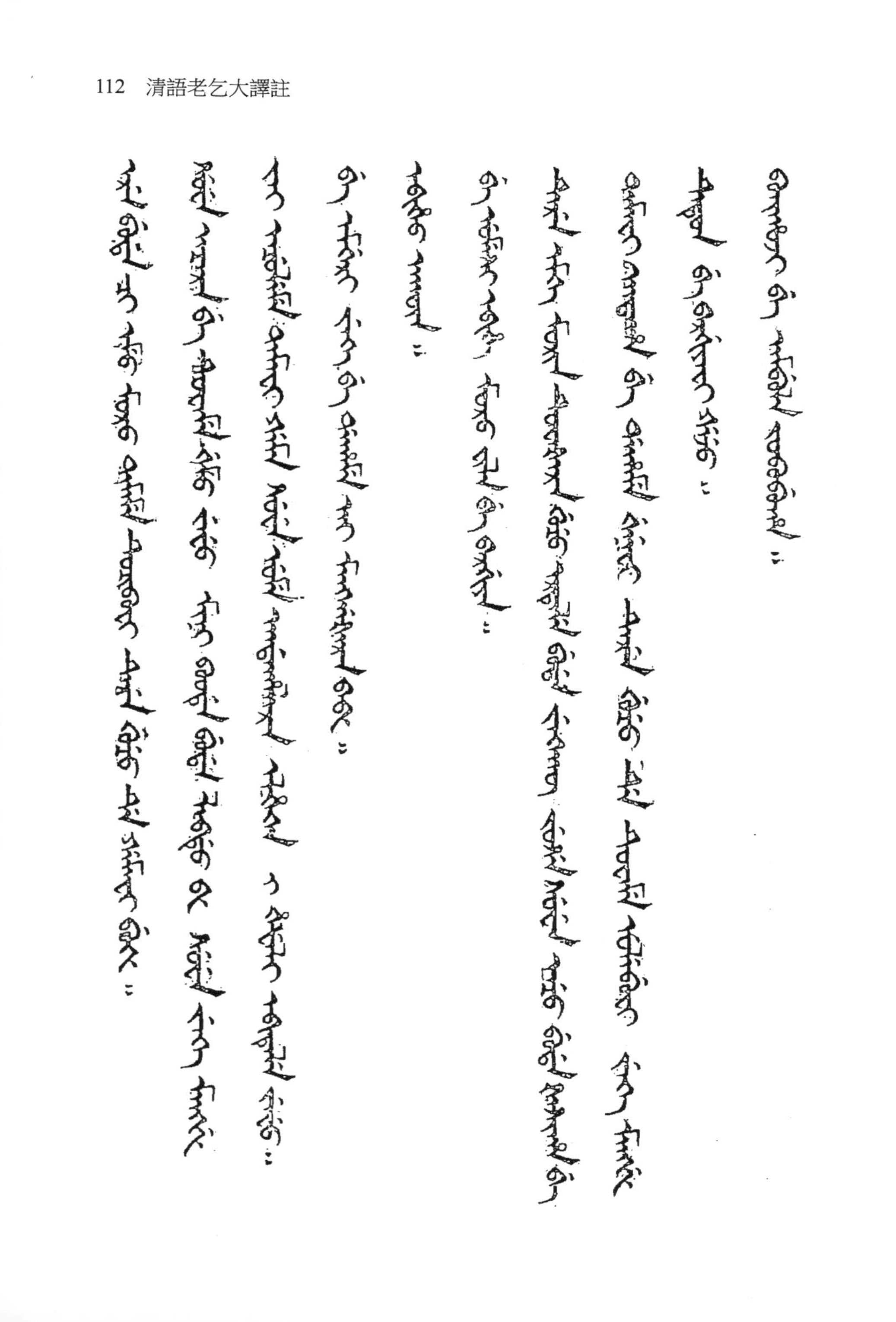

[illegible]

[illegible]

[illegible]

[illegible]

[illegible]

[illegible]

[illegible]

[illegible]

[illegible]

[illegible]

ere buda ci emu moro tamame tucibufi, tere gucu de gamafi buki.
suwe acara be tuwame gemu jefu, mini boode buda labdu bi, suwe jeke manggi jai enculeme tamafi gama, suwe ume andahalara, elheken i hefeli ebitele jefu.
be emgeri jeke be dahame ai manggašara babi？
ebiheo akūn？
be umesi ebihe, moro fila be bargiya.
tere emke morin tuwašara gucu ertele buda jekekū, juse suwe encu buda šasiha be tamafi antaha be dahame genefi, tere gucu de tuwame ulebufi, jeke manggi tetun be bargiyafi gaju.
boihoji be ambula jobobuha.

---

從這飯裡盛出一碗，帶給那位伙伴吧！
你們酌量都吃吧！我家裡飯很多，你們吃了後再另外盛了帶去吧！你們不要客氣，慢慢地吃飽肚子吧！
我們既已吃了，還有什麼客氣之處呢？
吃飽了嗎？
我們很飽了，收拾碗碟吧！
那一位看馬的伙伴直到現在還沒吃飯，孩子們你們另外盛飯和湯跟著客人去，看著那位伙伴吃完飯後收拾器皿帶回吧！
太打擾主人了。

---

从这饭里盛出一碗，带给那位伙伴吧！
你们酌量都吃吧！我家里饭很多，你们吃了后再另外盛了带去吧！你们不要客气，慢慢地吃饱肚子吧！
我们既已吃了，还有什么客气之处呢？
吃饱了吗？
我们很饱了，收拾碗碟吧！
那一位看马的伙伴直到现在还没吃饭，孩子们你们另外盛饭和汤跟着客人去，看着那位伙伴吃完饭后收拾器皿带回吧！
太打扰主人了。

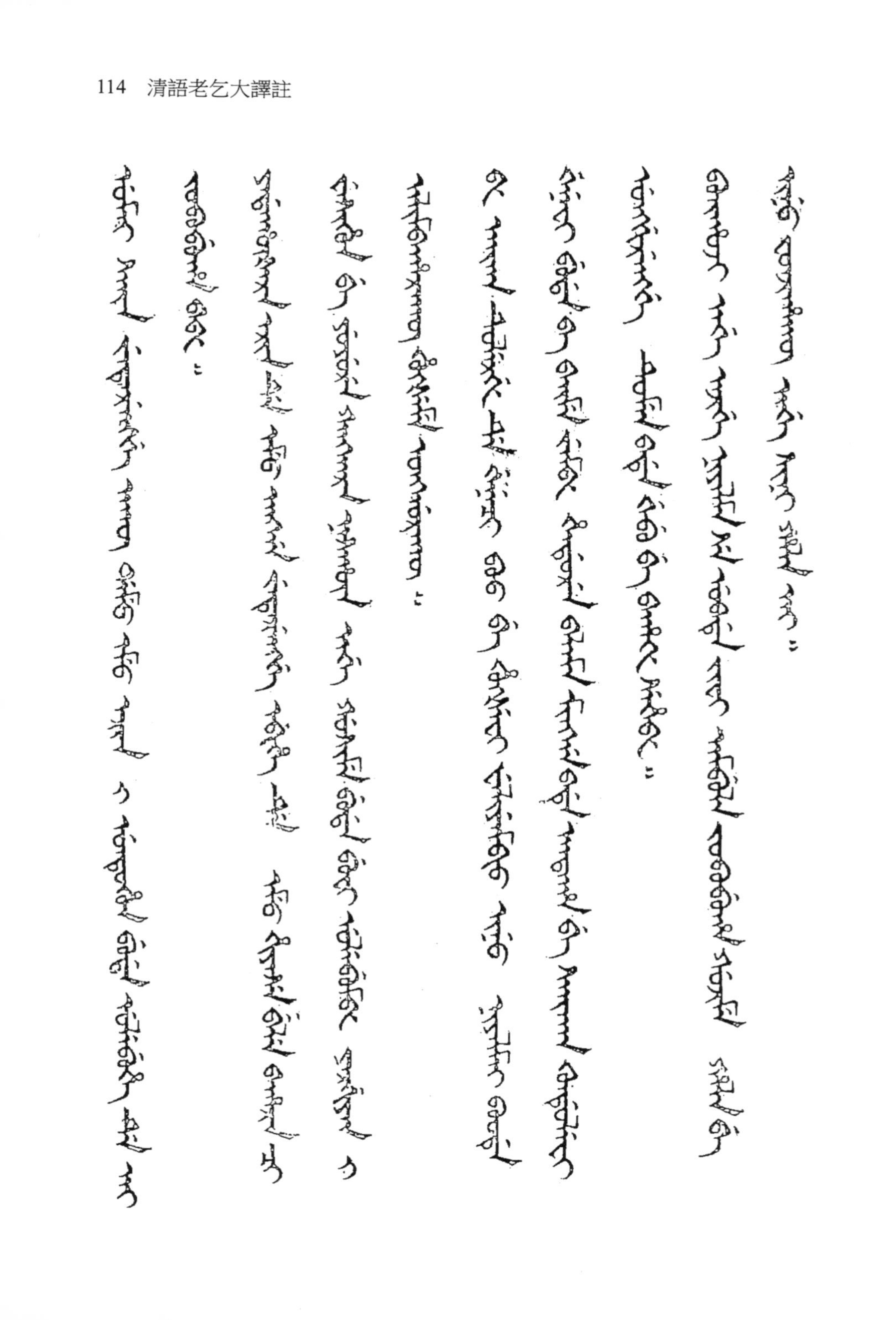

umai sain jeterengge akū, damu emu erin i untuhun buda ulebuhe de ai jobobuha babi.
yadahūšara erin de emu angga jeterengge, ebihe de emu hiyase bele bahara ci wesihun, be yuyure kangkara nashūn, age gosime buda bufi ulebumbi, yargiyan i alimbaharakū hukšeme onggorakū.
bi aika tulergi de geneci boo be hukšefi feliyembio？ inu iyalmai boode genefi buda be baime jembi, hendure balama minggan bade antaha be saikan kundulefi unggirengge, tumen bade gebu be bahaki sehebi.
boihoji age ajige niyalma se ubade jifi ambula jobobuha gojime, hala be inu fonjihakū, age sini hala ai？

---

並沒有好吃的，只請吃了一頓白飯，有什麼打擾之處？
餓時吃一口，強如飽時得米一斗，我們正飢渴時，阿哥眷愛給飯吃，實在感激不忘。
我倘若出外時，能頂著房子走嗎？也要投人家去尋飯吃，俗話說：「敬客千里，傳名萬里。」
主人家阿哥，小人們來此只顧打擾，姓也不曾問，阿哥你貴姓？

---

并没有好吃的，只请吃了一顿白饭，有什么打扰之处？
饿时吃一口，强如饱时得米一斗，我们正饥渴时，阿哥眷爱给饭吃，实在感激不忘。
我倘若出外时，能顶着房子走吗？也要投人家去寻饭吃，俗话说：「敬客千里，传名万里。」
主人家阿哥，小人们来此只顾打扰，姓也不曾问，阿哥你贵姓？

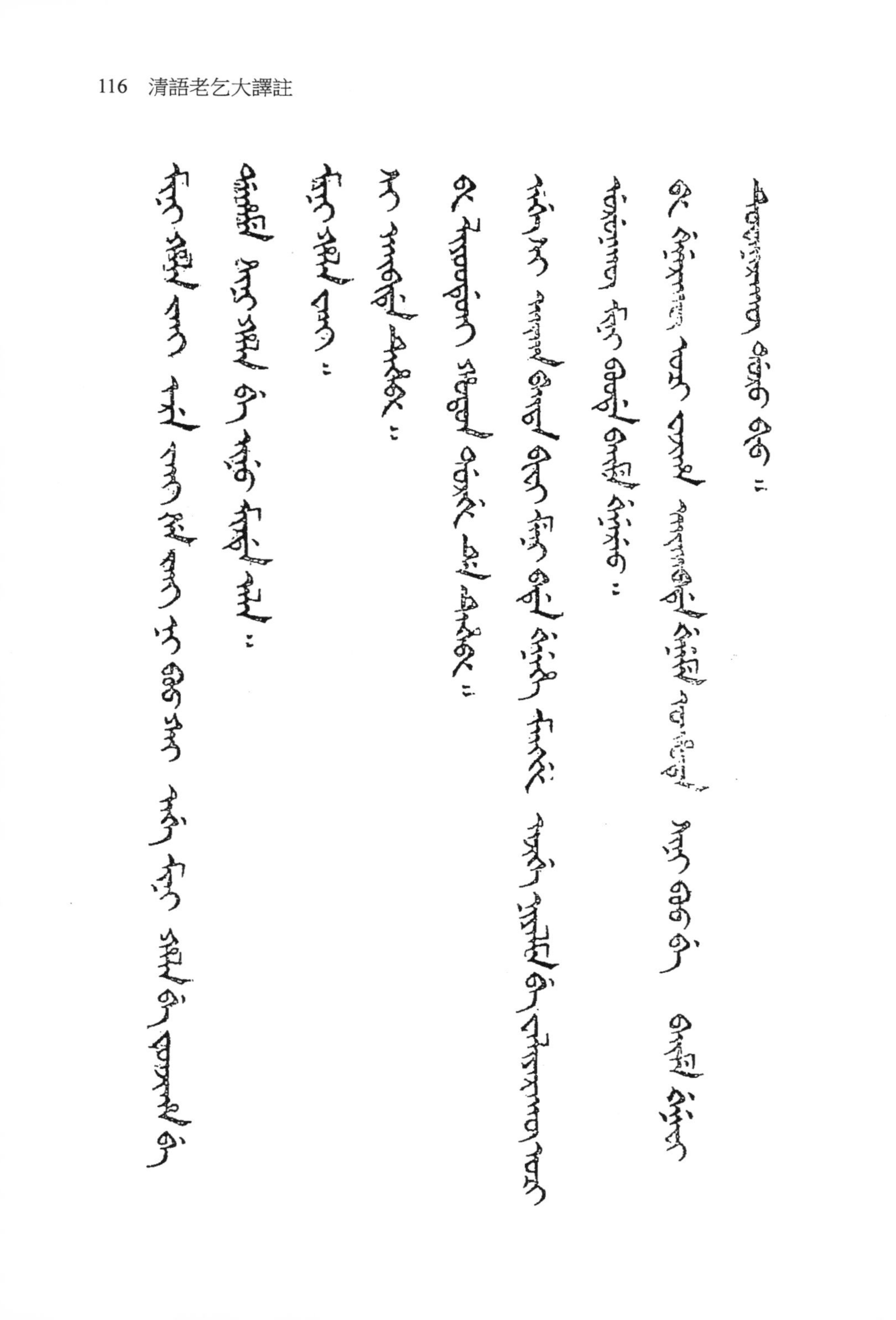

[illegible]

[illegible]

[illegible]

[illegible]

[illegible]

[illegible]

[illegible]

[illegible]

[illegible]

mini hala jang, ere jang še jang ni boo kai, age mini hala be fonjiha be dahame, sini hala be inu minde ala.
mini hala wang.
si aibide tehebi？
bi liyoodung hoton dorgi de tehebi.
age si aika baita bifi meni bade genehe manggi, ajige niyalma be waliyarakū oci, urunakū mini boode baime genereo.
bi generakū oci wajiha, aikabade geneme ohode, sini boo be baime genefi tuwanarakū doro bio？

---

我姓張，這是張社長家，阿哥既然問了我的姓，也告訴我貴姓吧！
我姓王。
你住在什麼地方？
我住在遼東城內。
阿哥你若有事到我們那裡去時，如果不嫌棄小人的話，務請到我家裡來。
我若不去就罷了，倘若前往時，有不去找你家看你的道理嗎？

---

我姓张，这是张社长家，阿哥既然问了我的姓，也告诉我贵姓吧！
我姓王。
你住在什么地方？
我住在辽东城内。
阿哥你若有事到我们那里去时，如果不嫌弃小人的话，务请到我家里来。
我若不去就罢了，倘若前往时，有不去找你家看你的道理吗？

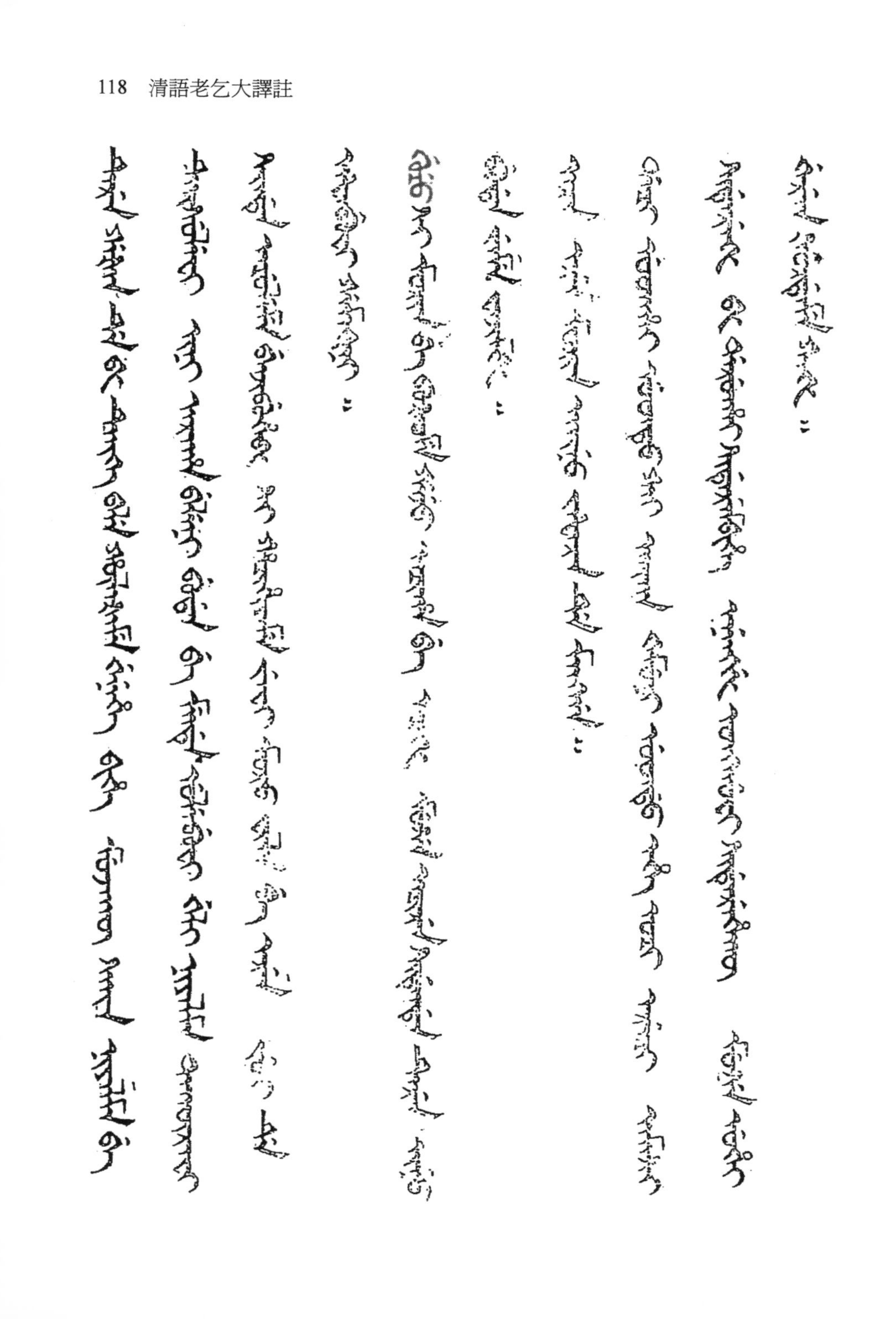

tere gašan de bi teike bele hūlašame genehe bihe, mujakū sain niyalma be teisulefi, ini araha beleni buda be mende ulebufi, geli niyalma takūrafi sinde enculeme benjibuhebi, si hacihiyame jefi moro fila be ere jui de afabufi gamakini.
gucu si morin be bošome gaju aciha be aciki, muse acire sidende tere inu buda jeme wajimbi.
ara ere morin ainu jafara de mangga.
daci uthai uttu kai, aika kemuni uttu ehe oci, ereci amasi sidereki, bi daruhai siderembihe, enenggi onggofi siderehekū, muse uhei geren šurdeme kaki.

---

我方纔到那村子去換米，遇到非常好的人，他請我們吃他自己做的現成飯，還打發人另外給你送來，你趕緊吃了把碗碟交給小孩帶回去吧！
伙伴你把馬趕來馱上行李，我們馱載的工夫，他也吃完了飯。
哎呀！這匹馬為什麼這樣難拿？
原來就這樣啊！倘若仍然這樣壞時，以後還要絆著，我以前常絆著，今天忘了不曾絆，我們大家一起包圍吧！

---

我方纔到那村子去换米，遇到非常好的人，他请我们吃他自己做的现成饭，还打发人另外给你送来，你赶紧吃了把碗碟交给小孩带回去吧！
伙伴你把马赶来驮上行李，我们驮载的工夫，他也吃完了饭。
哎呀！这匹马为什么这样难拿？
原来就这样啊！倘若仍然这样坏时，以后还要绊着，我以前常绊着，今天忘了不曾绊，我们大家一起包围吧！

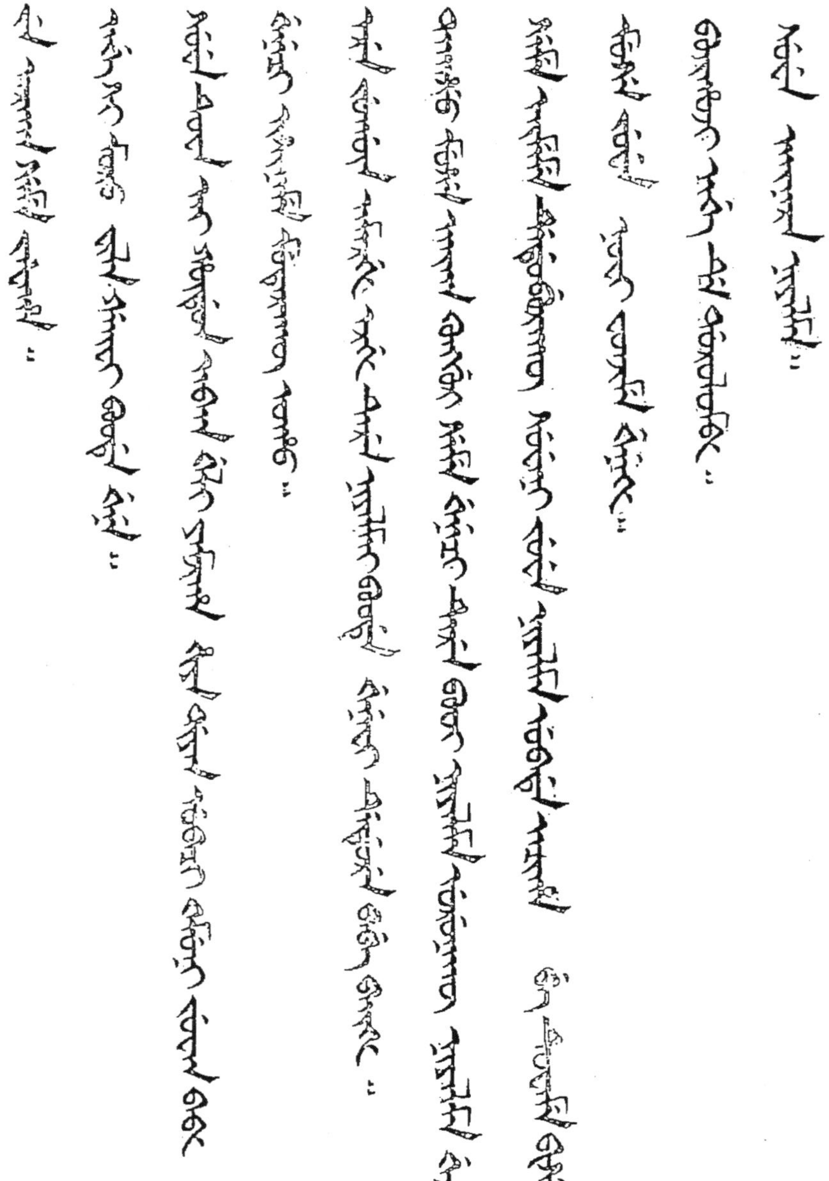

je arkan seme jafaha.
age si moro fila gaifi boode gene.
suwe tuwa ai hūdun abka geli yamjiha, hiya diyan ubaci kemuni juwan babi, geneci isiname muterakū oho.
ere jugūn amargi ergi tere niyalmai boode genefi dedure babe baiki.
takasu muse aika kunggur seme geneci, tere booi niyalma urunakū niyalma geren seme eimeme deduburakū, suweni juwe niyalma ubade aciha be tuwame bisu, muse juwe nofi fonjime geneki.
boihoji age de dorolombi.
suwe ainara niyalma？

---

啊！好容易拿住了。
阿哥你把碗碟帶回家去吧！
你們看，多麼快天又晚了，從這裡到夏店還有十里路，前往時已到不了。
去投路北那人家找個住宿地方吧！
且慢，倘若我們一齊蜂擁而去時，那家的人一定嫌人多不肯讓我們住宿，你們兩人留在這裡看行李，我們兩個去問吧！
給主人阿哥行禮。
你們是做什麼的人？

---

啊！好容易拿住了。
阿哥你把碗碟带回家去吧！
你们看，多么快天又晚了，从这里到夏店还有十里路，前往时已到不了。
去投路北那人家找个住宿地方吧！
且慢，倘若我们一齐蜂拥而去时，那家的人一定嫌人多不肯让我们住宿，你们两人留在这里看行李，我们两个去问吧！
给主人阿哥行礼。
你们是做什么的人？

ᠪᠣᡩᠣᠮᠪᡳ ::

ᡝᠮᡠ ᠪᠣᠣ ᡳ ᠨᡳᠶᠠᠯᠮᠠ [illegible]

[illegible]

be jugūn yabure anda bihe, enenggi abka yamjifi sini boode dedure babe baime jihe.
meni boo hafirahūn niyalma tatara ba akū, si gūwa bade dedure babe baime gene.
ainara？ age be jugūn yabure niyalma webe takambi？ uthai sini nahan de šolo akū membe deduburakū okini, ere dukai juleri sejen i boode membe emu dobori dedubuci antaka？
bi suwembe deduburakūngge waka, damu jurgan ci boo tome dukai fajiran de fafulame bithe latubuhangge, dere eshun kenehunjecuke niyalma be deduburakū, suwe ai ba i niyalma, daci takara gucu geli waka, sain ehe be ilgarakū adarame tatabumbi？

---

我們是行路的客人，今日天晚了，來府上找個住宿的地方。
我們的房子窄，沒有別人住宿的地方，你到別的地方尋找住宿的地方吧！
怎麼辦呢？阿哥我們是行路的人，認得誰呢？就是你的家沒有空位不讓我們住宿吧！這門前的車房裡讓我們住宿一夜如何？
我不是不讓你們住宿，只是部院於每家門墻粘貼禁令，面生可疑之人不讓他住宿。你們是哪裡的人，又不是原來認識的朋友，怎麼不分好壞讓你們住宿呢？

---

我们是行路的客人，今日天晚了，来府上找个住宿的地方。
我们的房子窄，没有别人住宿的地方，你到别的地方寻找住宿的地方吧！
怎么办呢？阿哥我们是行路的人，认得谁呢？就是你的家没有空位不让我们住宿吧！这门前的车房里让我们住宿一夜如何？
我不是不让你们住宿，只是部院于每家门墙粘贴禁令，面生可疑之人不让他住宿。你们是哪里的人，又不是原来认识的朋友，怎么不分好坏让你们住宿呢？

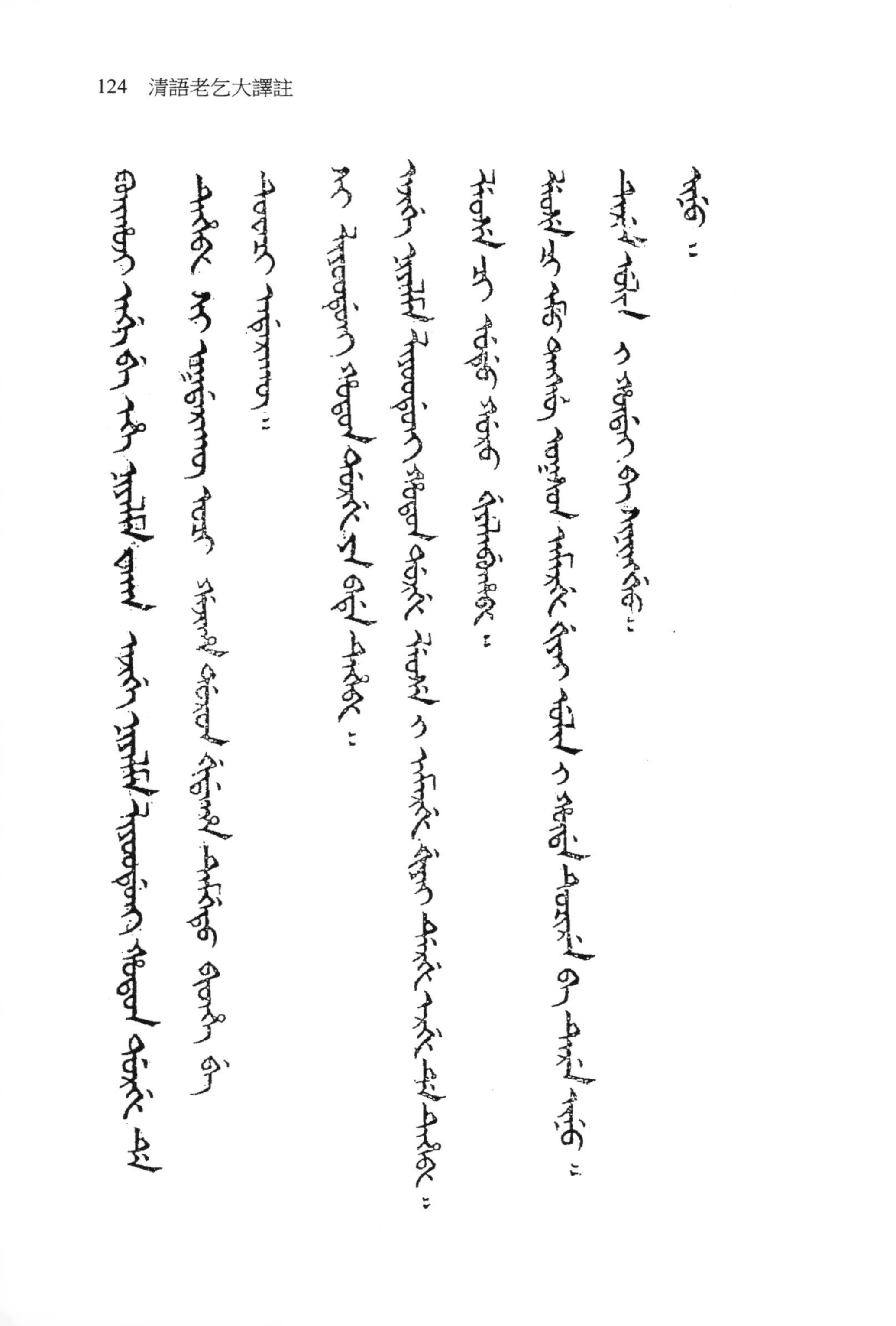

[illegible]

[illegible]

[illegible]

[illegible]

[illegible]

[illegible]

[illegible]

[illegible]

[illegible]

boihoji age be ehe niyalma waka, ajige niyalma liyoodung hoton dorgi de tehebi, si akdarakū oci gajiha doron gidaha temgetu bithe be tuwaci enderakū.
si liyoodung hoton dorgi ya bade tehebi？
ajige niyalma liyoodung hoton dorgi leose i amargi giyai dergi ergi de tehebi.
leose ci udu goro giyalabuhabi？
leose ci emu tanggū okson amargi giyai ulin i hūda tucire ba tere inu.
tere ulin i hūdai ba sininggeo？
inu.

---

主人家阿哥，我們不是壞人，小人住在遼東城內，你若是不信時，看看拿來蓋印的證件，不會錯。
你住在遼東城內哪裡？
小人住在遼東城內樓閣北街東邊。
離樓閣有多遠？
離樓閣一百步北街開雜貨舖的便是。
那雜貨舖是你的嗎？
是。

---

主人家阿哥，我们不是坏人，小人住在辽东城内，你若是不信时，看看拿来盖印的证件，不会错。
你住在辽东城内哪里？
小人住在辽东城内楼阁北街东边。
离楼阁有多远？
离楼阁一百步北街开杂货铺的便是。
那杂货铺是你的吗？
是。

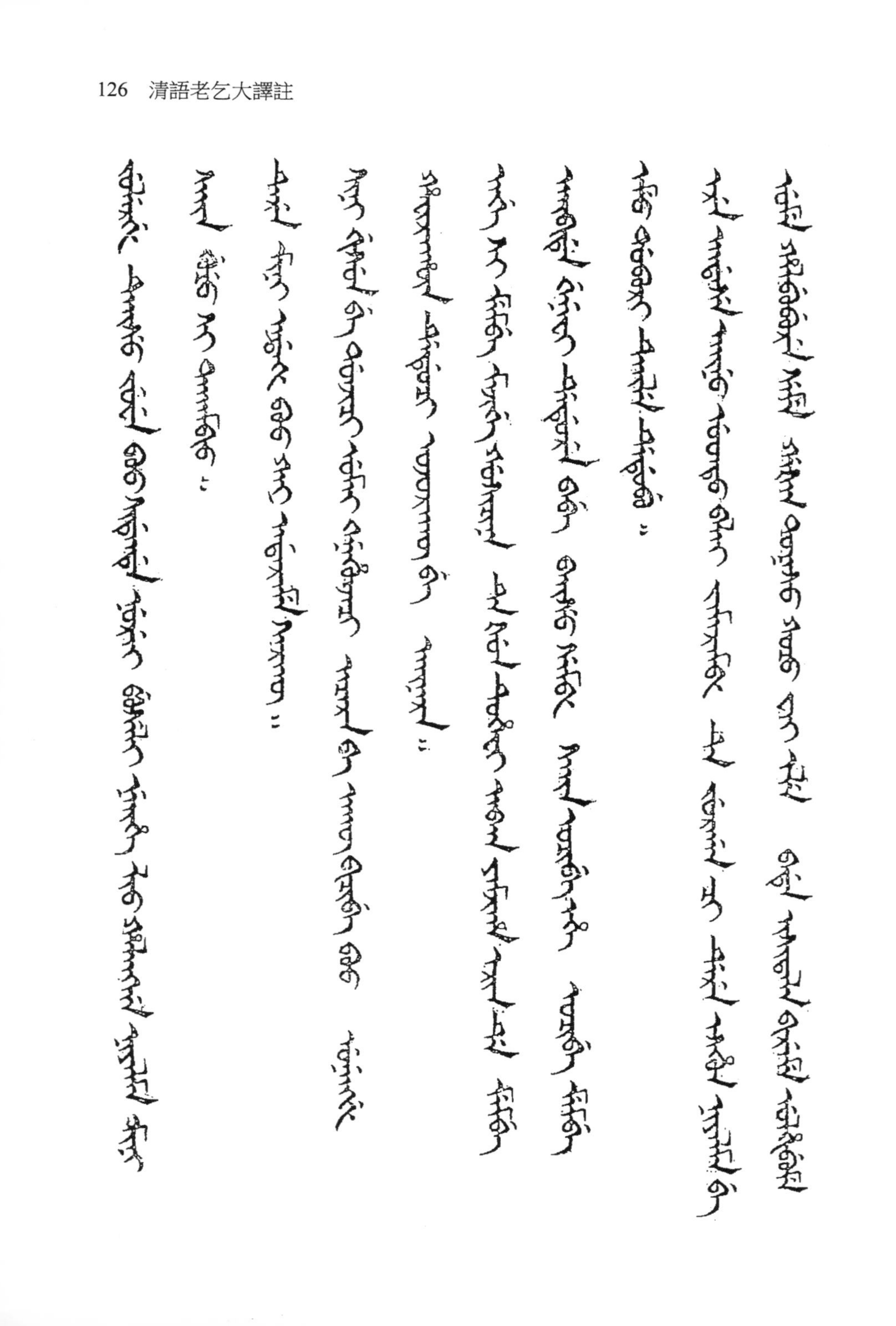

[illegible]

julergi teisu juwe boo sidende, nurei puseli neihe lio halangga niyalma mini sain gucu si takambio？
tere mini adaki boo kai, adarame sarkū？
sini gisun be donjici umai kenehunjeci acara ba akū bicibe, boo unenggi hafirahūn deduci ojorakū be ainara？
age si membe majige gosicina, te šun tuhefi abka yamjiha erin de, membe aibide genefi dedure babe baisu sembi？ sain ocibe ehe ocibe membe emu dobori teile dedubu.
ere andase ainu uttu balai jamarambi？ te jurgan ci dere eshun niyalma be ume halbubure seme, gašan tokso koco wai ele bade isitala bireme ulhibume

---

面對南邊隔著兩家開酒店姓劉的人是我的好朋友，你認得嗎？
他是我的鄰居，怎麼不知道？
聽了你的話，雖然並無可疑之處，但房子委實狹窄，不能住宿奈何？
阿哥你可憐我們一點吧！現在是日落天黑的時候，要我到哪裡去找尋住處呢？好也罷壞也罷，只讓我們住宿一夜吧！
這些客人為什麼這樣胡鬧？現在部院對各村莊偏僻地方都遍頒禁令，

---

面对南边隔着两家开酒店姓刘的人是我的好朋友，你认得吗？
他是我的邻居，怎么不知道？
听了你的话，虽然并无可疑之处，但房子委实狭窄，不能住宿奈何？
阿哥你可怜我们一点吧！现在是日落天黑的时候，要我到哪里去找寻住处呢？好也罢坏也罢，只让我们住宿一夜吧！
这些客人为什么这样胡闹？现在部院对各村庄偏僻地方都遍颁禁令，

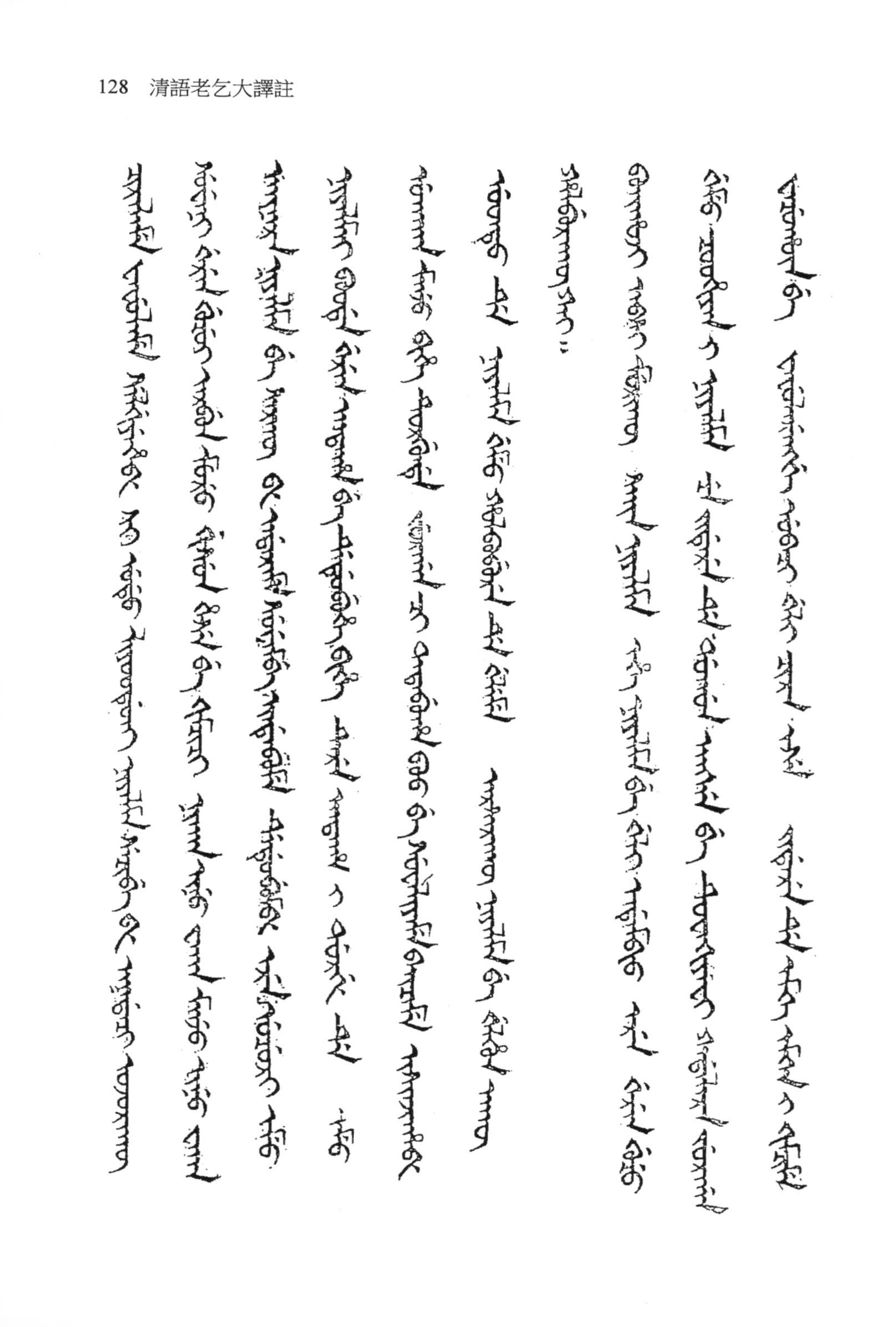

ciralame fafulame selgiyehebi, si udu liyoodung niyalma secibe bi akdaci ojorakū, suweni geren gucui arbun muru gisun hese be kimcici, nikan inu waka manju[1] inu waka, ainara niyalma be sarkū, bi adarame suwembe indebume dedubumbi, ere ucuri emu niyalmai boode geren antaha be dedubuhe bihe, tere antaha i dorgi de emu ukaka manju bihe turgunde, jurgan ci tatabuha boo be suwaliyame baicame isinjihabi, uttu de niyalma gemu holbobure de geleme, arsarakū niyalma be gelhun akū halburakū kai.
boihoji absi murikū, sain niyalma ehe niyalma be geli endembio？ ere geren gucu gemu coohiyan i niyalma, ce jidere de dogon angga be tuwakiyafi kadalara jurgan facuhūn be fafularengge ubaci geli cira, ese jidere de emke emken i kimcime

---

不得容留面生的人，你雖說是遼東人，我不能相信，察看你們各位伙伴的模樣語調，也不是漢人，也不是滿人，不知道是做什麼的人，我怎麼敢留你們住宿呢？近來有一個人家，讓各位客人住宿，那些客人內因為有一個逃走的滿人，部院把留住的人家也一齊來調查，因此，人都怕被牽連，豈敢容留平常一點兒也不知道的人啊！
主人家好生固執，好人壞人又瞞得住嗎？這幾位伙伴都是朝鮮人，他們來時守渡口的官司禁亂比這裡還嚴，這些人來時一個一個仔細

---

不得容留面生的人，你虽说是辽东人，我不能相信，察看你们各位伙伴的模样语调，也不是汉人，也不是满人，不知道是做什么的人，我怎么敢留你们住宿呢？近来有一个人家，让各位客人住宿，那些客人内因为有一个逃走的满人，部院把留住的人家也一齐来调查，因此，人都怕被牵连，岂敢容留平常一点儿也不知道的人啊！
主人家好生固执，好人坏人又瞒得住吗？这几位伙伴都是朝鲜人，他们来时守渡口的官司禁乱比这里还严，这些人来时一个一个仔细

---

1　“manju”，韓文諺解作「清人」。

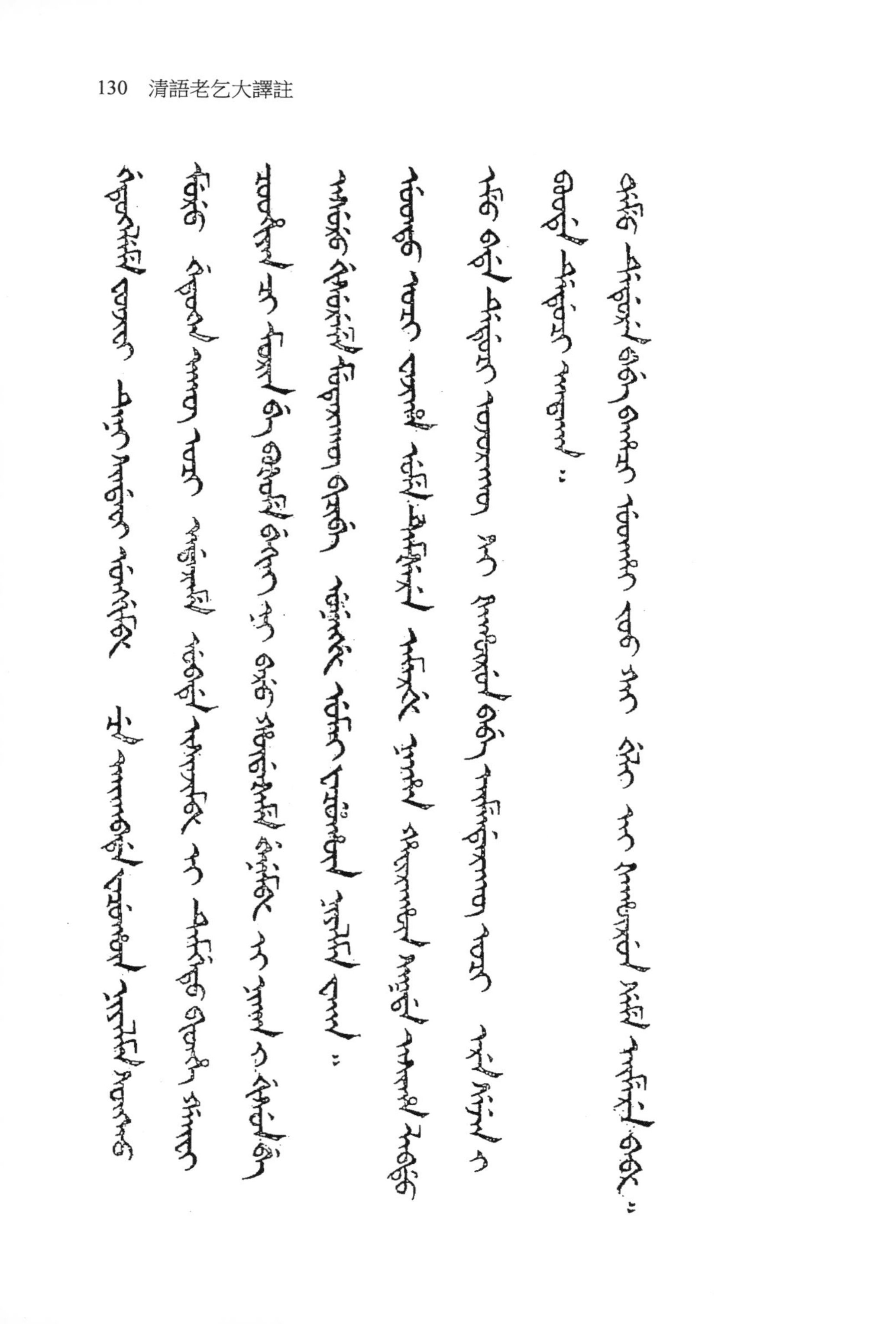

[illegible]

[illegible]

[illegible]

[illegible]

[illegible]

[illegible]

[illegible]

[illegible]

getukeleme fonjifi teni sindafi unggimbi, ce aikabade facuhūn niyalma songko muru getuken akū oci, adarame ubade isinjimbi, i temgetu bithe gaifi coohiyan ci morin be bošome beging ni baru hūdašame genembi, i nikan i gisun be asuru gisureme muterakū bicibe, unenggi umai facuhūn niyalma waka.
uttu oci wajiha ume temšere, amargi nahan hafirahūn sakda asiha labdu, emu bade deduci ojorakū, si šahūrun babe eimenderakū oci, ere sejen i boode deduci antaka？
damu dedure babe bahaci uthai joo kai, geli ai šahūrun seme eimere babi？

---

盤問明白了才放行。他們若是亂人來歷不明時怎麼到此地來？他攜帶證件從朝鮮趕馬往北京去做買賣，他雖然不會說漢語，但委實不是亂人。
若是這樣就行了，不要爭執，後房狹窄，老少又多，不能睡在一處，你不嫌冷的話，在這車房裡住宿如何？
只要得到住宿的地方就罷了啊！還嫌什麼冷？

---

盘问明白了才放行。他们若是乱人来历不明时怎么到此地来？他携带证件从朝鲜赶马往北京去做买卖，他虽然不会说汉语，但委实不是乱人。
若是这样就行了，不要争执，后房狭窄，老少又多，不能睡在一处，你不嫌冷的话，在这车房里住宿如何？
只要得到住宿的地方就罢了啊！还嫌什么冷？

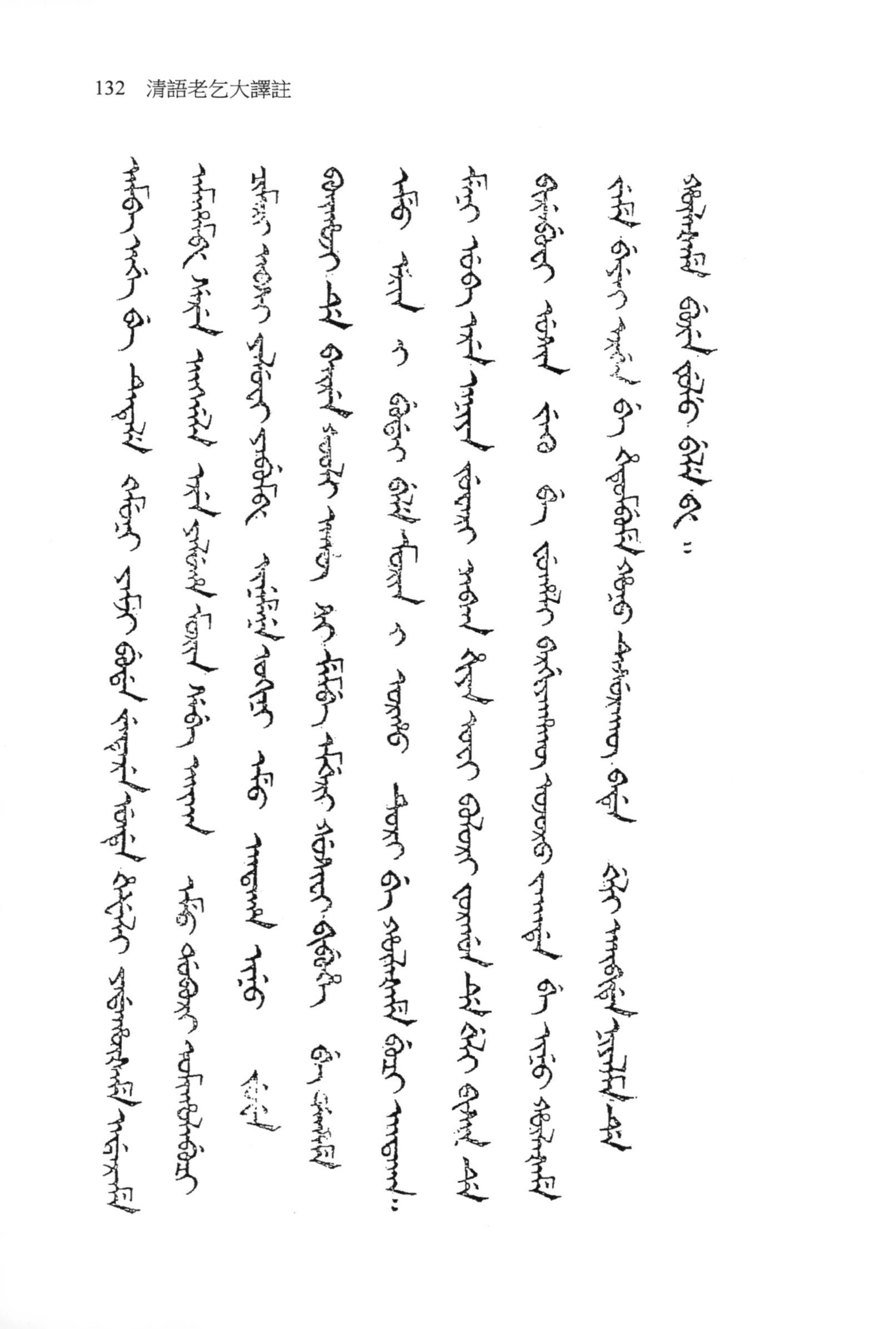

[illegible]

[illegible]

[illegible]

[illegible]

[illegible]

[illegible]

[illegible]

[illegible]

[illegible]

# 清語老乞大　卷四

amba age be tetele kemuni yamji buda jetere unde, hefeli yadahūšame adarame amhambi sere anggala, ere yaluha morin sebe aika emu dobori omiholabuci, cimari absi yalufi yabumbi？
inemene okini, emu antaha inu juwe boihoji de baire kooli akū, si membe emgeri gosifi bibuhe be dahame, emu erin i budai bele morin i orho turi be hūlašame buci antaka？
meni uba ere aniya juwari abka hiya ofi bolori forgon de geli bisan de birebufi, usin jeku be fuhali bargiyahakū ojoro jakade, be inu hūlašame jeme beyei ergen be hetumbume hono tesurakū bade, geli aibide niyalma de hūlašame bure fulu bele bi？

---

大阿哥我們直到現在還沒吃晚飯，不但肚子餓不能入睡，而且這騎的馬若是挨餓一夜，明天怎麼騎行呢？反正也沒有一個客人求兩個主人之例，你既已愛顧我們留我們住宿，換給一頓飯的米和馬的草豆如何？
我們這裡今年夏天因為天旱，秋季又淹大水，田糧一點未收，所以我們也是換著吃以維持身命尚且不夠，又哪裡有多餘的米換給人呢？

---

大阿哥我们直到现在还没吃晚饭，不但肚子饿不能入睡，而且这骑的马若是挨饿一夜，明天怎么骑行呢？反正也没有一个客人求两个主人之例，你既已爱顾我们留我们住宿，换给一顿饭的米和马的草豆如何？
我们这里今年夏天因为天旱，秋季又淹大水，田粮一点未收，所以我们也是换着吃以维持身命尚且不够，又哪里有多余的米换给人呢？

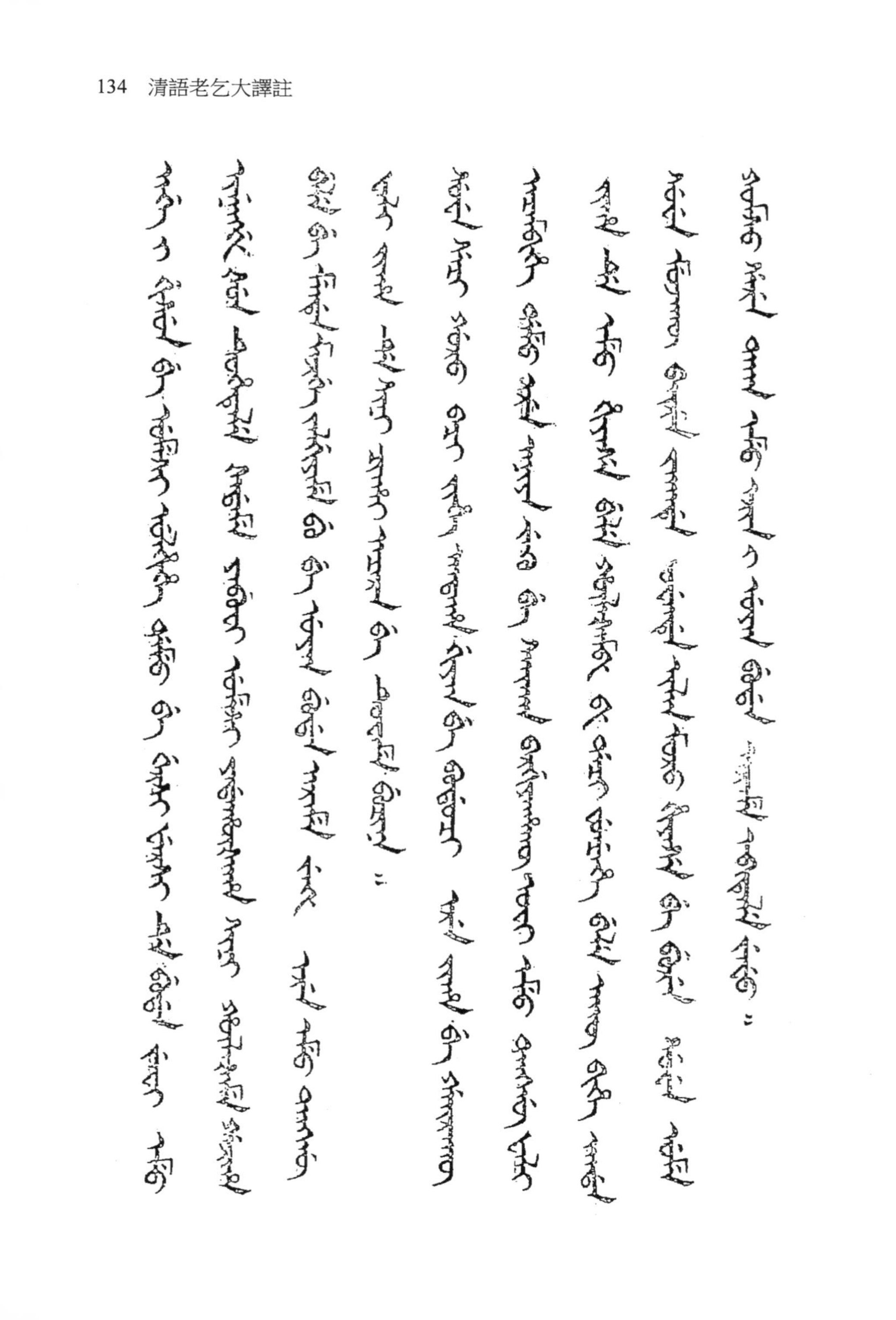

age i gisun be umesi ulhihe, damu be gersi fersi de buda jefi, emu inenggi šun tuhetele šadame yabufi umesi yadahūšaha, sini hūlašame gajiha bele be mende majige jalgiyame bu, be uyan buda arame jeki, ere emu tanggū fali jiha de sini cihai acara be tuwame bucina.
suwe seci goro baci jihe antaha, giyan be bodoci ere jiha be gairakū acambihe, damu ere aniya jeku be saikan bargiyahakū ofi, emu tanggū fali jiha de emu hiyase bele hūlašambi, bi daci funcehe bele akū bihe, anda suwe mujakū baire jakade, suwende ilan moro hiyase be bure, suwe ume komso sere, taka emu erin i uyan buda arame ebitele jefu.

---

我們很了解阿哥的話，但是我們在黎明時吃了飯直到日落一天行走疲乏很餓，把你換來的米勻一點給我們吧！我們做稀飯吃，這是一百個錢，你隨意酌量給吧！
說來你們是從遠地來的客人，按理講這錢不該要，但因今年稻穀收成不好，一百個錢換一斗米，我本來沒有剩餘的米，客人你們既一再央求，所以給你們三升，你們不要嫌少，暫且做一頓稀飯吃飽吧！

---

我们很了解阿哥的话，但是我们在黎明时吃了饭直到日落一天行走疲乏很饿，把你换来的米匀一点给我们吧！我们做稀饭吃，这是一百个钱，你随意酌量给吧！
说来你们是从远地来的客人，按理讲这钱不该要，但因今年稻谷收成不好，一百个钱换一斗米，我本来没有剩余的米，客人你们既一再央求，所以给你们三升，你们不要嫌少，暂且做一顿稀饭吃饱吧！

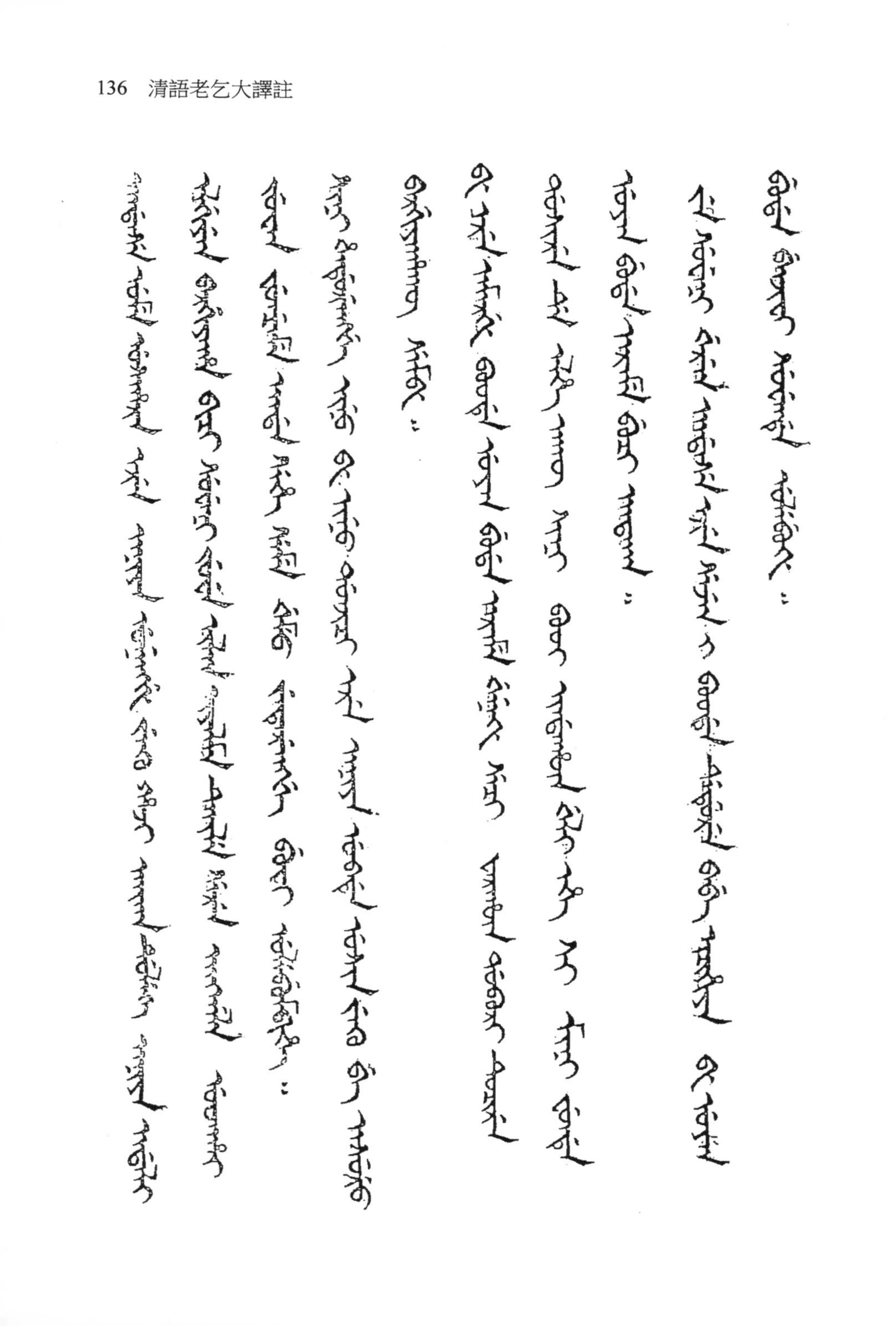

[illegible]

[illegible]

[illegible]

[illegible]

[illegible]

[illegible]

[illegible]

[illegible]

[illegible]

[illegible]

andase ume ushara, ere aniya unenggi jeku haji, aika duleke aniya adali elgiyen bargiyaha bici, suweni juwe ilan niyalma teile sere anggala, uthai juwan funceme anda sehe seme gemu jeterengge bufi ulebumbihe.
sini hendurengge inu, bi inu donjici ere aniya ubade usin jeku be asuru bargiyahakū sembi.
bi ere amargi boode uyan buda arame geneki seci, farhūn dobori tucire dosire de elhe akū, sini booi indahūn geli ehe, si mini funde uyan buda arame buci antaka？
je suweni geren andase ere sejen i boode dedure babe icihiya, bi uyan buda benjifi suwende ulebuki.

---

客人們不要埋怨，今年委實糧荒，若是像去年豐收時，不僅你們二、三人，就是說十多位客人也都給吃。
你說的是，我也聽說今年這裡田糧非常欠收。
我如果到這後房去做稀飯，黑夜裡出入不便，你家的狗又兇惡，你替我做稀飯如何？
是，你們幾位客人收拾這車房住宿地方，我送稀飯來給你們吃吧！

---

客人们不要埋怨，今年委实粮荒，若是像去年丰收时，不仅你们二、三人，就是说十多位客人也都给吃。
你说的是，我也听说今年这里田粮非常欠收。
我如果到这后房去做稀饭，黑夜里出入不便，你家的狗又凶恶，你替我做稀饭如何？
是，你们几位客人收拾这车房住宿地方，我送稀饭来给你们吃吧！

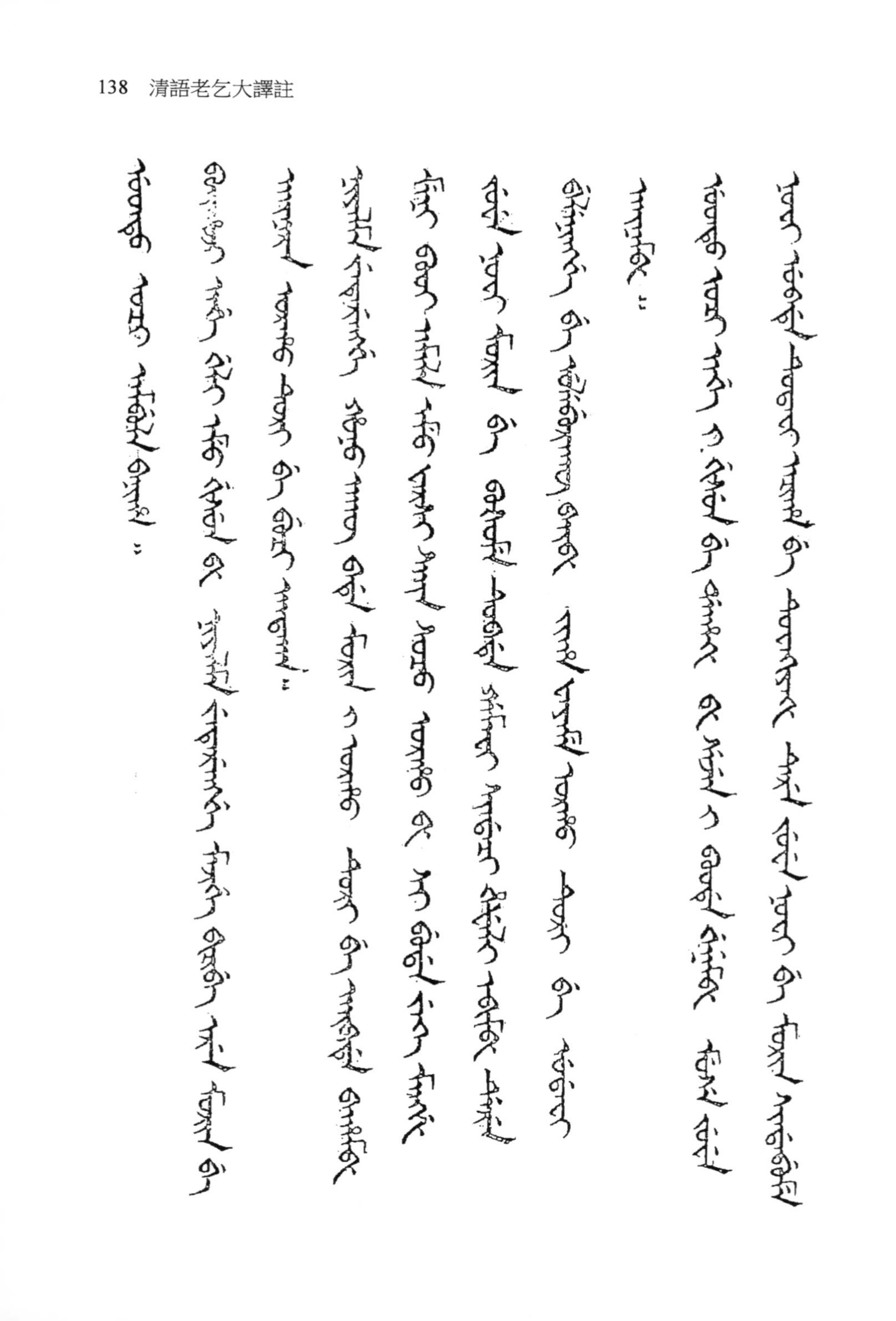

[illegible]

uttu oci ambula baniha.
boihoji age geli emu gisun bi, niyalma jeterengge majige bicibe, ere morin be ainara？ orho turi be buci antaka？
niyalma jeterengge hono akū bade, morin i orho turi be aibide bahambi, meni booi amala emu farsi sain soco orho bi, si buda jeke manggi, juwe nofi morin be bošome tubade gamafi sindaci hefeli ebimbi dere, beleningge be uleburakū baibi jiha fayame orho turi be udafi ainambi？
uttu oci age i gisun be dahaki, bi sejen i boode genembi, muse juwe nofi ubade tutafi aciha be tuwakiyaki, tere juwe nofi be morin sindabume

---

若是這樣，多謝。
主人家阿哥，還有一句話，人雖有一點吃的，但這馬怎麼辦呢？給些草豆如何？
人吃的尚且沒有，哪裡有馬的草豆呢？我們房子後面有一塊很好的羊草，你吃了飯後，叫兩人趕馬到那裡去放牧時，諒可吃飽肚子吧！現成的不餵，白費錢買草豆做什麼呢？
若是這樣，就聽從阿哥的話，我到車房去，我們兩人留在這裡看守行李，派他們兩人去放馬，

---

若是这样，多谢。
主人家阿哥，还有一句话，人虽有一点吃的，但这马怎么办呢？给些草豆如何？
人吃的尚且没有，哪里有马的草豆呢？我们房子后面有一块很好的羊草，你吃了饭后，叫两人赶马到那里去放牧时，谅可吃饱肚子吧！现成的不喂，白费钱买草豆做什么呢？
若是这样，就听从阿哥的话，我到车房去，我们两人留在这里看守行李，派他们两人去放马，

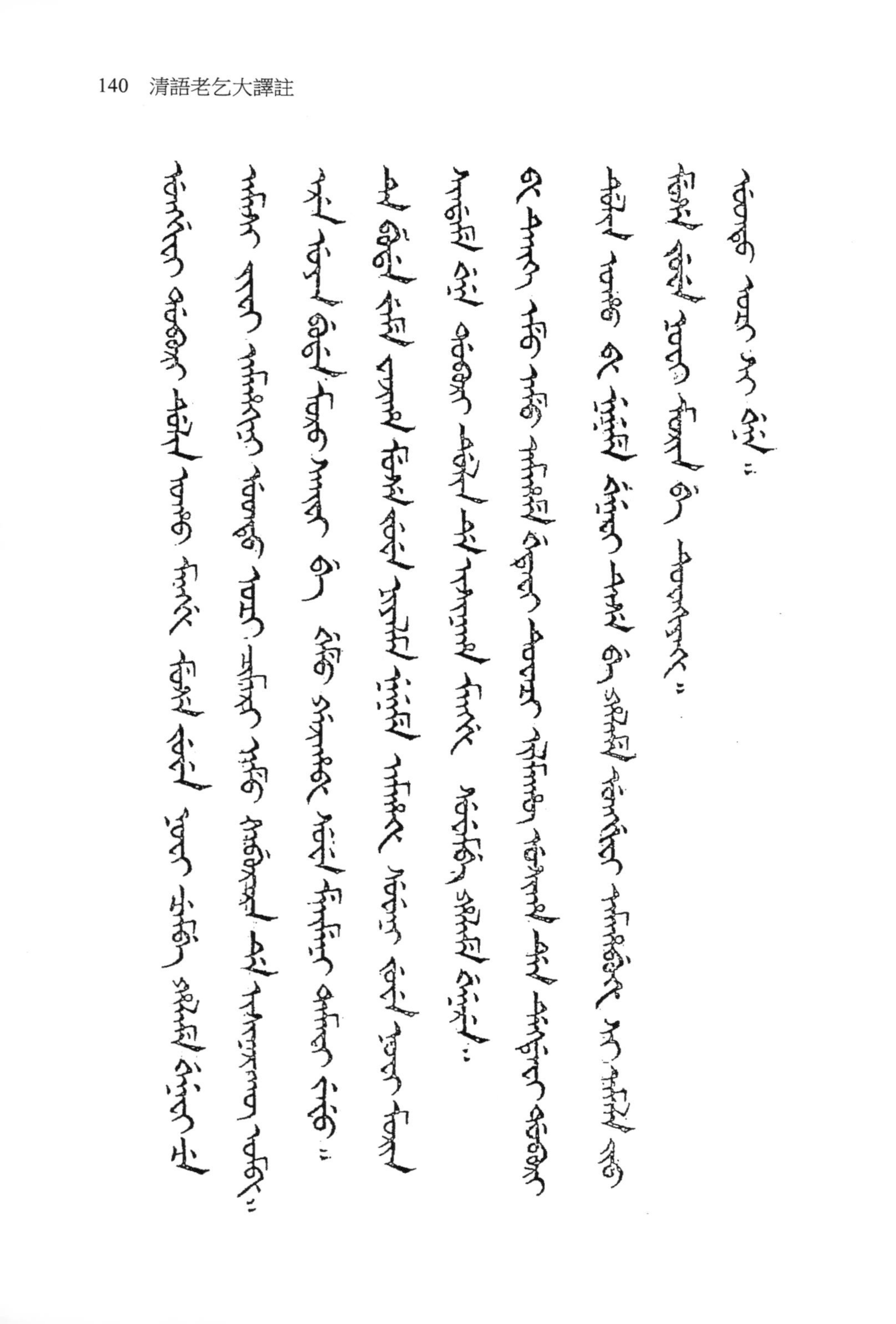

unggifi dobori dulin oho manggi, muse juwe nofi cembe halame genefi ce amasi jifi amhakini, uttu oci cimari amu šaburara de isinarakū ombi.
ere uyan buda moro saifi be gemu gajihabi, suwe meimeni tamafi jefu.
te buda jeme wajiha, muse juwe niyalma neneme amhaki, suweni juwe nofi morin sindame gene, dobori dulin de isinaha manggi suwembe halame genere.
bi teike emu amu amhame getefi tuwaci, ilmahū usiha[1] den dekdefi dobori dulin oho, bi neneme genefi tese be halame unggifi amhabuki, si amala jio muse juwe nofi morin be tuwakiyaki.
uttu oci si gene.

---

到半夜以後我們兩人去替換他們，讓他們回來睡吧！如此明天可不至於打瞌睡。
這稀飯碗匙都帶來了，你們各自盛了吃吧！
現在吃完了飯，我們二人先去睡，你們兩人去放馬，到了半夜時去替換你們。
我剛才睡了一覺醒來一看，伐星升高已是半夜了，我先去替換他們來睡，你隨後來，我們兩人看守馬吧！
若是這樣，你去吧！

---

到半夜以后我们两人去替换他们，让他们回来睡吧！如此明天可不至于打瞌睡。
这稀饭碗匙都带来了，你们各自盛了吃吧！
现在吃完了饭，我们二人先去睡，你们两人去放马，到了半夜时去替换你们。
我刚才睡了一觉醒来一看，伐星升高已是半夜了，我先去替换他们来睡，你随后来，我们两人看守马吧！
若是这样，你去吧！

---

1 伐星是參宿中的三小星，滿文讀如“ilmoho usiha”，此作“ilmahū usiha”，異。

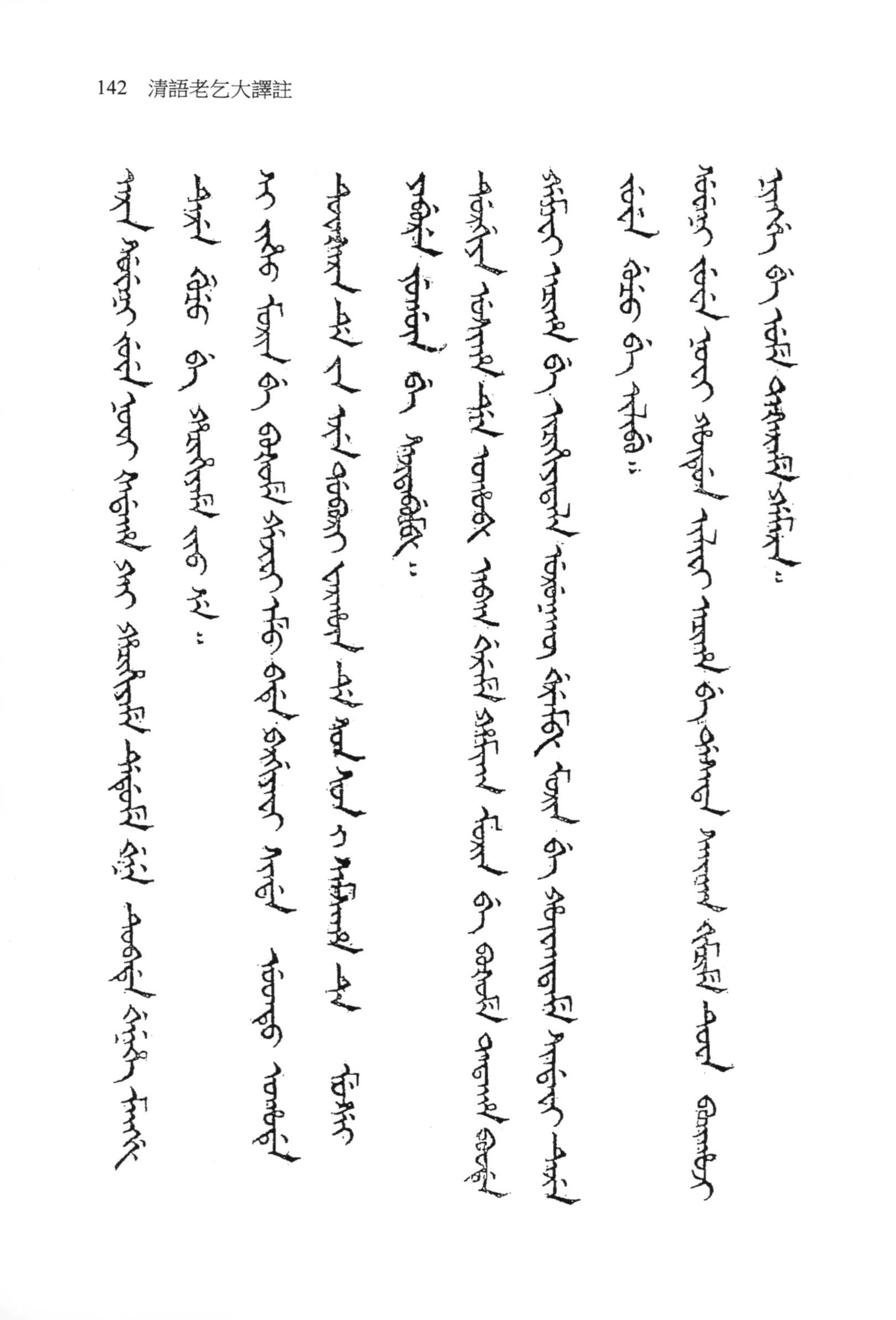

[illegible]

[illegible]

[illegible]

[illegible]

ara suweni juwe nofi šadaha kai！ hacihiyame dedume gene, tubade genehe manggi tere gucu be hacihiyame jio se.
si jiheo？ morin be bošome gaijifi emu bade bargiyafi sinda, uttu ohode tuwašara de ja, ere dobori farhūn de son son i samsiha de, musei yabure jugūn be sartabumbi.
durgiya usiha[1] den ohobi, abka gereme hamika, morin be bošome tataha boode gamafi aciha be icihiyatala urunakū gerembi, morin be hūwaitame sindafi tere juwe gucu be ilibu.
suweni juwe nofi hūdun ilifi aciha be dasata, saikan kimcime tuwa, boihoji ningge be ume tašarame gamara.

---

哎呀！你們兩人累了啊！趕緊去睡吧！到那裡時叫那位伙伴趕緊來吧！
你來了嗎？把馬趕來收放在一處，這樣時容易照管，今夜黑暗，各自失散時，就躭誤我們走路。
明星已高了，天快亮了，把馬趕回住宿的屋子，收拾了行李時天必定亮了，把馬拴起來，叫那二位伙伴起來吧！
你們兩人趕快起來收拾行李，好好地檢查，不要錯拿了主人的東西。

---

哎呀！你们两人累了啊！赶紧去睡吧！到那里时叫那位伙伴赶紧来吧！
你来了吗？把马赶来收放在一处，这样时容易照管，今夜黑暗，各自失散时，就躭误我们走路。
明星已高了，天快亮了，把马赶回住宿的屋子，收拾了行李时天必定亮了，把马拴起来，叫那二位伙伴起来吧！
你们两人赶快起来收拾行李，好好地检查，不要错拿了主人的东西。

---

1 “durgiya usiha”，意即明星，又稱啟明星、曉星，是早晨出現在東方的金星。

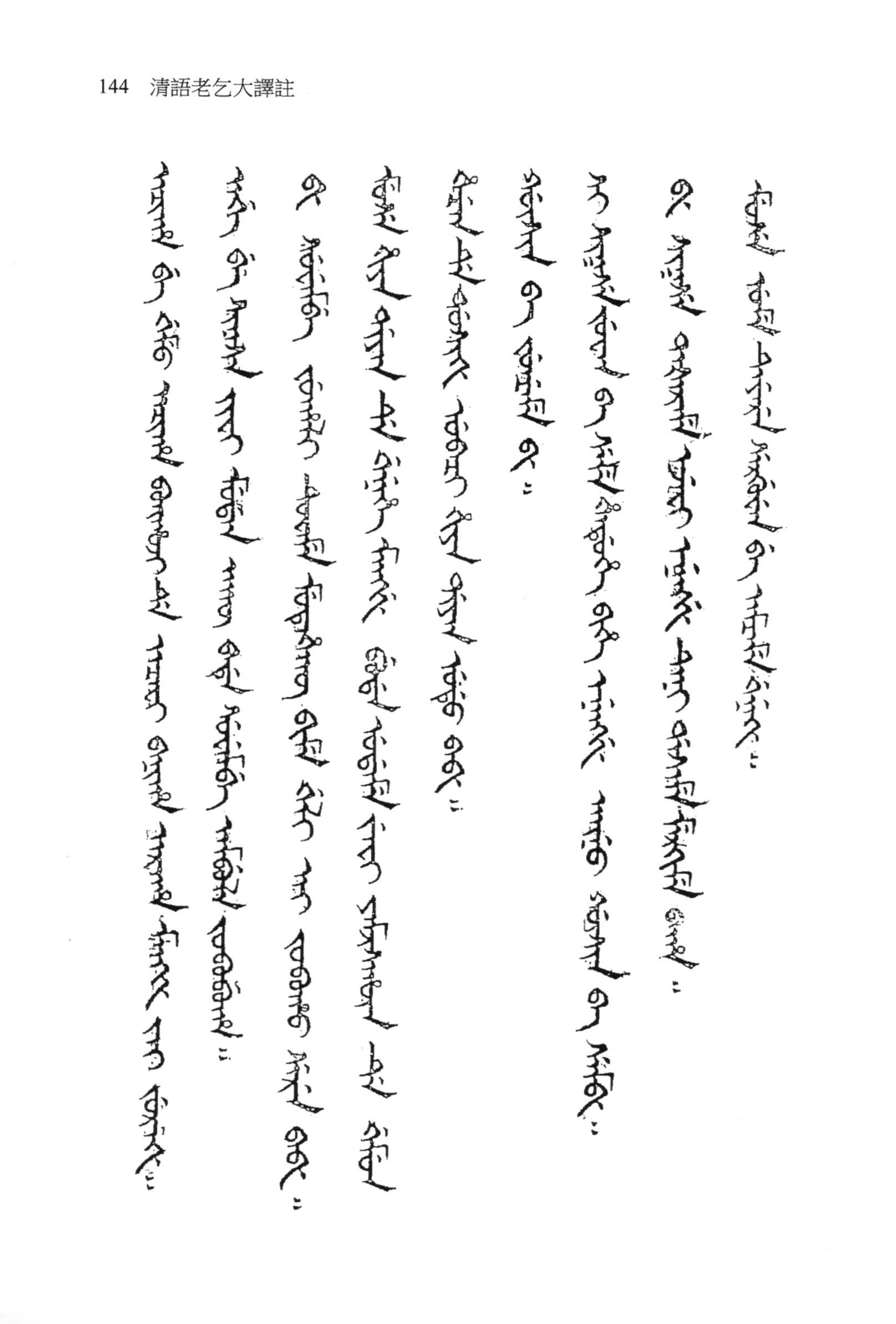

[illegible]

[illegible]

[illegible]

[illegible]

[illegible]

[illegible]

[illegible]

[illegible]

[illegible]

aciha be gemu aciha, boihoji de acafi baniha araha manggi jai juraki.
age be sikse jifi mudan akū bade suwembe ambula jobobuha.
bi suwembe fuhali tawame mutehekū bime geli ai joboho sere babi？
muse hiya diyan de genehe manggi, buda udame jefi yamjishūn de gemun hecen de dosiki, ubaci hiya diyan udu babi？
gūsin ba funceme bi.
si sikse juwan ba seme henduhe bihe, enenggi ainu gūsin ba sembi？
bi sikse tašarame ejefi enenggi teni dasame merkime baha.
muse ume teyere serguwen be amcame geneki.

---

行李都馱好了，去見主人家道謝後再出發吧！
阿哥，我們昨天來無緣無故太打擾你們了。
我全然沒能照顧你們又說什麼打擾呢？
我們到了夏店時，買飯吃後在傍晚時進京城，從這裡到夏店有幾里路？
有三十多里路。
你昨天說過十里路，今天為什麼說三十里路呢？
我昨天記錯了，今天才再想起來了。
我們不要歇息，趁涼快走吧！

---

行李都驮好了，去见主人家道谢后再出发吧！
阿哥，我们昨天来无缘无故太打扰你们了。
我全然没能照顾你们又说什么打扰呢？
我们到了夏店时，买饭吃后在傍晚时进京城，从这里到夏店有几里路？
有三十多里路。
你昨天说过十里路，今天为什么说三十里路呢？
我昨天记错了，今天才再想起来了。
我们不要歇息，趁凉快走吧！

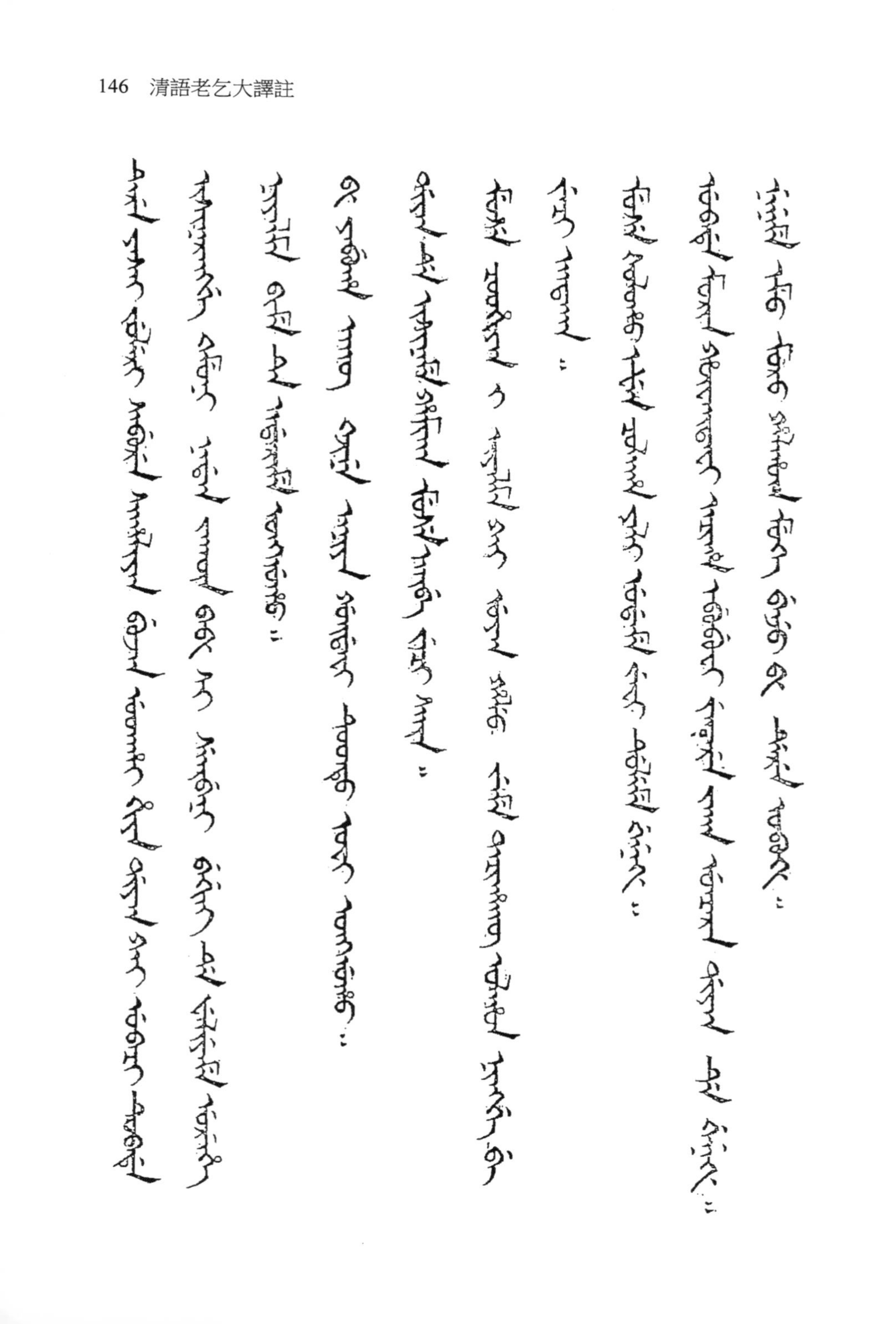

tere yasai juleri sabure sahaliyan bujan uthai hiya diyan kai, ubaci tubade isinarangge kemuni nadan jakūn babi, si seibeni beging de feliyeme urehe niyalma bime te adarame onggoho？
bi yabuha akū kejine aniya goidafi tuttu ofi onggoho.
diyan de isiname hamika, muse aibe jeci sain？
muse coohiyan i niyalma kai, uyan halu[1] jeme tacihakū, olhon ningge be jeci antaka？
muse šoloho efen[2] colaha yali udame jefi duleme geneki.
ubade morin hūwaitafi aciha ebubufi jetere jaka uncara diyan de geneki.
neneme emu moro halhūn muke benju, bi dere oboki.

---

那眼前看到的黑樹林就是夏店啊！從這裡到那裡還有七、八里路，你從前是到北京走熟的人，而現在怎麼忘了呢？
我好多年沒走了，所以忘了。
快到店了，我們吃什麼好呢？
我們是朝鮮人，不慣吃濕麵，吃乾的如何？
我們買燒餅、炒肉吃完過去吧！
在這裡拴了馬，卸下行李，到賣食物的店去吧！
先送一碗熱水來，我洗臉吧！

---

那眼前看到的黑树林就是夏店啊！从这里到那里还有七、八里路，你从前是到北京走熟的人，而现在怎么忘了呢？
我好多年没走了，所以忘了。
快到店了，我们吃什么好呢？
我们是朝鲜人，不惯吃湿面，吃干的如何？
我们买烧饼、炒肉吃完过去吧！
在这里拴了马，卸下行李，到卖食物的店去吧！
先送一碗热水来，我洗脸吧！

---

1 “uyan halu”，漢語《老乞大》作「濕麵」。
2 燒餅，滿文讀如“šobin”，此作“šoloho efen”，意即「燒烤的餅」。

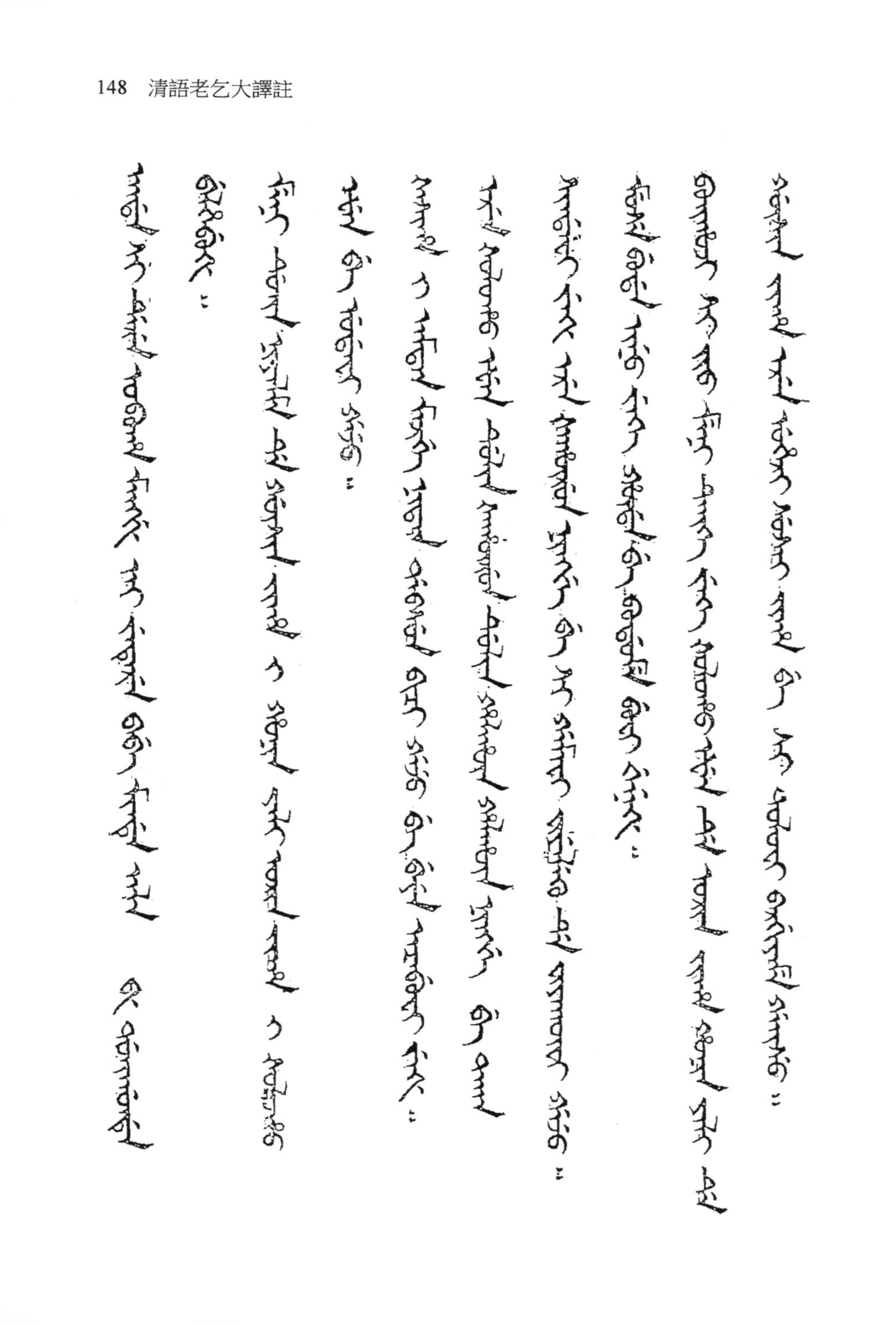

anda si dere oboha manggi, ai jetere babe minde ala？ bi doigonde belhebuki.
meni duin niyalma de gūsin jiha i honin yali, orin jiha i šoloho efen be udafi gaju.
šasiha i amtan majige nitan, dabsun bici gaju, be beye acabufi jeki.
ere šoloho efen dulin šahūrun dulin halhūn, halhūn ningge be taka sindafi jeki, ere šahūrun ningge be si gamafi fiyeleku de fiyakūfi gaju.
muse buda inu jeke, hūda be bodome bufi geneki.
boihoji si jio, meni teike jeke šoloho efen de orin jiha, honin yali de gūsin jiha, ere uheri susai jiha be si tolofi bargiyame gaisu.

---

客人你洗了臉後，告訴我吃些什麼？我先預備吧！
給我們四人買來三十個錢的羊肉，二十個錢的燒餅。
湯的味道有一點淡，若有鹽拿來吧！我們自己調了吃。
這燒餅一半冷一半熱，把熱的暫且擱下吃，這涼的你拿去爐裡烤了拿來。
我們飯也吃了，算給了錢走吧！
主人家你來，我們剛才吃了燒餅二十個錢，羊肉三十個錢，這裡一共五十個錢你點了收下吧！

---

客人你洗了脸后，告诉我吃些什么？我先预备吧！
给我们四人买来三十个钱的羊肉，二十个钱的烧饼。
汤的味道有一点淡，若有盐拿来吧！我们自己调了吃。
这烧饼一半冷一半热，把热的暂且搁下吃，这凉的你拿去炉里烤了拿来。
我们饭也吃了，算给了钱走吧！
主人家你来，我们刚才吃了烧饼二十个钱，羊肉三十个钱，这里一共五十个钱你点了收下吧！

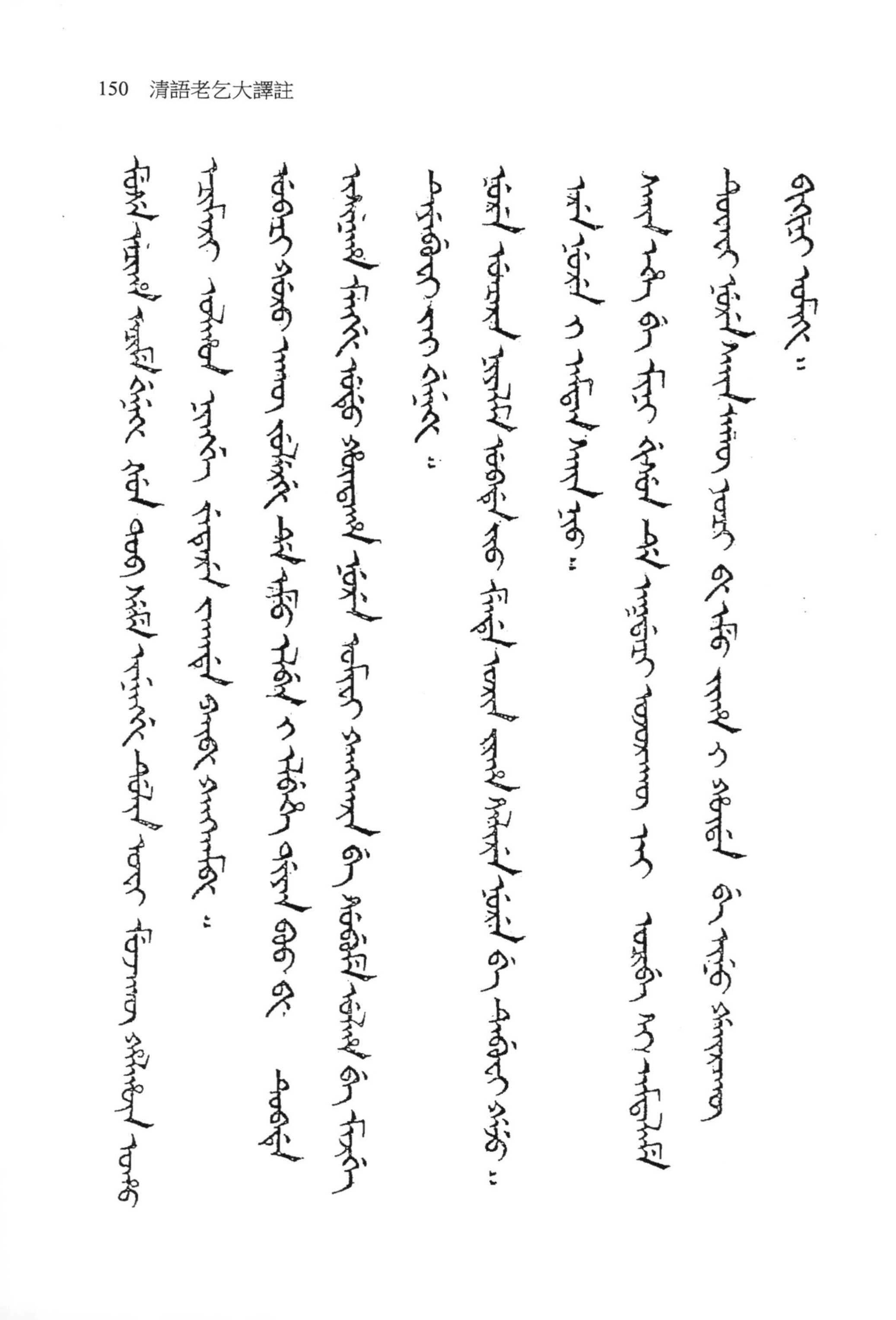

muse aciha acime geneki, šun tob seme inenggi dulin ofi mujakū halhūn oho, ecimari[1] olhon ningge jetere jakade baibi kangkambi.
ubaci goro akū julergi de emu elben i elbehe diyan boo bi, tubade isinaha manggi udu hūntaha[2] nure omifi kangkara be subume ulha be majige teyebufi jai geneki.
nure uncara niyalma ubade jio, mende orin jiha salire nure be tebufi gaju.
ere nure i amtan sain nio？
sain ehe be mini gisun de akdaci ojorakū, ai ocibe si amtalame tuwafi nure sain akū oci, bi emu jiha i hūda be inu gairakū, bikini omiki.

---

我們馱行李走吧！因為日正當中非常熱了，今早吃了乾的，所以有點渴。
離這裡不遠前面有一家用茅草蓋的店鋪，到那裡後喝幾杯酒解渴，讓牲口歇息一會兒再走吧！
賣酒的人到這裡來，給我們盛值二十個錢的酒拿來吧！
這酒的味道好嗎？
好壞我的話不可靠，不管如何，你嚐嚐看，若是酒不好時，我一個錢也不要，將就喝吧！

---

我们驮行李走吧！因为日正当中非常热了，今早吃了干的，所以有点渴。
离这里不远前面有一家用茅草盖的店铺，到那里后喝几杯酒解渴，让牲口歇息一会儿再走吧！
卖酒的人到这里来，给我们盛值二十个钱的酒拿来吧！
这酒的味道好吗？
好坏我的话不可靠，不管如何，你尝尝看，若是酒不好时，我一个钱也不要，将就喝吧！

---

1 “ecimari”，意即今早，又作“ere cimari”。
2 漢語「杯」，滿文讀作“hūntahan”，此作“hūntaha”，異。

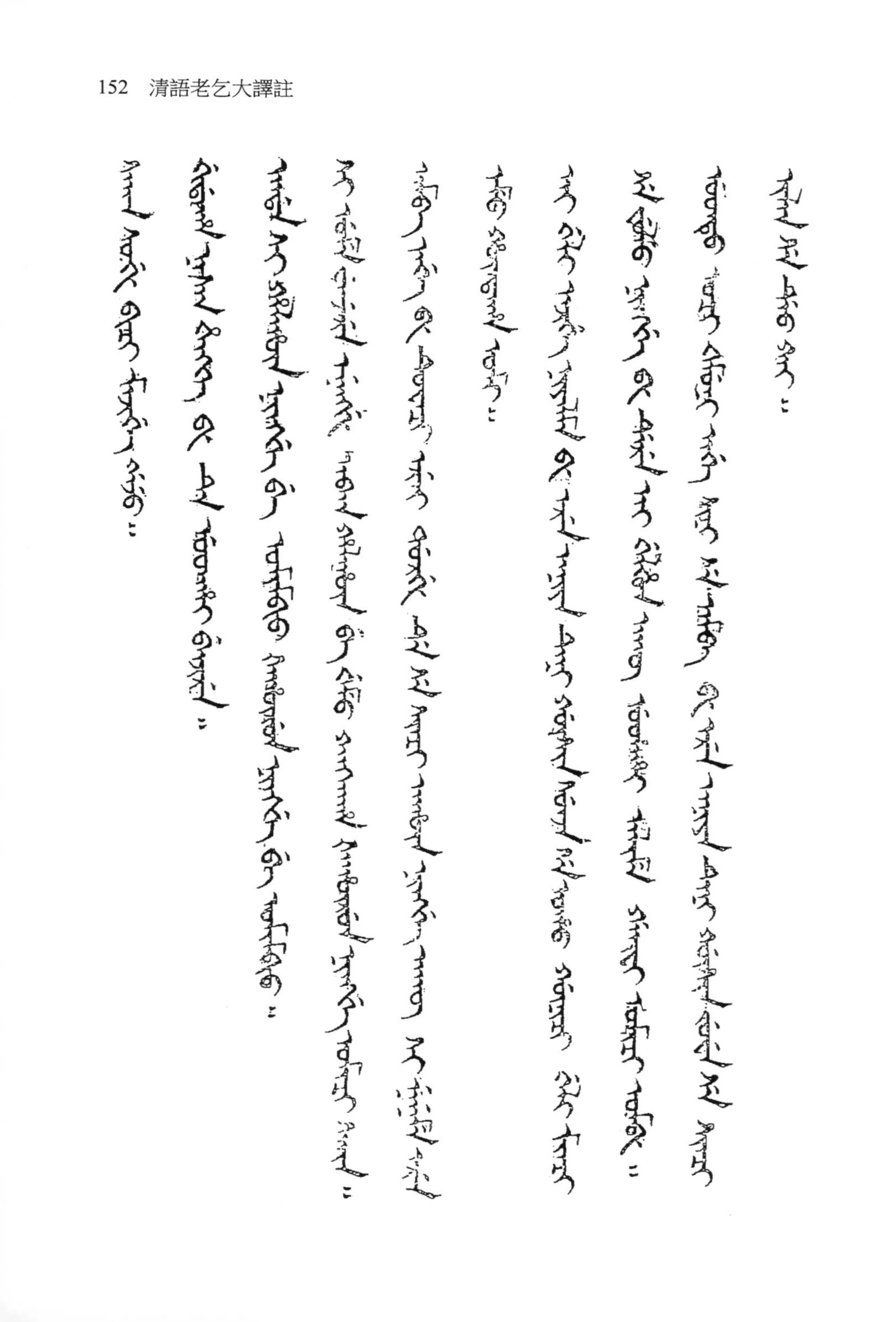

[illegible]

[illegible]

[illegible]

[illegible]

[illegible]

[illegible]

[illegible]

[illegible]

[illegible]

[illegible]

sain sogi bici majige gaju.
gidaha nasan hengke bi te uthai benjire.
anda si halhūn ningge be omimbio？ šahūrun ningge be omimbio？
si ume wenjere, enenggi abka halhūn, be gemu kangkaha, šahūrun ningge omici sain.
amba age bi tuwaci, erei dorgi de se sinci ahūn ningge akū, si neneme ere emu hūntaha omi.
ai geli, ajige niyalma bi ere aniya teni gūsin sunja se oho, gūnici geli minci se fulu ningge bi dere, ai gelhun akū uthai alime gaifi omici ombi？
uttu oci kemuni age sini se amba, bi ere aniya teni gūsin juwe se, sinci ilan se deo kai.

---

若有好菜，拿些來吧！
有醃的王瓜，現在就送來。
客人你喝熱的嗎？喝涼的嗎？
你不要溫，今天天熱，我們都渴了，喝涼的好。
大阿哥以我看，這裡面歲數沒有比你大的，你先喝這一杯吧！
豈敢，小人我今年才三十五歲，想來還有比我歲數大的吧！哪敢就接受喝呢？
若是這樣，還是阿哥你的歲數大，我今年才三十二歲，比你小三歲啊！

---

若有好菜，拿些来吧！
有腌的王瓜，现在就送来。
客人你喝热的吗？喝凉的吗？
你不要温，今天天热，我们都渴了，喝凉的好。
大阿哥以我看，这里面岁数没有比你大的，你先喝这一杯吧！
岂敢，小人我今年才三十五岁，想来还有比我岁数大的吧！哪敢就接受喝呢？
若是这样，还是阿哥你的岁数大，我今年才三十二岁，比你小三岁啊！

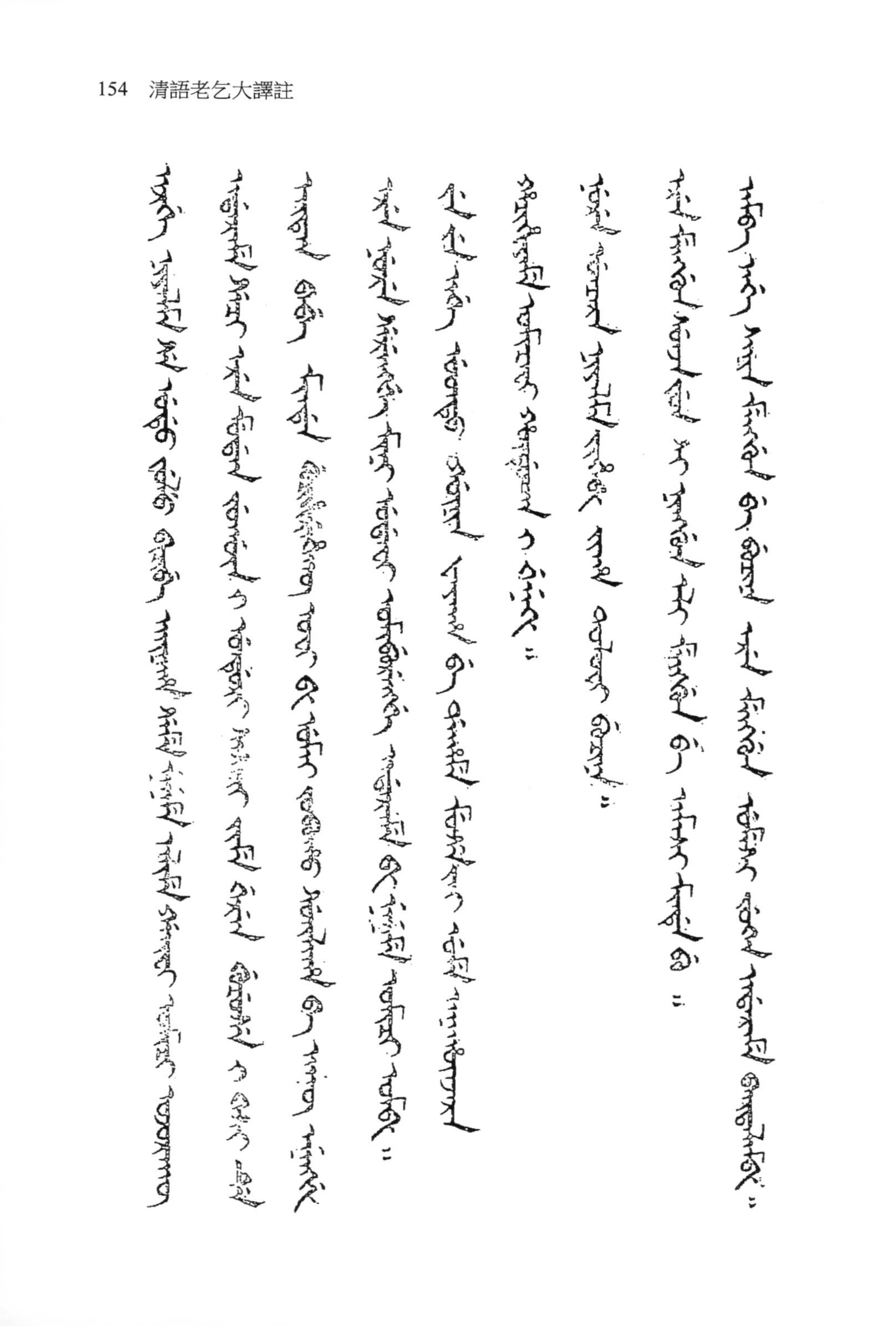

[illegible]

[illegible]

[illegible]

[illegible]

[illegible]

[illegible]

[illegible]

[illegible]

[illegible]

ajige niyalma se udu fulu bicibe, ainaha seme neneme alime gaifi omici ojorakū, adarame seci ere mudan jugūn i unduri sasari jime, geren gucuse i kesi de eiten babe minde gucihirehekū ofi, bi umai joboho suilaha ba akū, enenggi ere nure serengge mini udafi omiburengge, adarame bi neneme omici ombi？
je je age uttu gūnin fayaha be dahame, muse jai ume anahūnjara, hacihiyame omicafi hūdukan i geneki.
nure uncara niyalma jihebi, jiha tolofi bucina.
ere menggun sunja fun, si ninggun eli menggun be amasi minde bu.
amba age sain menggun be bucina, ere menggun umesi juken adarame baitalambi？

---

小人雖然年紀大，斷不可首先接受喝，怎麼說呢？這次沿途一齊來，託各位伙伴的福，諸事沒給我麻煩，我一點沒辛勞之處；今天這酒是我買來給大家喝的，我怎麼可以先喝呢？
是，是，阿哥既然這樣費心，我們不要再推讓，趕緊一齊喝了快點走吧！
賣酒的人來了，算錢給他吧！
這是五分銀子，你找給我六厘銀子吧！
大阿哥給些好銀子吧！這銀子很平常，怎麼使用呢？

---

小人虽然年纪大，断不可首先接受喝，怎么说呢？这次沿途一齐来，托各位伙伴的福，诸事没给我麻烦，我一点没辛劳之处；今天这酒是我买来给大家喝的，我怎么可以先喝呢？
是，是，阿哥既然这样费心，我们不要再推让，赶紧一齐喝了快点走吧！
卖酒的人来了，算钱给他吧！
这是五分银子，你找给我六厘银子吧！
大阿哥给些好银子吧！这银子很平常，怎么使用呢？

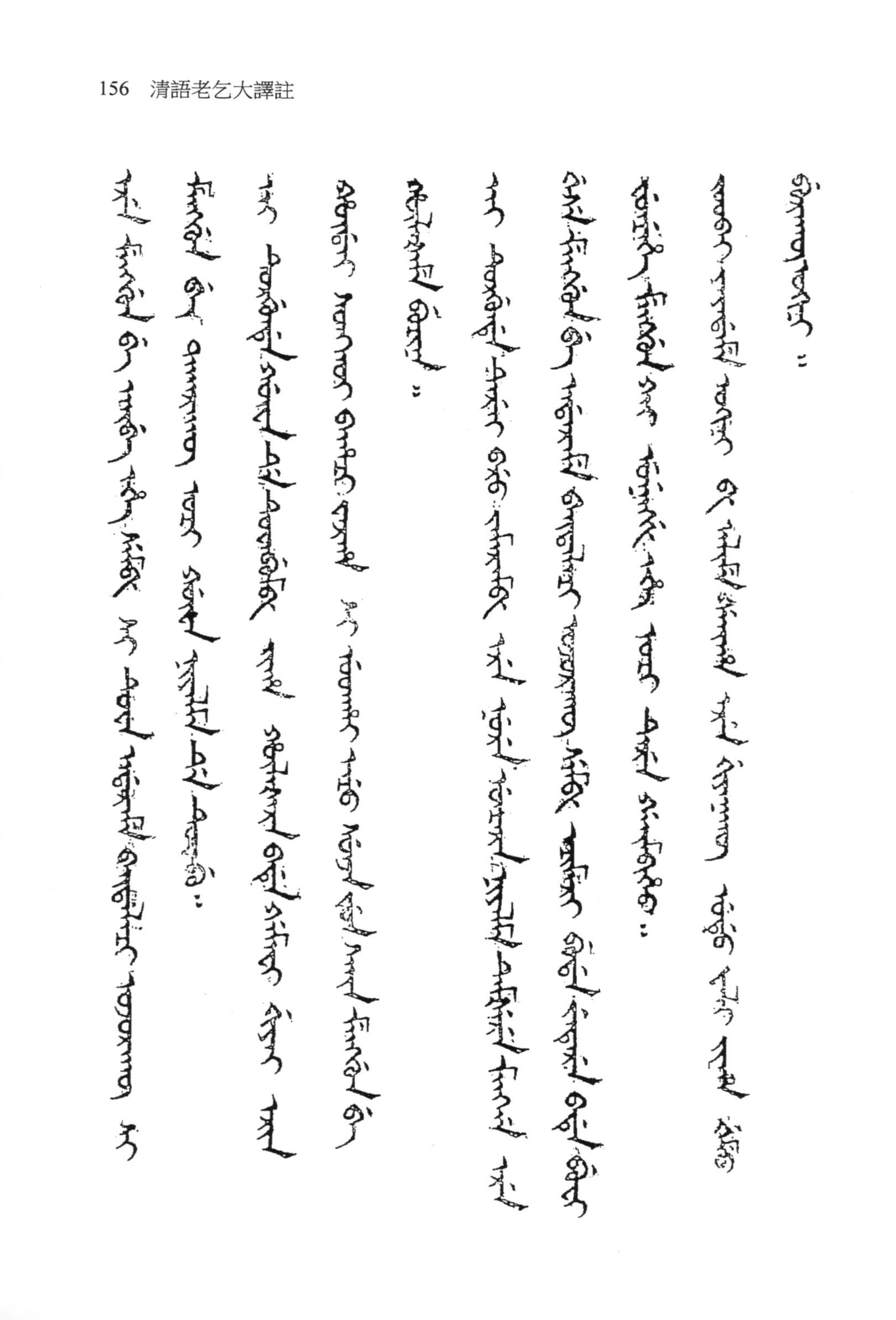

ere menggun be aibe ehe sembi, si tuwa adarame baitalaci ojorakū, si menggun be takarakū oci gūwa niyalma de tuwabu.
ai turgunde gūwa de tuwabumbi, jiha hūlašara bade gamafi giyai erin hūdai songkoi bahaci wajiha, si uthai encu sunja fun sain menggun be hūlašame bucina.
ai turgunde terei baru jamarambi, ere nure uncara niyalma temšere manga, ere gese menggun be adarame baitalaci ojorakū sembi, ecimari buda jetere bade bufi funcehe menggun kai, unenggi ehe oci tere gaimbiheo？
joobai yayadame okini bi alime gaiha, ere giyanakū udu fali jiha, gemu burakū okini.

---

這銀子有什麼不好，你看怎麼不能用，你若不認識銀子時，叫別人看吧！
為什麼叫別人看，拿到兌錢的地方去照市上的時價換得就行了，你就另外換給五分好銀子吧！
為什麼要與他吵鬧，這個賣酒的人很好爭，像這樣的銀子怎麼說不可用，這是今早吃飯的地方給剩下的銀子啊，若果真不好，他會要了嗎？算了吧！反正我將就接受了這幾個錢，就是都不給也罷！

---

这银子有什么不好，你看怎么不能用，你若不认识银子时，叫别人看吧！
为什么叫别人看，拿到兑钱的地方去照市上的时价换得就行了，你就另外换给五分好银子吧！
为什么要与他吵闹，这个卖酒的人很好争，像这样的银子怎么说不可用，这是今早吃饭的地方给剩下的银子啊，若果真不好，他会要了吗？算了吧！反正我将就接受了这几个钱，就是都不给也罢！

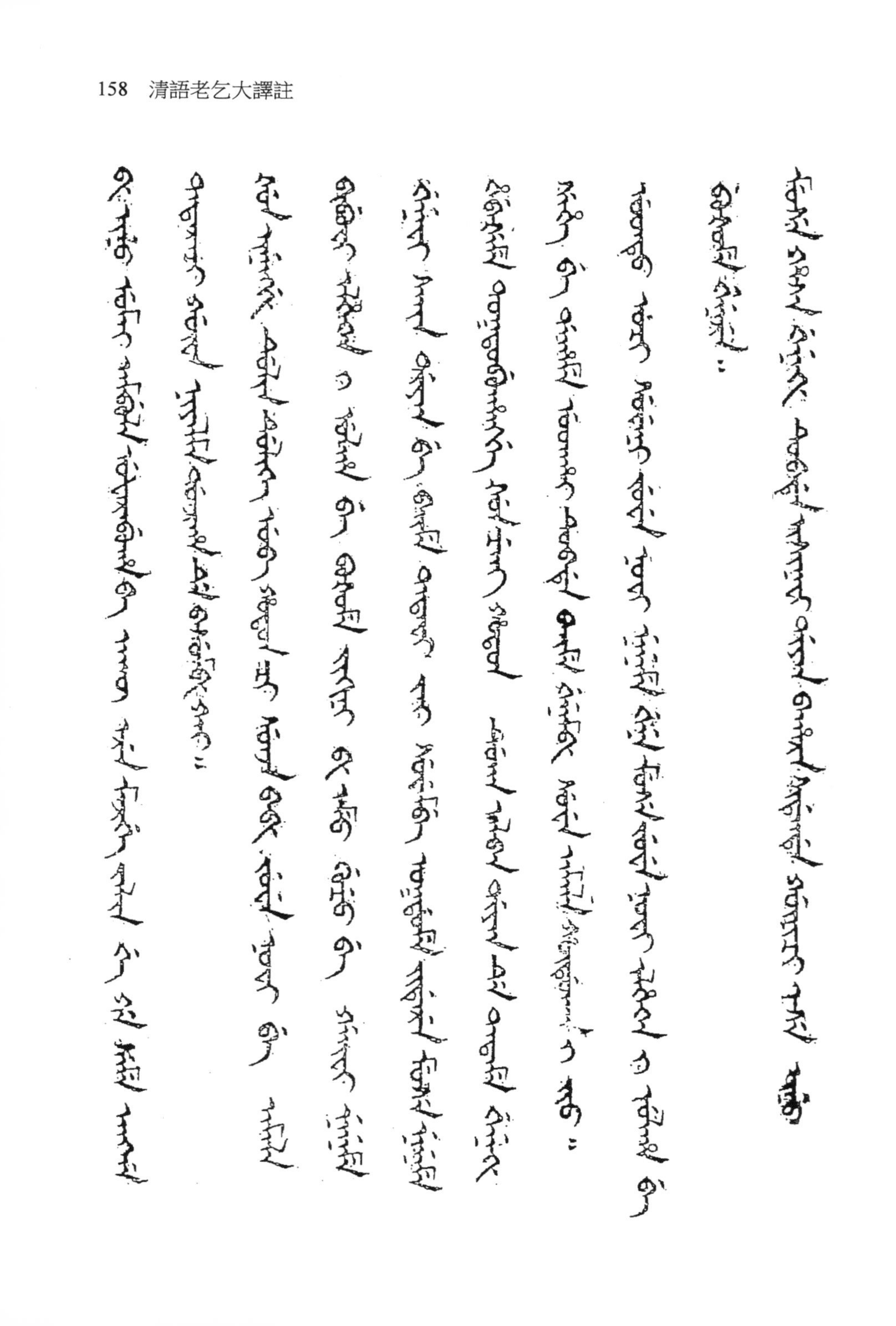

bi inu umai ambula ufarabuha ba akū, ere majige jalin ge ga seme angga tataraci, gūwa niyalma donjiha de basumbi kai.
šun inenggi dulin dulike, uba hoton ci sunja babi, juwe nofi be amala bibufi elheken i ulha be bošome jikini, bi emu gucu be gaifi neneme genefi sain diyan be baime tatafi, jai suwembe okdome jidere, muse neneme hebešeme toktobuhangge, šun ceng hoton duka alban diyan de tatame geneki sehe be dahame, uthai tubade baime genembi, suwe amala hūdukan i jio.
uttu oci suweni juwe nofi neneme gene, muse juwe nofi elheken i ulha be bošome genere.
muse hasa geneki, tubade isinafi diyan bahara sidende, gūnici ese inu

---

我也並沒讓你多損失，若為了這一點小事，你一句我一句口角，別人聽了會恥笑啊！
太陽過了中午了，這裡離城有五里路，留兩人在後頭慢慢地趕牲口來，我帶一位伙伴先去找個好店住宿，再來接你們，我們既曾先商定到順城門官店去住宿，就到那裡去找，你們隨後快來吧！
若是這樣，你們兩人先去吧！我們兩人慢慢的趕牲口去。
我們趕快去吧！到達那裡找到店的工夫，料想這些人也

---

我也并没让你多损失，若为了这一点小事，你一句我一句口角，别人听了会耻笑啊！
太阳过了中午了，这里离城有五里路，留两人在后头慢慢地赶牲口来，我带一位伙伴先去找个好店住宿，再来接你们，我们既曾先商定到顺城门官店去住宿，就到那里去找，你们随后快来吧！
若是这样，你们两人先去吧！我们两人慢慢的赶牲口去。
我们赶快去吧！到达那里找到店的工夫，料想这些人也

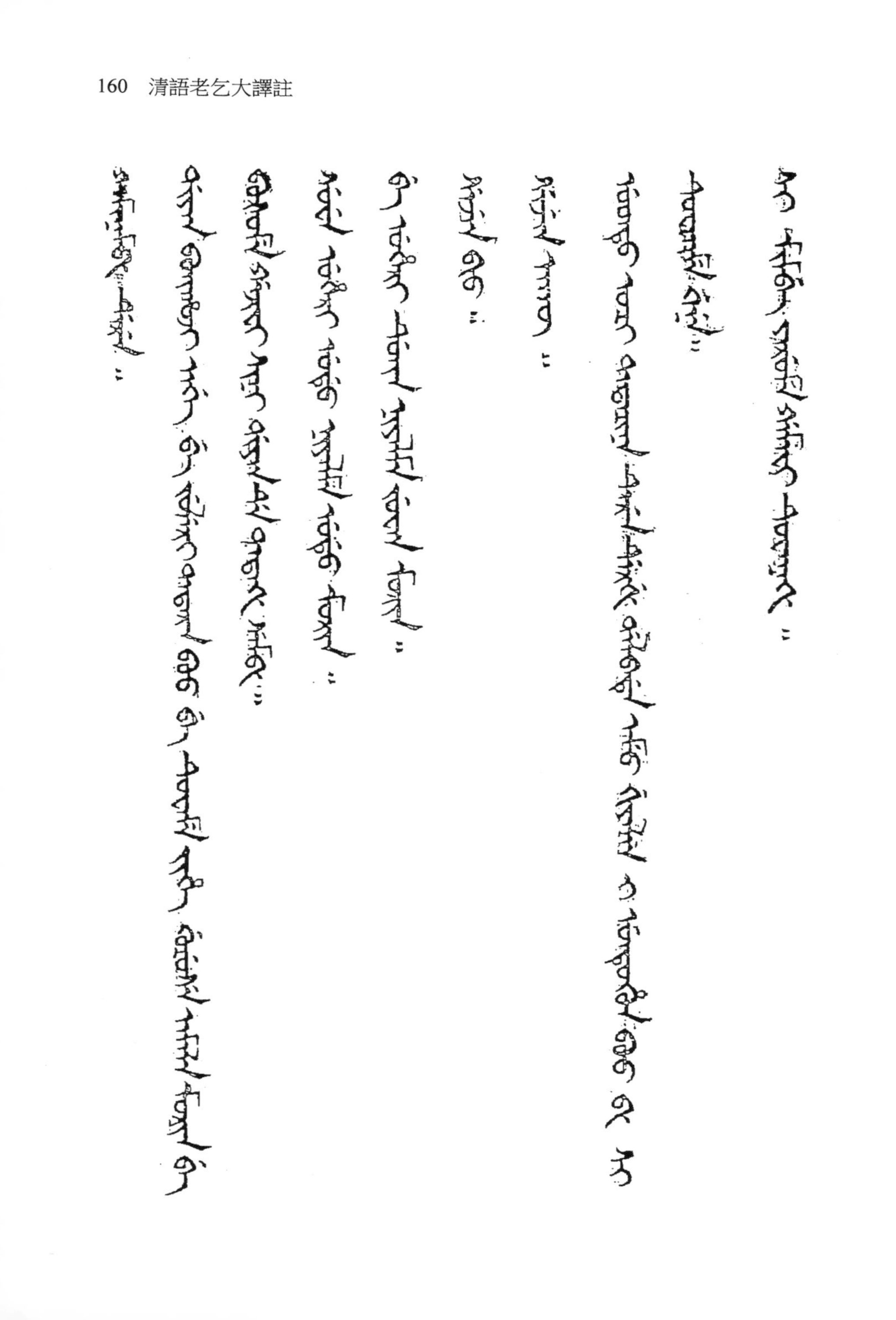

[illegible]

[illegible]

[illegible]

[illegible]

[illegible]

[illegible]

[illegible]

[illegible]

[illegible]

[illegible]

haminambi dere.
diyan boihoji age, be juleri tatara boo be tuwame jihe, gucuse amala morin be bošome gajifi sini diyan de tataki sembi.
suwe uheri udu niyalma udu morin？
be uheri duin niyalma juwan morin.
sejen bio？
sejen akū.
uttu oci tatacina, tere dergi dalbade emu giyalan i untuhun boo bi, si tuwaname gene.
si mimbe yarume gamafi tuwanaki.

---

快到吧！
店主人家阿哥，我們先來看住宿的房子，伙伴們在後頭趕馬來要住你的店。
你們一共幾個人幾匹馬呢？
我們共有四人、十匹馬。
有車嗎？
沒有車。
若是這樣就住下吧！那東邊有一間空房子，你去看看吧！
你引導我去看吧！

---

快到吧！
店主人家阿哥，我们先来看住宿的房子，伙伴们在后头赶马来要住你的店。
你们一共几个人几匹马呢？
我们共有四人、十匹马。
有车吗？
没有车。
若是这样就住下吧！那东边有一间空房子，你去看看吧！
你引导我去看吧！

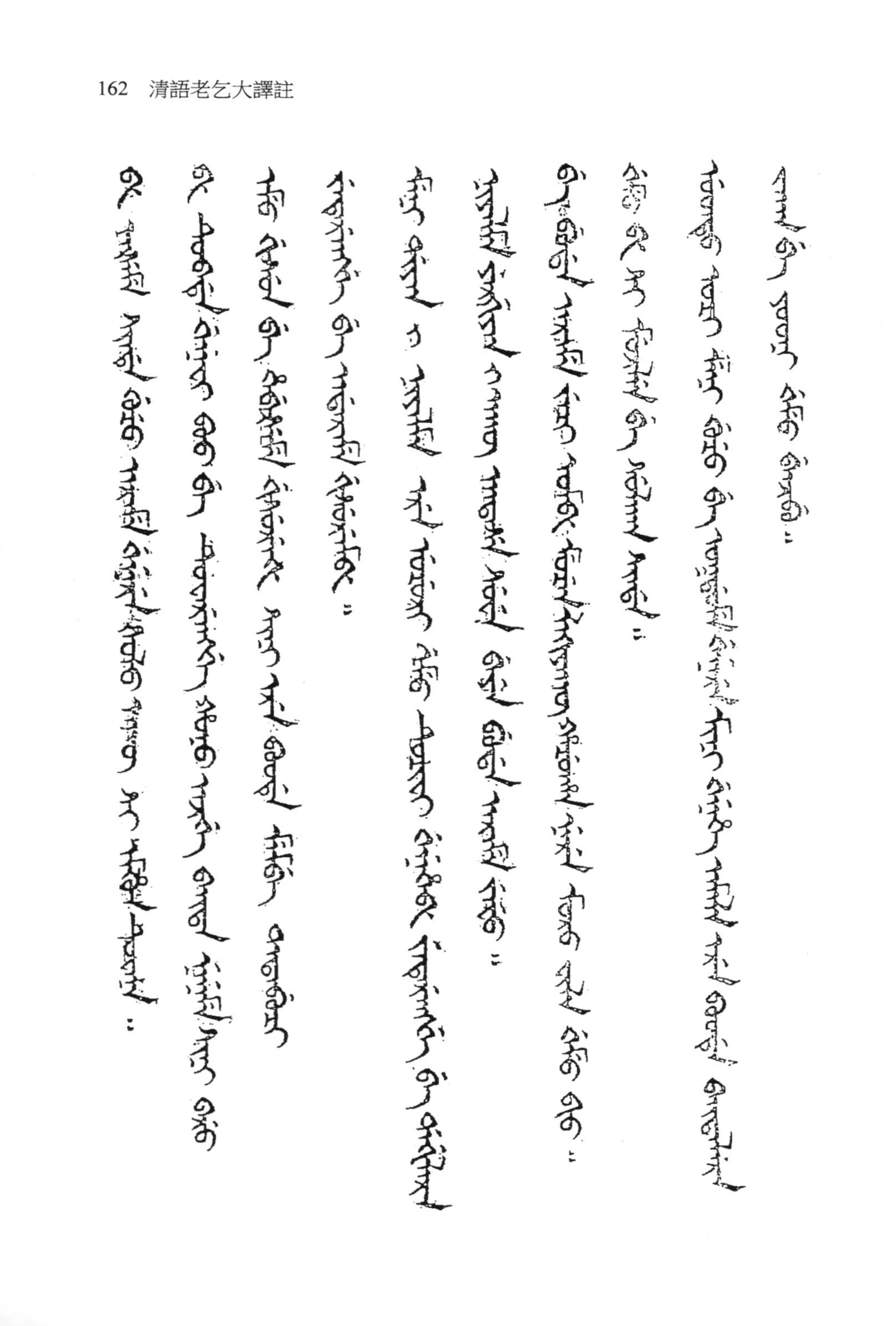

[illegible]

bi ekšeme sinde gucu arame genere šolo akū, si emhun tuwana.
bi tubade genefi boo be tuwarengge hono ajige baita, neneme sini baru emu gisun be hebešeme gisureki, sini ere boode membe tatabuci jeterengge be adarame gisurembi？
meni diyan i niyalma ere ucuri gemu tucifi genehebi, jeterengge be dagilara niyalma yargiyan i akū, andase suwe beye buda arame jefu.
be buda arame jeci ombi, mucen lakiyakū hacuhan nere moro fila gemu bio？
gemu bi, si mujilen be sulaka sinda.
uttu oci meni gucu be okdome genere, mini genehe amala ere boode baitalara jaka be yooni gemu benjibu.

---

我忙沒空陪你去，你獨自去看吧！
我到那裡去看房子還是小事，先向你商議一句話，你這房子讓我們住宿，吃的怎麼說呢？
我們店裡的人近來都出去了，實在沒人預備吃的，客人們你們自己做飯吃吧！
我們可以做飯吃，鍋、掛鍋、鍋撐、碗、碟都有嗎？
都有，你放心吧！
若是這樣，我們去接伙伴，我走後這屋子所用的東西都叫人送來吧！

---

我忙没空陪你去，你独自去看吧！
我到那里去看房子还是小事，先向你商议一句话，你这房子让我们住宿，吃的怎么说呢？
我们店里的人近来都出去了，实在没人预备吃的，客人们你们自己做饭吃吧！
我们可以做饭吃，锅、挂锅、锅撑、碗、碟都有吗？
都有，你放心吧！
若是这样，我们去接伙伴，我走后这屋子所用的东西都叫人送来吧！

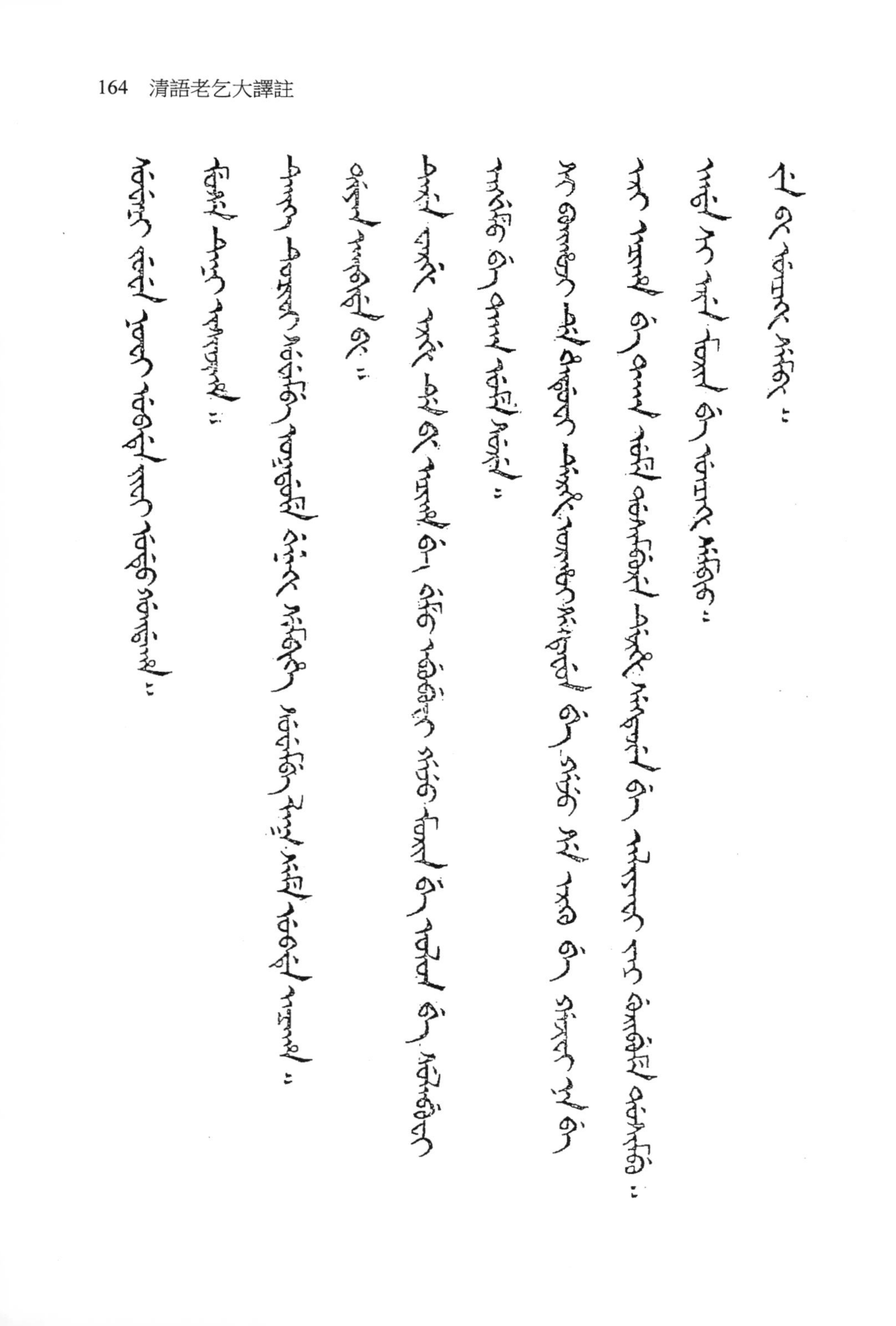

[illegible]

[illegible]

[illegible]

[illegible]

[illegible]

[illegible]

[illegible]

[illegible]

# 清語老乞大　卷五

suweni juwe nofi ubade jifi udu goidaha？
muse teni isinjiha.
teike tucifi suwembe okdome geneki sembihe, suwembe lak seme ubade acaha.
diyan aibide bi？
tere wargi ergi de bi, aciha be gemu ebubufi gaju, morin be olon be sulabufi enggemu be taka ume sure.
si boihoji de hendufi derhi orhoi sektefun be gaju se, erku[1] be gajifi na be eri, aciha be taka ume dosimbure, derghi sektere be aliyafi jai guribume dosimbu.
anda si ere morin be uncaki sembio？
je bi uncaki sembi.

---

你們兩人來到這裡有多久？
我們纔到。
纔要出來接你們，恰好在這裡遇見你們。
店在哪裡？
在那西邊，把行李都卸下來，鬆開馬的肚帶，暫且不要解下馬鞍。
你跟主人家說拿席草坐褥來，拿掃箒來掃地，行李暫且不要搬進來，等鋪好了席草再搬進來吧！
客人你這馬想賣嗎？
是，我想賣。

---

你们两人来到这里有多久？
我们纔到。
纔要出来接你们，恰好在这里遇见你们。
店在哪里？
在那西边，把行李都卸下来，松开马的肚带，暂且不要解下马鞍。
你跟主人家说拿席草坐褥来，拿扫箒来扫地，行李暂且不要搬进来，等铺好了席草再搬进来吧！
客人你这马想卖吗？
是，我想卖。

---

1 掃帚，滿文讀作“eriku”，此作“erku”，異。

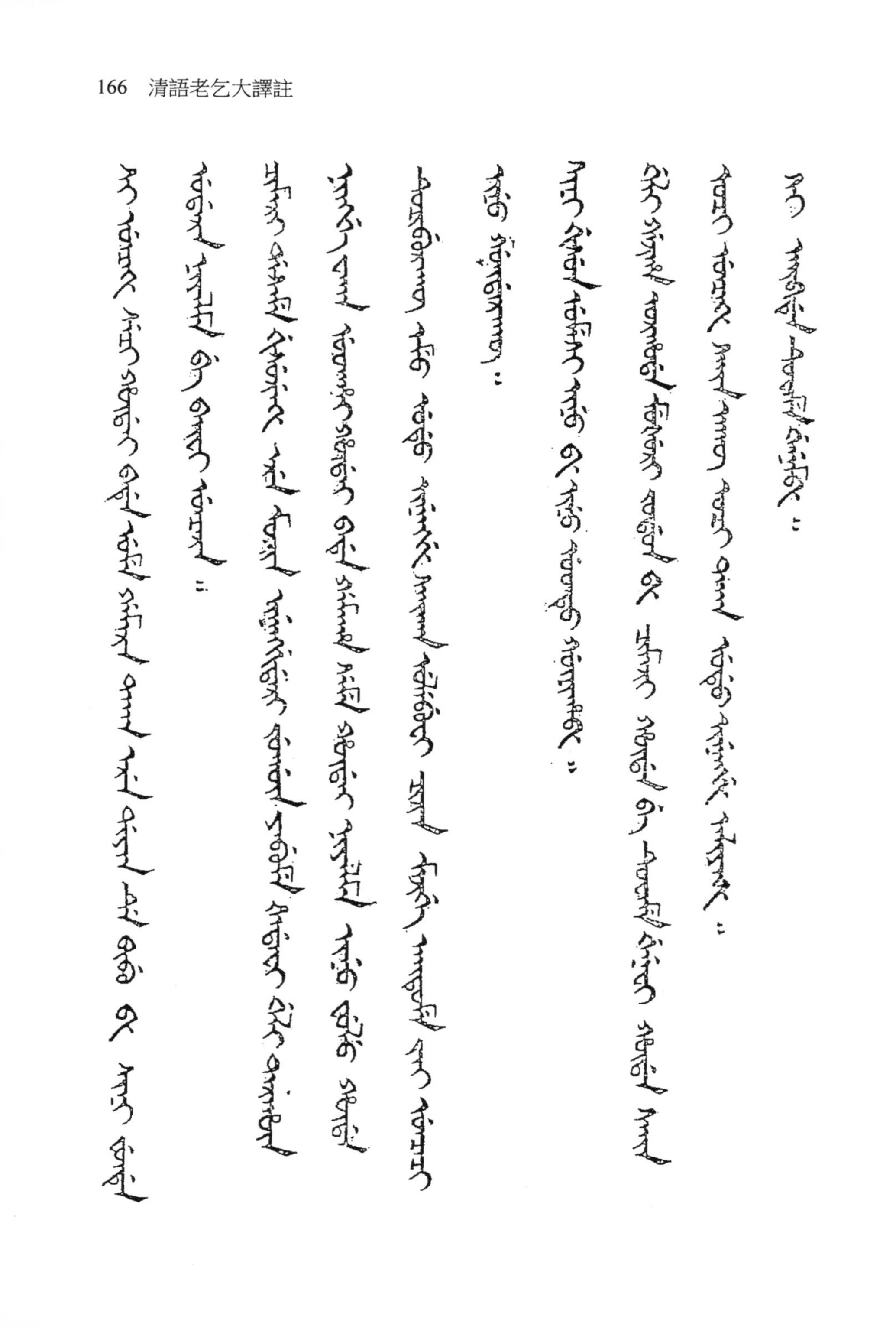

[illegible]

[illegible]

[illegible]

[illegible]

[illegible]

[illegible]

[illegible]

[illegible]

[illegible]

[illegible]

si uncaki seci hūdai bade ume gamara, taka ere diyan de bibu, bi sini funde udara niyalma be baifi uncara.
cimari dasame gisureki, ere morin inenggidari jugūn yabume šadafi geli tarhūn ningge waka, uthai hūdai bade gamaha seme hūdai niyalma inu fulu hūda tuciburakū, emu udu inenggi saikan ulebufi cira majige aitume jai uncaci inu goidarakū.
sini gisun umesi inu, bi inu uttu gūnihabi.
geli gajiha orhoda mušuri jodon bi, cimari hūda be tuwame genefi, hūda sain oci uncaki, sain akū oci taka udu inenggi aliyaki.
si aibide tuwame genembi？

---

你若想賣，不要帶到市上去，暫且留在這裡，我替你找個買主再賣。
明天再說吧！這馬每天行路疲乏，又不是肥胖的，就是帶到市上去，商人也不出高價，好好的餵幾天，氣色好轉一點再賣也不遲。
你的話甚是，我也這麼想了。
還帶有人參、夏布、葛布，明天去看價錢，若價錢好時想賣，若不好時暫且等幾天。
你要到什麼地方去看呢？

---

你若想卖，不要带到市上去，暂且留在这里，我替你找个买主再卖。
明天再说吧！这马每天行路疲乏，又不是肥胖的，就是带到市上去，商人也不出高价，好好的喂几天，气色好转一点再卖也不迟。
你的话甚是，我也这么想了。
还带有人参、夏布、葛布，明天去看价钱，若价钱好时想卖，若不好时暂且等几天。
你要到什么地方去看呢?

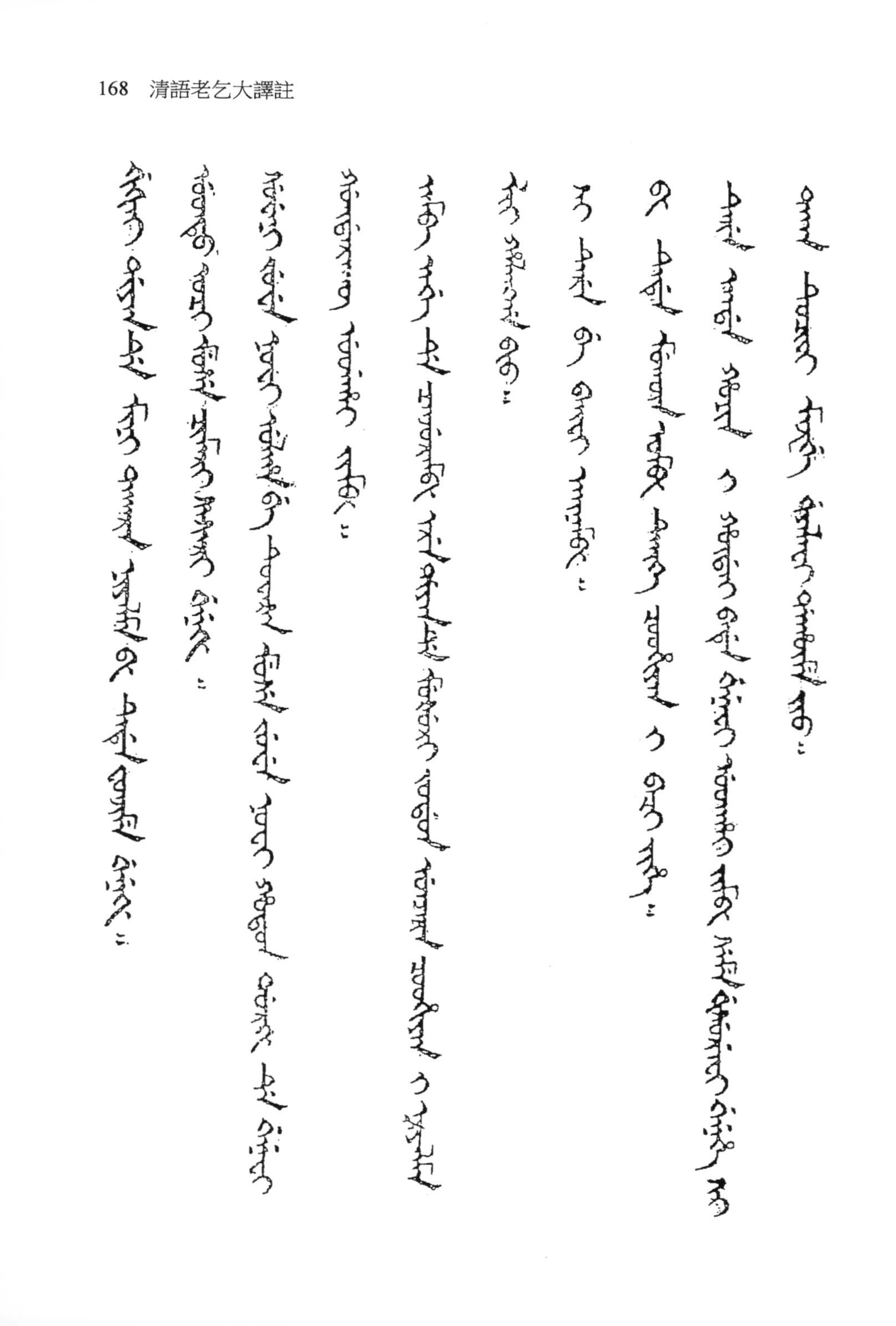

giking diyan de mini takara niyalma bi, tede fonjime geneki.
uttu oci muse cimari sasari geneki.
suweni juwe nofi ulha be tuwaša, muse juwe nofi hoton dorgi de genefi goidarakū uthai jimbi.
amba age de canjurambi, ere diyan de mušuri jodon uncara coohiyan i niyalma lii halangga bio？
si tere be baifi ainambi？
bi tede mukūn ombi, teike coohiyan i baci jihe.
tere anda honin i hūdai bade genefi uthai jimbi seme gisurefi genehe, si taka tucifi majige giyalafi dahūme jio.

---

在吉慶店裡有我認識的人，想去問他。
若是這樣，明天我們一齊去吧！
你們兩人看著牲口，我們兩人到城裡去，不久就來。
向大阿哥作揖，這店裡有賣夏布、葛布的李姓朝鮮人嗎？
你找他做什麼？
我是他同族，纔從朝鮮地方來的。
那位客人到羊市場去了，他說去了就來，你暫且出去，隔一會兒再來吧！

---

在吉庆店里有我认识的人，想去问他。
若是这样，明天我们一齐去吧！
你们两人看着牲口，我们两人到城里去，不久就来。
向大阿哥作揖，这店里有卖夏布、葛布的李姓朝鲜人吗？
你找他做什么？
我是他同族，纔从朝鲜地方来的。
那位客人到羊市场去了，他说去了就来，你暂且出去，隔一会儿再来吧！

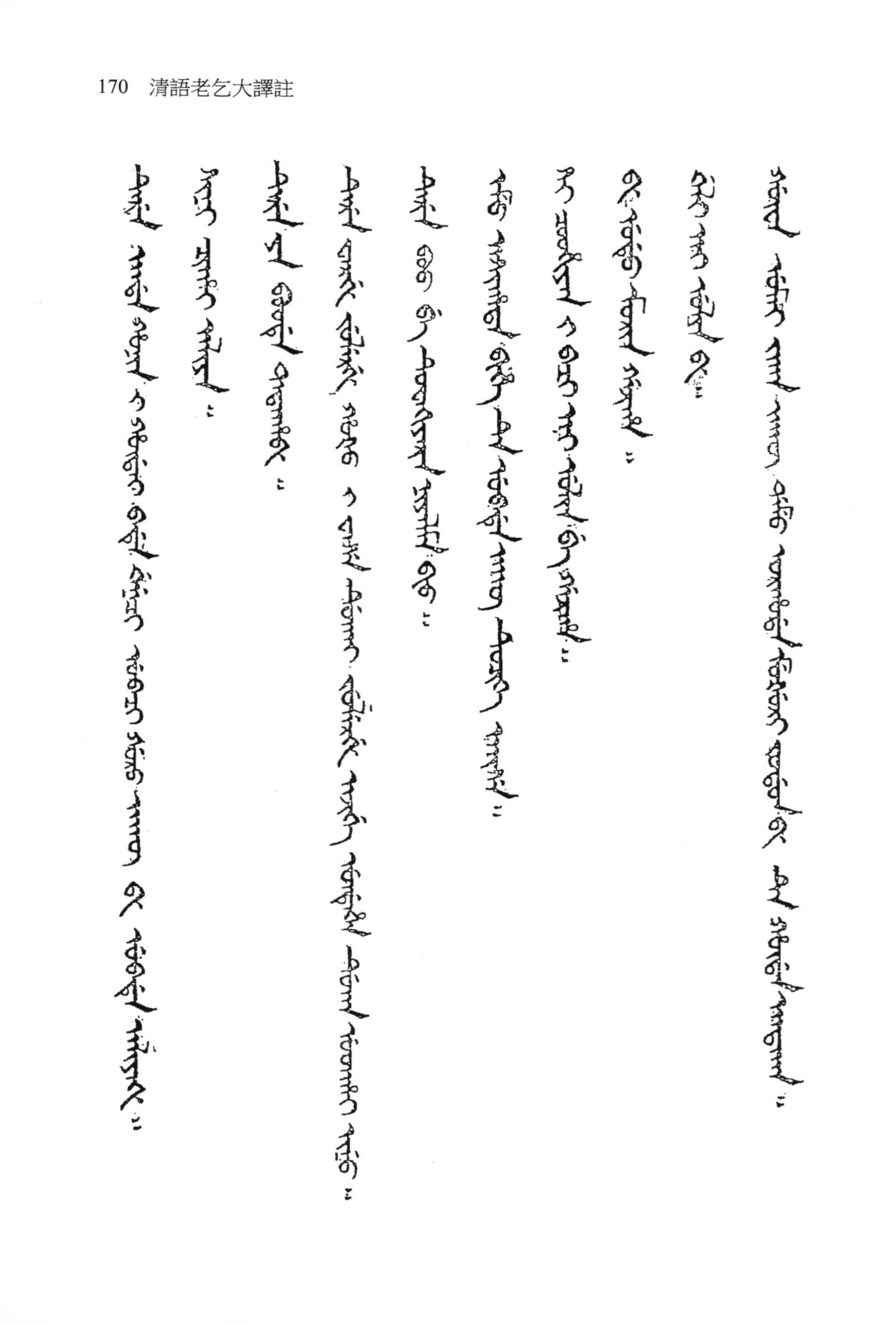

[illegible]

[illegible]

[illegible]

[illegible]

[illegible]

[illegible]

[illegible]

[illegible]

[illegible]

[illegible]

tere anda honin i hūdai bade geneci ubaci goro akū, bi ubade aliyaki.
sini cihai aliya.
tere ya boode tatahabi？
tere wargi julergi hošo i wase dukai julergi ajige undehen duka uthai inu.
tere boo be tuwakiyara niyalma bio？
emu asihata bihe te ubade akū tucike aise.
si coohiyan i baci ai ulin be gajiha？
bi udu morin gajiha.
geli ai ulin bi？
gūwa umai jaka akū, damu orhoda mušuri jodon bi, te hūda antaka？

---

那位客人既到羊市場去，離此地不遠，我在這裡等吧！
隨你意等候。
他住在哪個房子？
那西南角瓦門南邊小板門就是。
有看那房子的人嗎？
原來有個後生，現在不在這裡，敢是出去了。
你從朝鮮地方帶什麼貨物來了？
我帶了幾匹馬。
還有什麼貨物？
並沒有別的東西，只有人參、夏布、葛布，現在價錢如何？

---

那位客人既到羊市场去，离此地不远，我在这里等吧！
随你意等候。
他住在哪个房子？
那西南角瓦门南边小板门就是。
有看那房子的人吗？
原来有个后生，现在不在这里，敢是出去了。
你从朝鲜地方带什么货物来了？
我带了几匹马。
还有什么货物？
并没有别的东西，只有人参、夏布、葛布，现在价钱如何？

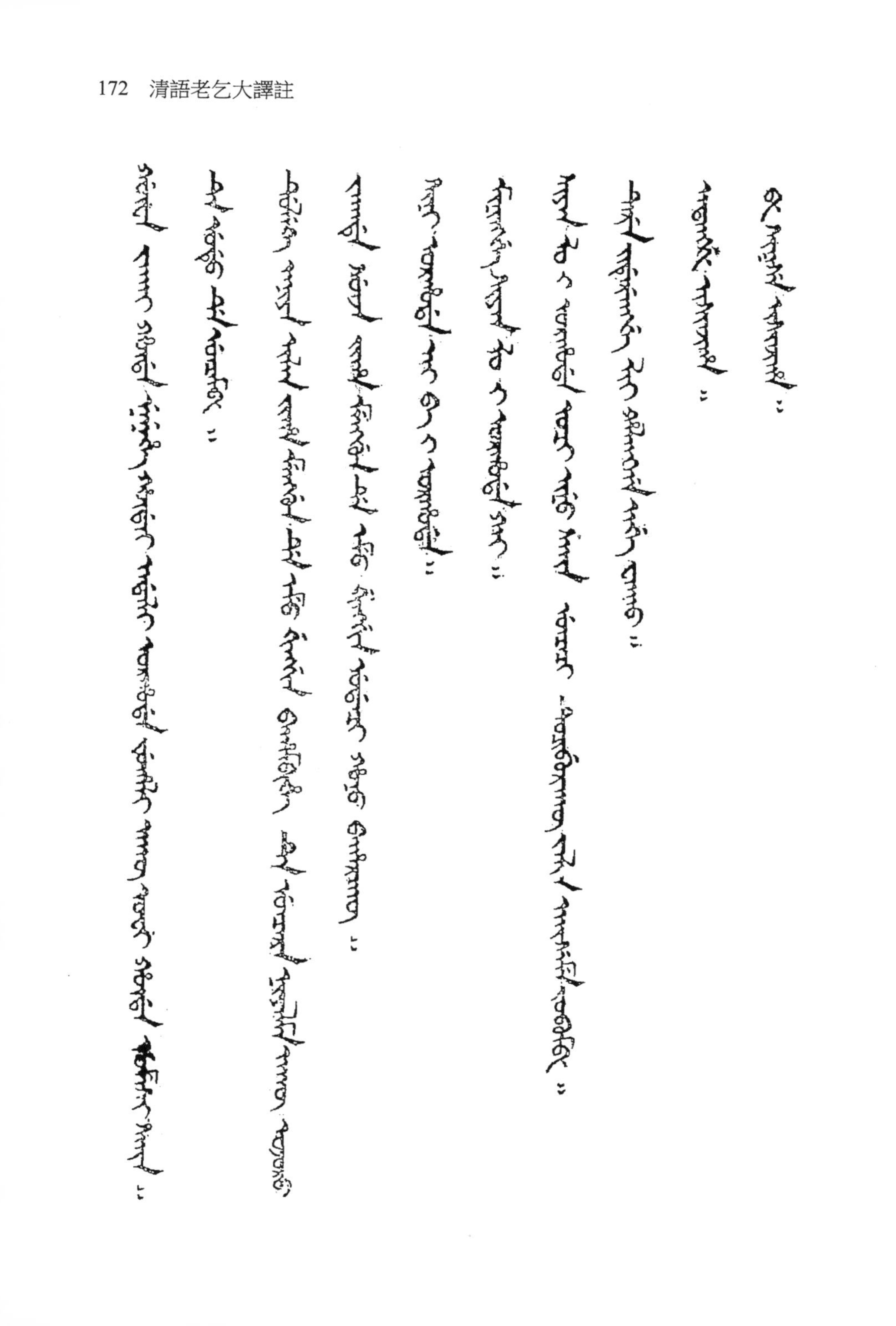

gūwa jakai hūda nenehe hūdai adali, orhoda fuhali akū ofi hūda umesi sain.
te udu de uncambi？
duleke aniya ilan jiha menggun de emu ginggin bahambihe, te uncara niyalma akū ojoro jakade, sunja jiha menggun de emu ginggin udaci hono baharakū.
sini orhoda ai ba i orhoda？
miningge siyan lo i orhoda kai！
siyan lo i orhoda oci inu sain, uncaci tuciburakū jalin aiseme jobombi.
tere jiderengge lii halangga age wakao？
atanggi isinjiha？
bi sikse isinjiha.

---

別的東西的價錢與先前的價錢一樣，人參因為一點也沒有，所以價錢很好。
現在賣多少呢？
去年三錢銀可得一斤，現在因為沒有賣的人，連五錢銀還買不到一斤。
你的人參是什麼地方的人參？
我的是新羅的人參。
若是新羅的人參也是好的，何愁賣不出去。
那來的不是李姓阿哥嗎？
幾時到的？
我昨天到的。

---

别的东西的价钱与先前的价钱一样，人参因为一点也没有，所以价钱很好。
现在卖多少呢？
去年三钱银可得一斤，现在因为没有卖的人，连五钱银还买不到一斤。
你的人参是什么地方的人参？
我的是新罗的人参。
若是新罗的人参也是好的，何愁卖不出去。
那来的不是李姓阿哥吗？
几时到的？
我昨天到的。

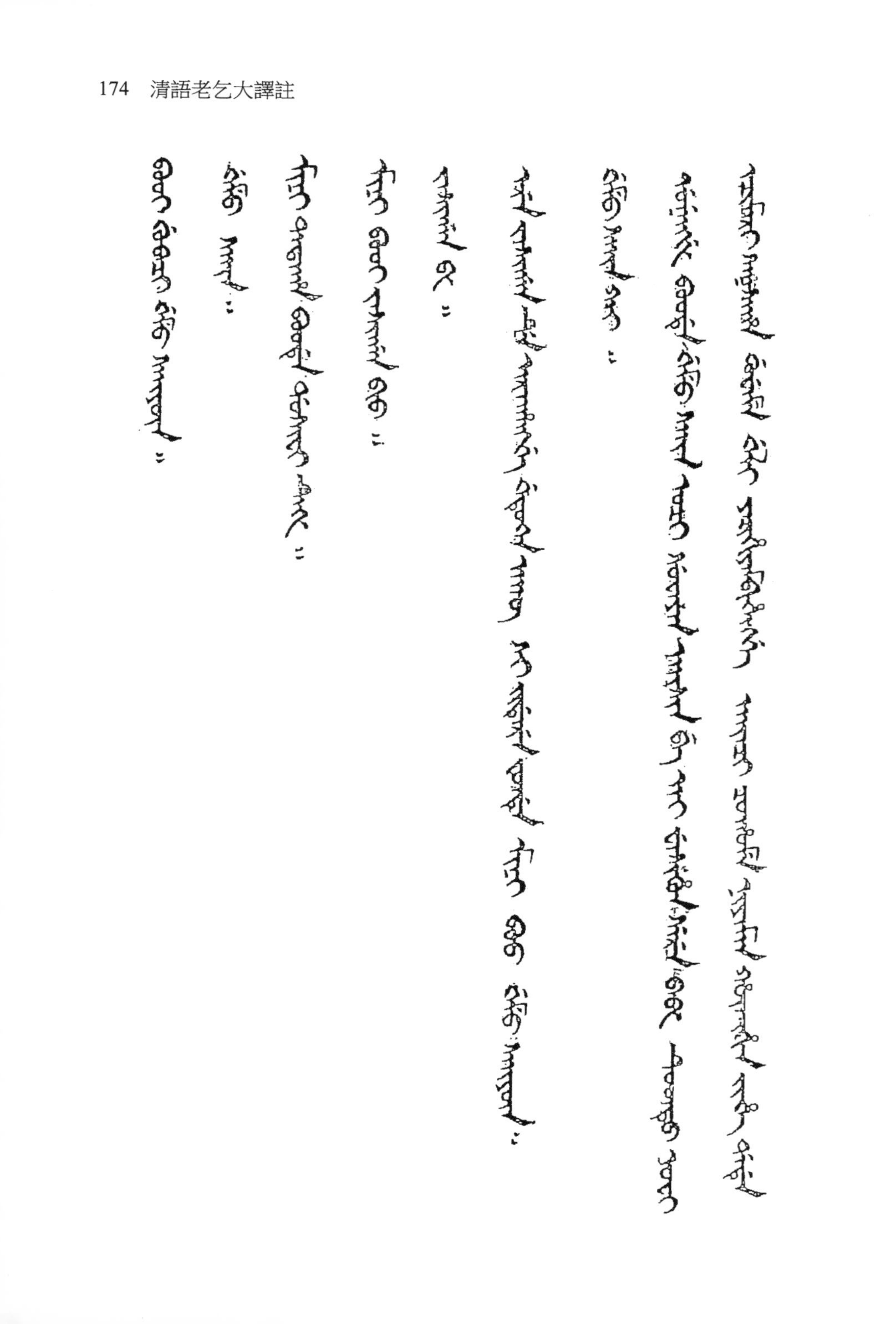

[illegible]

[illegible]

[illegible]

[illegible]

[illegible]

[illegible]

[illegible]

[illegible]

[illegible]

booi gubci gemu saiyūn？
gemu sain.
mini tataha boode dosifi teki.
mini booi jasigan bio？
jasigan bi.
ere jasigan de arahangge getuken akū, si jidere fonde, mini boo gemu saiyūn？
gemu sain kai！
unenggi boode gemu sain oci, suwayan aisin be ai wesihun sere babi, tuttu ofi ecimari saksaha guweme geli yacihiyambihengge, ainci cohome niyaman hūncihin jihe dade,

---

全家都好嗎？
都好。
請到我住的房子進去坐吧！
有我的家書嗎？
有信。
這信裡寫的不清楚，你來時，我家裡都好嗎？
都好啊！
果真家裡都好時，說什麼黃金可貴，所以怪不得今天早晨喜鵲叫又打噴嚏，原來是有親戚來，

---

全家都好吗?
都好。
请到我住的房子进去坐吧!
有我的家书吗?
有信。
这信里写的不清楚，你来时，我家里都好吗?
都好啊!
果真家里都好时，说什么黄金可贵，所以怪不得今天早晨喜鹊叫又打喷嚏，原来是有亲戚来，

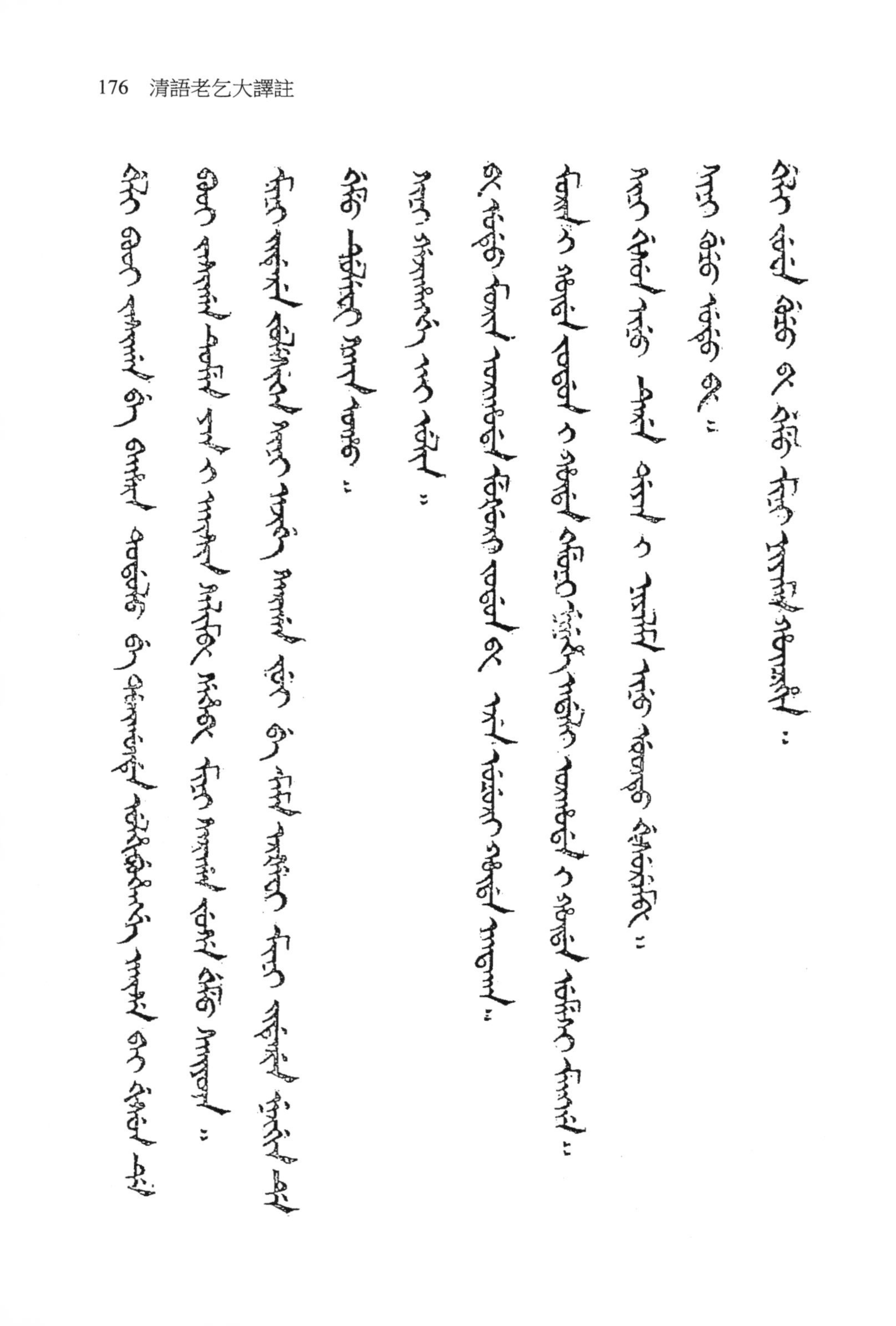

[illegible]

[illegible]

[illegible]

[illegible]

[illegible]

[illegible]

[illegible]

[illegible]

geli booi jasigan be bahara todolo be doigonde ulhibuhengge aise, bai gisun de booi jasigan tumen yan i aisin salimbi sehebi, mini sargan juse gemu saiyūn？
mini jidere julesiken sini ajige sargan jui be mama eršefi, mini jidere nergin de gemu dulefi sain oho.
sini gajihangge ai ulin？
bi udu morin orhoda mušuri jodon bi, ere ucuri hūda antaka？
morin i hūda jodon i hūda kemuni nenehe adali, orhoda i hūda umesi manga.
sini gisun inu, tere diyan i niyalma inu uttu gisurembi.
sini gucu udu bi？
geli juwe gucu bi, gemu mini niyaman hūncihin.

---

又得家書的預兆，想是先讓人知道的吧！俗語說：「家書值萬金」，我的妻子兒女都好嗎？
我剛要來之前，你的小女兒出了痘子，正當我來時都出過好了。
你帶來的是什麼貨物？
我有幾匹馬、人參、夏布、葛布，這一向價錢如何？
馬的價錢，葛布的價錢仍像以前一樣，人參的價錢很貴。
你說的是，那店裡的人也是這樣說。
你的伙伴有幾個？
還有兩個伙伴，都是我的親戚。

---

又得家书的预兆，想是先让人知道的吧！俗语说：「家书值万金」，我的妻子儿女都好吗？
我刚要来之前，你的小女儿出了痘子，正当我来时都出过好了。
你带来的是什么货物？
我有几匹马、人参、夏布、葛布，这一向价钱如何？
马的价钱，葛布的价钱仍像以前一样，人参的价钱很贵。
你说的是，那店里的人也是这样说。
你的伙伴有几个？
还有两个伙伴，都是我的亲戚。

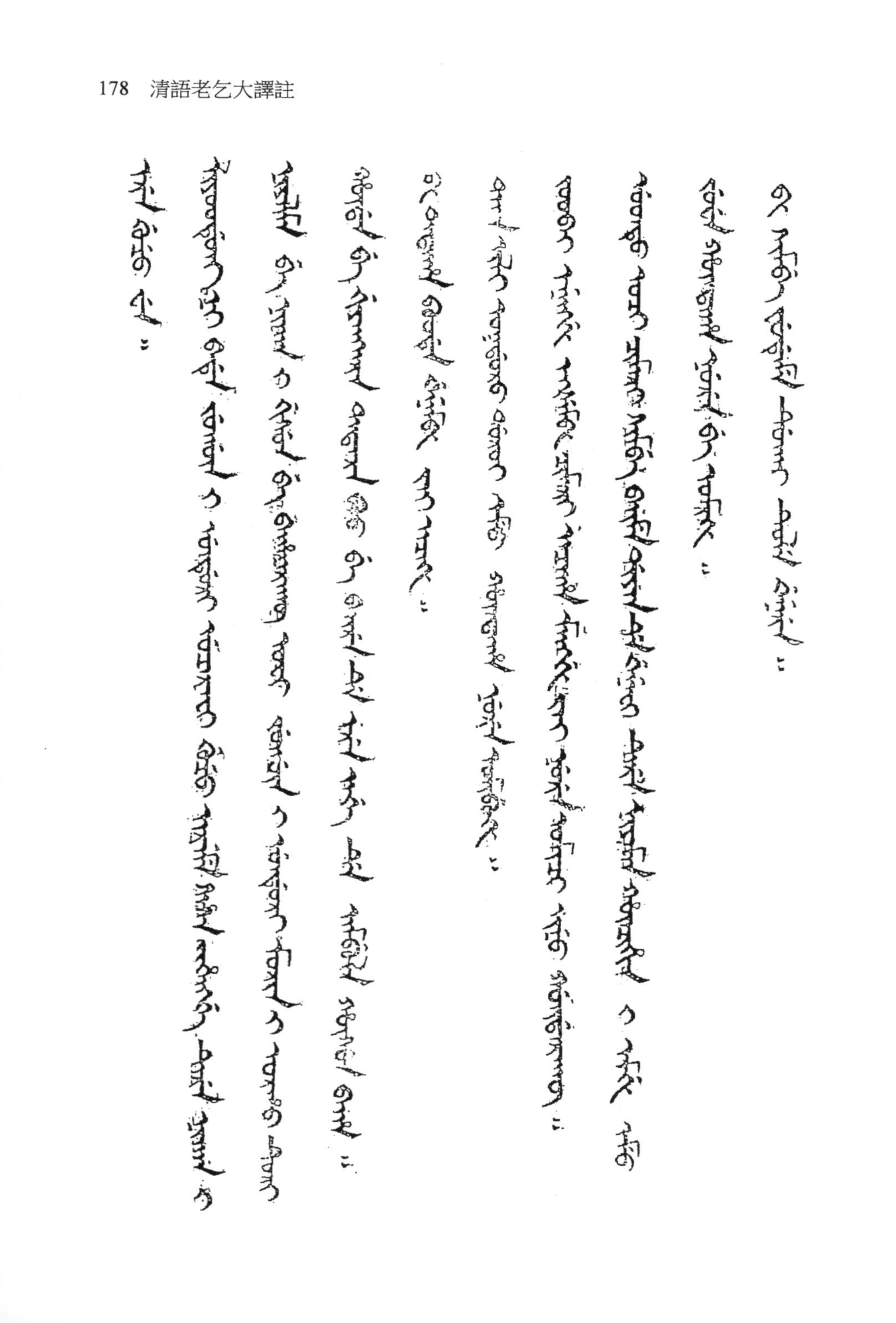

[illegible]

ere gucu we?
liyoodung ni bade jugūn i unduri ucarafi gucu arame sasa jihengge, tere nikan i niyalma, be nikan i gisun be bahanarakū ofi, jugūn i unduri morin i orho turi hūda be giyangnara, tatara boo be baire de, ere age de ambula hūsun baha.
bi tataha boode genembi, jai acaki.
taka ili okdoro doroi emu hūntaha nure omibuki.
joobai enenggi ekšembi, cimari acaha manggi jai nure omici inu goidarakū.
uttu oci cimari simbe baime diyan de genefi, tere niyaman hūncihin i emgi emu juwe hūntaha nure be omiki.
bi simbe fudeme dukai tule genere.

---

這位伙伴是誰？
是遼東地方在途中遇到做伴一齊來的，他是漢人，我們因為不會說漢語，沿途馬吃的草豆講論價錢，尋找住宿的房子，得力於這位阿哥很多。
我要到住宿的房子去，再見。
且慢，請喝一杯接風酒吧！
算了，今天忙，明天見了後再喝酒也不遲。
若是這樣，明天到店裡去找你，和那位親戚一同喝一兩杯酒吧！
我送你到門外頭去。

---

这位伙伴是谁?
是辽东地方在途中遇到做伴一齐来的，他是汉人，我们因为不会说汉语，沿途马吃的草豆讲论价钱，寻找住宿的房子，得力于这位阿哥很多。
我要到住宿的房子去，再见。
且慢，请喝一杯接风酒吧!
算了，今天忙，明天见了后再喝酒也不迟。
若是这样，明天到店里去找你，和那位亲戚一同喝一两杯酒吧!
我送你到门外头去。

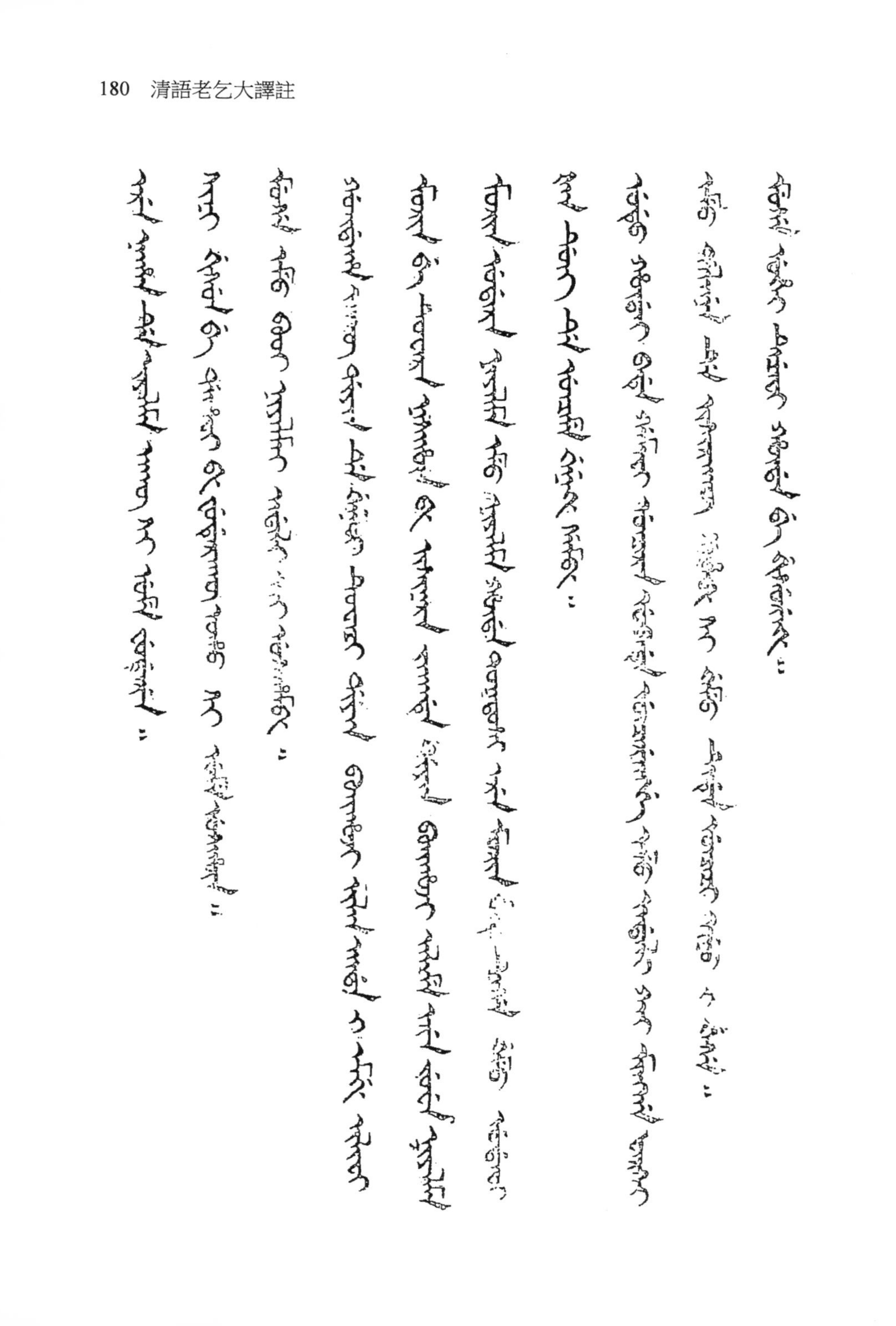

[illegible]

[illegible]

[illegible]

[illegible]

[illegible]

[illegible]

[illegible]

[illegible]

[illegible]

ere nahan de niyalma akū, si ume fudere.
sini gisun be dahafi, bi fuderakū oho, si ume ushara.
muse emu booi niyalmai adali ai ushambi？
goidaha akū diyan de genefi tuwaci, diyan boihoji ilan anda i emgi ilifi morin be tuwara nashūn, bi isinara jakade, diyan boihoji alame, ere juwe niyalma morin udara niyalma, emu niyalma hūda toktosi, ere morin be tese gemu udafi šan dung de uncame geneki sembi.
udu hūdai bade gamafi uncara ubade uncarengge emu adali kai, minggan farsi emu dalgan de isirakū sehebi, si gemu tede uncaci inu i gese.
muse uhei tecefi hūda be gisureki.

---

這家裡沒有人，你不要送。
聽你的話，我不送了，你不要埋怨。
我們如同一家人為什麼埋怨呢？
不久到店裡去看時，店主人和三位客人一同站著看馬的時候，我一到，店主人就告訴我說，這兩個人是買馬的人，一個是牙人，他們說把這些馬都買後要到山東去賣。
雖然帶到市場去賣，在這裡賣也是一樣啊！千零不如一整，你若都賣給他似乎是對的。
我們一同坐下議價吧！

---

这家里没有人，你不要送。
听你的话，我不送了，你不要埋怨。
我们如同一家人为什么埋怨呢？
不久到店里去看时，店主人和三位客人一同站着看马的时候，我一到，店主人就告诉我说，这两个人是买马的人，一个是牙人，他们说把这些马都买后要到山东去卖。
虽然带到市场去卖，在这里卖也是一样啊！千零不如一整，你若都卖给他似乎是对的。
我们一同坐下议价吧！

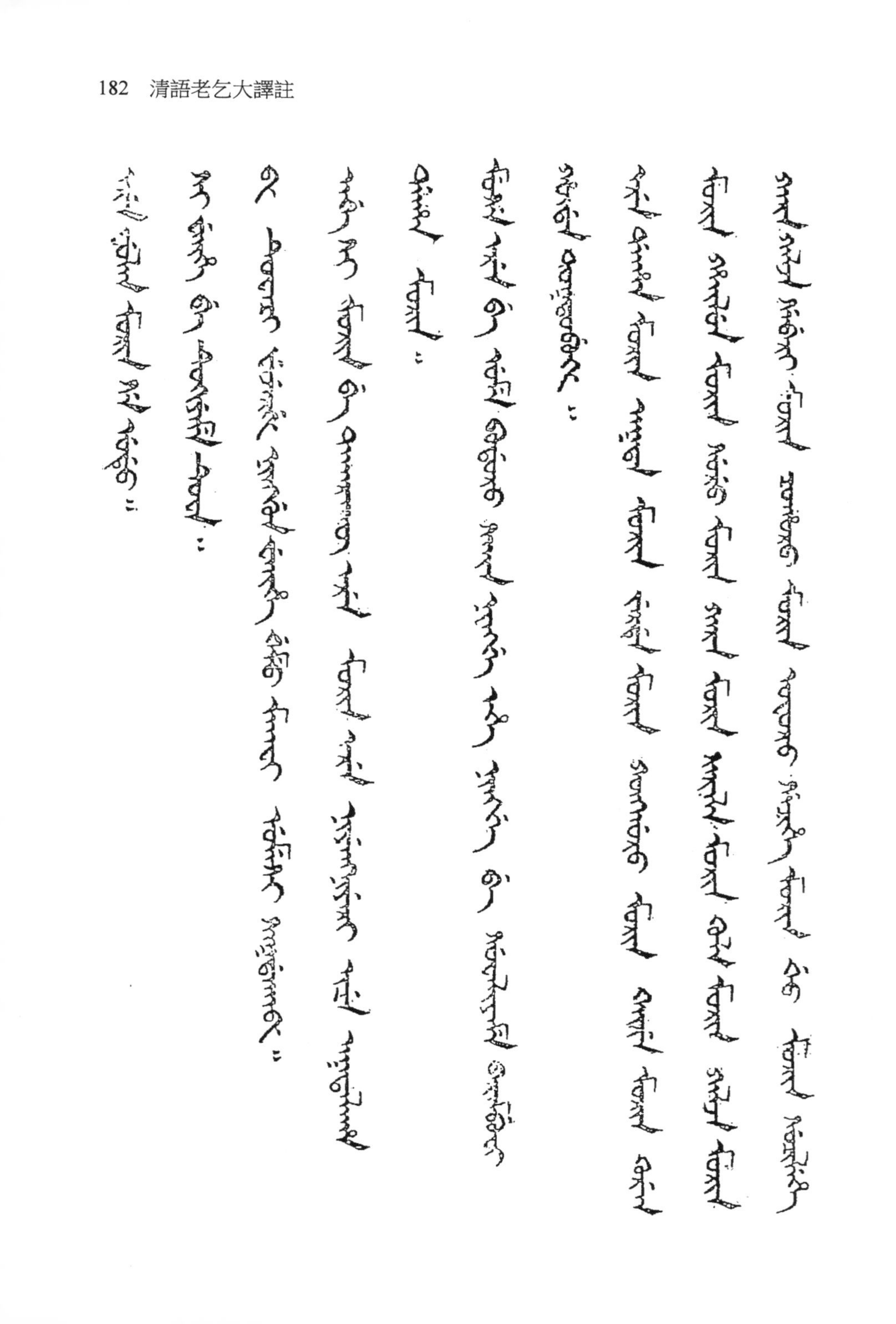

ere fulan morin[1] se udu ?
si weihe be tukiyeme tuwa.
bi tuwaci fejergi ninggun weihe gemu manafi umesi sakdakabi.
age si morin be takarakū, ere morin ere niyengniyeri ice aktalaha dahan morin.
muse ere be ume bodoro, sain ningge ehe ningge be suwaliyame barambufi hūda toktobuki.
ere dahan morin, akta morin, jerde morin, konggoro morin, keire morin, kuren morin, hailun morin, suru morin, kara morin, sarala morin, kula morin, kalja morin, kara kalja seberi morin[2], cohoro morin, oforo secihe morin, geo morin, sucilehe

---

這匹青馬幾歲？
你擡著牙齒看吧！
我看下面六齒都磨損，很老了。
阿哥你不認識馬，這匹馬是今春新騸的馬駒。
我們不要計較這個，好的、不好的一併混合起來定價吧！
這小馬駒、騸馬、赤馬、黃馬、棗騮馬、栗色馬、水獺皮馬、白馬、黑馬、貉皮色馬、土黃馬、線臉馬、黑線馬、銀蹄馬、豹花馬、開鼻馬、騍馬、

---

这匹青马几岁？
你抬着牙齿看吧！
我看下面六齿都磨损，很老了。
阿哥你不认识马，这匹马是今春新骟的马驹。
我们不要计较这个，好的、不好的一并混合起来定价吧！
这小马驹、骟马、赤马、黄马、枣骝马、栗色马、水獭皮马、白马、黑马、貉皮色马、土黄马、线脸马、黑线马、银蹄马、豹花马、开鼻马、骒马、

---

1　"fulan morin"，意即青馬，又名騏，毛色有青黑色紋理。

2　"kara kalja seberi morin"，滿文辭書區分為　"kara kalja morin"「黑線馬」與　"seberi morin"「銀蹄馬」二種。

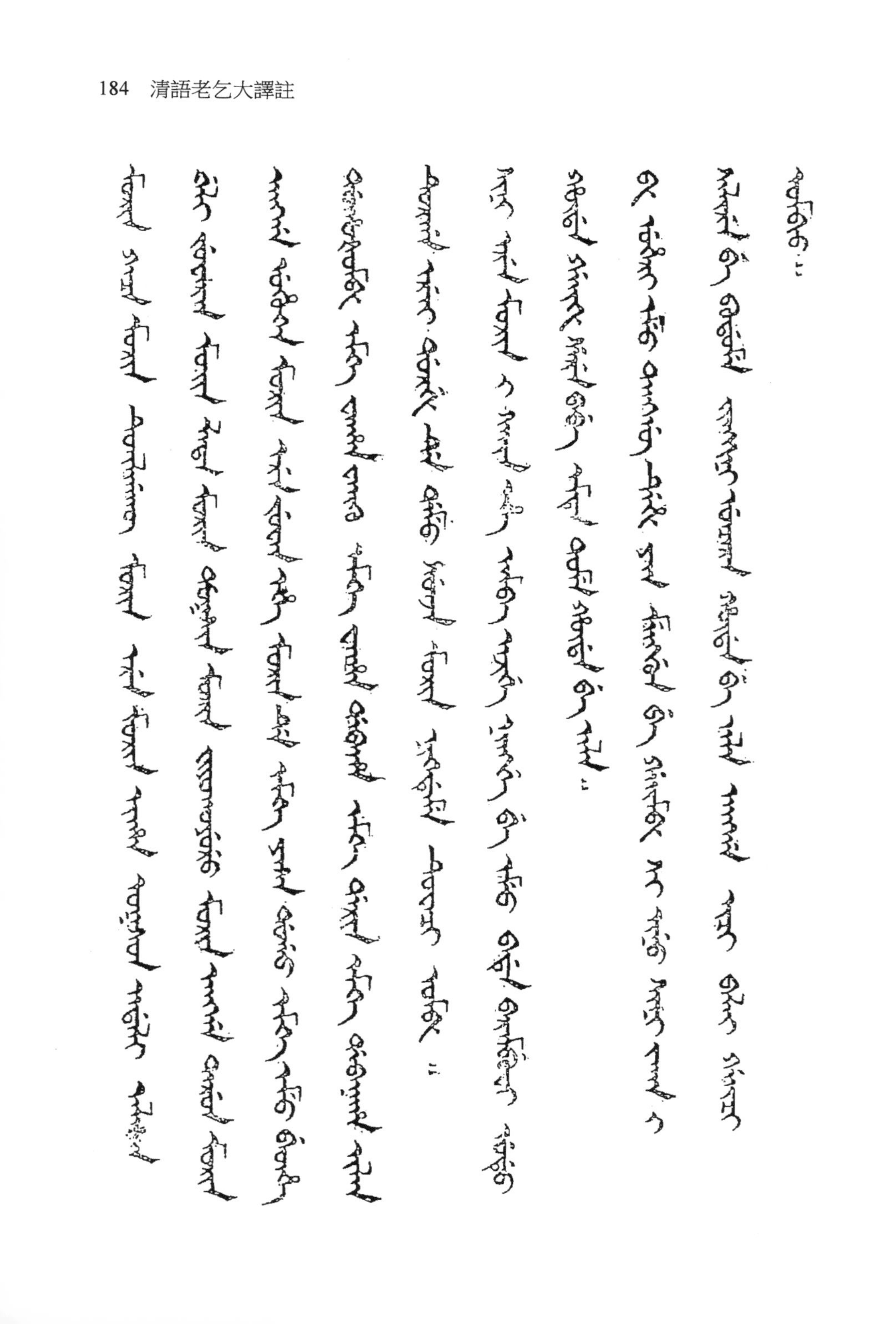

[illegible]

morin, kaca morin, tuilgakū morin, ere morin ihan okson adali alašan, geli juwaran morin, lata morin, doksin morin, fiyokoyuru morin, angga tarun morin, angga uhuken morin, ere juwan ehe morin de emke yasa dogo, emke emu bethe dohošombi, emke wahan waiku, emke wahan dabaha, emke darin, emke dabanaha, ilan turga, erei dorgi de damu sunja morin nikedeme tuwaci ombi.
sini ere morin i sain ehe amba ajige ningge be emu bade barambufi, udu hūda gaiki sere babe emte tome hūda be ala？
bi uheri emu tanggū dehi yan menggun be gaimbi, si inu sini jaka i salire be bodome jingkini uncara hūda be ala, angga ici balai gaici ombio？

---

懷駒馬、環眼馬、劣馬，這馬駑劣如牛步，又有大走馬、鈍馬、劣蹶馬、撂蹶子馬、冒口馬、捲口馬。這十匹壞馬裡，一匹眼瞎，一匹腿瘸，一匹蹄歪，一匹掃蹄，一匹迎鞍瘡，一匹過肥，三匹瘦，這裡面看來只有五匹馬稍微可以。
你的這些馬，好壞大小攙合一起，請告訴我平均每匹價格要多少錢？
我一共要一百四十兩銀子，你也算算你的貨物能值多少錢？告訴我真正的售價吧！豈可信口亂要嗎？

---

怀驹马、环眼马、劣马，这马驽劣如牛步，又有大走马、钝马、劣蹶马、撂蹶子马、冒口马、卷口马。这十匹坏马里，一匹眼瞎，一匹腿瘸，一匹蹄歪，一匹扫蹄，一匹迎鞍疮，一匹过肥，三匹瘦，这里面看来只有五匹马稍微可以。
你的这些马，好坏大小搀合一起，请告诉我平均每匹价格要多少钱？
我一共要一百四十两银子，你也算算你的货物能值多少钱？告诉我真正的售价吧！岂可信口乱要吗？

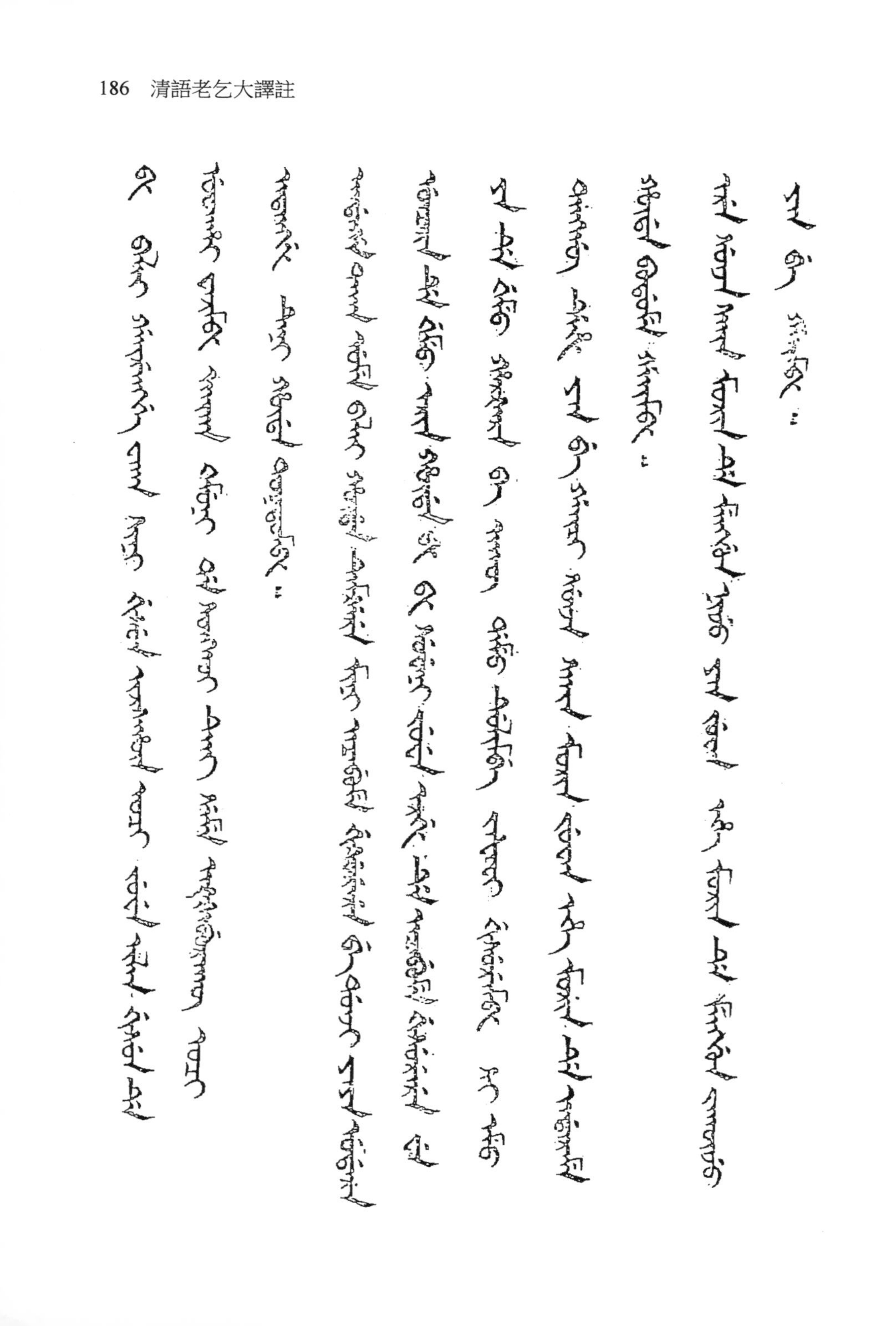

[illegible]

[illegible]

[illegible]

[illegible]

[illegible]

[illegible]

[illegible]

[illegible]

[illegible]

[illegible]

bi balai gairengge waka, sini gisun ijishūn oci, juwe ilan gisun de uthai wajimbi, aika kemuni da songkoi teng seme aššaburakū oci, atanggi teni hūda toktombi？
andase taka ume balai hūda temšere, mini acabume gisurere be donji, yaya udara uncara de gemu erin hūda bi, bi suweni juwe ergi de acabume gisurere, we ya de gemu haršara ba akū, damu dulimbe jafafi gisurembi, si emu tanggū dehi yan be gaici, sunja sain morin juwan ehe morin de adarame hūda bodome gaimbi？
ere sunja sain morin de menggun ninju yan, juwan ehe morin de menggun jakūnju yan be gaimbi.

---

我不是亂要的，若你說的順時，兩三句話就行了，若是仍然照樣堅持不動時，幾時纔定價呢？
客人們暫且不要隨便爭價，聽我協議吧！一切買賣都有時價，我跟你們兩方協議，對誰都不偏向，但秉中直說，你若要一百四十兩時，五匹好馬，十匹壞馬，怎麼計算要價呢？
這五匹好馬要銀六十兩，十匹壞馬要銀八十兩。

---

我不是乱要的，若你说的顺时，两三句话就行了，若是仍然照样坚持不动时，几时纔定价呢？
客人们暂且不要随便争价，听我协议吧！一切买卖都有时价，我跟你们两方协议，对谁都不偏向，但秉中直说，你若要一百四十两时，五匹好马，十匹坏马，怎么计算要价呢？
这五匹好马要银六十两，十匹坏马要银八十两。

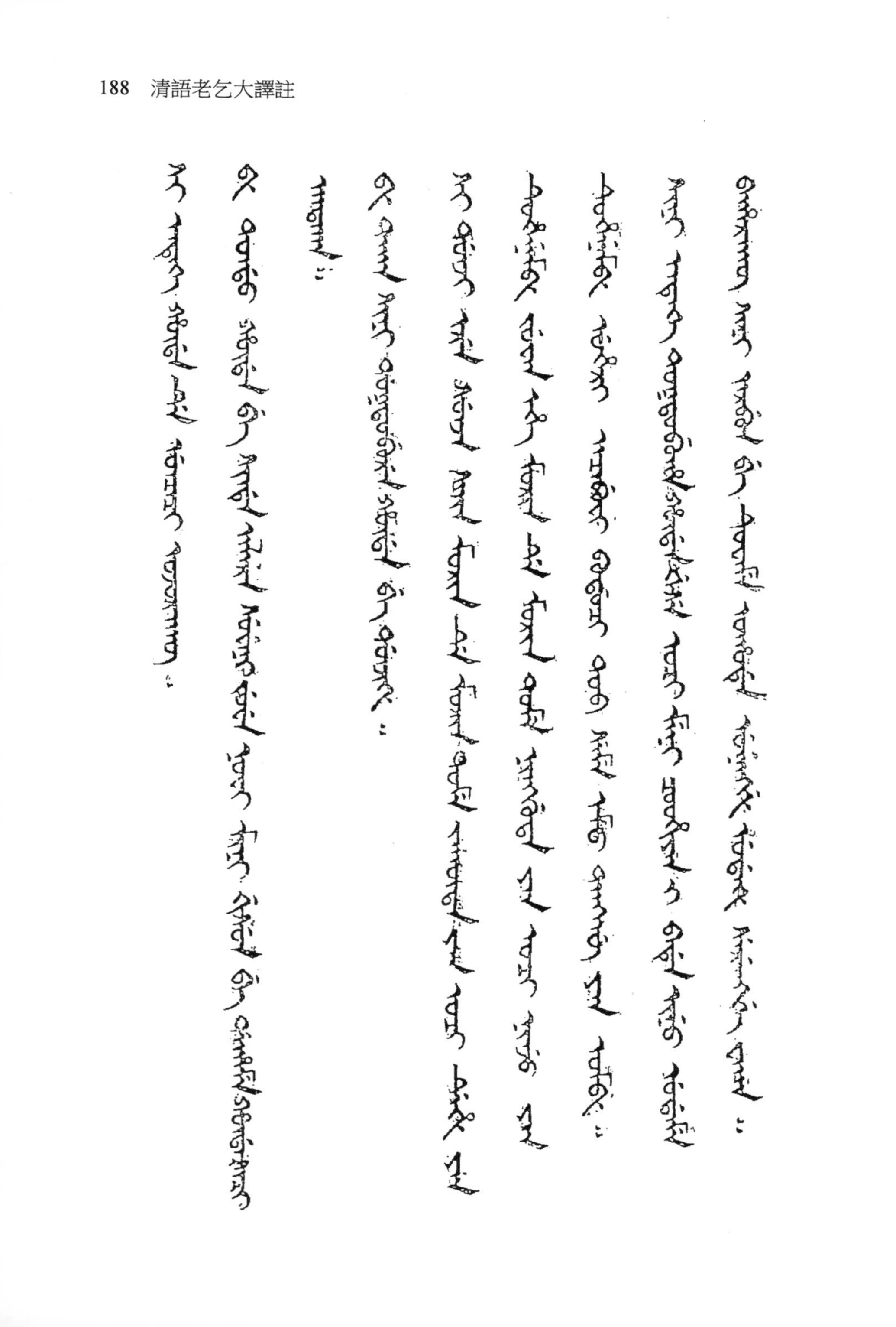

si enteke hūda de uncaci ojorakū.
bi tondo hūda be sinde alara, suweni juwe nofi mini gisun be dahame hūdašaci antaka?
bi taka sini toktobure hūda be donjiki.
si donji, ere sunja sain morin de, morin tome jakūta yan oci, dehi yan tuhenembi, juwan ehe morin de, morin tome ningguta yan oci, ninju yan tuhenembi, uheri acabufi bodoci tob seme emu tanggū yan ombi.
sini enteke toktobuha hūda gese oci, meni coohiyan i bade inu udame baharakū, sini arbun be tuwame ohode unenggi udaki serengge waka.

---

你不可賣這樣的價錢。
我告訴你公正的價錢吧！你們兩人照我的話交易如何？
我且聽你定的價錢吧！
你聽，這五匹好馬，若每匹馬各八兩，就跌為四十兩，十匹壞馬，若每匹馬各六兩時，就跌為六十兩，共計一百兩。
若像你這樣定價時，在我們朝鮮地方也買不到，看了你的樣子，並不是真正想要買的。

---

你不可卖这样的价钱。
我告诉你公正的价钱吧！你们两人照我的话交易如何？
我且听你定的价钱吧！
你听，这五匹好马，若每匹马各八两，就跌为四十两，十匹坏马，若每匹马各六两时，就跌为六十两，共计一百两。
若像你这样定价时，在我们朝鲜地方也买不到，看了你的样子，并不是真正想要买的。

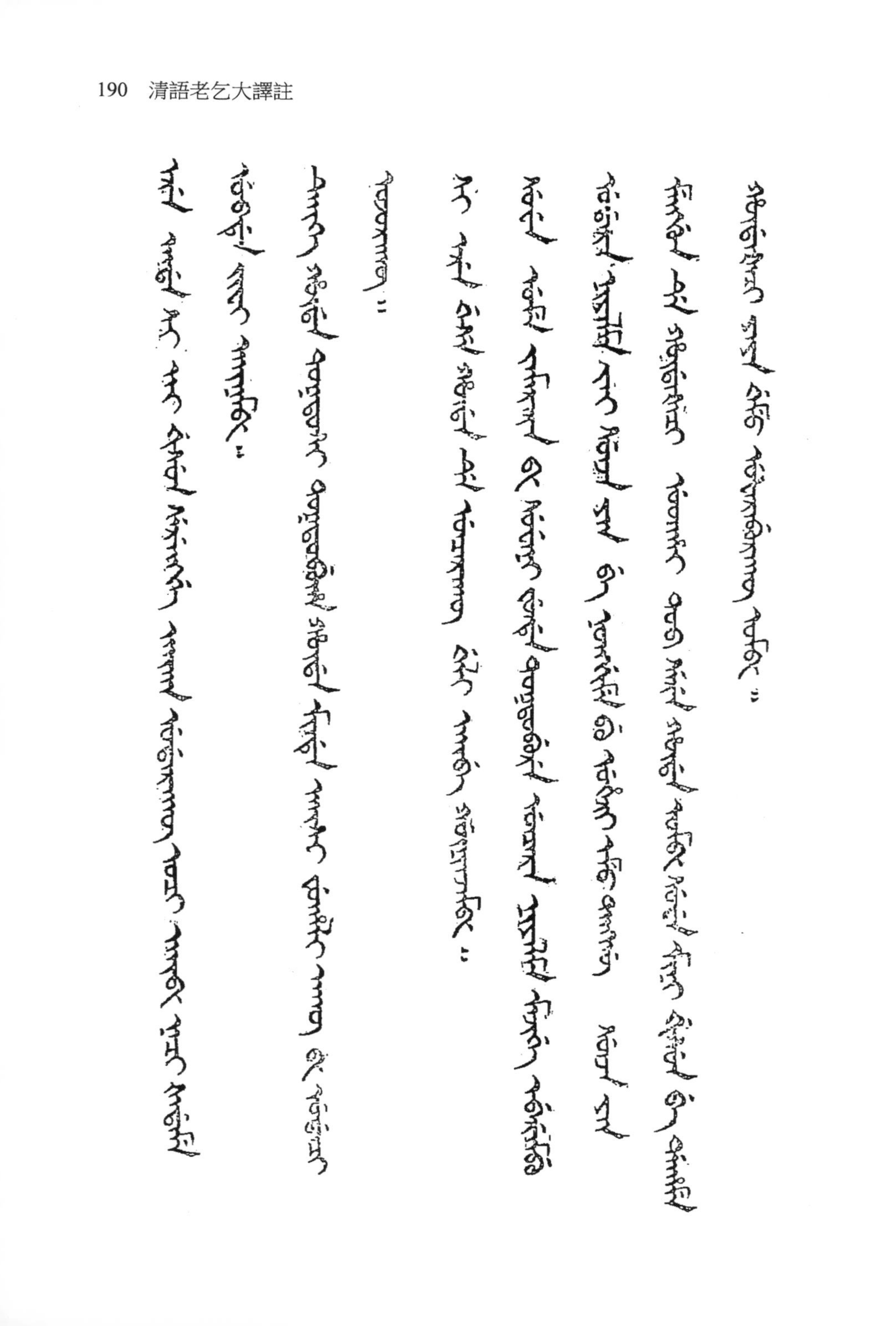

ere anda si ai gisun serengge, aika udarakū oci aibi naci šadame ubade jifi ainambi?
teike hūda toktosi toktobuha hūda minde aisi fuhali akū, bi udaci ojorakū[1].
si ere gese hūda de uncarakū geli aibe gūninjambi?
suwe ume jamarara, bi suweni funde toktobure, uncara niyalma majige eberembu, udara niyalma jai sunja yan be nonggime bu, uheri emu tanggū sunja yan menggun de hūdašaci uthai tob sere hūda ombi, suwe mini gisun be dahame hūdašaci, yaya gemu ufaraburakū ombi.

---

這位客人你說的是什麼話，如果不買的話，何苦離家來此呢？
剛纔牙人所定的價錢，對我毫無利益，我不能買。
像這樣的價錢你不賣，還想什麼呢？
你們不要嚷叫，我替你們決定，賣的人減一點，買的人再添給五兩，共一百零五兩銀成交的話，就是正好的價錢，你們若照我的話交易時，誰都可不致損失。

---

这位客人你说的是什么话，如果不买的话，何苦离家来此呢？
刚纔牙人所定的价钱，对我毫无利益，我不能买。
像这样的价钱你不卖，还想什么呢？
你们不要嚷叫，我替你们决定，卖的人减一点，买的人再添给五两，共一百零五两银成交的话，就是正好的价钱，你们若照我的话交易时，谁都可不致损失。

---

1 "udaci ojorakū"，意即「不能買」，似當作"uncaci ojorakū"「不能賣」，文義較順。

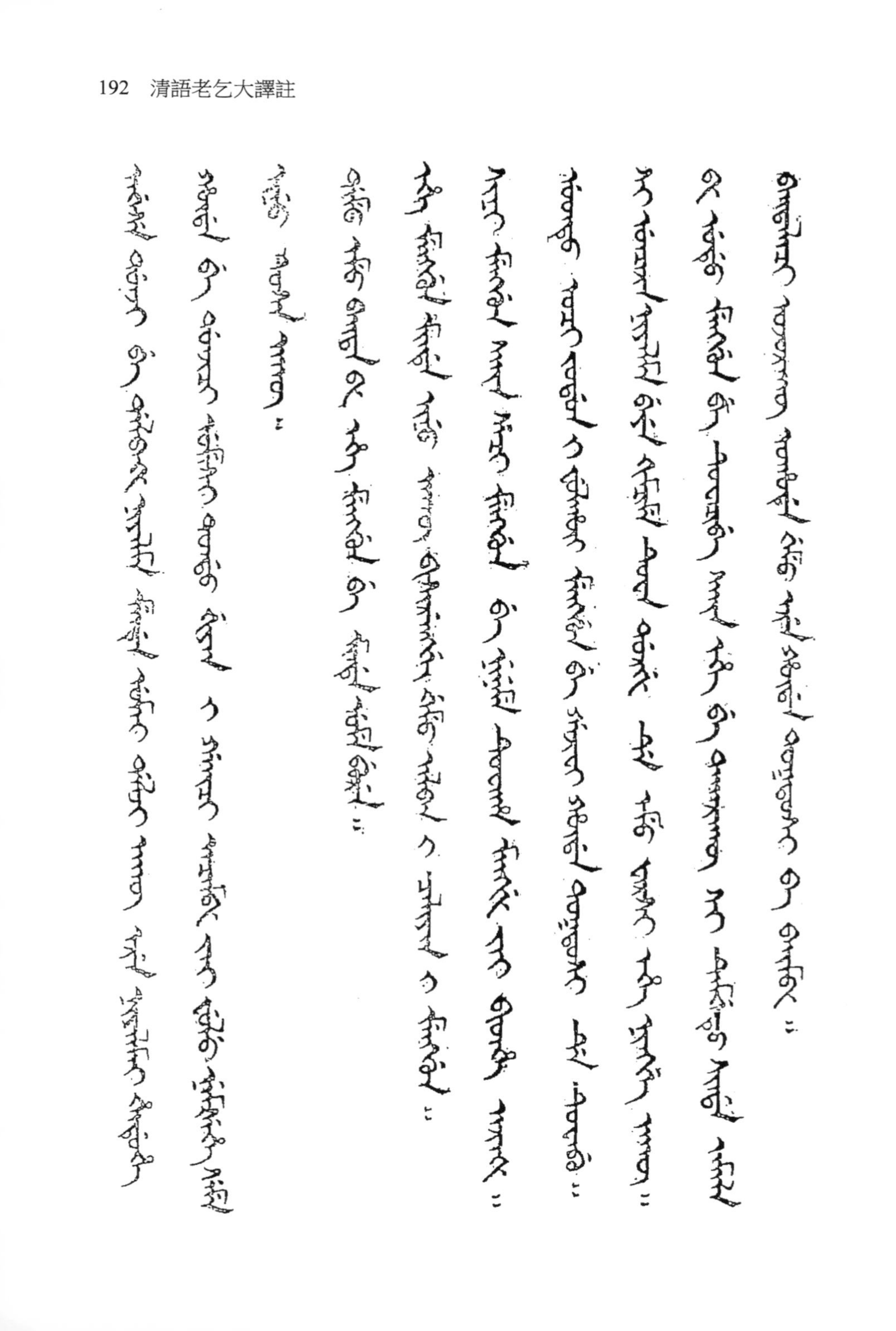

[illegible]

agese donji, be dalbaki niyalma, mende umai dalji akū, ere niyalmai henduhe hūda be donjici, umesi tondo giyan i gaici acambi, jai fulu nemšehe seme inu tusa akū.
damu emu baita bi, ehe menggun[1] be minde ume bure.
ehe menggun minde inu akū, bisirengge gemu alban i caliyan i menggun.
sini menggun sain seci, menggun be neneme tuwaha manggi jai bithe araki.
uttu oci jodon i fulhūi menggun be gajifi hūda toktosi de tuwabu.
si uncara niyalma beye kimcime tuwa, dorgi de emu farsi ehe ningge akū.
bi udu menggun be tuwacibe, sain ehe be takarakū, si temgetu sinda, amala baitalaci ojorakū ohode, gemu ere hūda toktosi be baimbi.

---

阿哥們聽著，我們是旁觀的人，對我們並不相干，若聽這人所說的價錢時，很公正，理應採納，再多爭也無益。
但有一事，潮銀不要給我吧！
我也沒有潮銀，現有的都是官家錢糧銀。
若是你的銀子好時，先看了銀子後再寫書契吧！
若是這樣，葛布袋的銀子拿來給牙人看吧！
你是賣主，自己仔細看吧！裡頭沒有一塊不好的。
我雖然看了銀子，不認得好壞，你做記號吧！以後用不得時，都找這位牙人。

---

阿哥们听着，我们是旁观的人，对我们并不相干，若听这人所说的价钱时，很公正，理应采纳，再多争也无益。
但有一事，潮银不要给我吧！
我也没有潮银，现有的都是官家钱粮银。
若是你的银子好时，先看了银子后再写书契吧！
若是这样，葛布袋的银子拿来给牙人看吧！
你是卖主，自己仔细看吧！里头没有一块不好的。
我虽然看了银子，不认得好坏，你做记号吧！以后用不得时，都找这位牙人。

---

1 "ehe menggun"，意即「不好的銀子」，又作「劣銀」，清代漢人習稱「潮銀」。

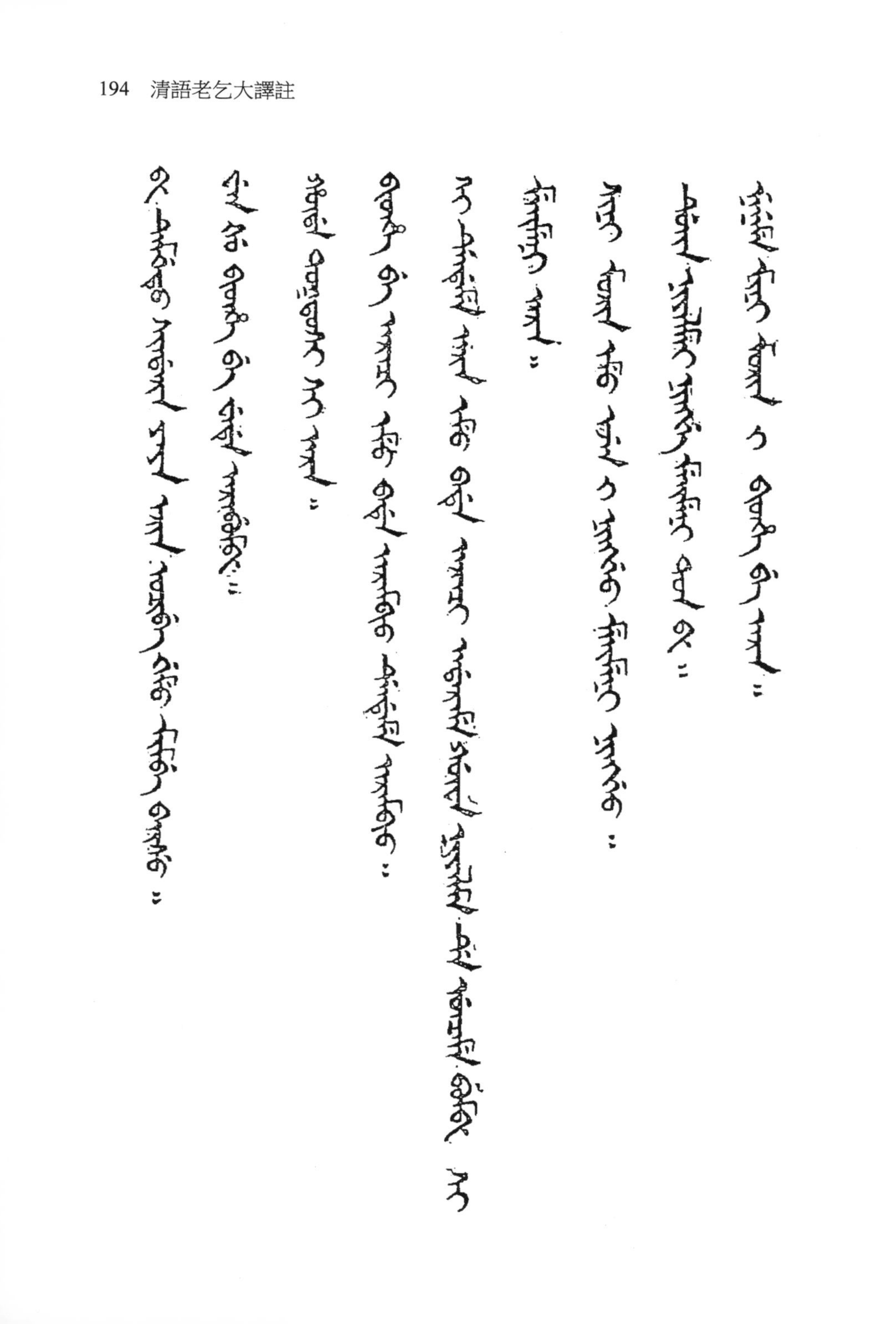

bi temgetu sindara yaya erin ocibe gemu mimbe baisu.
wen šu bithe be wede arabumbi？
hūda toktosi si ara.
bithe be araci emu bade arambio？ dendeme arambio？
si dendeme ara, emu bade araci adarame gūwa niyalma de uncame bumbi, si meimeni ara.
sini morin emu ejen i ninggeo？ meimeni ninggeo？
duin niyalmai ningge meimeni ton bi.
neneme mini morin i bithe be ara.

---

我做了記號，不論何時都找我吧！
文書叫誰寫呢？
牙人你寫吧！
寫文書時一起寫嗎？分開寫嗎？
你分開寫吧！一起寫時怎麼賣給別人，你各自寫吧！
你的馬是一個主人呢？或是各自的呢？
是四個人的，各人有各人的數目。
先寫我的馬契吧！

---

我做了记号，不论何时都找我吧！
文书叫谁写呢？
牙人你写吧！
写文书时一起写吗？分开写吗？
你分开写吧！一起写时怎么卖给别人，你各自写吧！
你的马是一个主人呢？或是各自的呢？
是四个人的，各人有各人的数目。
先写我的马契吧！

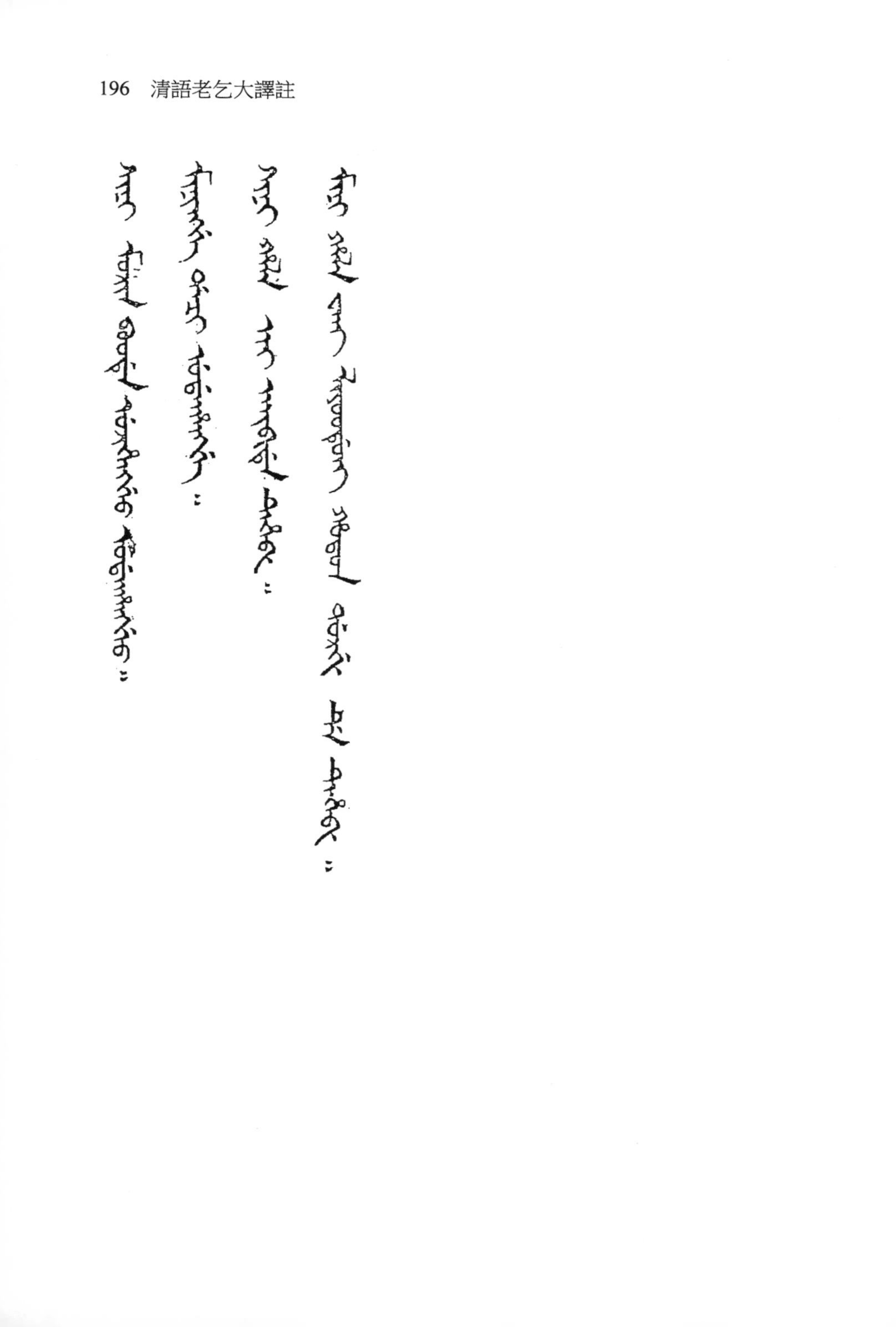

[illegible]

[illegible]

[illegible]

[illegible]

sini morin boode ujihenggeo？ udahanggeo？
miningge daci udahangge.
sini hala ai？ aibide tehebi？
mini hala wang, liyoodung hoton dorgi de tehebi.

---

你的馬是家裡養的呢？還是買的呢？
我的原來是買的。
你姓什麼？住在什麼地方？
我姓王，住在遼東城內。

---

你的马是家里养的呢？还是买的呢？
我的原来是买的。
你姓什么？住在什么地方？
我姓王，住在辽东城内。

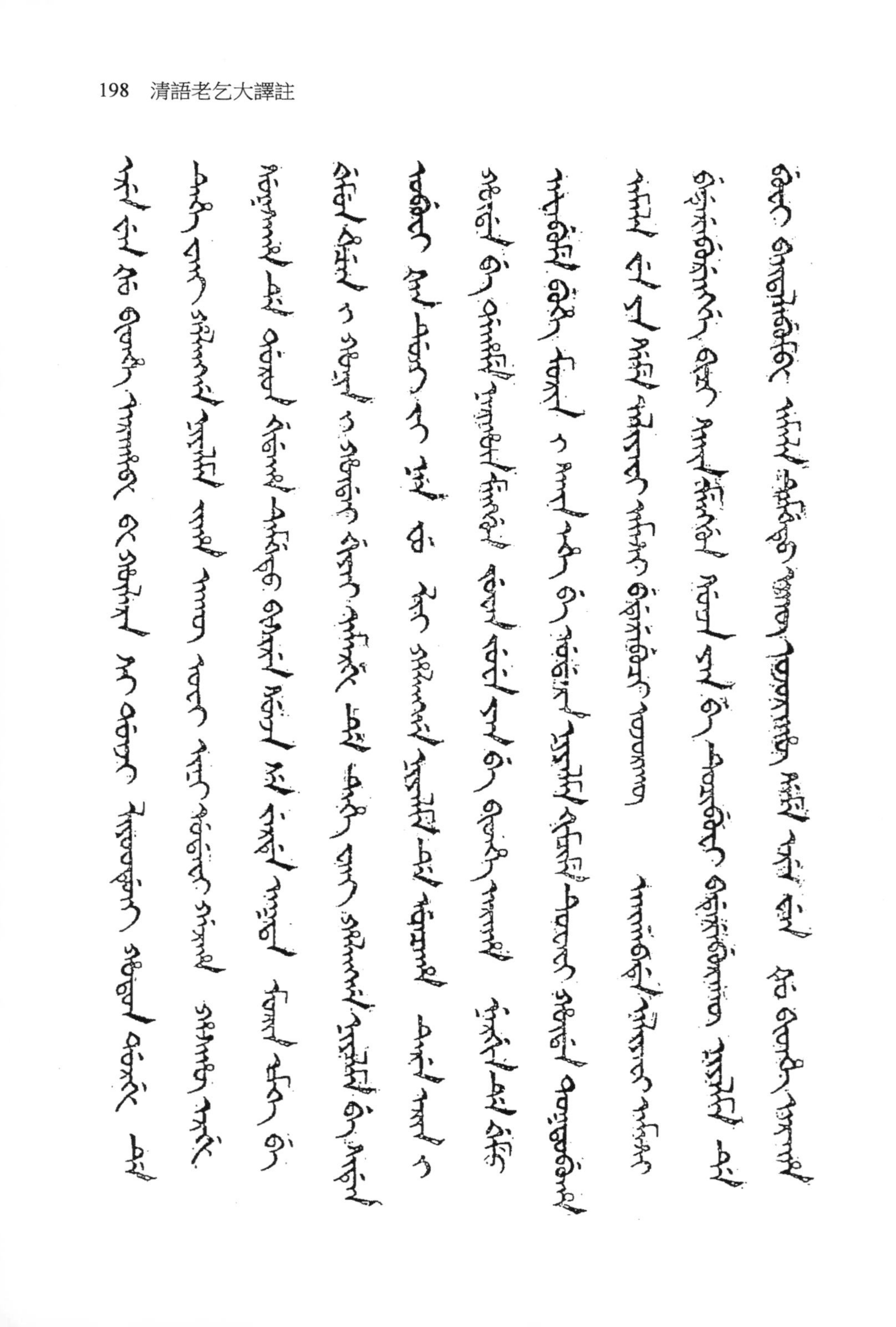

# 清語老乞大　卷六

ere wen šu bithe arahabi, bi hūlara si donji, liyoodung hoton dorgi de tehe wang halangga niyalma jiha akū ofi, ini udafi gajiha hashū ergi suksaha de, doron gidaha temgetu bisire sunja se jerde akta morin emke be gemun hecen i honin i hūdai giyai amargi de tehe wang halangga niyalma be siden obufi, šan dung ji nan fu lii halangga niyalma de uncaha, tere erin i hūda be dahame narhūn menggun juwan juwe yan be bithe araha nergin de gemu afabume buhe morin i sain ehe be udara niyalma kimcime tuwafi, hūda toktobuha amala we ya seme aliyafi amasi bederebuci ojorakū, aikabade aliyafi amasi bedereburengge bici, sain menggun sunja yan be tucibufi bedereburakū niyalma de bufi baitalabumbi, amala temgetu akū ojorahū seme ere wen šu bithe araha,

---

這文書寫好了，我念你聽，住遼東城內王姓之人因無錢文，將他買來左大腿上烙有印記之五歲赤色騸馬一匹，以居住京城羊市街北王姓之人為中人，賣給山東濟南府李姓之人，按照當時價錢，將細銀十二兩，於立契當時俱已交付，馬之好壞，買主仔細看過，定價之後誰都不可反悔退還，倘若反悔退還者，則出五兩好銀給與不退還之人使用。恐後無憑，故立此文書，

---

这文书写好了，我念你听，住辽东城内王姓之人因无钱文，将他买来左大腿上烙有印记之五岁赤色骟马一匹，以居住京城羊市街北王姓之人为中人，卖给山东济南府李姓之人，按照当时价钱，将细银十二两，于立契当时俱已交付，马之好坏，买主仔细看过，定价之后谁都不可反悔退还，倘若反悔退还者，则出五两好银给与不退还之人使用。恐后无凭，故立此文书，

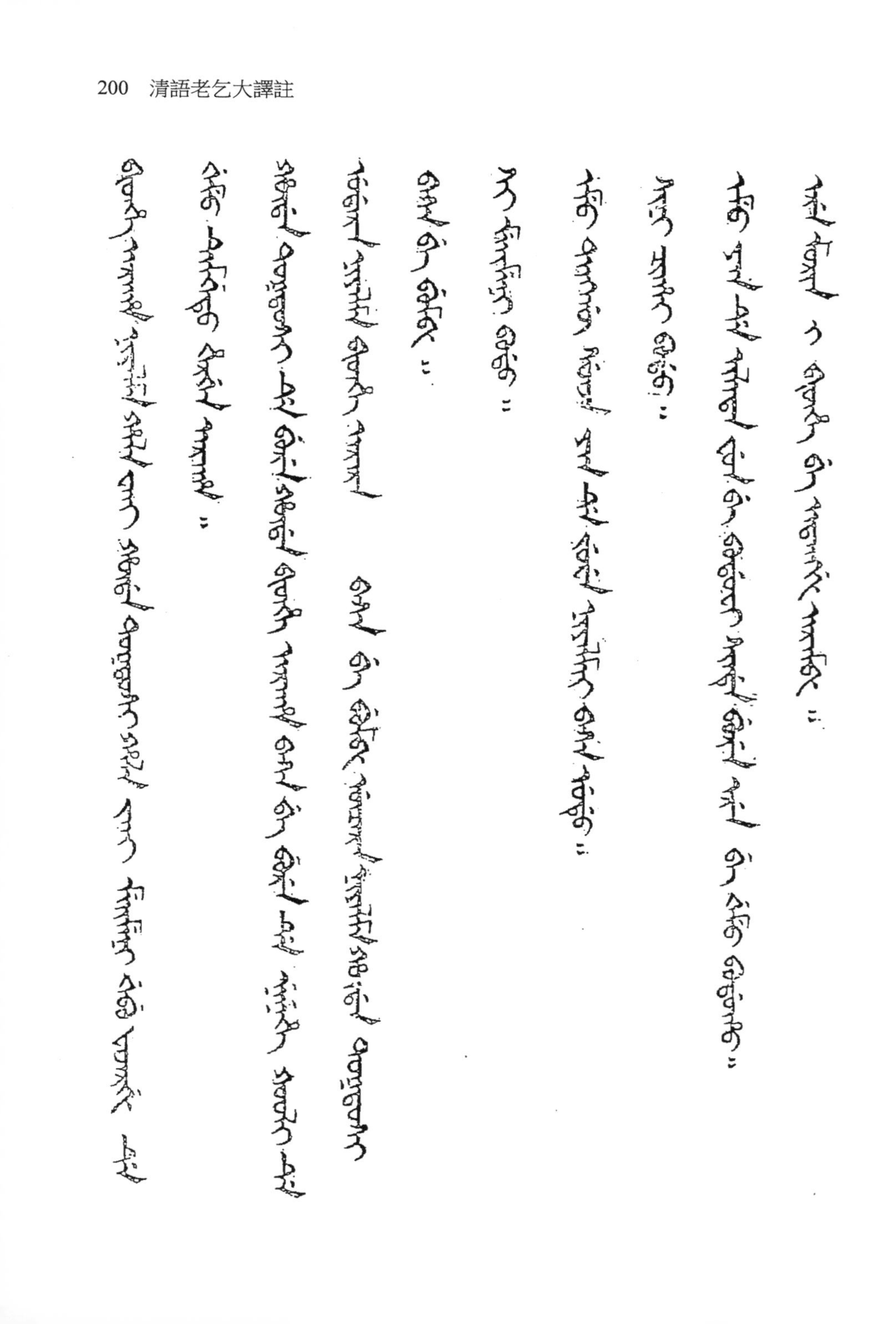

[illegible]

[illegible]

[illegible]

[illegible]

[illegible]

[illegible]

[illegible]

[illegible]

[illegible]

[illegible]

bithe araha niyalma hala wang, hūda toktosi hala jang, meimeni gebu fejergi de gemu temgetu hergen araha.
hūda toktosi de bure hūda. bithe araha basa be bure de, nenehe kooli de udara niyalma bithe arara basa be bumbi, uncara niyalma hūda toktosi basa be bumbi.
si meimeni bodo.
emu tanggū sunja yan de juwe niyalmai basa udu？
sini cihai bodo.
emu yan de ilata fun be bodofi sinde bure, ere be gemu bodoho.
ere morin i bithe be atanggi arambi？

---

立契者王姓，牙人張姓，在各自名下皆畫押。
給牙人價錢，付給立契的工錢時，以前規矩是買主付給立契的工錢，賣主付給牙人工錢。
你各自算算吧！
一百零五兩，二人的工錢多少？
隨你意算吧！
一兩算給你各三分，這都算好了。
這馬契幾時寫呢？

---

立契者王姓，牙人张姓，在各自名下皆画押。
给牙人价钱，付给立契的工钱时，以前规矩是买主付给立契的工钱，卖主付给牙人工钱。
你各自算算吧！
一百零五两，二人的工钱多少？
随你意算吧！
一两算给你各三分，这都算好了。
这马契几时写呢？

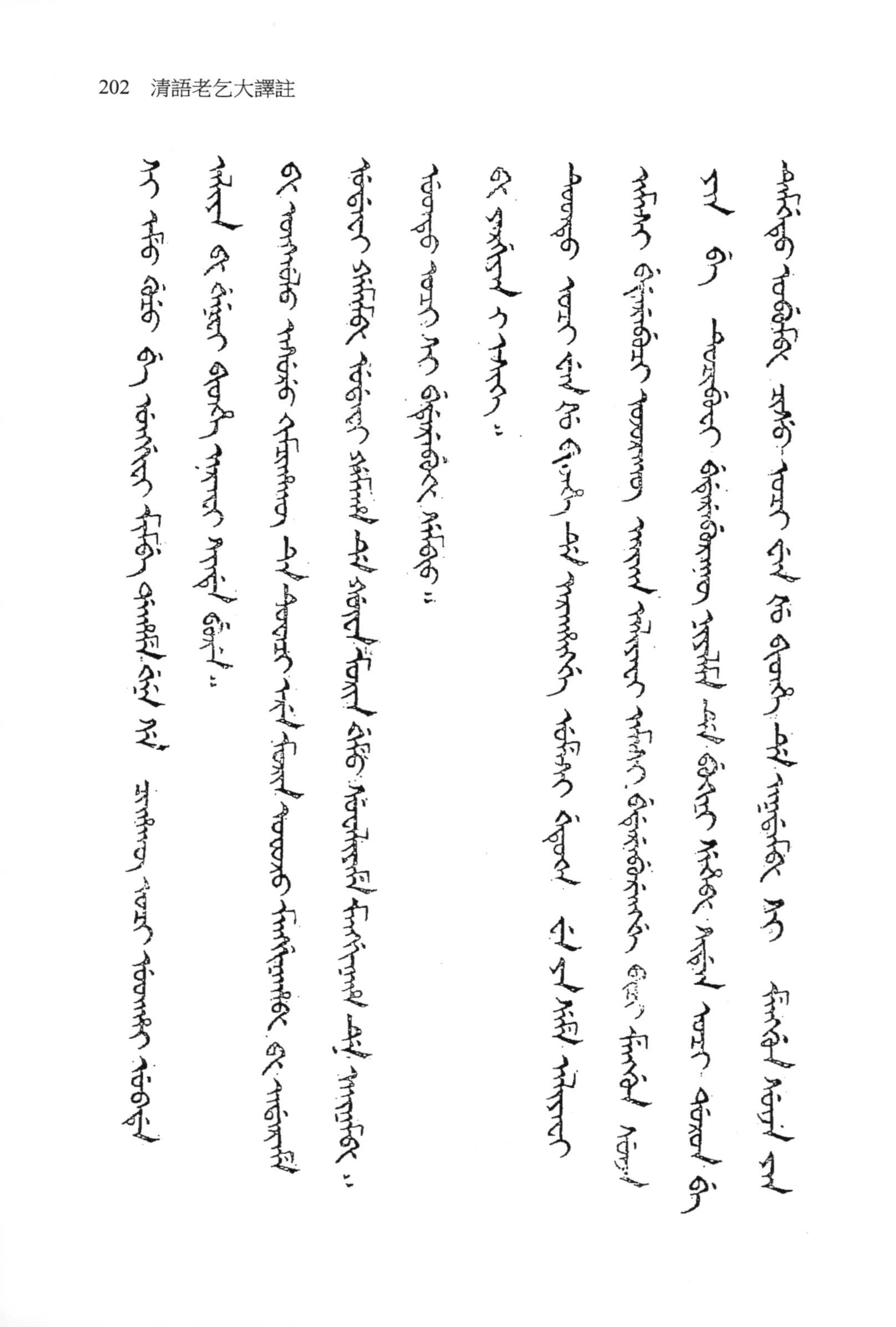

[illegible]

si emu gucu be unggifi mimbe dahame gene se, cihakū oci uthai ubade aliya, bi genefi bithe arafi sinde bure.
bi onggolo asuru kimcihakū, te tuwaci ere morin oforo mangginahabi, bi adarame udafi gamambi, udafi gamaha de gūwa morin gemu suwaliyame mangginaha de ainambi？
uttu oci si bederebuki sembio？
bi yargiyan i esike.
tuttu oci wen šu bithe de arahangge umesi getuken, we ya seme aliyafi amasi bederebuci ojorakū, aika aliyafi amasi bedereburengge bici, menggun sunja yan be tucibufi bedereburakū niyalma de bukini sehebi. siden oci doron be temgetu obumbi, cisu oci wen šu bithe de akdambi, si menggun sunja yan

---

你打發一個伙伴跟我去吧！若不願意時就在這裡等吧！我去立契給你。
我事先一點沒仔細看，現在一看這馬鼻濕，我怎麼買去，買去時連別的馬都一起鼻濕時，怎麼辦呢？
若是這樣，你想要退還嗎？
我實在不想要了。
若是那樣，文書上寫的很清楚：「誰都不可反悔退還，若是反悔退還，則要出銀五兩給不退還的人。」官憑印信，私憑契約，

---

你打发一个伙伴跟我去吧！若不愿意时就在这里等吧！我去立契给你。
我事先一点没仔细看，现在一看这马鼻湿，我怎么买去，买去时连别的马都一起鼻湿时，怎么办呢？
若是这样，你想要退还吗？
我实在不想要了。
若是那样，文书上写的很清楚：「谁都不可反悔退还，若是反悔退还，则要出银五两给不退还的人。」官凭印信，私凭契约，

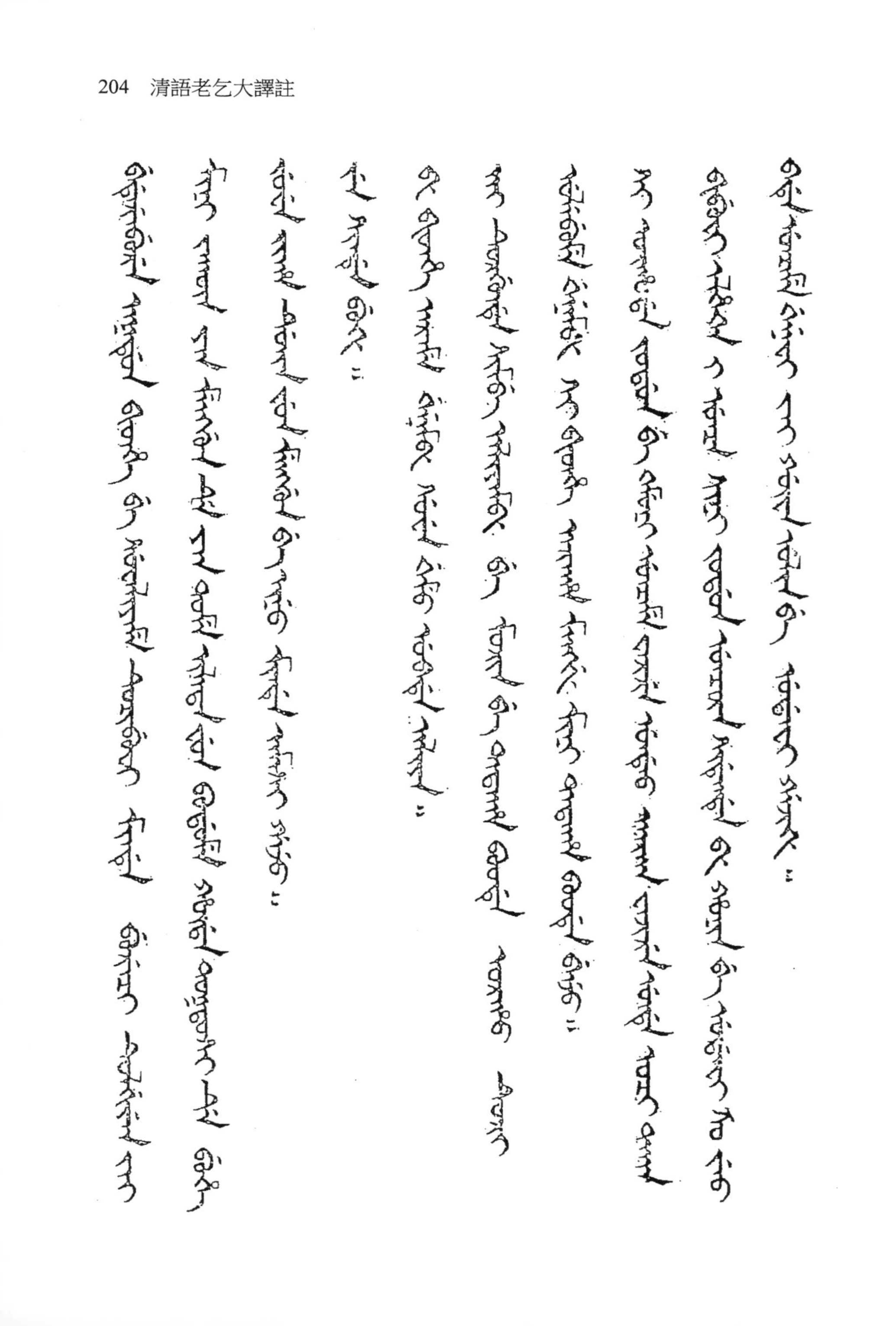

[illegible]

[illegible]

[illegible]

[illegible]

[illegible]

[illegible]

[illegible]

[illegible]

[illegible]

[illegible]

bederebure akdun bithe be suwaliyame tucibufi minde bureci tulgiyen, jai mini jakūn yan menggun de yan tome ilata fun bodome, hūda toktosi de buhe juwe jiha duin fun menggun be inu minde amasi gaju.
je sinde buki.
bi bithe arame genembi, suwe gemu ubade aliya.
ai turgunde simbe aliyambi, be morin be tataha boode orho turi ulebume genembi, si bithe araha manggi mini tataha boode benju.
si orhoda jodon be kemuni uncame wajire undeo？aika wajire unde oci taka bibufi elheken i unca, sini jodon uncara sidende, bi honin be udafi dzo jeo bade uncame genefi, jai gūwa ulin be udafi gajiki.

---

你將退還的銀五兩，連同文契一併給我以外，還有我的八兩銀子裡，每兩各算三分，給牙人二錢四分銀也拿來還給我吧！
是，給你吧！
我去立契，你們都在這裡等吧！
為什麼等你呢？我們到住處去給馬餵草豆，你寫完文契後送到我的住處吧！
你還沒賣完人參、葛布嗎？倘若還沒賣完時，暫且留下慢慢地賣吧！
你賣葛布的工夫，我買羊到涿州去賣，再買來別的貨物。

---

你将退还的银五两，连同文契一并给我以外，还有我的八两银子里，每两各算三分，给牙人二钱四分银也拿来还给我吧！
是，给你吧！
我去立契，你们都在这里等吧！
为什么等你呢？我们到住处去给马喂草豆，你写完文契后送到我的住处吧！
你还没卖完人参、葛布吗？倘若还没卖完时，暂且留下慢慢地卖吧！
你卖葛布的工夫，我买羊到涿州去卖，再买来别的货物。

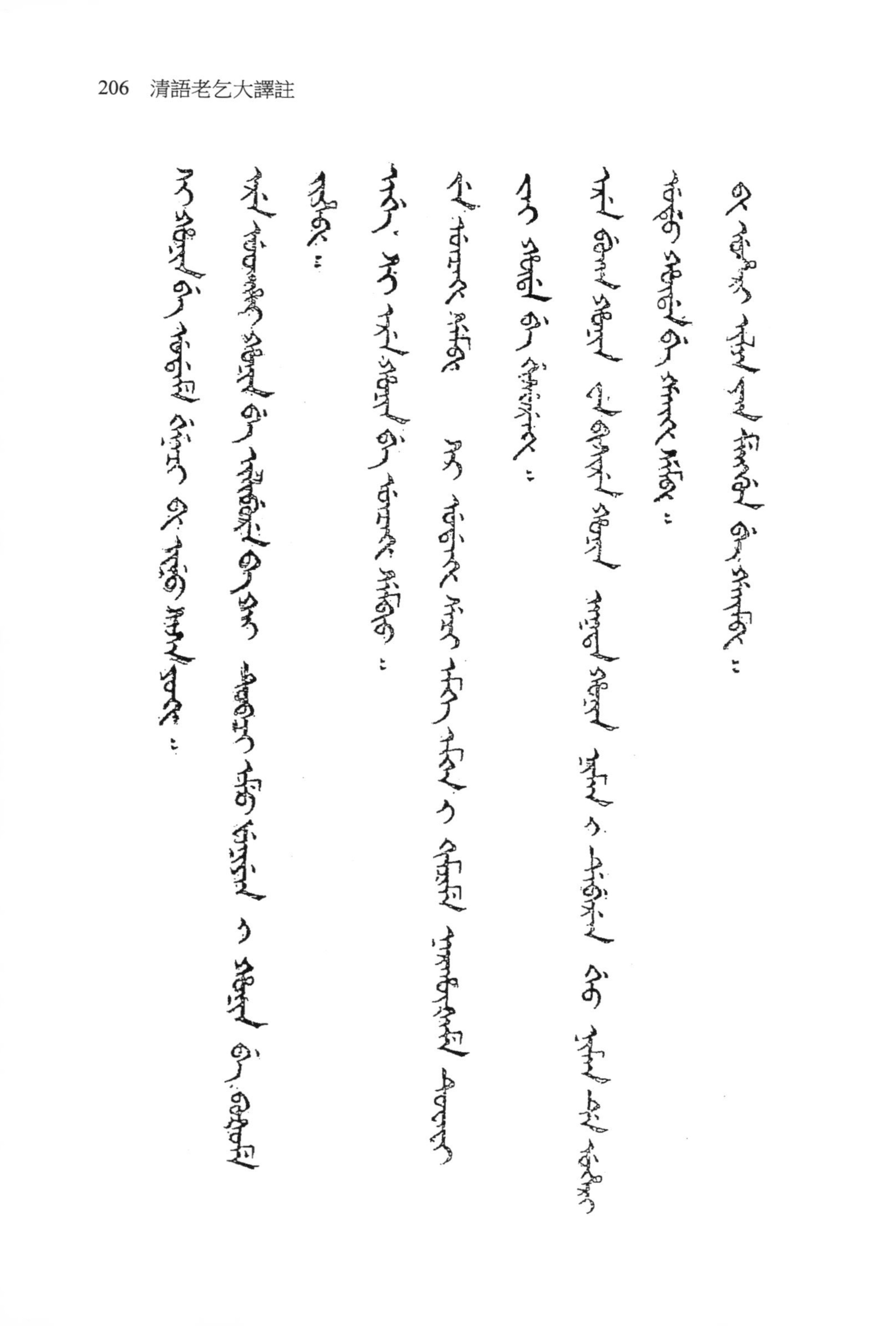

si honin be udame geneci bi inu sasa yoki.
ere uthai honin be ilibure ba kai, tubaci emu feniyen i honin be bošome jihebi.
age si ere honin be uncaki sembio？
je uncaki sembi. si udaki seci emke emken i kimcime narhūšame tuwafi jai hūda be gisureki.
ere buka honin, wa bisire honin, akta honin[1], niman i deberen, geo niman de uheri udu hūda be gaiki sembi？
bi uheri ilan yan menggun be gaimbi.

---

你若去買羊時，我也一齊去吧！
這裡便是安羊的地方，從那裡趕著一群羊來了。
阿哥，你想要賣這羊嗎？
是，想要賣。你想要買時，逐一仔細看了後再議價吧！
這羝羊、臊胡羊、羯羊、山羊羔子、牝山羊，共要多少價錢？
我共要三兩銀子。

---

你若去买羊时，我也一齐去吧！
这里便是安羊的地方，从那里赶着一群羊来了。
阿哥，你想要卖这羊吗?
是，想要卖。你想要买时，逐一仔细看了后再议价吧！
这羝羊、臊胡羊、羯羊、山羊羔子、牝山羊，共要多少价钱?
我共要三两银子。

---

1 “akta honin”，意即被閹過的羊，漢字作「羯羊」。

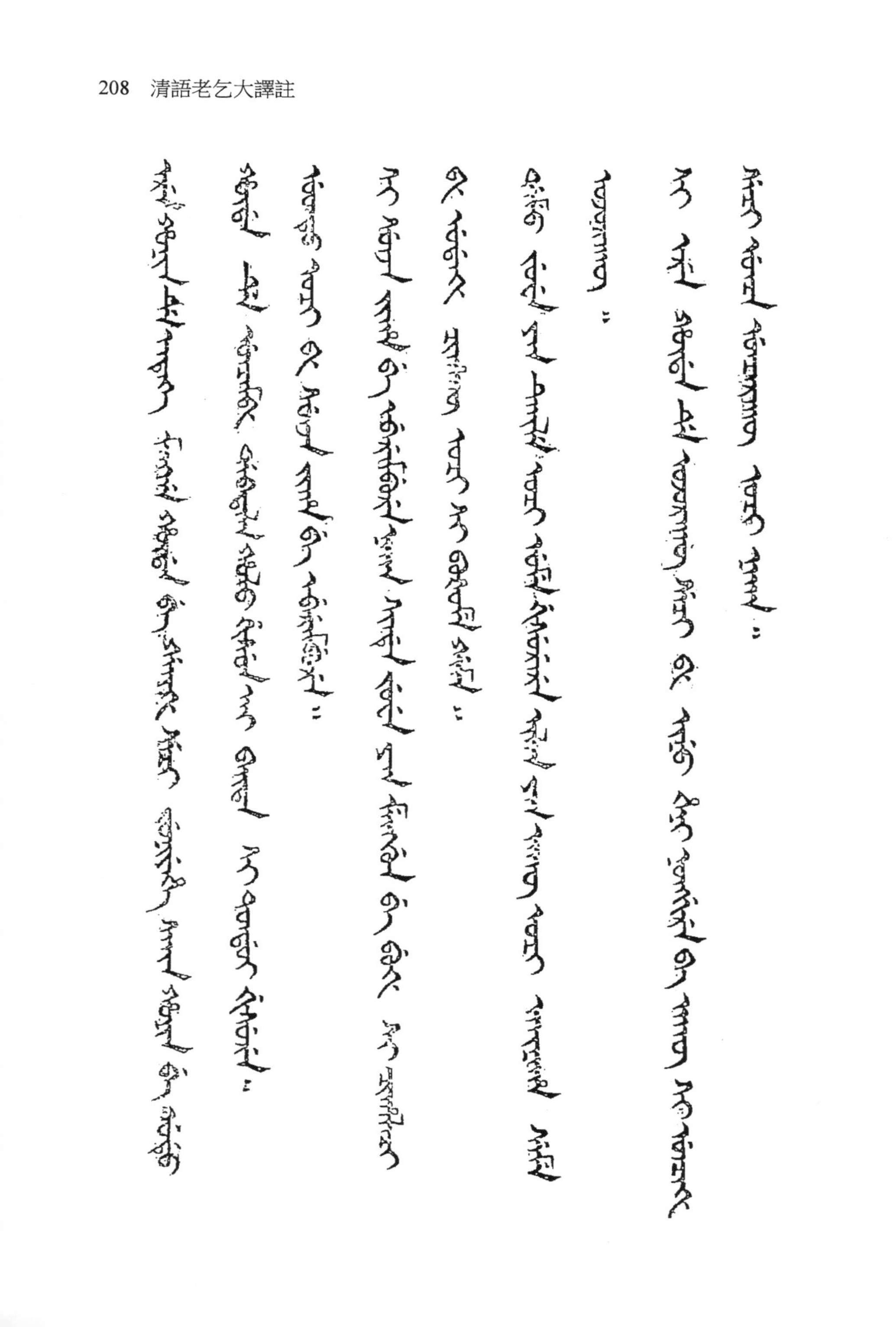

ere honin de enteke mangga hūda be gaiki seci, funiyehe sain honin be udu hūda de uncambi？ dabatala holo gisun ai baita？ si tondoi gisure.
uttu oci bi sunja jiha be eberembure.
si sunja jiha be eberembure naka, sinde juwe yan menggun be buki, si cihalaci bi udaki, cihakū oci si bošome gama.
damu juwe yan teile oci ume gisurere, ilan yan akū oci ainaha seme ojorakū.
si ere hūda de ojorakū seci, bi inu heni nonggire ba akū, si uncaki seci unca, uncarakū oci naka.

---

這羊要這樣昂貴的價錢時，毛好的羊賣多少價錢呢？過分說謊有什麼用？你直說吧！
若是這樣，我減去五錢。
你不用減去五錢，給你二兩銀子吧！你若願意時，我就買，若不願意時，你趕回去吧！
若只是二兩時不要談，不是三兩的話，斷然不可。
你若說這種價錢不可以時，我也不增一點，你若要賣就賣吧！不賣的話就算了。

---

这羊要这样昂贵的价钱时，毛好的羊卖多少价钱呢？过分说谎有什么用？你直说吧！
若是这样，我减去五钱。
你不用减去五钱，给你二两银子吧！你若愿意时，我就买，若不愿意时，你赶回去吧！
若只是二两时不要谈，不是三两的话，断然不可。
你若说这种价钱不可以时，我也不增一点，你若要卖就卖吧！不卖的话就算了。

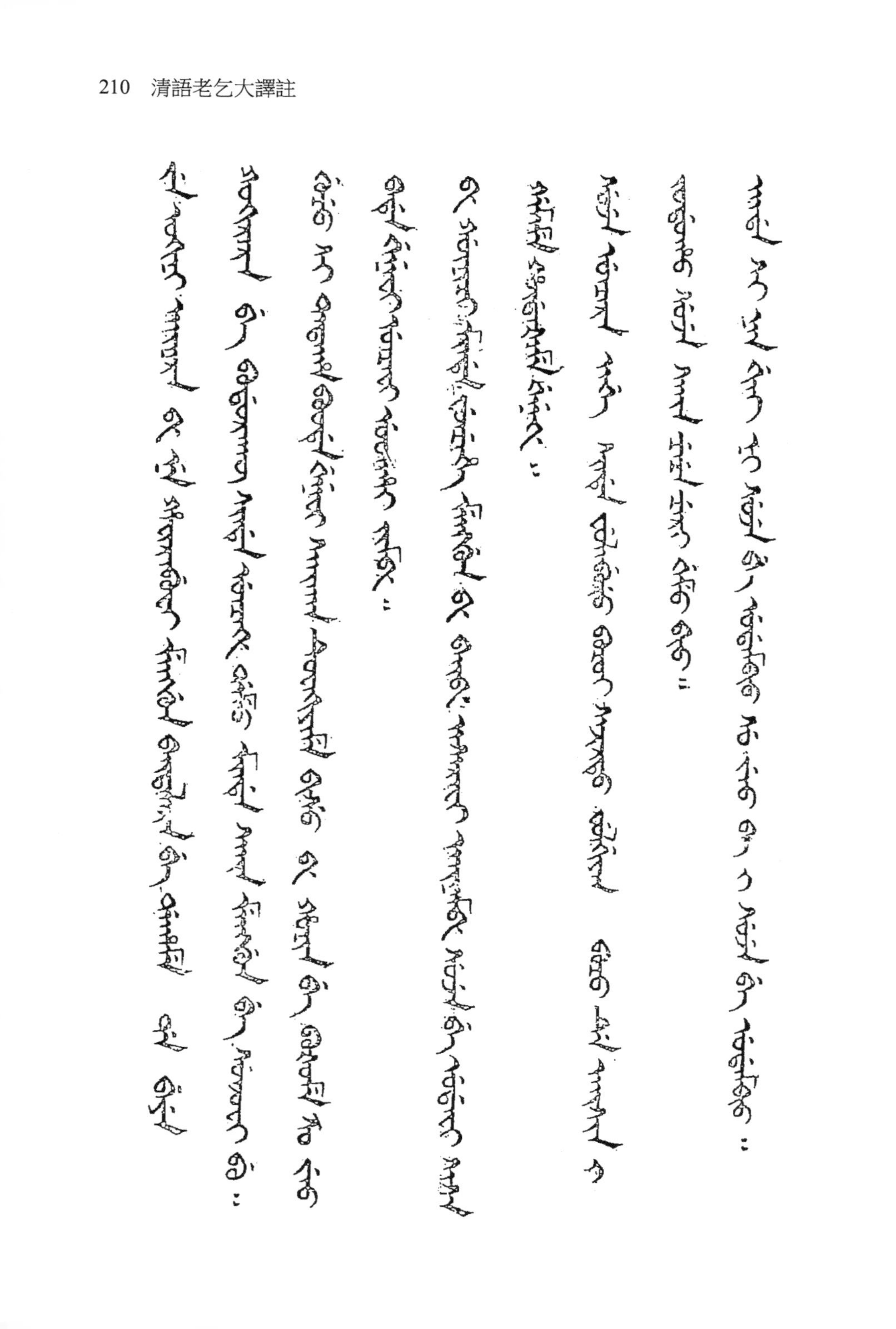

je okini ainara, bi ne hafirabufi menggun baitalara be dahame, da beye kokirara be bodorakū sinde uncaki, damu minde sain menggun[1] be sonjofi bu.
gucu si tataha boode genefi saikan tuwakiyame bisu, bi honin be bošome dzo jeo bade genefi uncafi uthai jimbi.
bi gūnici minde funcehe menggun bi, baibi asarafi ainambi？
suje be udafi sasa gamame hūdašame geneki.
suje uncara age sinde fulaburu bocoi sajirtu[2], fulgiyan boco de aisin i jodoho suje, sain cece ceri gemu bio？
anda si nan ging ni suje be udambio？ su jeo ba i suje be udambio？

---

是，就這樣，沒法子，我現在因急著用銀子，不計虧損原本賣給你吧！但挑紋銀給我吧！
伙伴你到住處去好好的留守吧！我趕羊到涿州地方去賣了就來。
我想我有餘剩的銀子閒放著做什麼？買了緞子一齊帶去賣吧！
賣緞子的阿哥，天青色的胸背，紅色織金的緞子，好的紗羅你都有嗎？
客人，你要買南京的緞子嗎？要買蘇州地方的緞子嗎？

---

是，就这样，没法子，我现在因急着用银子，不计亏损原本卖给你吧！但挑纹银给我吧！
伙伴你到住处去好好的留守吧！我赶羊到涿州地方去卖了就来。
我想我有余剩的银子闲放着做什么？买了缎子一齐带去卖吧！
卖缎子的阿哥，天青色的胸背，红色织金的缎子，好的纱罗你都有吗？
客人，你要买南京的缎子吗？要买苏州地方的缎子吗？

---

1 “sain menggun”，意即「好的銀子」，習稱「紋銀」。
2 “sajirtu”，韓文諺解作「胸背」，可補滿文辭書的疏漏。

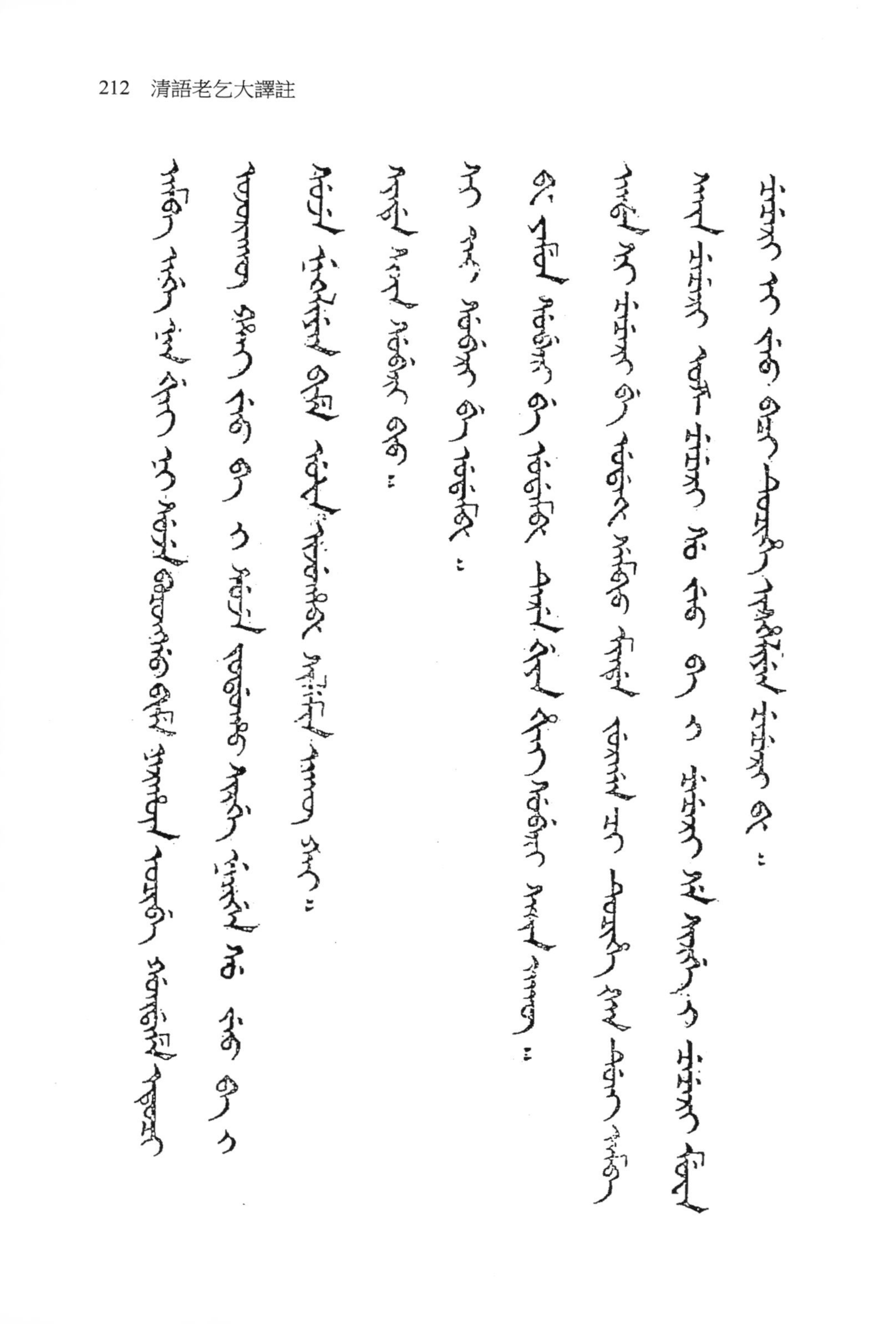

[illegible]

[illegible]

[illegible]

[illegible]

[illegible]

[illegible]

[illegible]

[illegible]

[illegible]

amba age nan ging ni suje boconggo bime narhūn ocibe, goidame etuci ojorakū, hang jeo ba i suje jodoho sirge neigen, su jeo ba i suje nekeliyen bime ufa ijuhabi silemin akū kai.
sinde sain suberi bio？
si ai suberi be udambi？
bi yamun suberi be udambi, tere giya hing suberi sain akū. anda si ceceri be udaki sembio？ minde jurgan ci tucihe šan dung amba sain ceceri, odz ceceri, su jeo ba i ceceri, se sirge i ceceri, muwa ceceri, i jeo baci tucihe isheliyen ceceri bi.

---

大阿哥，南京的緞子雖然有彩色而且精細，但不耐穿，杭州地方的緞子織的纖維很均勻，蘇州地方的緞子薄且有粉飾不堅韌啊！
你有好綾子嗎？
你要買什麼綾子呢？
我要買官廳綾，那嘉興綾子不好。
客人，你要買絹子嗎？我有部院出來的山東大好絹子、倭絹、蘇州地方的絹子、生絲絹、粗絹、易州地方出來的窄幅絹。

---

大阿哥，南京的缎子虽然有彩色而且精细，但不耐穿，杭州地方的缎子织的纤维很均匀，苏州地方的缎子薄且有粉饰不坚韧啊！
你有好绫子吗?
你要买什么绫子呢?
我要买官厅绫，那嘉兴绫子不好。
客人，你要买绢子吗?我有部院出来的山东大好绢子、倭绢、苏州地方的绢子、生丝绢、粗绢、易州地方出来的窄幅绢。

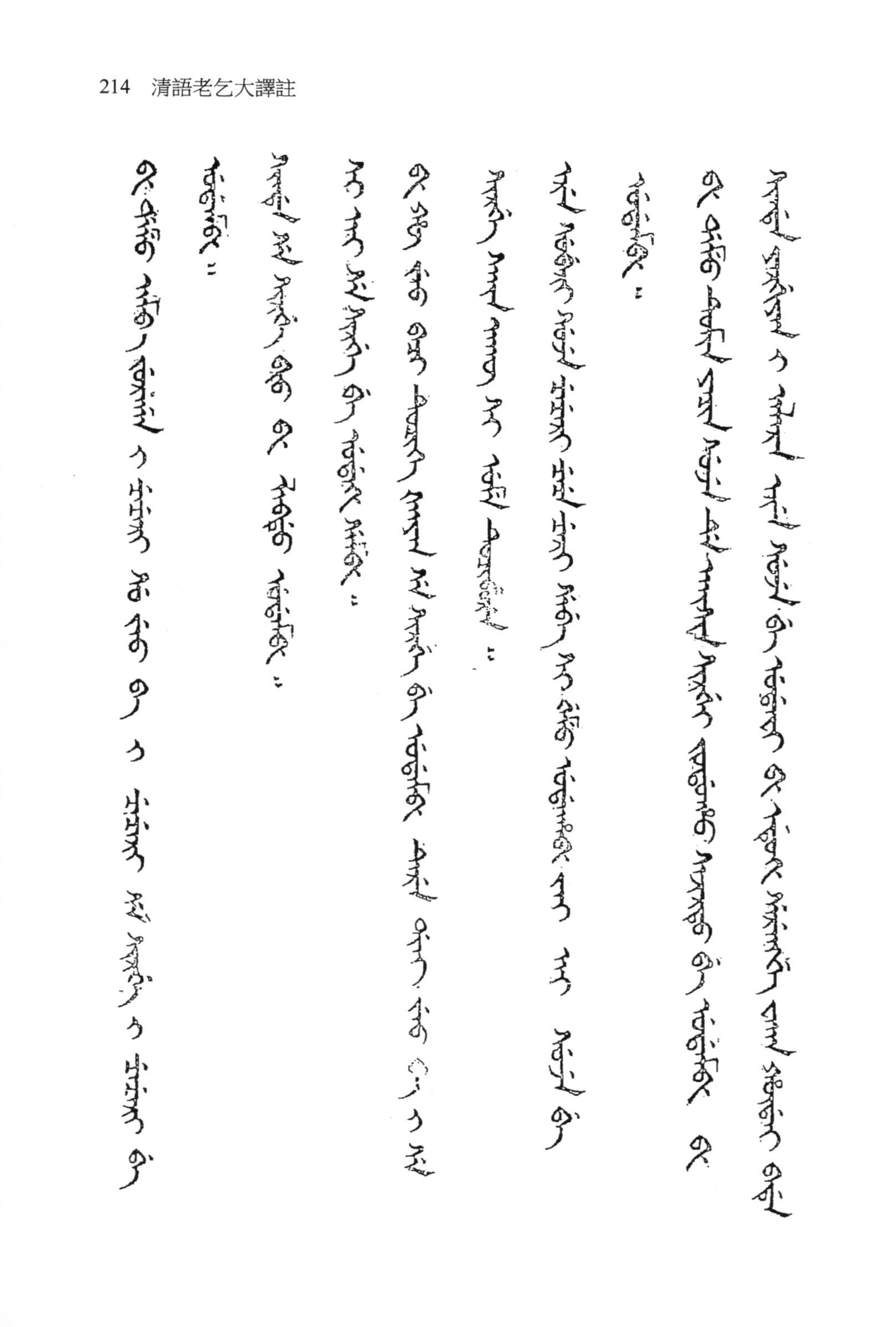

[illegible]
[illegible]
[illegible]
[illegible]
[illegible]
[illegible]
[illegible]
[illegible]
[illegible]
[illegible]

bi damu amba jurgan i ceceri, su jeo ba i ceceri, se sirge i ceceri be udambi.
sinde se sirge bio？ bi labdu udambi.
si ai se sirge be udaki sembi？
bi hū jeo baci tucike šanyan se sirge be udambi, tere ding jeo ba i se sirge sain akū si ume tucibure.
ere suberi suje ceceri cece ceri sebe si gemu udahabi, jai ai suje be udambi.
bi damu tumin yacin suje de aisin sirgei jodoho sajirtu be udambi, bi sinde yargiyan i alara, ere suje be udafi bi etuki serengge waka, hūdai bade

---

我只要買部院的大絹，蘇州地方的絹子，生絲的絹子。
你有生絲嗎？我要多買些。
你想要買什麼生絲呢？
我要買湖州地方出產的白生絲，那定州地方的生絲不好，你不要拿出來。
這些綾緞絹紗羅等你都買了，再要買什麼緞子呢？
我只要買深青織金絲胸背的緞子，我老實告訴你，買這緞子不是我想要穿的，

---

我只要买部院的大绢，苏州地方的绢子，生丝的绢子。
你有生丝吗？我要多买些。
你想要买什么生丝呢？
我要买湖州地方出产的白生丝，那定州地方的生丝不好，你不要拿出来。
这些绫缎绢纱罗等你都买了，再要买什么缎子呢？
我只要买深青织金丝胸背的缎子，我老实告诉你，买这缎子不是我想要穿的，

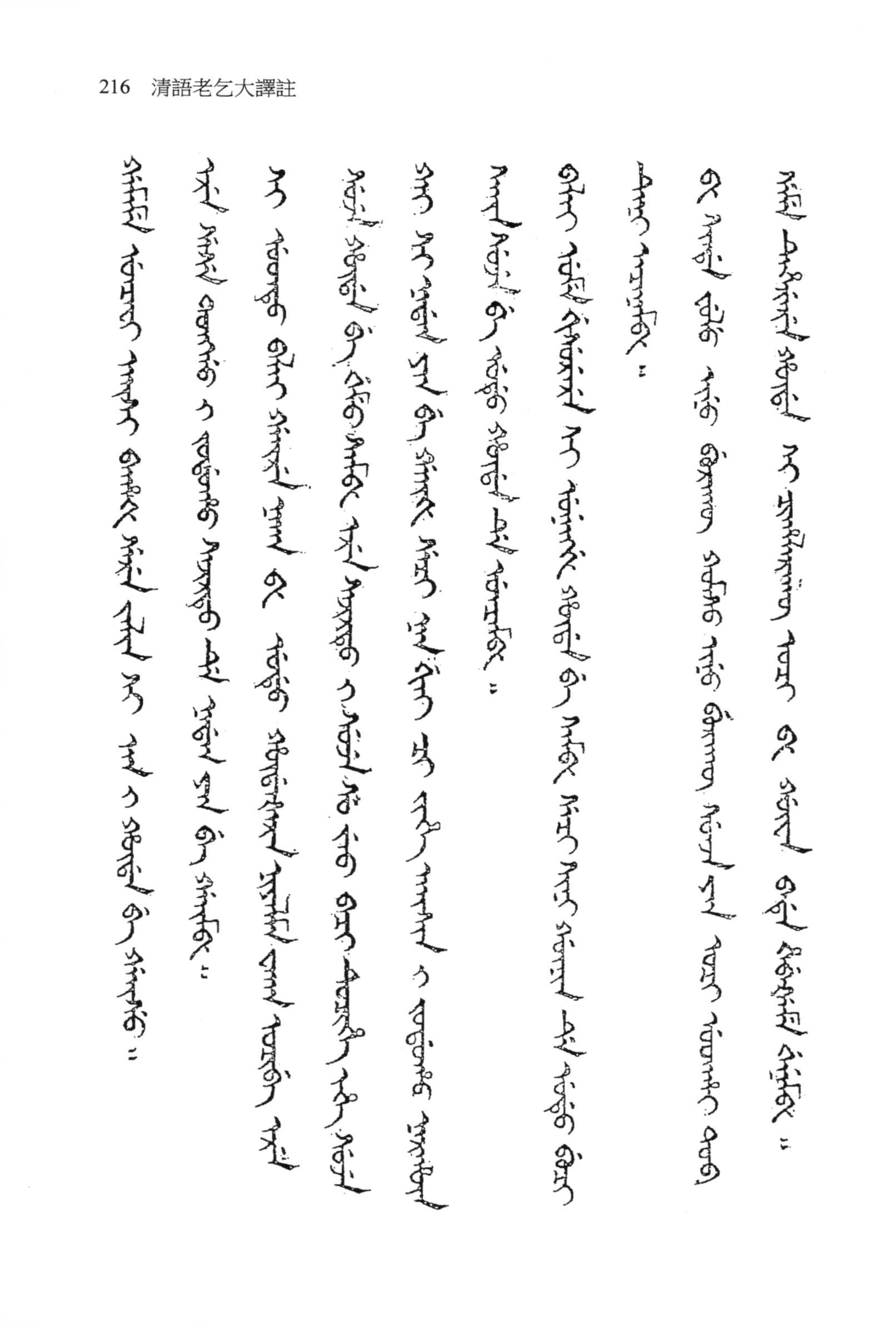

[illegible]

[illegible]

[illegible]

[illegible]

[illegible]

[illegible]

[illegible]

[illegible]

[illegible]

gamame uncafi aisi bahaki sere jalin, si an i hūda be gaisu.
ere sese tonggo i jodoho sajirtu de nadan yan be gaimbi.
si uttu balai gaire naka, bi udu hūdašara niyalma waka ocibe, ere suje hūda be gemu sambi, ere sajirtu i suje su jeo baci tucihe ehe suje kai, si nadan yan be gaiki seci, nan ging ci jihe aisin i jodoho narhūn sain suje be udu hūda de uncambi？
balai ume gisurere, si unenggi hūda be sambi seci, sini gūnin de udu buci teni acanambi？
bi sinde fulu inu burakū komso inu burakū, sunja yan oci uthai tob seme teherere hūda, si cihalarakū oci bi gūwa bade hebešeme genembi.

---

是為了想要拿到市場去賣，得些利益的，你要平常的價錢吧！
這金絲織的胸背要七兩。
你不要這樣胡要價錢，我雖然不是生意人，這緞子的價錢我都知道，這胸背的緞子是蘇州地方出產的不好緞子，你若要七兩時，南京來的織金精細的好緞子該賣多少錢呢？
不要胡說，你若知道真價錢時，你的意思給多少纔適合呢？
我也不多給你，也不少給你，若給你五兩時，便是正好相等的價錢，你若是不願意時，我到別處去商量。

---

是为了想要拿到市场去卖，得些利益的，你要平常的价钱吧！
这金丝织的胸背要七两。
你不要这样胡要价钱，我虽然不是生意人，这缎子的价钱我都知道，这胸背的缎子是苏州地方出产的不好缎子，你若要七两时，南京来的织金精细的好缎子该卖多少钱呢？
不要胡说，你若知道真价钱时，你的意思给多少纔适合呢？
我也不多给你，也不少给你，若给你五两时，便是正好相等的价钱，你若是不愿意时，我到别处去商量。

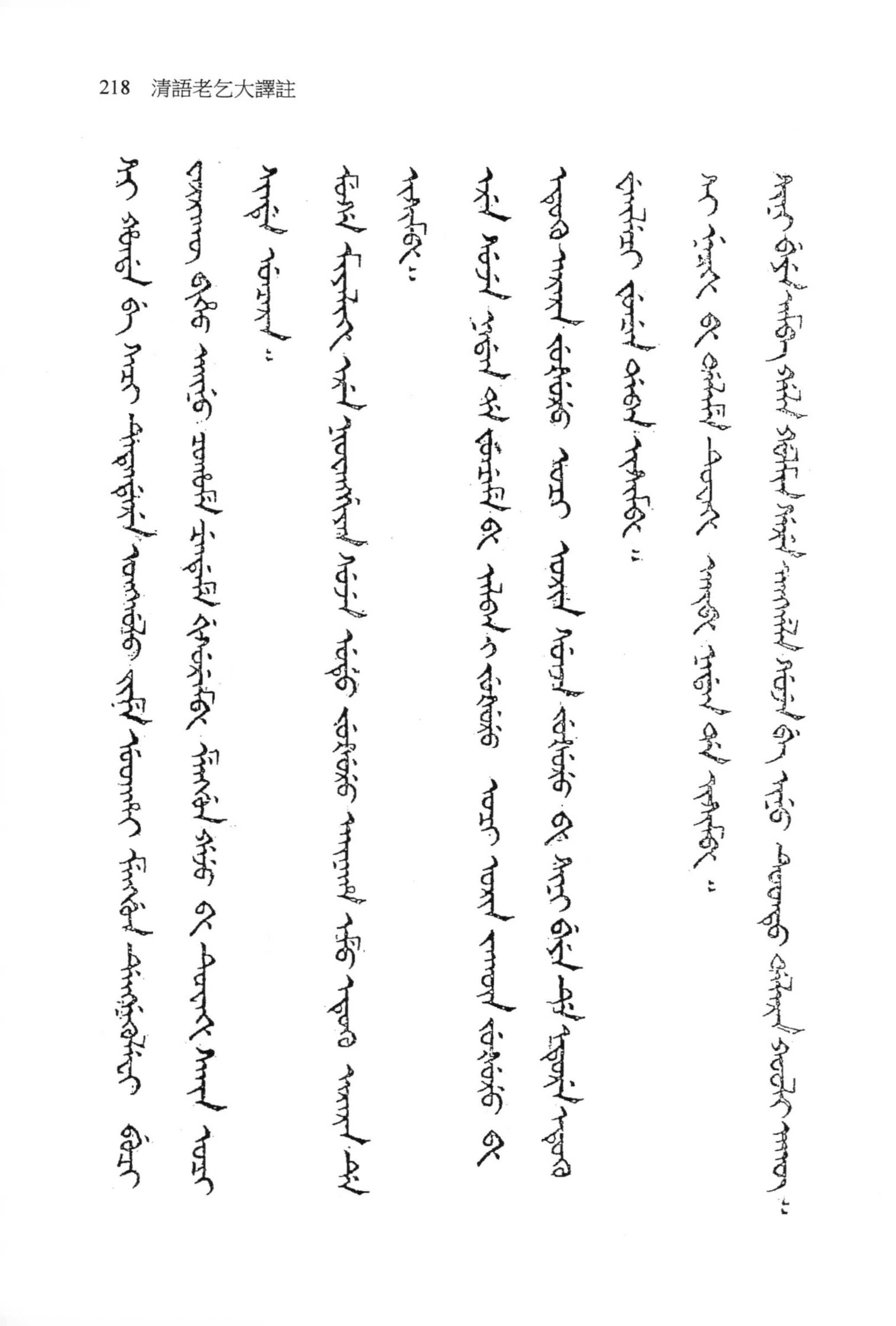

ᠠᡳ [illegible]

[illegible]

[illegible] ::

[illegible]

[illegible] ::

[illegible]

[illegible]

[illegible] ::

ᠠᡳ [illegible] ::

[illegible] ::

si hūda be saci tetendere, onggolo jime uthai menggun dengnekulefi buci wajirakū biheo？ ainu cohome cendeme gisurembi, menggun gaju bi tuwaki, sain oci sinde uncara.
muse miyaliki, ere niowanggiyan suje udu jušuru？ ainaha emu etuku arara de isimbi？
ere suje nadan da funceme bi, alban i jušuru oci orin jakūn jušuru bi, etuku arara jušuru oci orin sunja jušuru bi, sini beye de eture etuku weileci funcen daban isimbi.
si nerki bi dalame tuwaki, aibi nadan da isimbi？
sini beye amba gala golmin sere anggala, suje be inu tuttu dalara kooli akū.

---

你既然知道價錢，來之前就稱給銀子不就行了嗎？為何特意試探呢？銀子拿來我看吧！若好的話賣給你吧！
我們量吧！這綠緞子有幾尺呢？怎麼夠做一件衣服呢？
這緞子七尋有餘，官尺是二十八尺，做衣服的尺是二十五尺，做你自己穿的衣服綽綽有餘。
你展開來，我量量看幾尋，哪裡夠七尋呢？
不但你的身材大手長，況且緞子也沒有那樣量的道理。

---

你既然知道价钱，来之前就称给银子不就行了吗？为何特意试探呢？银子拿来我看吧！若好的话卖给你吧！
我们量吧！这绿缎子有几尺呢？怎么够做一件衣服呢？
这缎子七寻有余，官尺是二十八尺，做衣服的尺是二十五尺，做你自己穿的衣服绰绰有余。
你展开来，我量量看几寻，哪里够七寻呢？
不但你的身材大手长，况且缎子也没有那样量的道理。

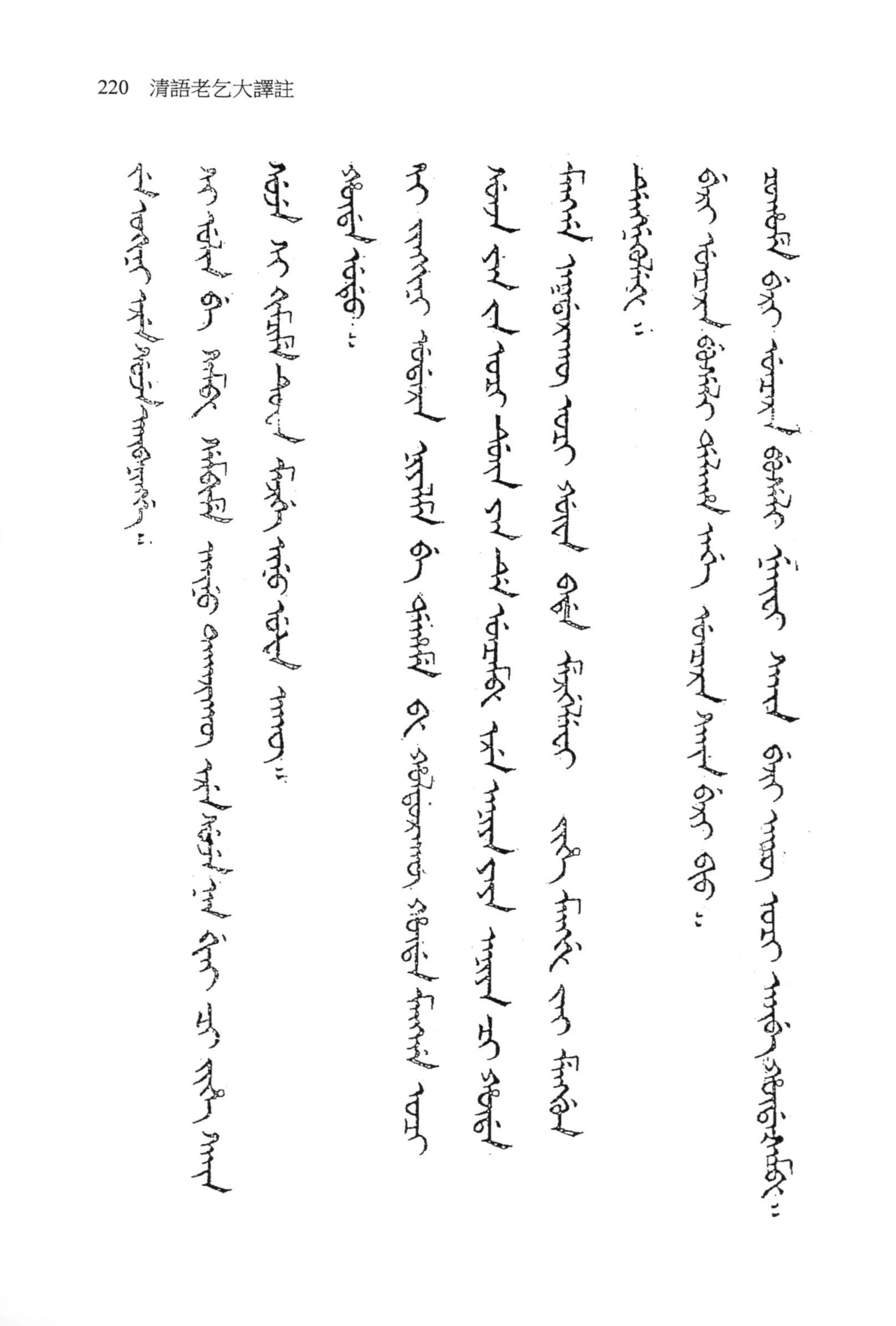

[illegible]

je okini ere suje aibaningge？
si ulin be sambi sembime ainu takarakū？ ere suje nan ging ci jihe sain suje si kimcime tuwa, majige inu ufa akū.
hūda udu？
si jingkini udara niyalma be dahame, bi holtorakū, hūda mangga oci sunja yan, ja oci duin yan de uncambi, ere aniya yaya aniya ci hūda mangga, akdarakū oci gūwa bade mejigelefi jihe manggi jai menggun dengnekuleki.
beri uncara puseli dalaha age uncara sain beri bio？
cohome beri uncara puseli neifi sain beri akū oci aibe hūdašambi.

---

是，就這樣吧！這緞子是哪裡的呢？
你識貨却又為什麼不知道？這緞子是從南京來的好緞子，你仔細看，一點也沒粉飾。
多少價錢？
因為你是真正買主我不撒謊，價錢昂貴時賣五兩，便宜時賣四兩，今年比任何一年價錢都昂貴，不相信的話可以到別處打聽來後再稱銀子吧！
買弓舖子的掌櫃阿哥，有賣的好弓嗎？
專為賣弓而開的店舖，若無好弓的話做什麼生意呢？

---

是，就这样吧！这缎子是哪里的呢？
你识货却又为什么不知道？这缎子是从南京来的好缎子，你仔细看，一点也没粉饰。
多少价钱？
因为你是真正买主我不撒谎，价钱昂贵时卖五两，便宜时卖四两，今年比任何一年价钱都昂贵，不相信的话可以到别处打听来后再称银子吧！
买弓铺子的掌柜阿哥，有卖的好弓吗？
专为卖弓而开的店铺，若无好弓的话做什么生意呢？

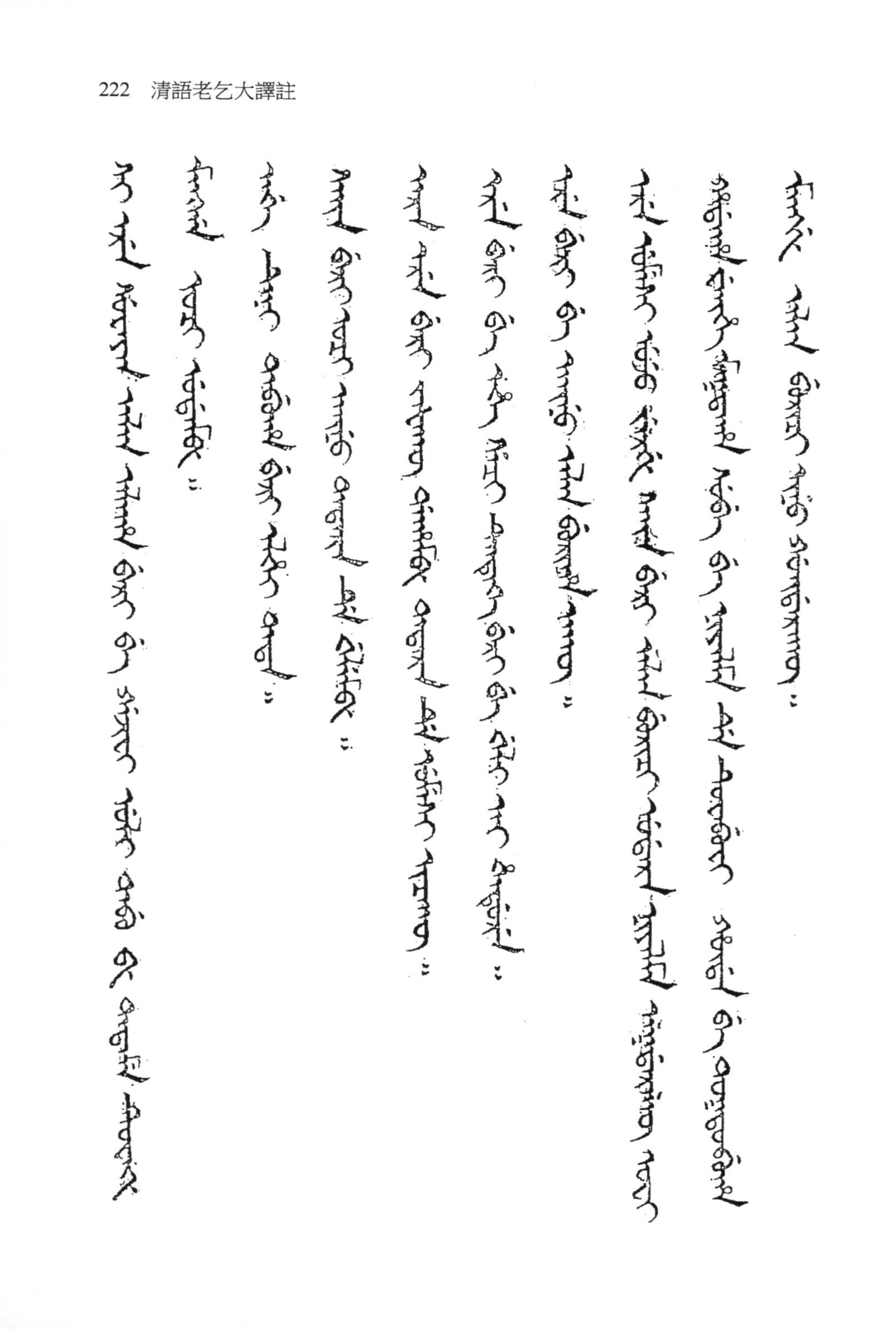

si ere suwayan alan alaha beri be gajifi uli tabu, bi tatame tuwaki mangga oci udambi.
age teni tabuha beri elhei tata.
sain beri oci ainu tatara de gelembi？
ara ere beri jafakū dahambi, tatara de umesi icakū.
ere beri be ehe seci, tenteke beri be geli ai hendure？
ere beri be ainu alan buriha akū？
ere umesi uju jergi sain beri, alan burici udara niyalma akdarakū ofi, hadaha weihe maktaha sube be niyalma de tuwabufi, hūda be toktobuha manggi alan burici inu goidarakū.

---

你把這黃樺皮包的弓拿來，扣上弦吧！我拉拉看，若弓硬時就要買。
阿哥，剛剛上弦的弓慢慢地拉吧！
若是好弓，為何怕拉呢？
哎呀！這弓把子是軟的，拉得很不順。
若說這弓不好，那樣的弓又有何說呢？
這弓為什麼不罩樺皮了？
這是最頭等的好弓，若罩樺皮時，因買的人不相信，給人看了面子上釘的角，背上鋪的筋，講定了價錢以後再罩樺皮也不遲

---

你把这黄桦皮包的弓拿来，扣上弦吧！我拉拉看，若弓硬时就要买。
阿哥，刚刚上弦的弓慢慢地拉吧！
若是好弓，为何怕拉呢？
哎呀！这弓把子是软的，拉得很不顺。
若说这弓不好，那样的弓又有何说呢？
这弓为什么不罩桦皮了？
这是最头等的好弓，若罩桦皮时，因买的人不相信，给人看了面子上钉的角，背上铺的筋，讲定了价钱以后再罩桦皮也不迟。

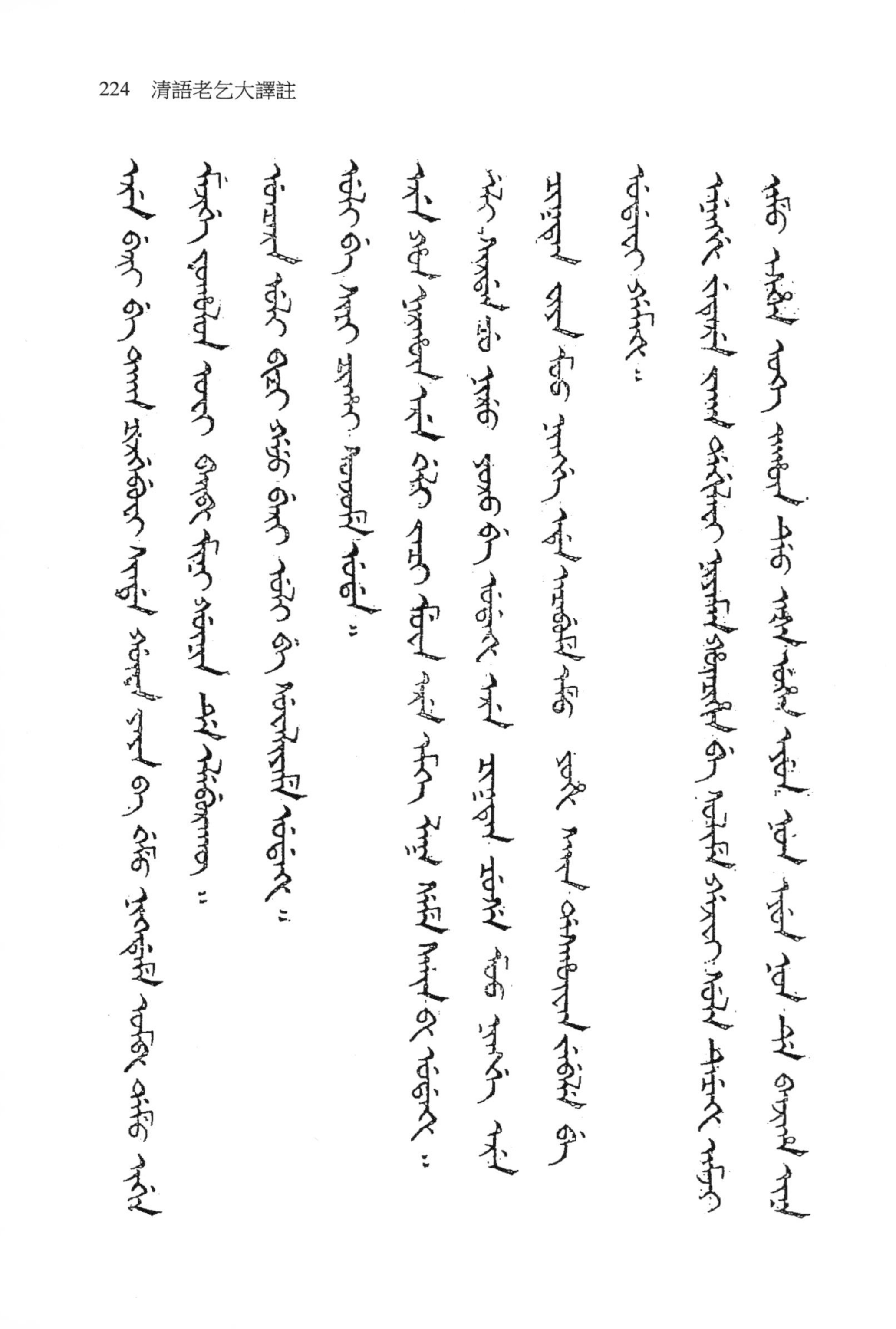

[illegible]

[illegible]

[illegible]

[illegible]

[illegible]

[illegible]

[illegible]

[illegible]

[illegible]

[illegible]

[illegible]

ere beri be taka cirgebufi sinda, gūwa yaya ba gemu nikedeme ombi, damu igen majige foholon ofi, baibi mini gūnin de eleburakū.
uncara uli bici gaju, beri uli be suwaliyame udaki.
uli be sini cihai sonjome uda.
ere hon narhūn, ere geli jaci muwa, ere emke lak seme sain bi udaki.
geli sirdan cu niru yoro be udaki, ere cikten cuse moo ningge, ere cikten fiya moo ningge, ede acabume emu yohi sain dashūwan jebele be udafi gamaki.
enenggi jetere jaka dagilafi niyaman hūncihin be solime gajifi sula teceki, amji amu, eshen oke, ahūn deo, aša uhen, eyun non, eyun non de banjiha ina

---

這弓暫且卸下放著吧！別的任何地方都可靠，但因弰兒短一點，只是不滿我的意。
若有賣的弓弦時拿來吧！連弓帶弦一起買吧！
弓弦你任意挑著買。
這很細，這又太粗，這一條剛剛好，我買吧！
還要買箭鏃、火箭、骲頭箭，這箭桿子是竹子的，這箭桿子是樺木的，配合這個買一套好的撒袋帶去吧！
今天備辦了吃的東西，請親戚來閒坐。伯父、伯母、叔父、叔母、兄、弟、嫂子、弟媳、姊、妹，姊妹生的外甥、

---

这弓暂且卸下放着吧！别的任何地方都可靠，但因弰儿短一点，只是不满我的意。
若有卖的弓弦时拿来吧！连弓带弦一起买吧！
弓弦你任意挑着买。
这很细，这又太粗，这一条刚刚好，我买吧！
还要买箭镞、火箭、骲头箭，这箭杆子是竹子的，这箭杆子是桦木的，配合这个买一套好的撒袋带去吧！
今天备办了吃的东西，请亲戚来闲坐。伯父、伯母、叔父、叔母、兄、弟、嫂子、弟媳、姊、妹，姊妹生的外甥、

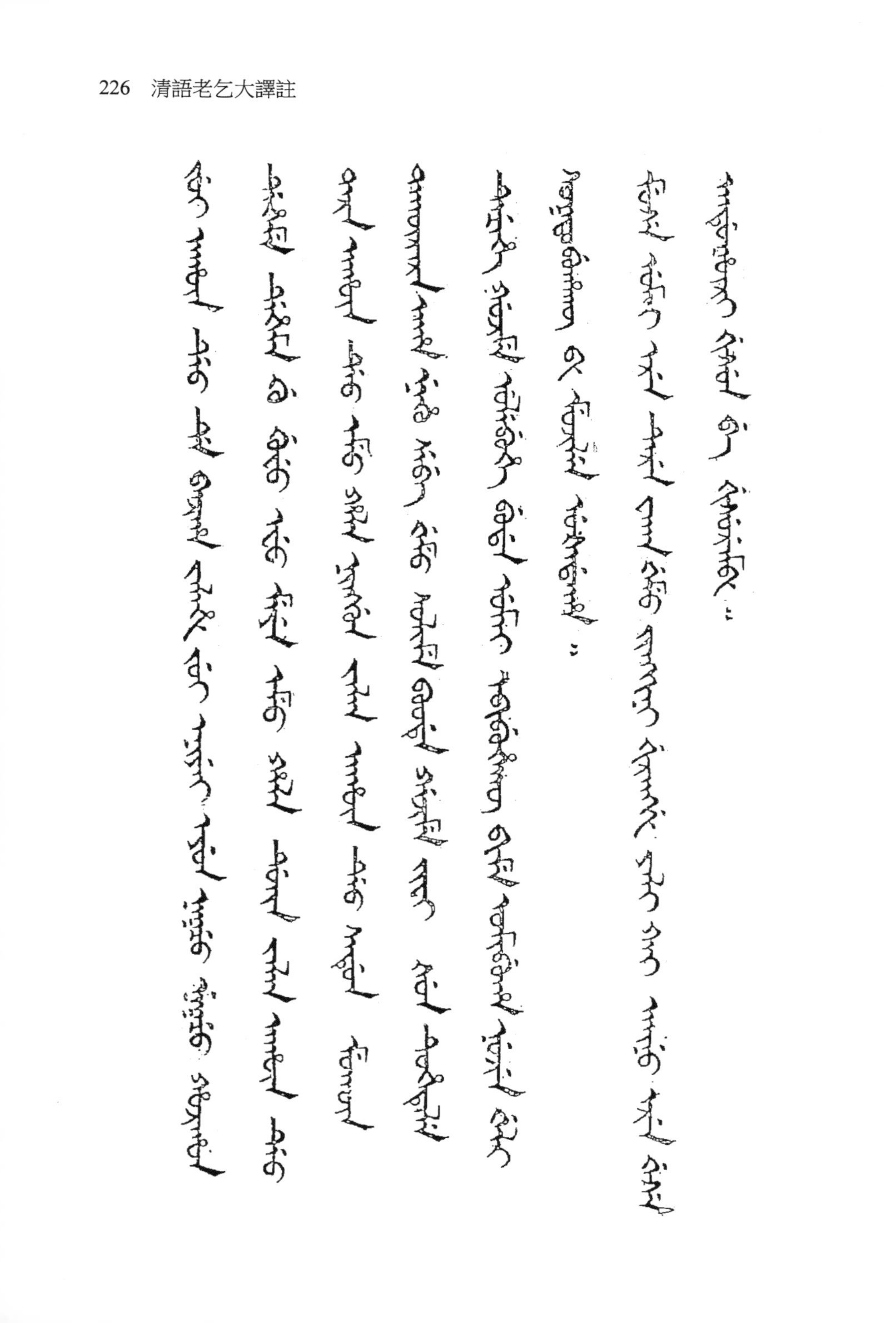

jui, ahūn deo de banjiha jalahi jui, eniyei eyun, nakcu nekcu, hojihon, deheme dehema, gu gufu, efu meye, emu hala duin jalan ahūn deo, tara ahūn deo, emu hala ninggun jalan ahūn deo, sadun mukūn, takūrara aha nehu sebe, gemu solime boode gajime jifi šun tuhetele tecehe gojime, ulebuhe buda umai ebibuhekū bime omibuha nure geli soktobuhakū, bi mujilen ušadaha.
muse umai ere tere waka, gemu jingkini giranggi yali kai, ainu ere gese anduhūri gisun be gisurembi？

---

兄弟生的姪兒，母親的姊姊、舅舅、舅母、女婿、姨母、姨父、姑母、姑父、姊夫、妹夫，同姓四世兄弟、表兄弟，同姓六世兄弟、姻親族人、使喚的奴婢們都請到家裡來，雖然一直坐到日落，但是吃的飯並沒吃飽，而且喝的酒也還沒醉，我真過意不去。
我們並不是這個那個的分彼此，都是真正骨肉啊！為什麼說如此掃興的話呢？

---

兄弟生的侄儿，母亲的姊姊、舅舅、舅母、女婿、姨母、姨父、姑母、姑父、姊夫、妹夫，同姓四世兄弟、表兄弟，同姓六世兄弟、姻亲族人、使唤的奴婢们都请到家里来，虽然一直坐到日落，但是吃的饭并没吃饱，而且喝的酒也还没醉，我真过意不去。
我们并不是这个那个的分彼此，都是真正骨肉啊！为什么说如此扫兴的话呢？

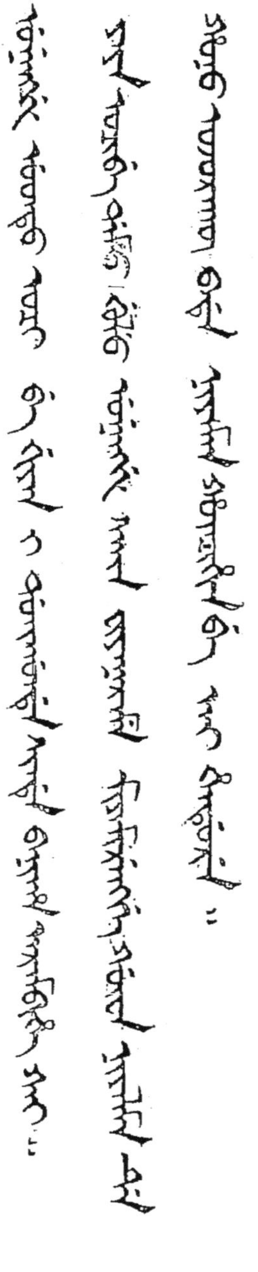

uneggi uttu oci, be giyan i doigonde sinde baniha arambihe kai.
yaya ocibe damu gulu unenggi sain, fiyanarame miyamirengge gūwa niyalma de hono ojorakū bade, niyaman hūncihin be ai hendure？

---

若是果真這樣，我們應當先向你致謝啊！
總之，樸真是好的，偽飾者對別人尚且不可以，何況對親戚呢？

---

若是果真这样，我们应当先向你致谢啊！
总之，朴真是好的，伪饰者对别人尚且不可以，何况对亲戚呢？

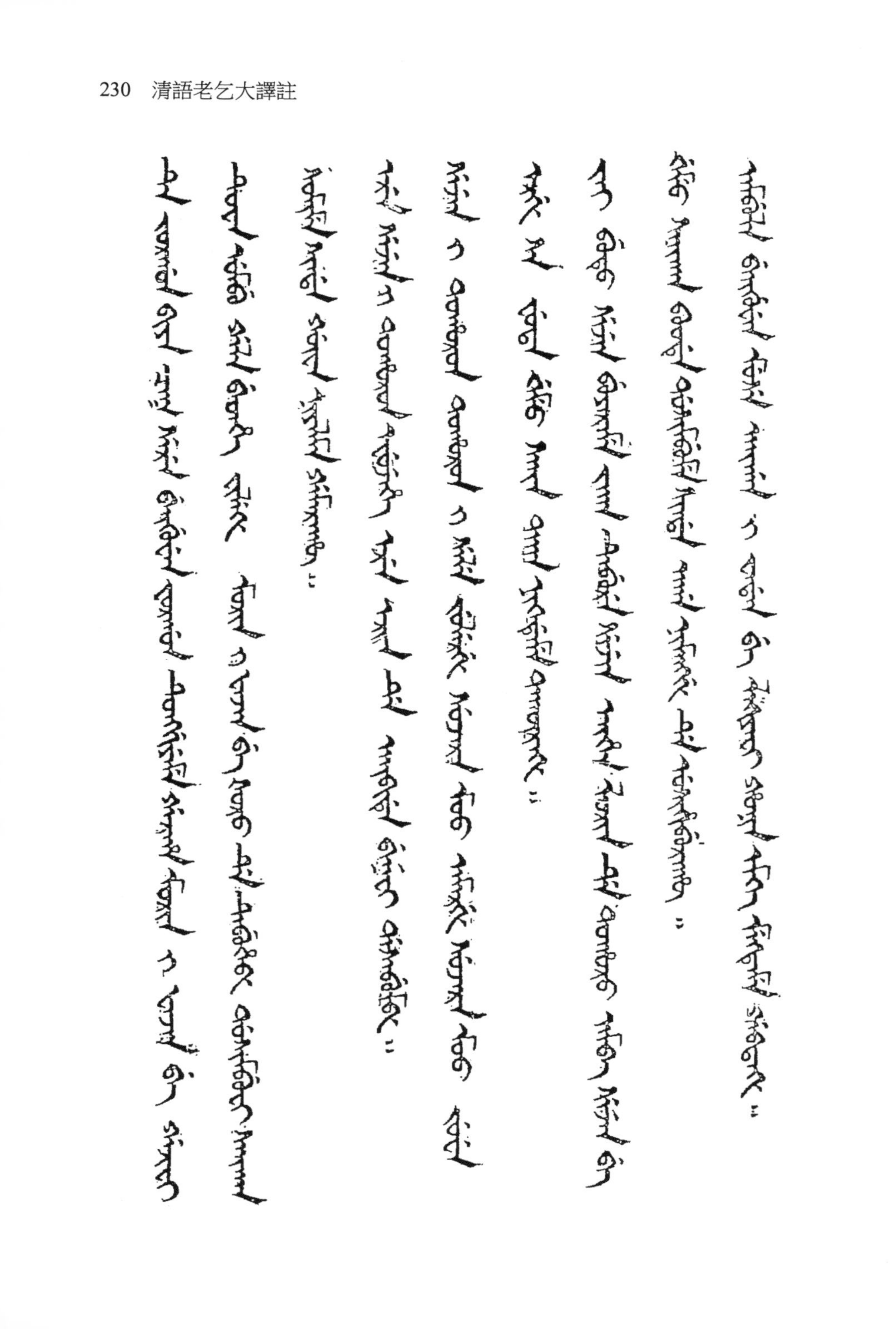

[illegible]

# 清語老乞大　卷七

te jorgon biya cak sere beiguwen forgon, tunggiyeme gajiha morin i fajan be gajifi tuwa umbu, gala bethe fileki, morin i fajan be šoro de tebuhebi, dosimbufi saikan somime sinda, gūwa niyalma gamarahū.
ere sejen i tohoron efujehe, ere erin de aibide benefi dasabumbi？
sejen i tohoron, tohoron i sele, julergi sujara moo, amargi sujara moo, juwe ergi sa, futa gemu sain, taka nikedeme takūraki.
jai butu sejen, buyarame jaka tebure sejen, eihen lorin de tohoro amba sejen be, gemu saikan boode dosimbume sinda, aga nimanggi de usihiburahū.
ambula beiguwen, muse aigan i wadan be lakiyafi honin emke mekteme gabtaki.

---

現在是十二月嚴寒的季節，把拾來的馬糞拿來埋火烤手腳吧！馬糞裝在筐裡了，拿進來好好的藏放著，恐怕別人拿去。
這車的輪子壞了，這時候送到什麼地方去修呢？
車的輪子，輪子的鐵，前面支木，後面支木，兩邊車轅，繩索都好，暫且將就使用吧！
還有檻車，裝載零碎東西的車子，套驢騾的大車，都好好地放進屋裡，恐怕被雨雪淋濕。
很冷，我們懸掛箭把子的旗，打賭一隻羊射箭吧！

---

现在是十二月严寒的季节，把拾来的马粪拿来埋火烤手脚吧！马粪装在筐里了，拿进来好好的藏放着，恐怕别人拿去。
这车的轮子坏了，这时候送到什么地方去修呢？
车的轮子，轮子的铁，前面支木，后面支木，两边车辕，绳索都好，暂且将就使用吧！
还有槛车，装载零碎东西的车子，套驴骡的大车，都好好地放进屋里，恐怕被雨雪淋湿。
很冷，我们悬挂箭把子的旗，打赌一只羊射箭吧！

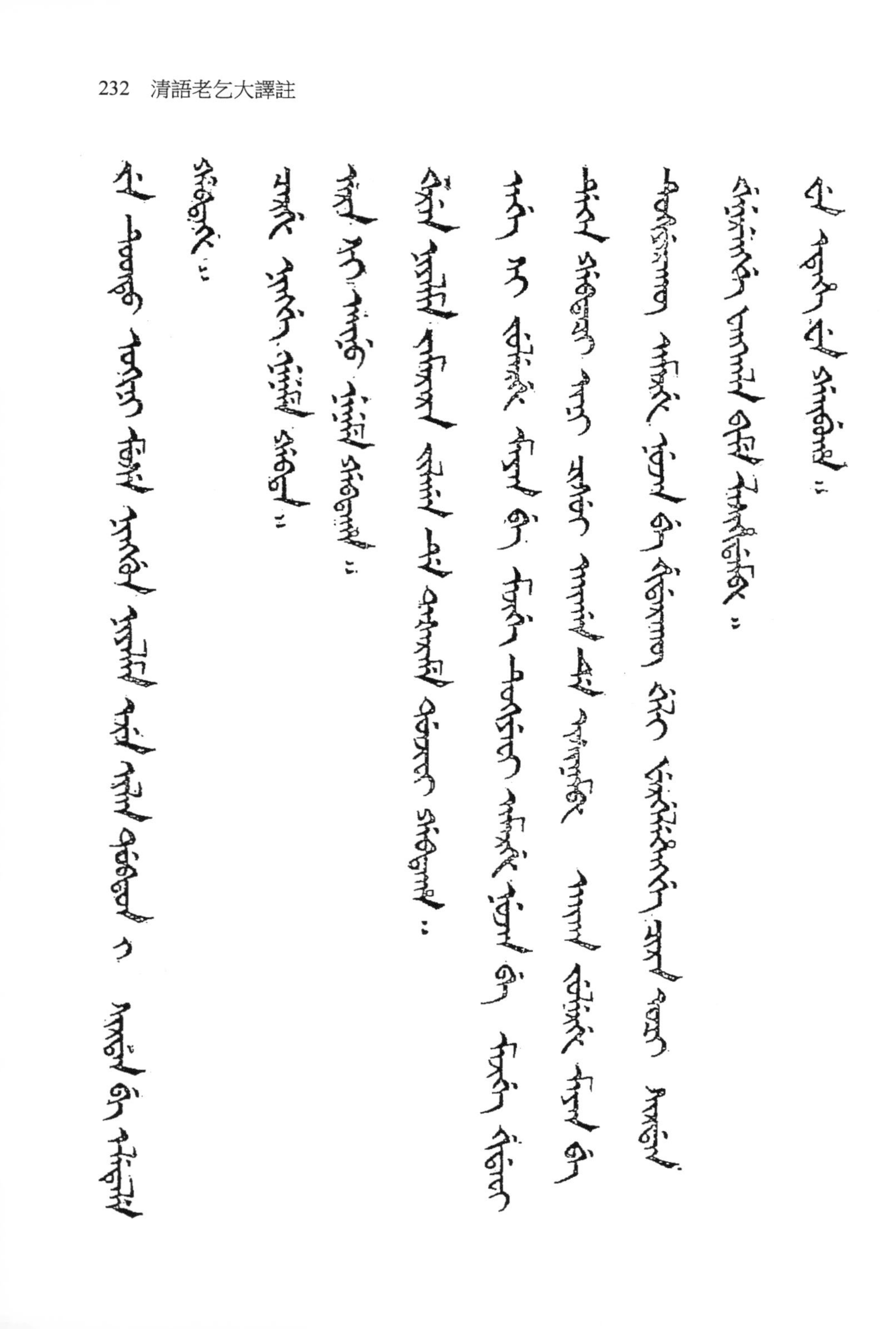

je tuttu okini, muse ninggun niyalma, ere ilan dobton i sirdan be eletele gabtaki.
cargi ningge neneme gabta.
ara si ainu neneme gabtaha？
geren niyalma jamarara jilgan de tašarame donjifi gabtaha.
age si julergi mayan be majige tukiyefi, amargi nujan be majige gidafi deken gabtaci, ini cisui aigan de isinambi, aika julergi mayan be tukiyerakū, amargi nujan be gidarakū, geli fergelehengge cira oci, sirdan generengge fangkala bime lasihidambi.
we etehe we gaibuha？

---

是，就那樣吧！我們六人把這三筒的箭足足地射吧！
那邊的先射吧！
哎呀！你為什麼先射了呢？
因大家吵聲聽錯而射了。
阿哥，你把前肘擡高一點，把後拳稍微壓低，高一點射時，自然射到箭把子，倘若不把前肘擡高，後拳不壓低，大拇指勾弦又緊時，箭去的低且搖晃。
誰贏誰輸？

---

是，就那样吧！我们六人把这三筒的箭足足地射吧！
那边的先射吧！
哎呀！你为什么先射了呢？
因大家吵声听错而射了。
阿哥，你把前肘抬高一点，把后拳稍微压低，高一点射时，自然射到箭把子，倘若不把前肘抬高，后拳不压低，大拇指勾弦又紧时，箭去的低且摇晃。
谁赢谁输？

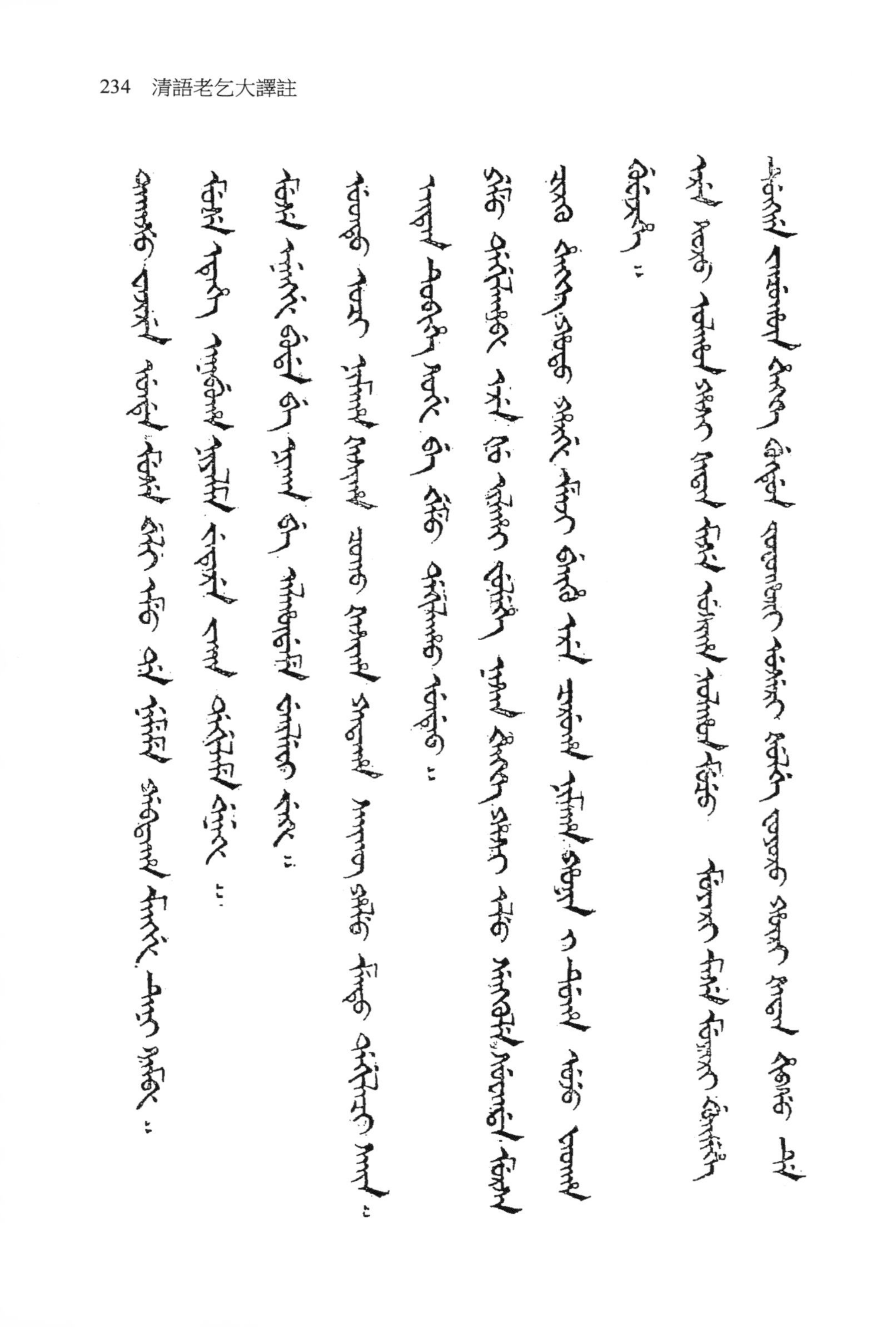

[illegible]

[illegible]

[illegible]

[illegible]

[illegible]

[illegible]

[illegible]

[illegible]

[illegible]

[illegible]

takasu wajire unde, muse geli emu da nememe gabtaha manggi teni sambi.
muse etehe anabuha niyalma jetere jaka dagilame geneki.
muse enenggi buda be nikan be alhūdame weilefi jeki.
uttu oci nimaha šasiha, coko šasiha, kataha saikū, halu mentu dagilaci sain.
eiten tubihe sogi be gemu dagilahao undeo？
gemu dagilahabi, ere šu ilhai fulehe, nasan hengke hasi elu sengkule suwanda mursa, cirku hengke hoto hargi menji beihu, ere caruha nimaha, honin i duha, uju fatha guwejihe.
ere soro olhon hasi šatan mase usiha olhon mucu, muyari mase muyari guilehe dungga jancuhūn hengke, gukdun jofohori useri šulge foyoro hūri šatan, hibsu de

---

且慢，還沒完，我們還要再射一枝後纔知道。
我們贏了，輸的人去預備吃的東西吧！
我們今天學漢人做飯吃吧！
若是這樣，魚湯、鷄湯、風乾的酒菜、細粉、饅頭預備好。
各種果子蔬菜都預備好了嗎？
都預備好了，這是蓮藕、王瓜、茄子、生葱、韮菜、蒜、蘿蔔、冬瓜、葫蘆、芥菜、蔓菁、海帶，這是煎魚、羊腸、頭、蹄、胃。
這是棗子、乾柿餅、核桃、乾葡萄、龍眼、荔枝、杏子、西瓜、甜瓜、柑子、石榴、梨子、李子、松子、砂糖、

---

且慢，还没完，我们还要再射一枝后纔知道。
我们赢了，输的人去预备吃的东西吧！
我们今天学汉人做饭吃吧！
若是这样，鱼汤、鸡汤、风干的酒菜、细粉、馒头预备好。
各种果子蔬菜都预备好了吗？
都预备好了，这是莲藕、王瓜、茄子、生葱、韮菜、蒜、萝卜、冬瓜、葫芦、芥菜、蔓菁、海带，这是煎鱼、羊肠、头、蹄、胃。
这是枣子、干柿饼、核桃、干葡萄、龙眼、荔枝、杏子、西瓜、甜瓜、柑子、石榴、梨子、李子、松子、砂糖、

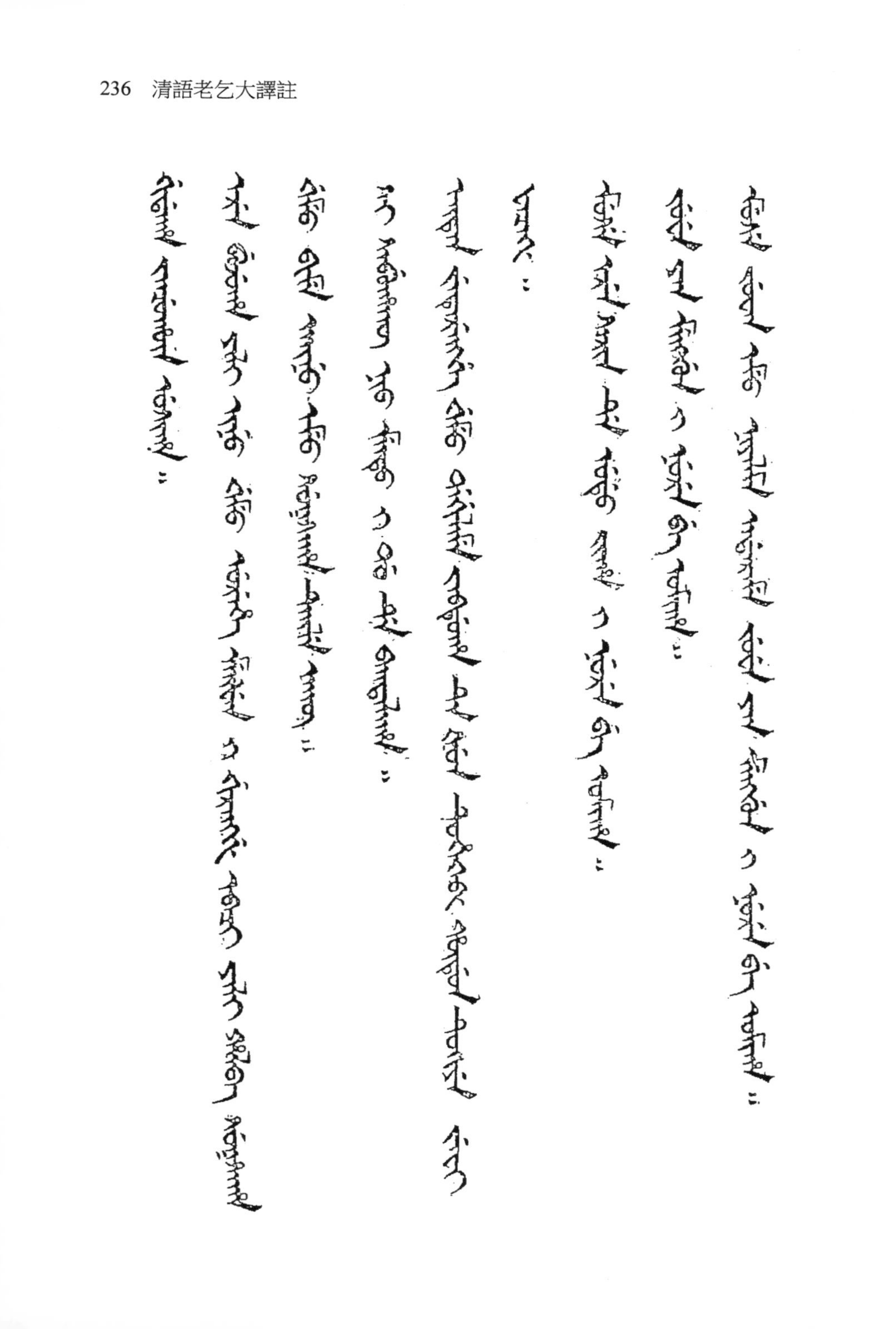

[illegible]

[illegible]

[illegible]

[illegible]

[illegible]

[illegible]

[illegible]

[illegible]

[illegible]

gidaha jancuhūn usiha.
ere bujuha yali inu gemu urehe, meifen i giranggi ebci yali halba, suksaha gemu bime, ainu emu suksaha teile akū？
si sabuhakū nio？ mentu i do de baitalaha.
eiten jeterengge gemu dagilame jabduha, te šun tuhekebi hūdun tukiye jefi facaki.
muse ere sarin de udu jiha i nure be omiha？
juwe yan menggun i nure be omiha.
muse juwan emu niyalma adarame juwe yan menggun i nure be omiha？

---

蜂蜜裡醃的栗子。
這煮的肉也都熟了，脖項骨、肋肉、琵琶骨、後腿都有，為何僅僅少一後腿呢？
你沒看見嗎？饅頭的餡子裡用了。
一切吃的都準備妥了，現在日落了，趕快端來吃了散席吧！
我們這筵席喝了多少錢的酒？
喝了二兩銀的酒。
我們十一個人怎麼喝了二兩銀的酒呢？

---

蜂蜜里腌的栗子。
这煮的肉也都熟了，脖项骨、肋肉、琵琶骨、后腿都有，为何仅仅少一后腿呢？
你没看见吗？馒头的馅子里用了。
一切吃的都准备妥了，现在日落了，赶快端来吃了散席吧！
我们这筵席喝了多少钱的酒？
喝了二两银的酒。
我们十一个人怎么喝了二两银的酒呢？

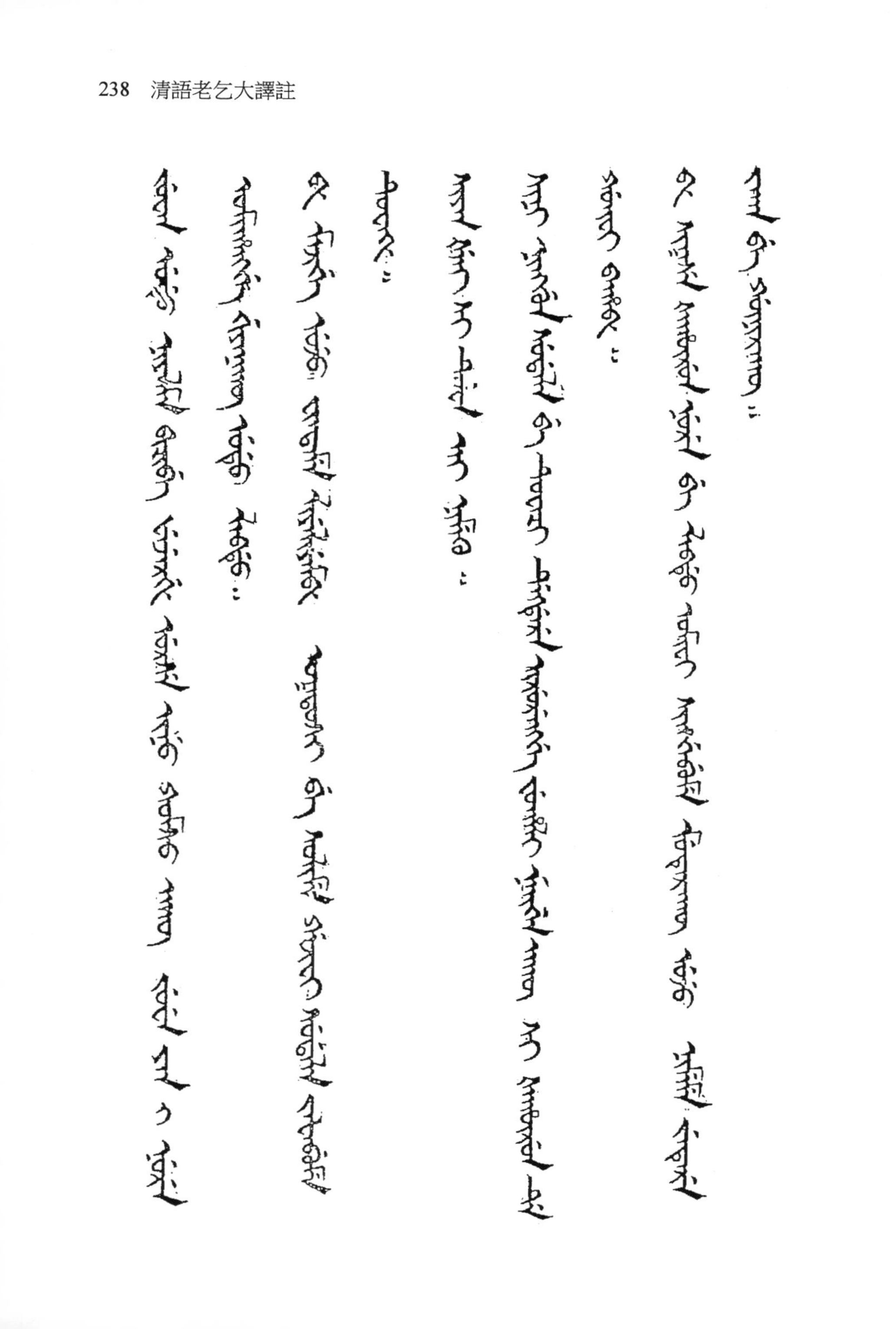

juwan udu niyalma bicibe, fejergi urse inu komso akū, juwe yan i nure omihangge giyanakū udu labdu？
bi majige uju fintame liyeliyembi, oktosi be solime gajifi sudala jafabume tuwaki.
siyan šeng si tuwa, ai nimeku？
sini ninggun sudala be tuwaci, dekdere irurengge fuhali neigen akū, si šahūrun de goifi bahabi.
bi sikse šahūrun nure be labdu omifi singgebume muterakū, uju nimeme jetere jaka be gūnirakū.

---

雖然十幾個人，但下邊的人也不少，喝二兩的酒，還算多嗎？
我有些頭疼暈眩，延請醫生來診脈看看吧！
先生你看，是什麼病呢？
看你的六脈浮沉的全然不均勻，你著涼了。
我昨天喝多了冷酒，不消化、頭疼，不想吃東西。

---

虽然十几个人，但下边的人也不少，喝二两的酒，还算多吗?
我有些头疼晕眩，延请医生来诊脉看看吧!
先生你看，是什么病呢?
看你的六脉浮沉的全然不均匀，你着凉了。
我昨天喝多了冷酒，不消化、头疼，不想吃东西。

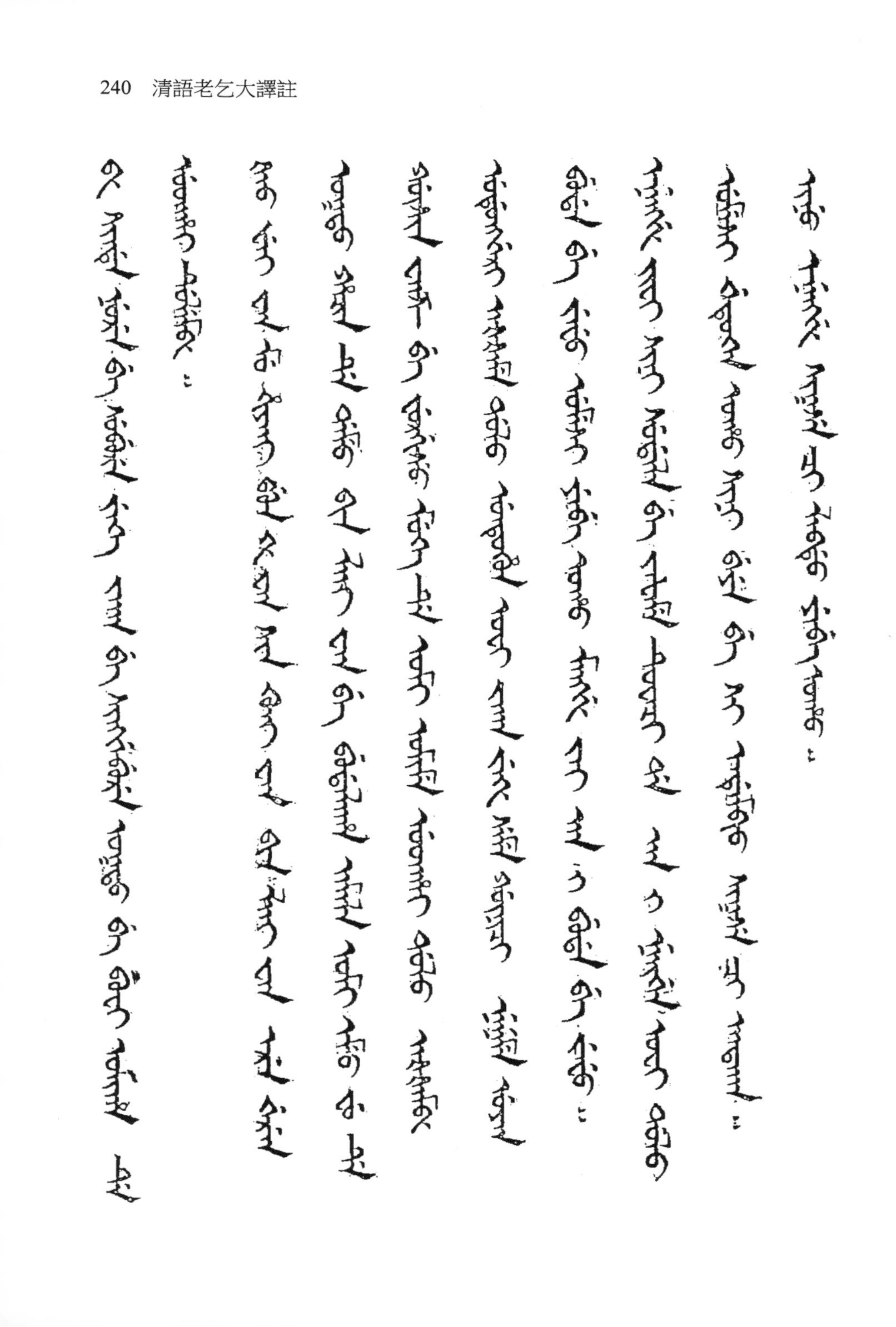

[illegible]

[illegible]

[illegible]

[illegible]

[illegible]

[illegible]

[illegible]

[illegible]

[illegible]

[illegible]

bi sinde nure be subure, jeke jaka be singgebure okto be bufi omiha de uthai dulembi.
šao fei wan, mu hiyang pun ki wan, sin gung wan, bin lang wan, ere geren okto hacin de damu bin lang wan be budalaha amala omi, emu fu de gūsin wandz be furgisu muke de omi, omime uthai dolo aššambi, udunggeri aššame dolo untuhun ofi jaka jeki seme gūnici, neneme uyan buda be jefu, umesi yebe oho manggi, jai an i buda be jefu.
enenggi jifi sini sudala be jafame tuwaci, da an i neigen ofi dolo umesi getuken oho, sini beye be si endembio？sikse ci antaka？
inu enenggi sikse ci labdu yebe oho.

---

我給你解酒及消化食物的藥，喝了就好。
消痞丸、木香分氣丸、神芎丸、檳榔丸，這幾種藥裡頭只有檳榔丸飯後吃，把一服裡三十個丸子用生薑水喝下，喝了就腹中動，動了幾次腹內空虛想吃東西時，先吃稀飯，好多了以後，再吃普通飯。
今天來診看你的脈時，因跟平常一樣均勻，裡面很清楚了，你的身體你瞞得住嗎？比起昨天如何？
是的，今天比昨天好多了。

---

我给你解酒及消化食物的药，喝了就好。
消痞丸、木香分气丸、神芎丸、槟榔丸，这几种药里头只有槟榔丸饭后吃，把一服里三十个丸子用生姜水喝下，喝了就腹中动，动了几次腹内空虚想吃东西时，先吃稀饭，好多了以后，再吃普通饭。
今天来诊看你的脉时，因跟平常一样均匀，里面很清楚了，你的身体你瞒得住吗？比起昨天如何？
是的，今天比昨天好多了。

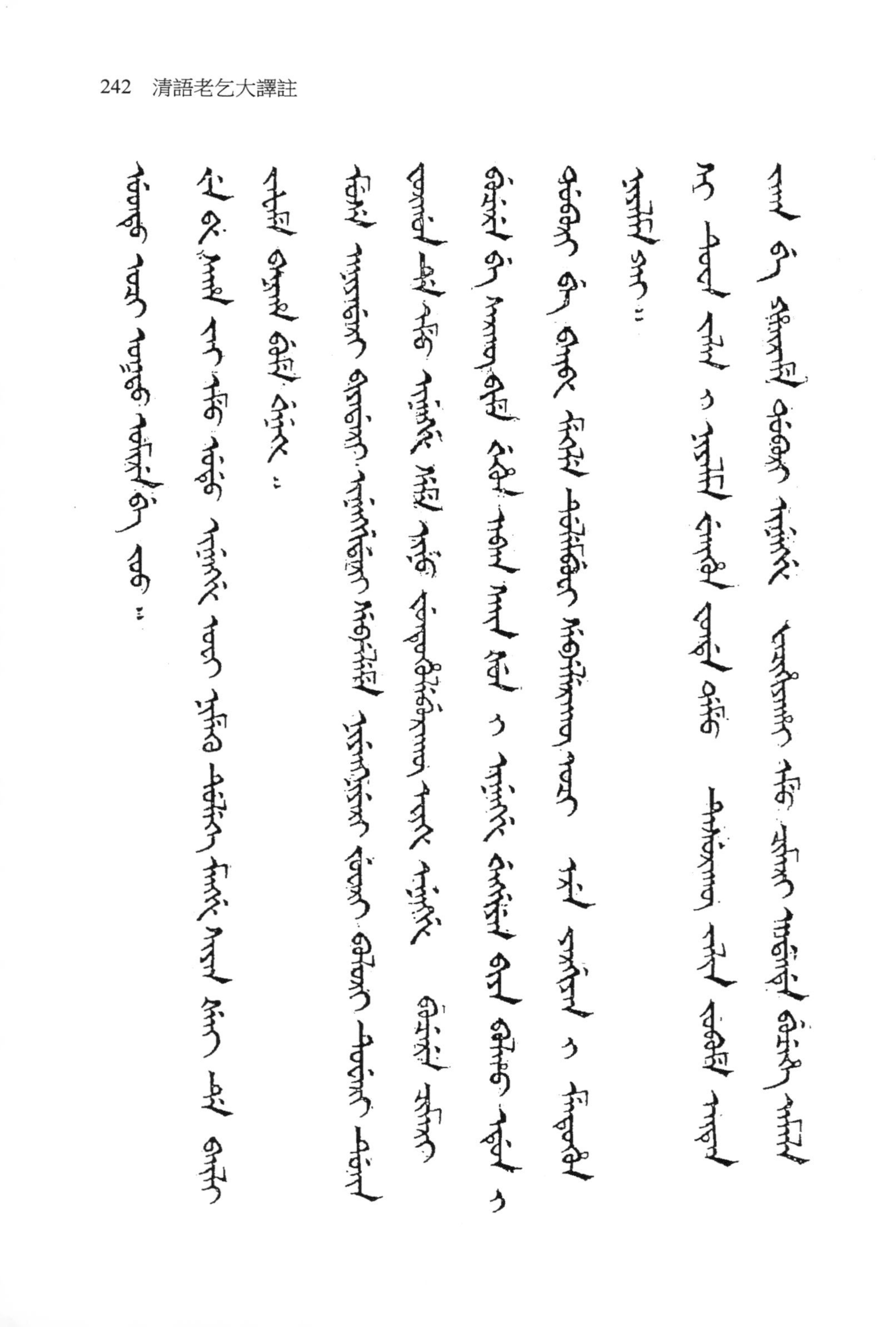

uttu oci okto omire be joo.

je bi saha, jai emu udu inenggi ofi nimeku duleke manggi, siyan šeng de baili jafame baniha bume geneki.

muse aniyadari biyadari inenggidari sebjeleme, niyengniyeri juwari bolori tuweri duin forgon de emu inenggi seme inu funtuhuleburakū efiki, enenggi bucere cimari bucere be sarkū bime, gehun abka sain šun i inenggi, genggiyen biya bolho edun i dobori be baibi mekele dulembufi sebjelerakū oci, ere yargiyan i mentuhun niyalma kai.

si tuwa jalan i niyalma weihun fonde, damu tesurakū jalin jobome eiten jaka be hairame, dobori inenggi facihiyahai emu cimari andande bucehe amala,

---

若是這樣，不必吃藥了。

是，我知道了，再過一兩天病痊癒後，到先生那裡去報恩致謝吧！

我們每年每月每日享樂，春夏秋冬四季，一天也不空過地玩吧！不知今日死，明日死，晴天豔陽的日子，明月清風之夜，若白白枉然虛度不行樂時，這實在是蠢人啊！

你看世人活著的時候，只是為不足憂愁而愛惜一切東西，日夜奔波，一旦之間死了以後，

---

若是这样，不必吃药了。

是，我知道了，再过一两天病痊愈后，到先生那里去报恩致谢吧！

我们每年每月每日享乐，春夏秋冬四季，一天也不空过地玩吧！不知今日死，明日死，晴天艳阳的日子，明月清风之夜，若白白枉然虚度不行乐时，这实在是蠢人啊！

你看世人活着的时候，只是为不足忧愁而爱惜一切东西，日夜奔波，一旦之间死了以后，

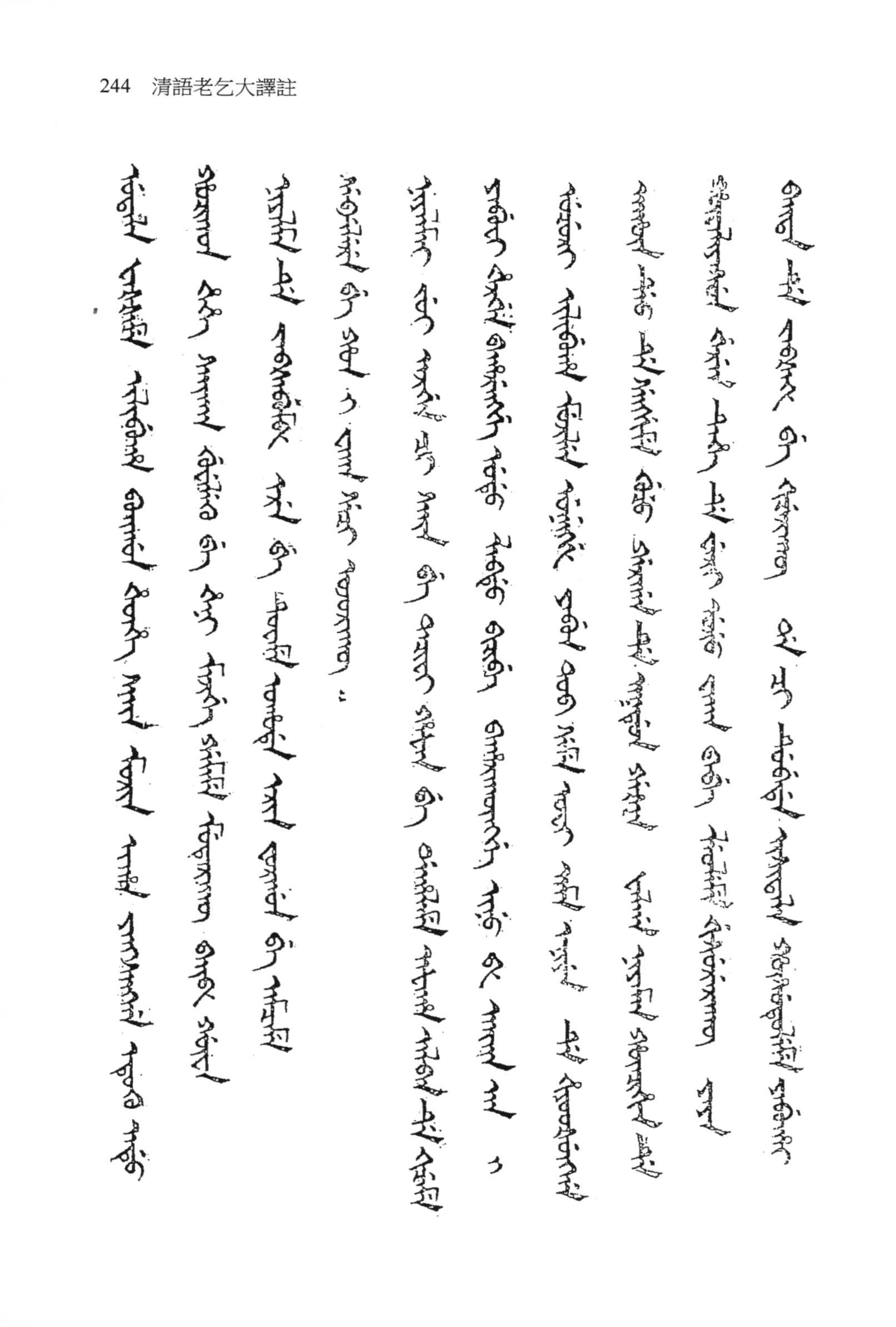

utala faššame ilibuha boigon hethe, sain morin ihan yangsangga etuku adu, hocikon hehe saikan guweleku be heni majige gamame muterakū, baibi gūwa niyalma de jabšabumbi, ere be tuwame ohode, erin forgon be amcame sebjelere be hon i waka seci ojorakū.
niyalmai jui ajigen ci sain be tacifi hafan be dahalame, afaha alban de kiceme yabufi hergen baharengge udu labdu bicibe, baharakūngge inu bi, aika an i ucuri ilibuha mujilen unenggi, yabun tob seme ofi, ama eniye de hiyoošungga, ahūn deo de senggime gucu gargan de akdun, gašan falga niyaman hūncihin de hūwaliyasun, geren tehe de weri uru waka babe leoleme gisurerakū, yaya baita de jabšaki be kicerakū, da ci dubede isitala hūsutuleme yabuhai

---

這些勤勞建立的家產，好的馬牛，有文彩的衣服，連美女佳妾一點也帶不走，白白的便宜了別人，由此看來，及時行樂，實在不可厚非。
為人之子自幼學好從官，任官時努力辦事，所得的官爵雖然多，但也有得不到的，倘若平時志向誠實，行為正直，對父母孝順，對兄弟友愛，對朋友信實，對鄉黨親戚和睦，大家坐下時不議論他人的是非，凡事不圖僥倖，若是自始至終用心行事

---

这些勤劳建立的家产，好的马牛，有文彩的衣服，连美女佳妾一点也带不走，白白的便宜了别人，由此看来，及时行乐，实在不可厚非。
为人之子自幼学好从官，任官时努力办事，所得的官爵虽然多，但也有得不到的，倘若平时志向诚实，行为正直，对父母孝顺，对兄弟友爱，对朋友信实，对乡党亲戚和睦，大家坐下时不议论他人的是非，凡事不图侥幸，若是自始至终用心行事

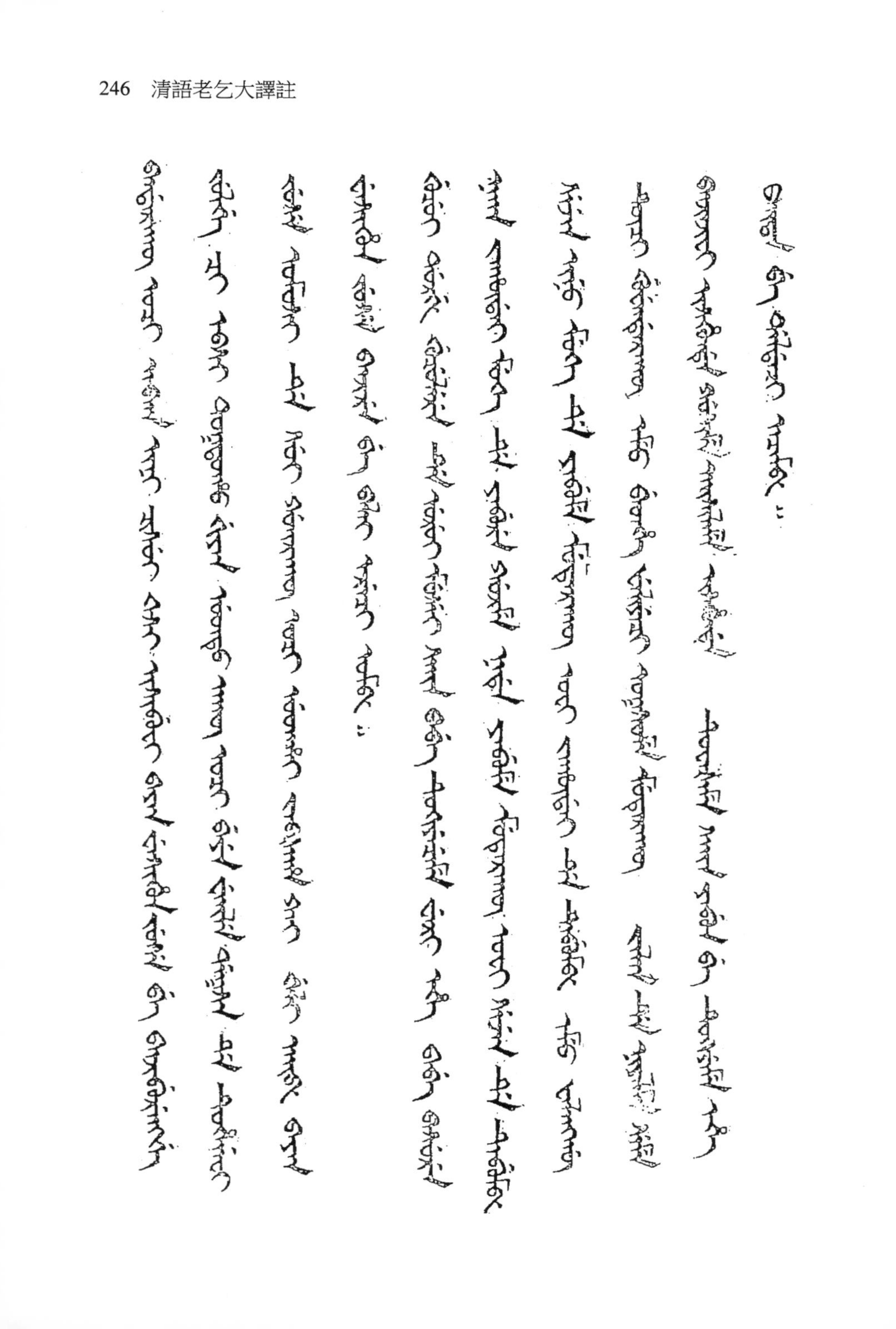

bandarakū oci, abka ini cisui kesi isibufi bayan wesihun juse be banjiburengge julge ci ebsi toktoho giyan, uttu akū oci beye weile daksa de tuhenefi, juse omosi de sui goirakū oci uthai jabšaha kai, geli aibi bayan wesihun juse banjire be balai ereci ombi.
gucui dorgi guculere de, urui musei sain babe tukiyeceme, weri ehe babe basure naka, jahūdai muke de yabure gojime, nade yabume muterakū ofi sejen de tebumbi, sejen inu muke de yabume muterakū ofi jahūdai de tebumbi, emu falanggū tūci guwenderakū, emu bethe feliyeci oksome muterakū, jalan de niyalma seme banjinjifi, ishunde gosime aisilame, ishunde tuwašame sain yabun be tukiyeme ehe baita be daldaci acambi.

---

不倦時，上天自然施恩，生育富貴子息，這是自古以來一定的道理，要不然自陷罪過，子孫不罹罪時就是僥倖啊！又何苦妄想生育富貴子息呢？
朋友之間交友時，不要過分誇耀我們的優點，不要恥笑他人的缺點，船只行於水，因不能行於陸地上而裝在車上，車也因不能行於水面而裝在船上，一掌不能打響，一腿不能邁步，人生世上，彼此愛護幫助，互相照顧，應當稱揚善行隱藏惡事。

---

不倦时，上天自然施恩，生育富贵子息，这是自古以来一定的道理，要不然自陷罪过，子孙不罹罪时就是侥幸啊！又何苦妄想生育富贵子息呢？
朋友之间交友时，不要过分夸耀我们的优点，不要耻笑他人的缺点，船只行于水，因不能行于陆地上而装在车上，车也因不能行于水面而装在船上，一掌不能打响，一腿不能迈步，人生世上，彼此爱护帮助，互相照顾，应当称扬善行隐藏恶事。

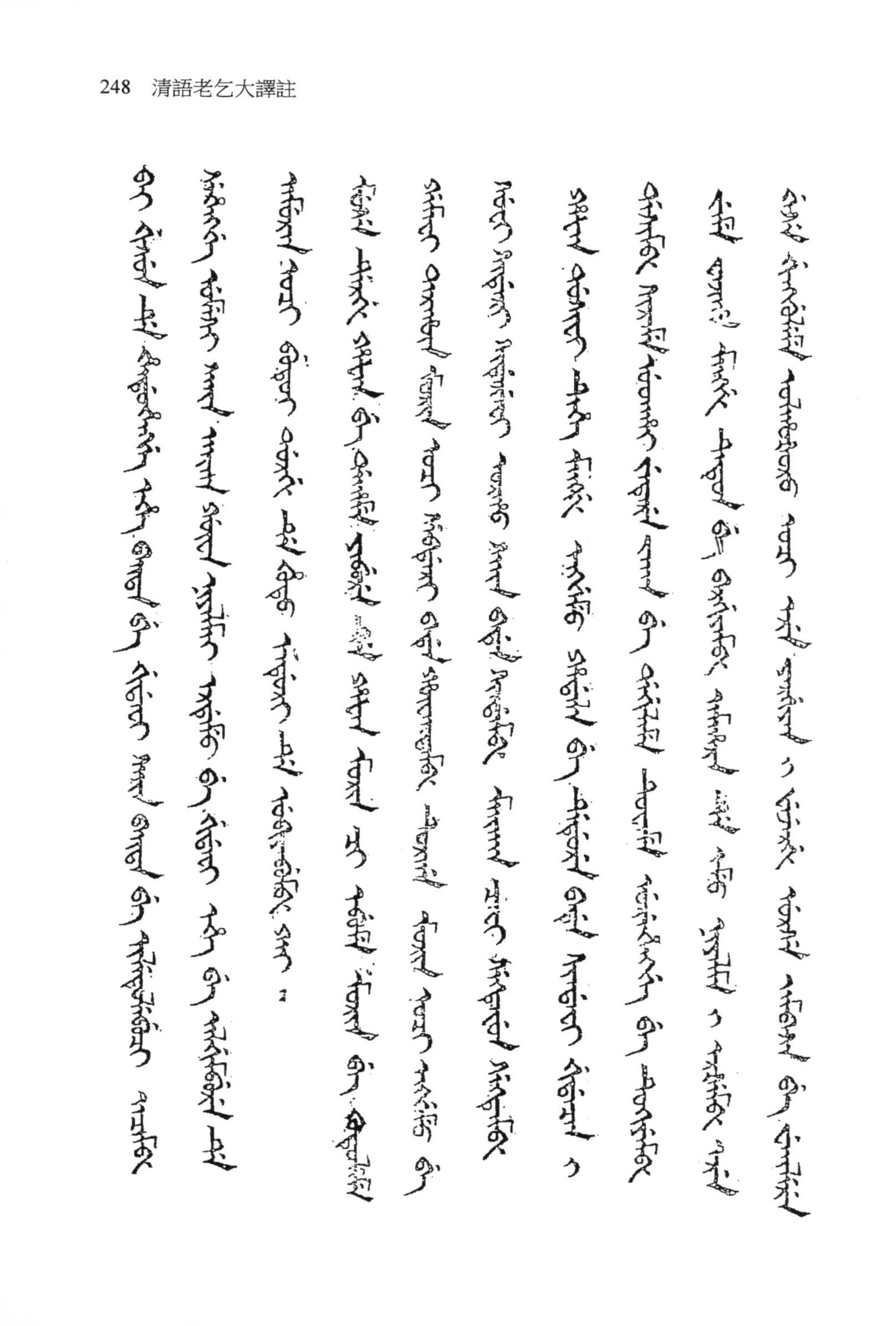

bai gisun de henduhengge ehe baita be gidafi, sain baita be iletulebuci acambi sehengge, umesi sain, aika gūwa niyalmai erdemu be gidafi, ehe be algimbure de amuran oci, butui dorgi de hutu enduri de ubiyabumbi kai.
muse dergi hafan be dahame yabure de, hafan morin ci ebume morin be kutuleme gamafi, tarhūn morin oci sebderi bade hūwaitambi, turga morin oci enggemu be sufi sideri siderefi, orho sain bade sindambi, maikan cafi sektefun sektembi, hafan dosifi tehe manggi, enggemu hadala be dedure bade sindafi gidacan i dasimbi, sirame uthai jetere jaka be dagilame tuwame urehengge be tukiyembi, jeme wajiha manggi tetun be bargiyambi, amhara de[1] emu niyalma i eršembi, ere gese gingguleme olhošoro oci, ere yargiyan i fejergi urse ambasa be weilere

---

常言道，應當隱藏惡事稱揚善事，這是很好的，若是埋沒別人的才德，好傳揚缺點時，暗中會被鬼神所憎惡啊！
我們跟隨上官行走時，官人下馬，牽著馬帶去，若是肥馬，拴在蔭涼的地方，若是瘦馬，解下馬鞍，絆了腿，在草好的地方放牧，打起帳子，鋪墊褥子，官人進入坐了以後，將鞍轡放在住宿的地方，上面用鞍籠遮蓋著，接著就預備食物，看著熟的端來，吃完後收拾器皿，睡覺時叫一人伺候著，若是如此小心謹慎時，這實在可說是下人侍奉大人們的

---

常言道，应当隐藏恶事称扬善事，这是很好的，若是埋没别人的才德，好传扬缺点时，暗中会被鬼神所憎恶啊！
我们跟随上官行走时，官人下马，牵着马带去，若是肥马，拴在荫凉的地方，若是瘦马，解下马鞍，绊了腿，在草好的地方放牧，打起帐子，铺垫褥子，官人进入坐了以后，将鞍辔放在住宿的地方，上面用鞍笼遮盖着，接着就预备食物，看着熟的端来，吃完后收拾器皿，睡觉时叫一人伺候着，若是如此小心谨慎时，这实在可说是下人侍奉大人们的

---

1 漢語「睡覺時」，滿文讀如“amgara de”，此作“amhara de”，異。

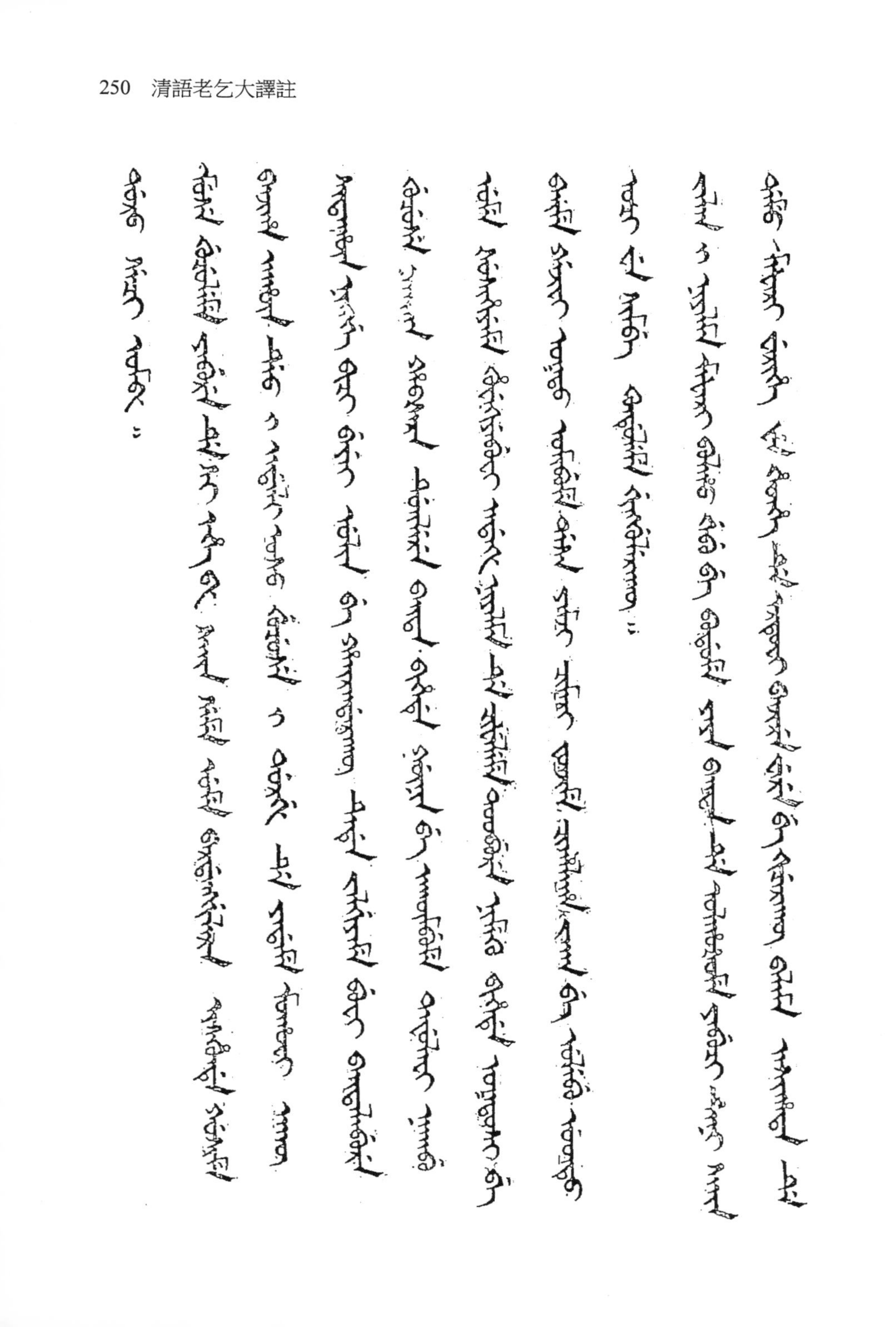

doro seci ombi.
muse guculeme yabure de, si ehe bi sain seme ume bardanggilara, ishunde gosime banjiha ahūn deo i adali oso, gucuse i dorgi de yadame mohofi, akū sitahūn ningge bici, beyei ulin be hairandarakū tede jalgiyame bufi baitalabure, gucuse aika habšara duilere baita bihede, gūnin be akūmbume tafulafi nakabu, ume šusihiyeme huwekiyebufi adaki niyalma de cifeleme toobure, nimeku bihede oktosi be baime gajifi okto omibume dasa, yamji cimari fonjime cihalaha jaka be ulebu, uttu oci we simbe kunduleme ginggulerakū？
jalan i niyalma mafari bolho gebu be bodome, yaya baita de olhošome yabuci teni sain, damu mafari werihe fe hethe de ertufi banjire were be kicerakū, balama asihata de

---

道理。
我們結伴行走時，不要矜誇你歹我好，互相愛護，像親兄弟一樣。在朋友之間若貧窮了，有缺少的，不要吝惜自己的財物，分給他使用，朋友們若是有了訴訟的事件時，盡心勸阻，不要挑唆鼓動，叫鄰人唾罵。有了疾病，請醫生來給他吃藥治療，早晚探問，給他吃喜歡吃的東西，若是這樣，誰不尊敬你呢？
世人顧及祖上的清譽，凡事謹慎行事才好，只是仗著祖上留下的舊業，不務營生，依附狂妄的少年，

---

道理。
我们结伴行走时，不要矜夸你歹我好，互相爱护，像亲兄弟一样。在朋友之间若贫穷了，有缺少的，不要吝惜自己的财物，分给他使用，朋友们若是有了诉讼的事件时，尽心劝阻，不要挑唆鼓动，叫邻人唾骂。有了疾病，请医生来给他吃药治疗，早晚探问，给他吃喜欢吃的东西，若是这样，谁不尊敬你呢？
世人顾及祖上的清誉，凡事谨慎行事才好，只是仗着祖上留下的旧业，不务营生，依附狂妄的少年，

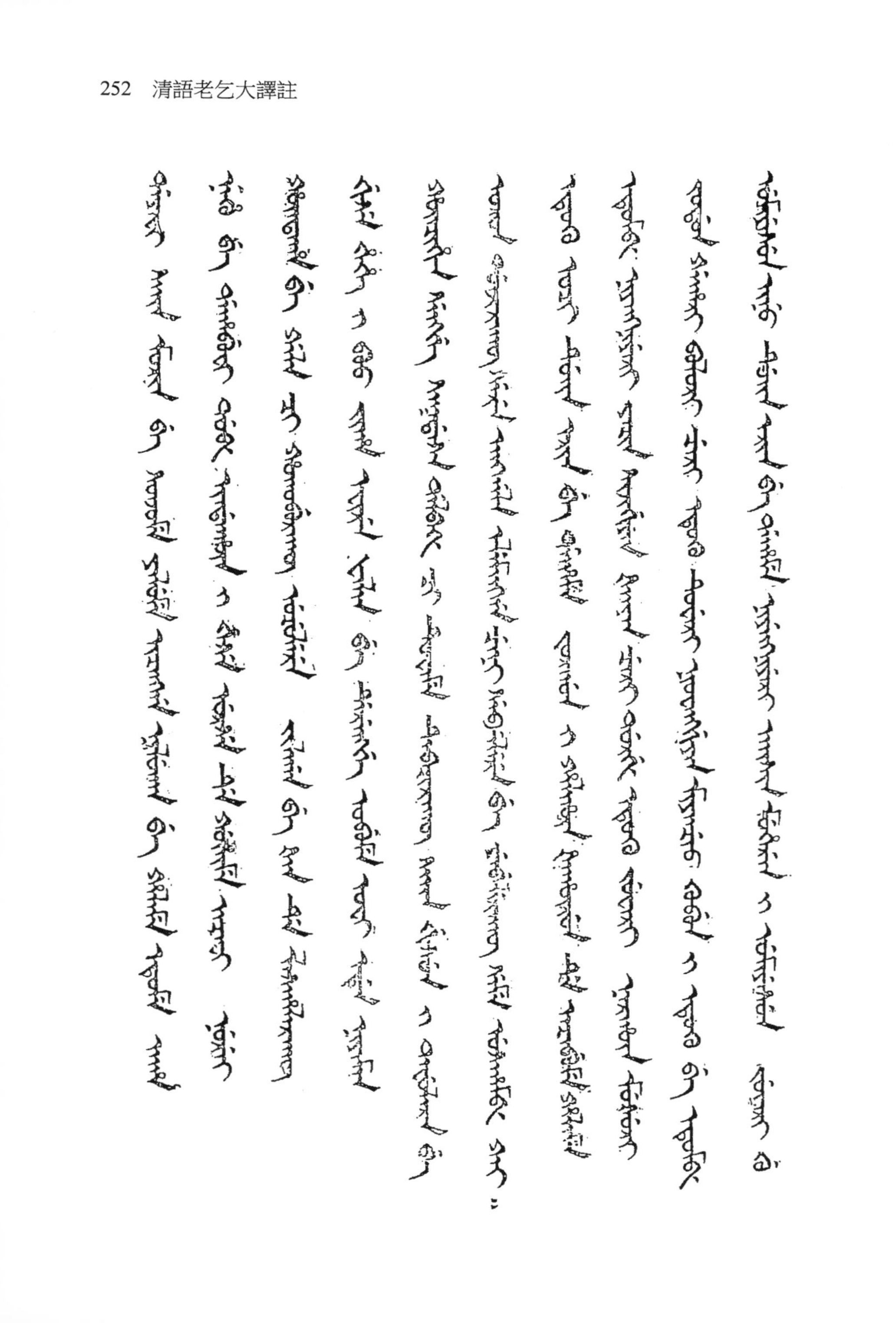

[illegible]

dayafi, sain morin be sonjome yalume, icangga nilukan be halame etume, aha nehu be dahabufi dobi indahūn i gese urse de gūlime acafi, nurei hūntaha[1] be gala ci hokoburakū, uculere jilgan be šan de lashalarakū, gise hehe i boo jiha efire falan be derengge obume[2] ofi, ede niyaman hūcihin sengge sakdasa dalbaki ci tuwame tebcirakū, sain gisun i tafulara be oron donjirakū sere anggala, elemangga ceni sebjelere be yebelerakū seme ushambi kai.
etuku oci duin erin be dahame, forgon i halhūn šahūrun de acabume halame etumbi, niyengniyeri yacin sijigiyan šanyan ceri dorgi etuku, juwari narhūn mušuri jodon gahari, bolori ceri etuku, tuweri niowanggiyan miyanceo kubun i etuku be etumbi, umiyesun inu duin erin be dahame, niyengniyeri aisin muheren i umiyesun, juwari gu

---

挑選好馬騎，穿換舒適光滑的衣服，帶了奴婢與如同狐犬的人同流合汙，酒杯不離手，歌聲不絕於耳，以妓院玩錢為榮，對此事親戚長老在旁邊看著不忍，以好言相勸，不但全然不聽，反倒以為輕視他們的玩樂而抱怨。
衣服是隨著四時，配合季節的冷熱更換穿著，春天穿鴉青袍白羅內衣，夏天穿細夏布葛布單衫，秋天穿羅衣，冬天穿綠棉衣。腰帶也是隨著四時，春天繫金環帶，

---

挑选好马骑，穿换舒适光滑的衣服，带了奴婢与如同狐犬的人同流合污，酒杯不离手，歌声不绝于耳，以妓院玩钱为荣，对此事亲戚长老在旁边看着不忍，以好言相劝，不但全然不听，反倒以为轻视他们的玩乐而抱怨。
衣服是随着四时，配合季节的冷热更换穿着，春天穿鸦青袍白罗内衣，夏天穿细夏布葛布单衫，秋天穿罗衣，冬天穿绿棉衣。腰带也是随着四时，春天系金环带，

---

1 漢語「酒杯」，滿文讀如“nurei hūntahan”，此作“nurei hūntaha”，異。
2 “gise hehe i boo jiha efire falan be derengge obume”，韓文諺解漢譯作「以妓院與賭坊為榮華」。

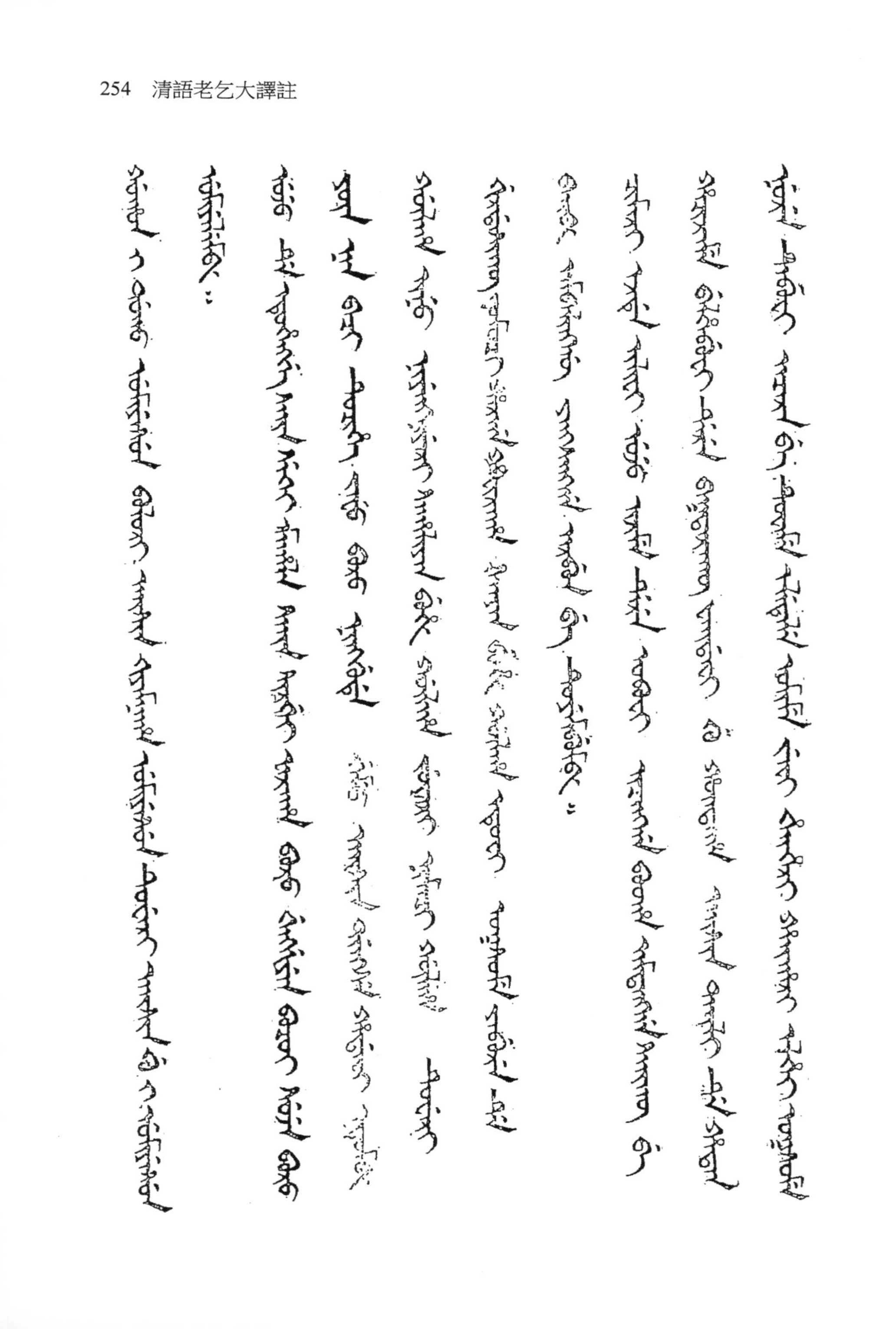

[illegible]

[illegible]

[illegible]

[illegible]

[illegible]

[illegible]

[illegible]

[illegible]

[illegible]

[illegible]

gohon i doko umiyesun, bolori aisin kiyamnaha umiyesun, tuweri aisin gu i umiyesun umiyelembi.
uju de etuhengge sain sekei mahala, sain sirgei araha boro, genggiyen bocoi suje boro, yūn nan baci tucihe jafu boro, ninggude gemu aisin dingse hadafi etumbi, gūlha inu ningniyeri sahaliyan buhi gūlha, juwari nimaci gūlha, tuweri girdasikū fomoci harga hafiraha šanyan buhi gūlha etufi, oksome yabure de, baibi ambalinggū yangsangga arbun be tuyembumbi.
cimari erde ilifi, uju ijime dere obofi, icangga booha amtangga saikū be hacirame belhebufi, dere baktarakū faidafi, gu hūntaha[1] aisin taili de hatan nure tebufi, acara be tuwame eletele omime jefi, heiheri haihari elhei oksome

---

夏天繫玉鈎裏帶，秋天繫鑲金帶，冬天繫金玉帶。
頭上戴的是好的貂皮暖帽，好絲做的涼帽，石青素緞的涼帽，雲南地方出產的毛氈涼帽，頂上都釘有金頂子。靴也是春天穿皂鹿皮靴，夏天穿山羊皮靴，冬天穿金線條襪幫夾白鹿皮靴，邁步行走時，徒然顯露大方有文彩的樣子。
清晨起來，梳頭洗臉，叫人預備各樣佳餚美饌，桌子擺不下，玉鍾金杯裡盛了強烈的黃酒，隨意飽飽地吃喝，大搖大擺慢條斯理邁步出去，

---

夏天系玉钩里带，秋天系镶金带，冬天系金玉带。
头上戴的是好的貂皮暖帽，好丝做的凉帽，石青素缎的凉帽，云南地方出产的毛毡凉帽，顶上都钉有金顶子。靴也是春天穿皂鹿皮靴，夏天穿山羊皮靴，冬天穿金线条袜帮夹白鹿皮靴，迈步行走时，徒然显露大方有文彩的样子。
清晨起来，梳头洗脸，叫人预备各样佳肴美馔，桌子摆不下，玉锺金杯里盛了强烈的黄酒，随意饱饱地吃喝，大摇大摆慢条斯理迈步出去，

---

1 漢語「玉鍾」，滿文讀如“gu hūntahan”，此作“gu hūntaha”，異。

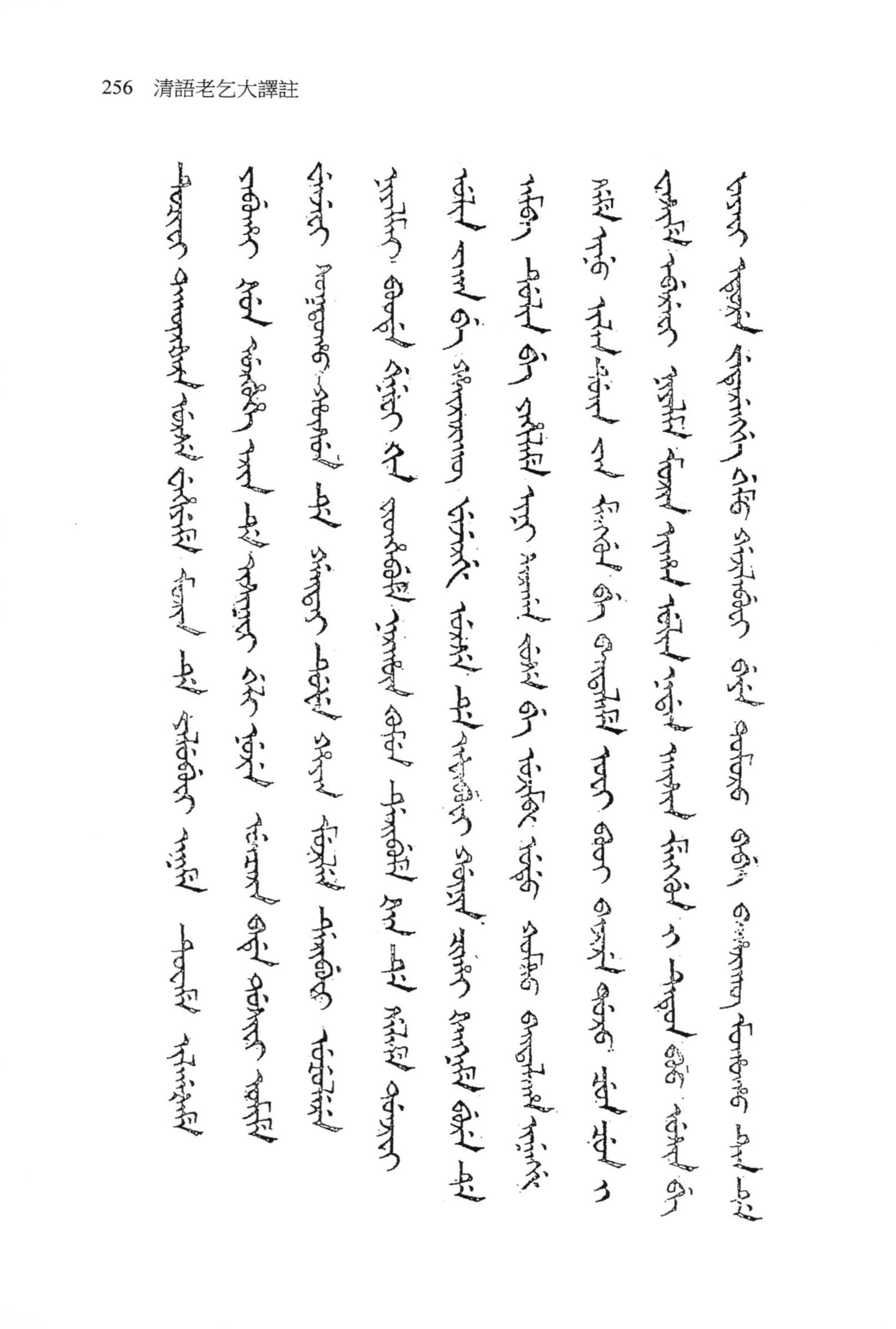

tucifi, takūršara urse wehiyeme morin de yalubufi, aname tuwame ilgašame yabuhai, šun urhuhe erin de isinafi, geli nure uncara bade dosifi omime wenjefi, soktoho hūsun de gaitai dufe hayan mujilen deribufi, uculere niyalmai boode genefi kin fithebume narhūn kumun deribume, šan de selame donjifi, ulin jaka be hairarakū, fejergi urse de afabufi gūnin cihai šangname bure de, amba dulin be yahilame ini sargan juse be ujimbi, udu komso baitalaha inenggi seme inu ilan duin yan menggun be baitalame ofi, booi banjire doro cun cun i wasime eberefi, niyalma morin ihan ulin nadan aisin menggun i tetun, boo usin be fayafi eture jeterengge gemu gajilabufi[1], beye tomoro babe baharakū, mohoho ten de

---

使喚的人扶著讓他騎馬，挨次觀看，閒逛行走，到日斜時又進入賣酒的地方喝得醉醺醺的，由於醉力忽起淫心，到唱歌的人家裡去彈琴奏細樂，耳朵暢快地聽著，不愛惜財物，交代屬下人隨便賞給唱歌的人時，暗中尅留大半以養活他的妻子兒女，即使用的很少的日子，也用三、四兩銀，家道漸漸衰落，人馬牛財帛金銀器皿房舍田產賣了，衣食都窘迫了，自己得不到容身之地，窮困到極點，

---

使唤的人扶着让他骑马，挨次观看，闲逛行走，到日斜时又进入卖酒的地方喝得醉醺醺的，由于醉力忽起淫心，到唱歌的人家里去弹琴奏细乐，耳朵畅快地听着，不爱惜财物，交代属下人随便赏给唱歌的人时，暗中克留大半以养活他的妻子儿女，即使用的很少的日子，也用三、四两银，家道渐渐衰落，人马牛财帛金银器皿房舍田产卖了，衣食都窘迫了，自己得不到容身之地，穷困到极点，

---

1 漢語「窘迫了」，滿文讀如“gacilabufi”，此作“gajilabufi”，疑誤。

ᠰᡳᠩᡤᡝᡵᡳ ᠪᡠᠯᡝᡴᡠᡳ ᡤᡝᡵᡝᠨ ᠪᠣᡥᠣᡵᡠᡥᠠᠩᡤᡝ ᡳᠰᡳᠨᠵᡳᡶᡳ ᠪᡠᡵᡳᠶᠠᠨ ᡤᡳᠰᡠᡵᡝᠮᡝ ᠪᠣᡳ ᠪᡝᠶᡝ

ᠪᠣᠯᠣᡵᡳᠩᡤᡝ ᠪᡳ ᡨᡝᠮᡝᡵᡝ ᡩᡝᠪᡳᠯᡝ ᠨᡳᠩᡤᡠᠨ ᡠᠮᠠ ᠪᡝᠶᡝ ᠪᡳ ᡨᡝᠰᡝᡵᡝ ᠣᠨᠣᡴᠣᡵᡳ

ᠰᠠᡳᠨ ᡥᡡᡨᡠᡵᡳ ᠪᠠᡥᠠᠮᠪᡳ ᠪᠣᠯᠣᠨᠵᡳᡵᡝ ᠪᡳᡥᡝ ::

isinafi, onggolo sihešeme haldabašame acabuha urse sabucibe, her seme yohindarakū de isitala, kemuni nenehe ehe waka be aliyame sarkūngge, yala mentuhun hūlhi dabanahabi kai.

---

從前逢迎諂媚的人雖然看見了，一點也不理睬，到此地步，以前的劣點過錯仍然不知道後悔，真是太愚昧啊！

---

从前逢迎谄媚的人虽然看见了，一点也不理睬，到此地步，以前的劣点过错仍然不知道后悔，真是太愚昧啊！

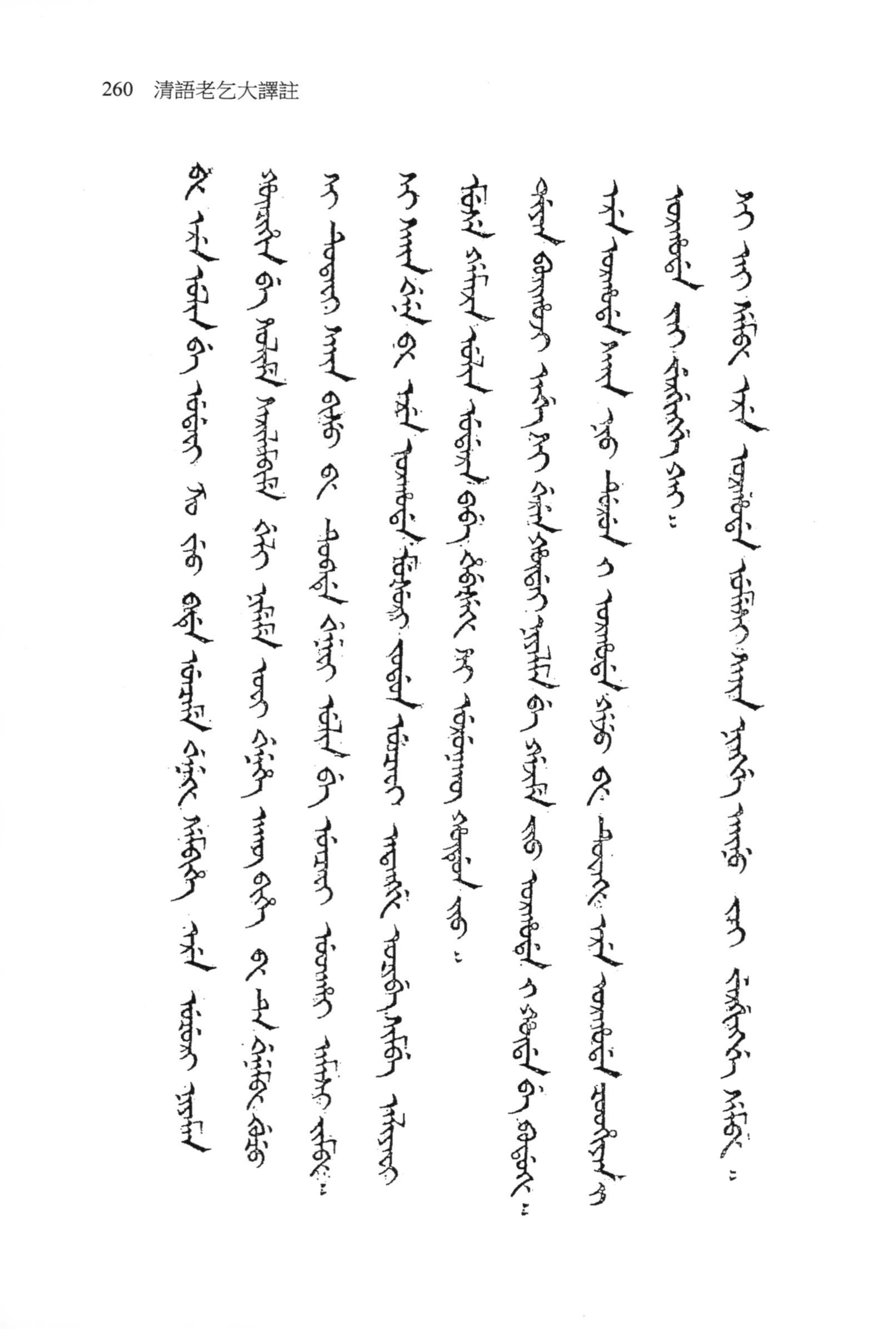

# 清語老乞大　卷八

bi ere ulin be udafi, dzo jeo bade uncame geneki sembihe, ere ucuri niyaman hūncihin be solime sarilambime geli nimeme ofi genehe akū bihe, bi te genembi, gucu si tutafi sain bisu, bi tubade genefi ulin be uncafi uthai amasi jimbi.
si sain gene, bi ere orhoda mušuri jodon uncafi, atanggi ocibe simbe aliyafi muse gamara ulin udara babe hebešeki, si urunakū hūdun jio.
diyan boihoji age si geren hūdai niyalma be gajime jio, orhoda i hūda be bodoki.
ere orhoda sain nio？ durun i orhoda gaju bi tuwaki, ere orhoda coohiyan i orhoda, jai jergingge kai.
si ai sembi？ ere orhoda umesi sain ningge ainu jai jergingge sembi？

---

我買了這些貨物，要到涿州地方去賣，這一向宴請親戚，又因生病，未曾去，我現在要去，伙伴你留下好好的住著吧！我到那裡去把貨物賣了就回來。
你好好地去吧！我賣了這些人參、夏布、葛布，無論到幾時都等你，我們商量購買回去的貨物，你一定要快來。
店主人阿哥，你領各位商人來，算算人參的價錢吧！
這人參好嗎？樣參拿來我看，這人參是朝鮮的人參，是次等的啊！
你說什麼？這人參是很好的，為何說是次等的呢？

---

我买了这些货物，要到涿州地方去卖，这一向宴请亲戚，又因生病，未曾去，我现在要去，伙伴你留下好好的住着吧！我到那里去把货物卖了就回来。
你好好地去吧！我卖了这些人参、夏布、葛布，无论到几时都等你，我们商量购买回去的货物，你一定要快来。
店主人阿哥，你领各位商人来，算算人参的价钱吧！
这人参好吗？样参拿来我看，这人参是朝鲜的人参，是次等的啊！
你说什么？这人参是很好的，为何说是次等的呢？

ᠪᡳᡨᡥᡝ ᡤᡳᠶᠠᠩᠨᠠᠮᠪᡳ᠉

ᠰᡝᡶᡠ ᠨᡳᡴᠠᠨ ᡳ ᠪᡳᡨᡥᡝ ᡤᡳᠶᠠᠩᠨᠠᠮᠪᡳ ᠠᠵᡳᡤᠠᠨ ᡨᠠᠴᡳᠨ ᠯᡝᠣᠯᡝᠨ ᡤᡳᠰᡠᡵᡝᠨ

ᠮᡝᠩᡩᡯᡳ ᠪᡳᡨᡥᡝ ᡤᡳᠶᠠᠩᠨᠠᠮᠪᡳ᠉

ᠪᡳᡨᡥᡝ ᡤᡳᠶᠠᠩᠨᠠᠮᡝ ᠸᠠᠵᡳᡶᡳ᠉

ᠶᠠᠮᠵᡳ ᠰᡝᡶᡠ ᡳ ᠵᡠᠯᡝᡵᡳ ᠰᡳᠪᡳᠶᠠ ᡨᠠᡨᠠᡶᡳ ᠪᡳᡨᡥᡝ ᡧᡝᠵᡳᠯᡝᠮᠪᡳ

[illegible]

[illegible]

[illegible]

siden niyalma hendume suweni juwe nofi sain ehe be ume temšere, te hūdai ba i hūda orin sunja yan de emu yan salimbi, ai bodoro babi, sini orhoda udu ginggin？
emu tanggū juwan ginggin.
sini dengneku antaka？
miningge alban i dengneku doron gidahabi, we ai gelhun akū encu dengneku be baitalambi？
ere hūda yargiyūn？
uju jergi sain menggun[1] be mini derei juleri de uthai yooni gaju heni edeleburakū.

---

證人說，你們兩人不要爭執好壞，現在市場的價錢二十五兩人参，值一兩銀，有什麼可算之處，你的人参幾斤？
一百一十斤。
你的戥子何如？
我的是蓋印的官戥，誰敢用別的戥子呢？
這價錢是真的嗎？
把頭等紋銀就當著我的面前全部拿來吧！一點也不賒欠。

---

证人说，你们两人不要争执好坏，现在市场的价钱二十五两人参，值一两银，有什么可算之处，你的人参几斤？
一百一十斤。
你的戥子何如？
我的是盖印的官戥，谁敢用别的戥子呢？
这价钱是真的吗？
把头等纹银就当着我的面前全部拿来吧！一点也不赊欠。

---

1　“sain menggun”，　意即「好的銀子」，漢譯作「紋銀」。

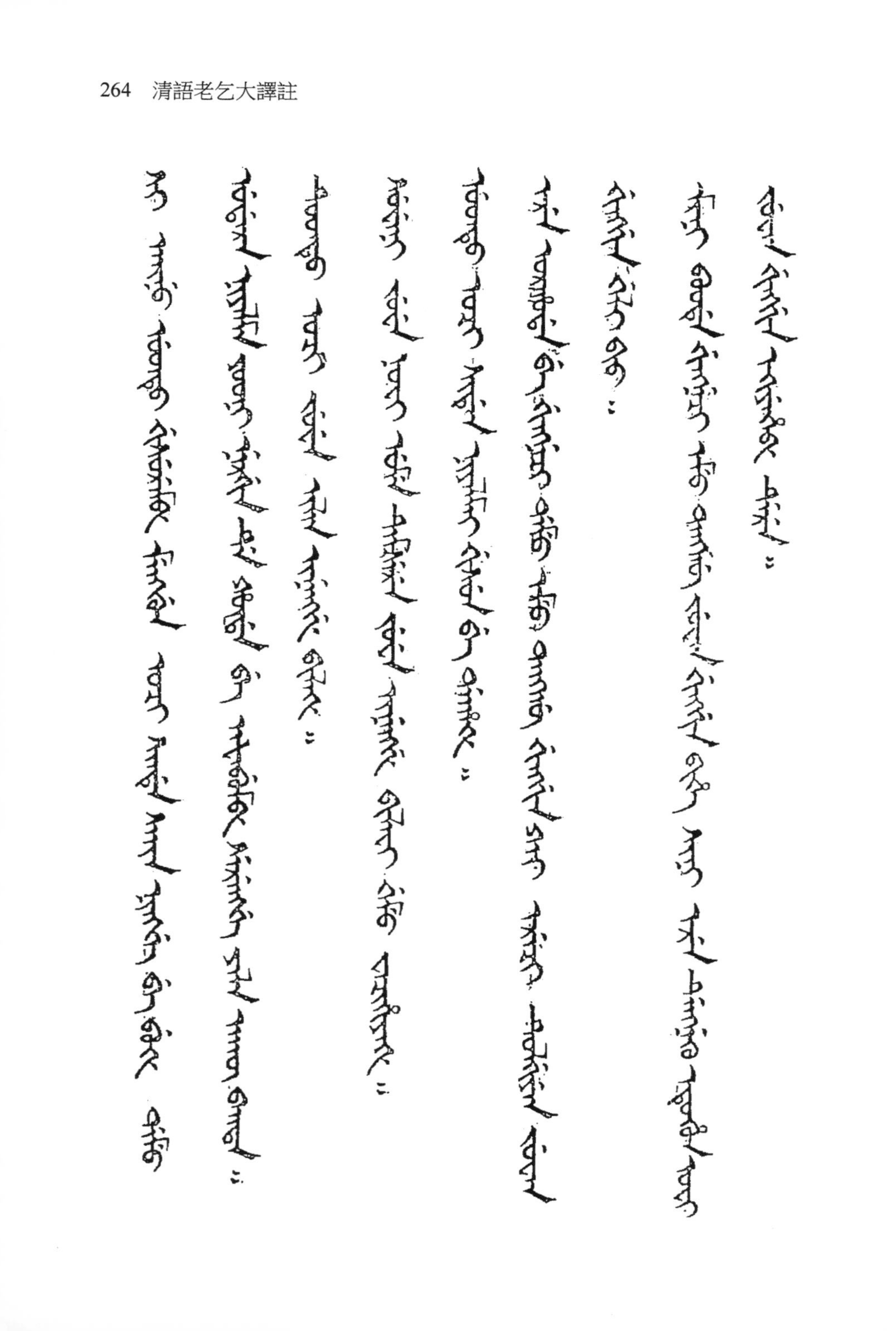

si ainu uttu gisurembi, menggun oci sinde sain ningge be buki, damu udara niyalma yooni nergin de hūda be afabumbi serengge yala akū baita.
tuttu oci juwe ilan inenggi bilaki.
suweni juwe nofi ume temšere, juwe inenggi bilafi gemu wacihiyaki.
uttu oci siden niyalmai gisun be dahaki.
ere orhoda be gingneci damu emu tanggū ginggin kai, ereci tulgiyen juwan ginggin geli bio？
mini boode gingneci emu tanggū juwan ginggin bihe, sini ere dengneku etuhun ofi juwan ginggin ekiyehebi dere.

---

你為何這樣說呢？銀子是要給你好的，但是買者在當時全部交給現錢的真是沒有的事。
若是那樣，限二、三天吧！
你們兩人不要爭執，限兩天全部完結吧！
若是這樣，聽從證人的話吧！
這人參稱時，只有一百斤啊！此外還有十斤嗎？
在我家稱時原是一百一十斤，想是因你這戥子大，所以少了十斤吧！

---

你为何这样说呢？银子是要给你好的，但是买者在当时全部交给现钱的真是没有的事。
若是那样，限二、三天吧！
你们两人不要争执，限两天全部完结吧！
若是这样，听从证人的话吧！
这人参称时，只有一百斤啊！此外还有十斤吗？
在我家称时原是一百一十斤，想是因你这戥子大，所以少了十斤吧！

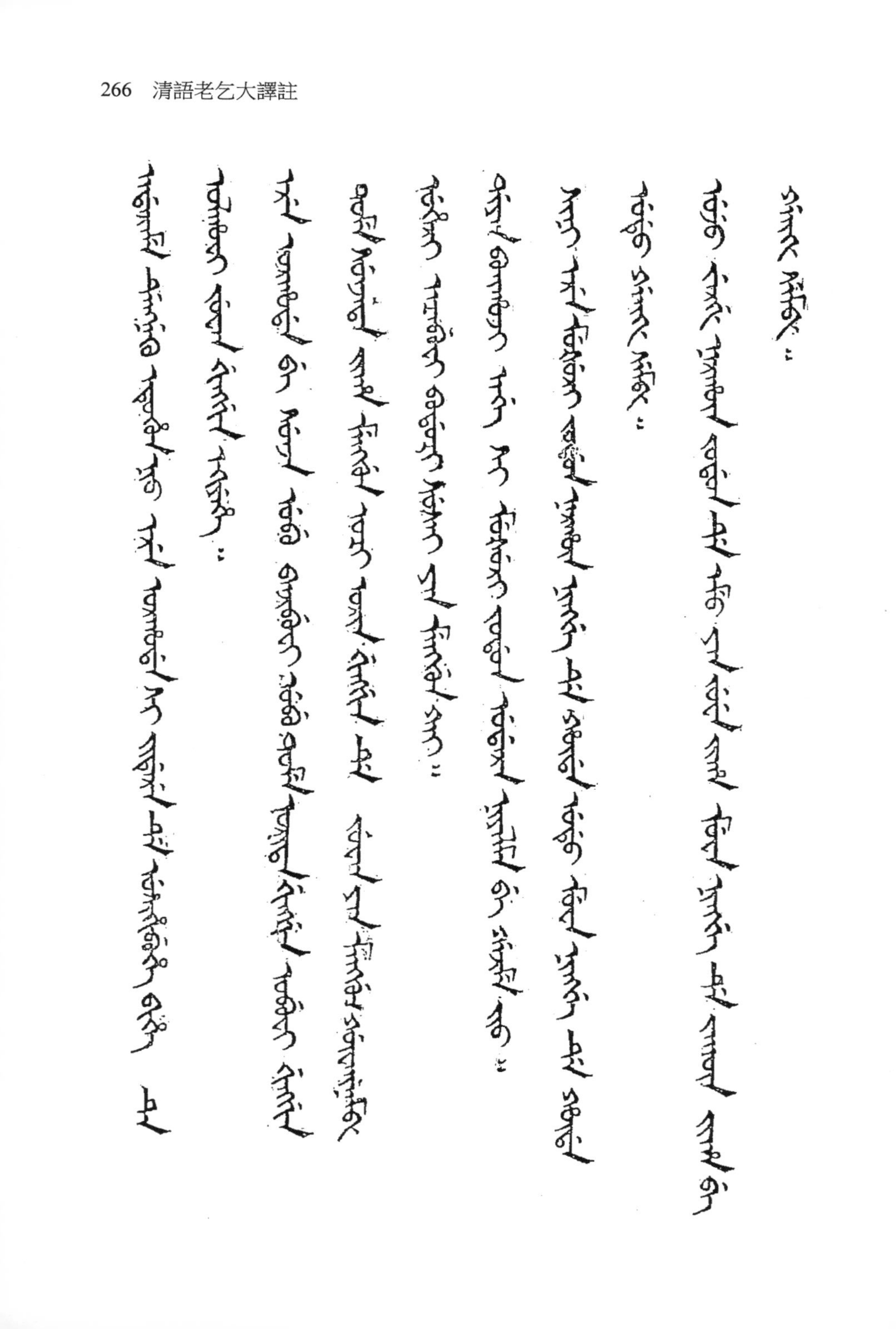

[illegible]

[illegible]

[illegible]

[illegible]

[illegible]

[illegible]

[illegible]

[illegible]

[illegible]

[illegible]

adarame dengneku etuhun nio？ ere orhoda si jidere de usihibuhe bihe, te olhofi juwan ginggin ekiyehe.
ere orhoda be sunja ubu banjibufi, ubu tome orita ginggin obufi, ginggin tome sunjata jiha menggun oci, orin ginggin de juwan yan menggun gūwainambi, uheri acabufi bodoci susai yan menggun kai.
diyan boihoji age si mušuri jodon udara niyalma be gajime jio.
sini ere mušuri jodon narhūn ningge de hūda udu？ muwa ningge de hūda udu gaiki sembi？
uju jergi narhūn jodon de emu yan juwe jiha, muwa ningge de jakūn jiha be gaiki sembi.

---

怎麼是戥子大了呢？你來時這人參原是濕的，現在乾了，所以減少了十斤。
把這人參分成五份，每份各二十斤，每斤若是各五錢銀時，二十斤該為十兩，合計共是五十兩銀。
店主人阿哥，你把購買夏布、葛布的人帶來吧！
你的這夏布、葛布，細的價錢想要多少？粗的價錢想要多少？
頭等細葛布要一兩二錢，粗的要八錢。

---

怎么是戥子大了呢？你来时这人参原是湿的，现在干了，所以减少了十斤。
把这人参分成五份，每份各二十斤，每斤若是各五钱银时，二十斤该为十两，合计共是五十两银。
店主人阿哥，你把购买夏布、葛布的人带来吧！
你的这夏布、葛布，细的价钱想要多少？粗的价钱想要多少？
头等细葛布要一两二钱，粗的要八钱。

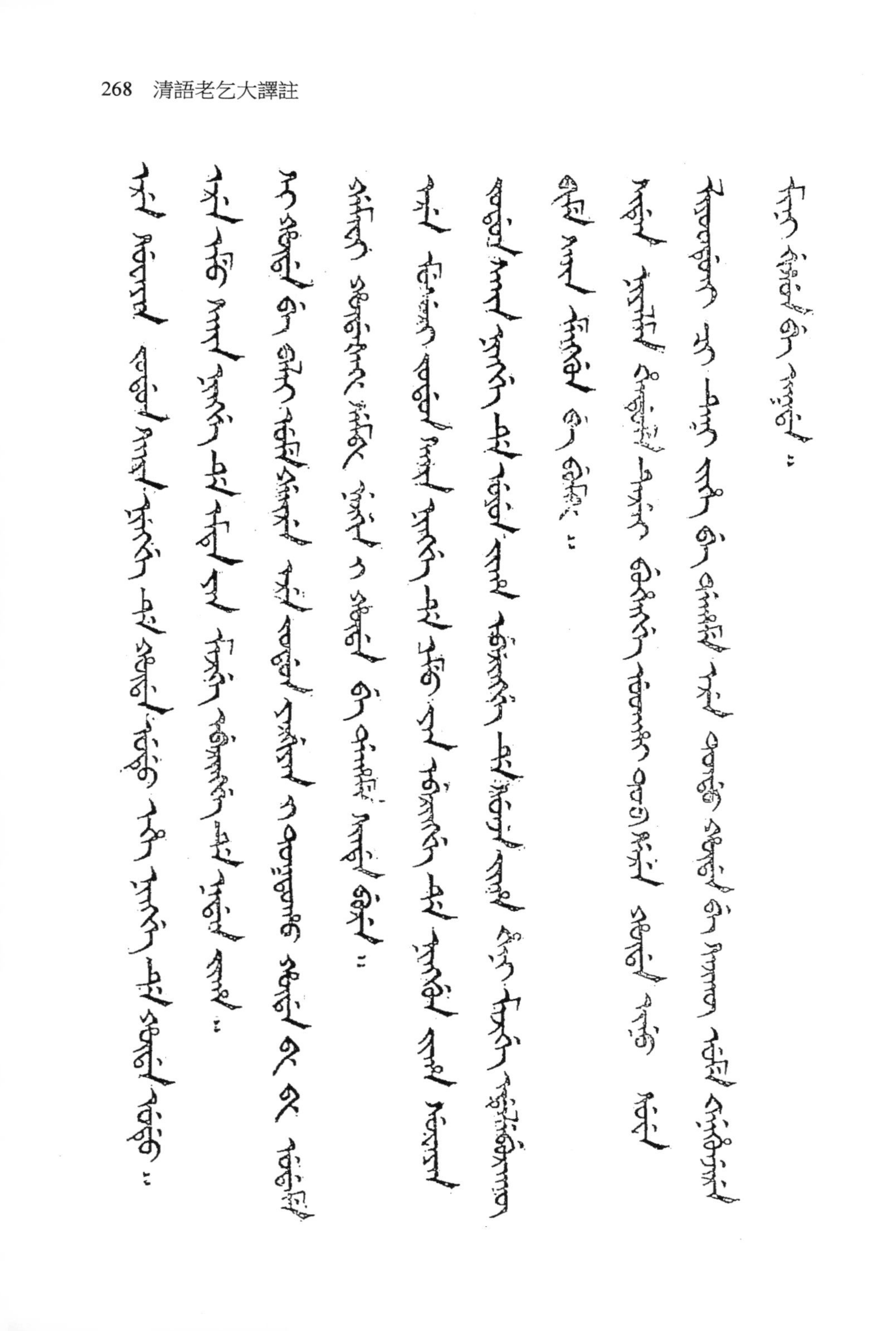

ere suwayan jodon sain ningge de hūda udu？ ehe ningge de hūda udu？
ere emu sain ningge de emte yan, majige eberingge de nadan jiha.
si hūda be balai ume gaire, ere jodon yargiyan i toktoho hūda bi, bi udame gamafi hūdašaki sembi, nergin i hūda be dahame sinde bure.
ere musuri jodon sain ningge de emu yan, eberingge de ninggun jiha, suwayan jodon sain ningge de uyun jiha, eberingge de sunja jiha, heni majige edeleburakū bime sain menggun[1] be bumbi.
siden niyalma hendume terei buhengge uthai tob sere hūda inu, suwe liyoodung ci teni jihe be dahame, ere tondo hūda be sarkū, ume kenehunjere mini gisun be akda.

---

這黃葛布好的價錢多少？不好的價錢多少？
這一種好的各一兩，稍差一點的七錢。
你不可胡要價錢，這葛布實在有定價，我買去做生意，照時價給你吧！
這夏布、葛布好的一兩，差一點的六錢，黃葛布好的九錢，差一點的五錢，一點不賒欠，而且給紋銀。
證人說，他給的就是公正的價錢，因為你們纔從遼東來，不知道這公正的價錢，不要懷疑，相信我的話吧！

---

这黄葛布好的价钱多少？不好的价钱多少？
这一种好的各一两，稍差一点的七钱。
你不可胡要价钱，这葛布实在有定价，我买去做生意，照时价给你吧！
这夏布、葛布好的一两，差一点的六钱，黄葛布好的九钱，差一点的五钱，一点不赊欠，而且给纹银。
证人说，他给的就是公正的价钱，因为你们纔从辽东来，不知道这公正的价钱，不要怀疑，相信我的话吧！

---

1 “sain menggun”， 意即「好的銀子」，漢譯作「紋銀」。

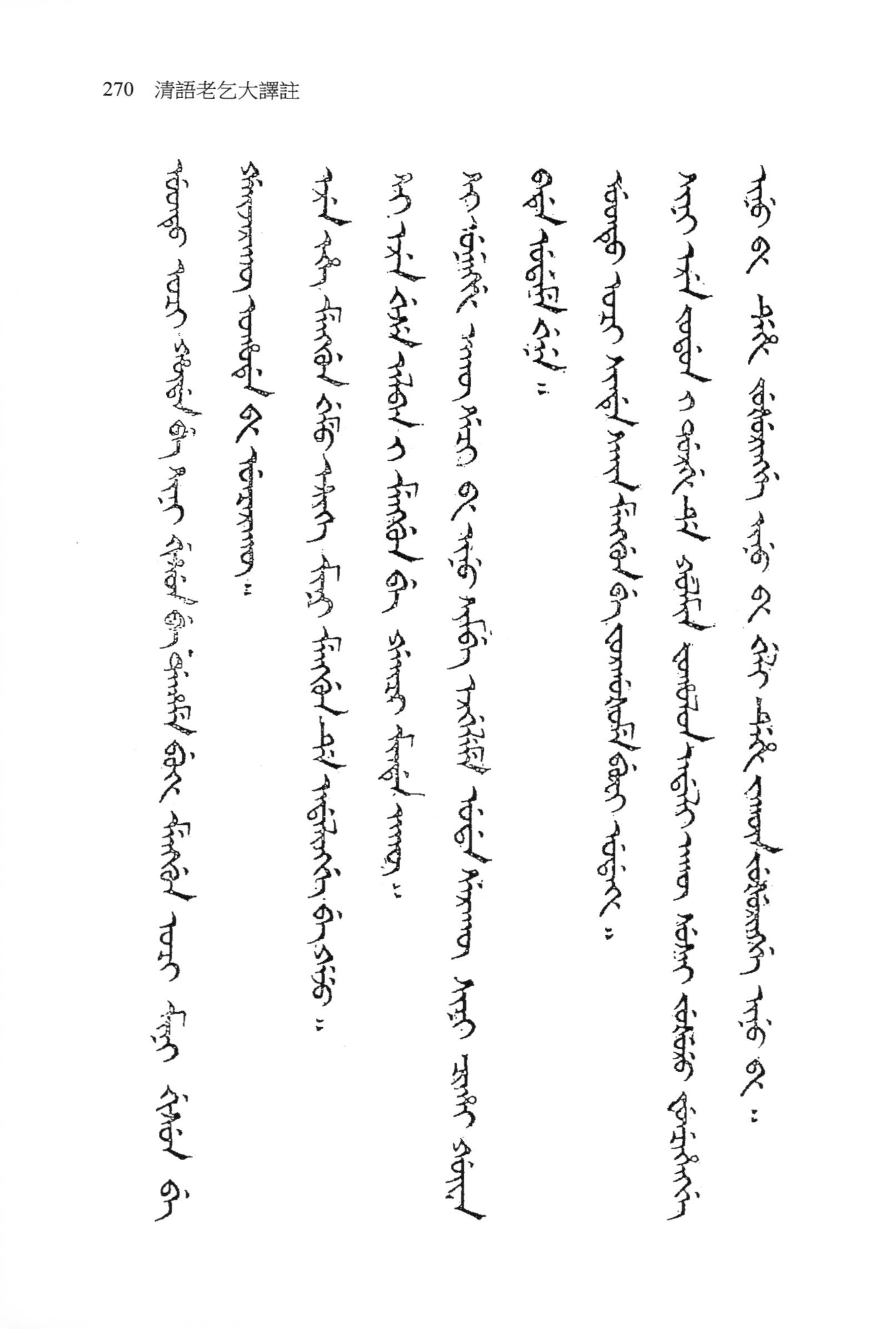

[illegible]

[illegible]

[illegible]

[illegible]

[illegible]

[illegible]

[illegible]

[illegible]

uttu oci hūda be sini gisun be dahame buki, menggun oci mini gisun be gaijarakū ohode bi uncarakū.
ere ehe menggun[1] gemu esike, mini menggun de adalingge be gaju.
si ere gese alban i menggun be gaici minde akū.
si unenggi akū seci, bi inu simbe ergeleme uda serakū, sini cihai gūwa bade udame gene.
uttu oci sinde sain menggun[2] be forgošome bufi udaki.
sini ere jodon i dorgi de, golmin foholon adali akū, susai jušuru funcehengge inu bi. dehi jušuringge inu bi, geli dehi jakūn jušuringge inu bi.

---

若是這樣，價錢依你的話給吧！銀子若不依我的話時，我不賣。
這潮銀都不要，跟我一樣的銀子拿來吧！
你若要像這樣的官銀時，我沒有。
你若是真的沒有，我也不逼你買，你隨意到別處去買吧！
若是這樣，換給你紋銀買吧！
你這葛布裡頭，長短不等，也有五十多尺的，也有四十尺的，還有四十八尺的。

---

若是这样，价钱依你的话给吧！银子若不依我的话时，我不卖。
这潮银都不要，跟我一样的银子拿来吧！
你若要像这样的官银时，我没有。
你若是真的没有，我也不逼你买，你随意到别处去买吧！
若是这样，换给你纹银买吧！
你这葛布里头，长短不等，也有五十多尺的，也有四十尺的，还有四十八尺的。

---

1 “ehe menggun”， 意即「不好的銀子」，又作「劣銀」，清代漢人習稱「潮銀」。
2 “sain menggun”， 意即「好的銀子」，漢譯作「紋銀」。

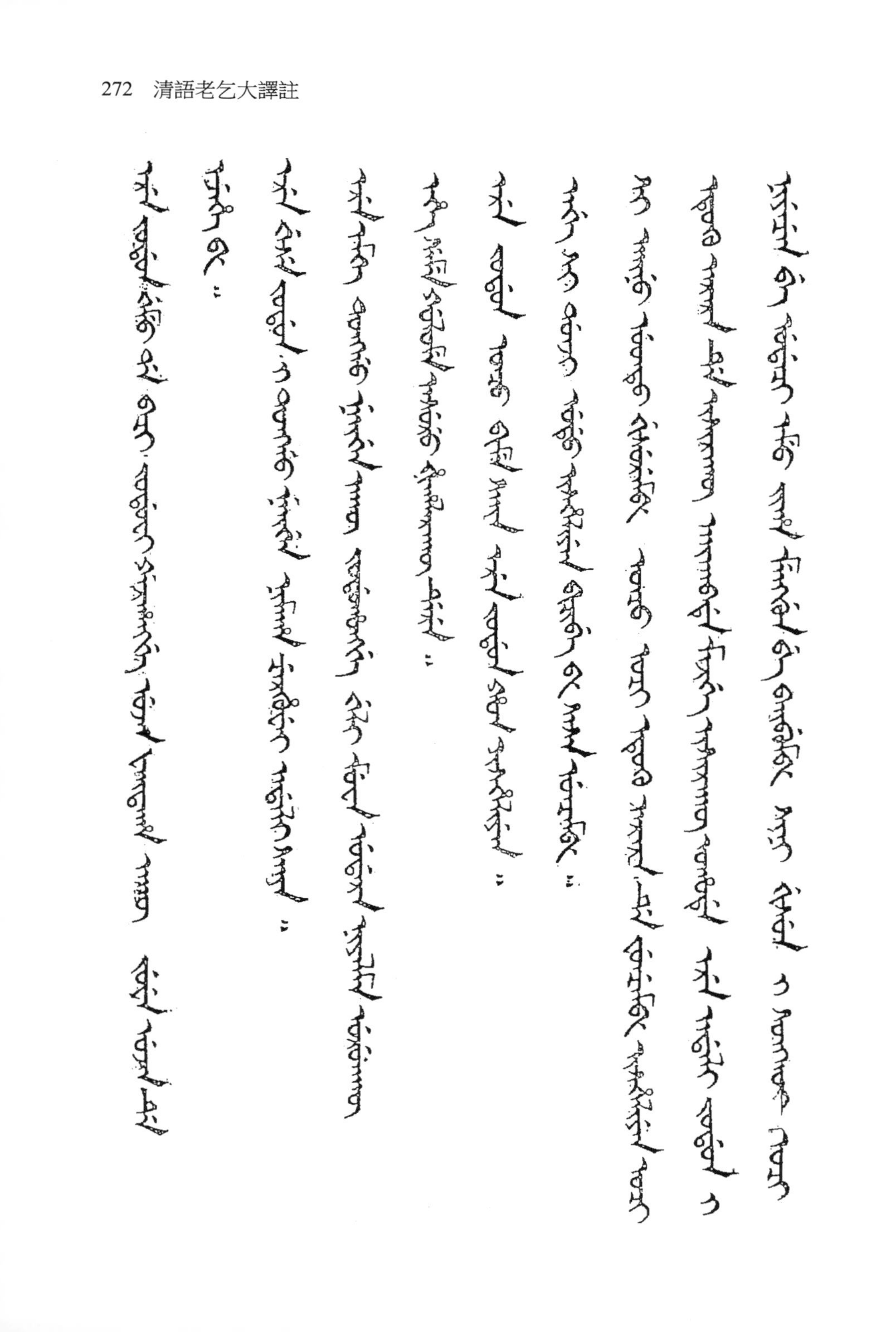

ere jodon gemu da baci jodofi gajihangge, ujan faitaha akū, juwe ujan de ejehe bi.
ere gese jodon i tonggo neigen, nimaha cerhuwei adali sain.
ere emke tonggo neigen akū, jodohongge geli muwa, udara niyalma urunakū ehe seme golome asuru hihalarakū dere.
ere jodon onco bime sain, ere jodon hon isheliyen.
age si donji, udu isheliyen bicibe bi sasa uncambi.
si ainu uttu gisurembi, onco oci etuku arara de funcembi, isheliyen oci etuku arara de isirakū, aikabade majige isirakū ohode, ere adali jodon i niyecen be udaci emu jiha menggun be baibumbi, sini gisun i songkoi oci

---

這葛布都是從原地織來的，沒有剪掉梢子，兩頭做了記號。
像這樣葛布的經緯線均勻，像魚子兒一樣的好。
這一疋經緯線不勻，織的都粗，買的人一定嫌不好，很不希罕吧！
這葛布寬而且好，這葛布太窄。
阿哥你聽著，雖然窄但我要一齊賣。
你為何這樣說？若寬時，做衣服有餘剩，若窄時，做衣服不夠，倘若少一點時，買像這樣葛布的補丁時需要一錢銀子，若照你的話，

---

这葛布都是从原地织来的，没有剪掉梢子，两头做了记号。
像这样葛布的经纬线均匀，像鱼子儿一样的好。
这一疋经纬线不匀，织的都粗，买的人一定嫌不好，很不希罕吧！
这葛布宽而且好，这葛布太窄。
阿哥你听着，虽然窄但我要一齐卖。
你为何这样说？若宽时，做衣服有余剩，若窄时，做衣服不够，倘若少一点时，买像这样葛布的补丁时需要一钱银子，若照你的话，

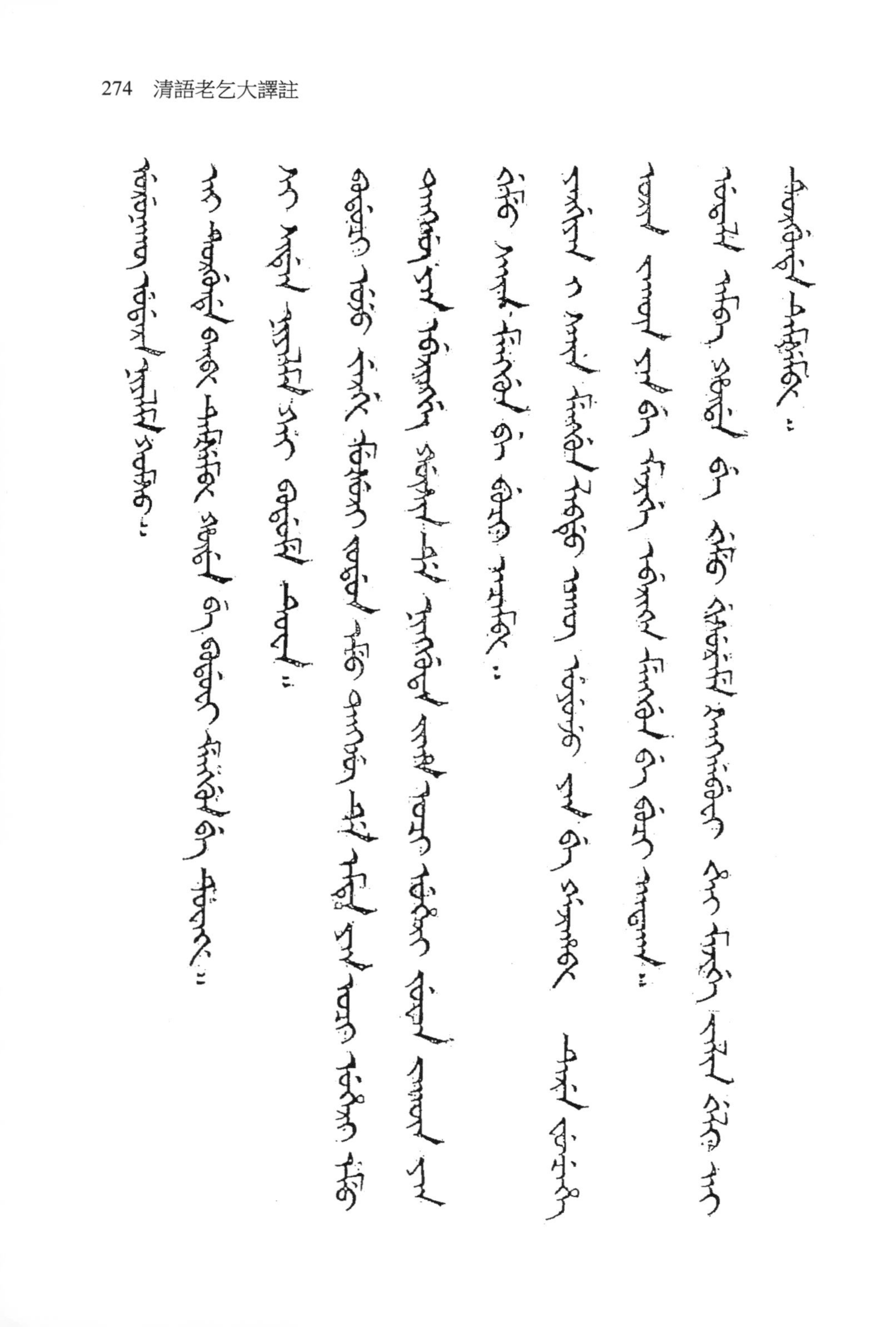

[illegible]

urunakū udara niyalma komso.
ai turgunde baibi temšembi？ hūda be bodofi menggun be tuwaki.
si siden niyalma kai, bodome tuwa.
bodoci uju jergi mušuri jodon emu tanggū de emte yan oci, uheri emu tanggū yan, eberingge gūsin de ningguta jiha oci, uheri juwan jakūn yan, gemu sain menggun be buci acambi.
yargiyan i sain menggun labdu akū, uyunju yan be gajihabi, tere funcehe orin jakūn yan be majige eberiken menggun be buci antaka？
utala amba hūda be gemu gisureme šanggabufi, heni majige jalin geli ai turgunde temšembi？

---

買的人一定少。
為什麼無聊爭執呢？算了價錢看銀子吧！
你是證人，算算看吧！
算起來頭等的夏布、葛布一百疋各一兩，共計一百兩，差一點的三十疋各六錢，共計十八兩，都應給紋銀。
實在沒有很多紋銀，帶來了九十兩，其餘的二十八兩，給差一點的銀子如何？
這許多大的價錢都議成了，又何故為微末小事爭執呢？

---

买的人一定少。
为什么无聊争执呢？算了价钱看银子吧！
你是证人，算算看吧！
算起来头等的夏布、葛布一百疋各一两，共计一百两，差一点的三十疋各六钱，共计十八两，都应给纹银。
实在没有很多纹银，带来了九十两，其余的二十八两，给差一点的银子如何？
这许多大的价钱都议成了，又何故为微末小事争执呢？

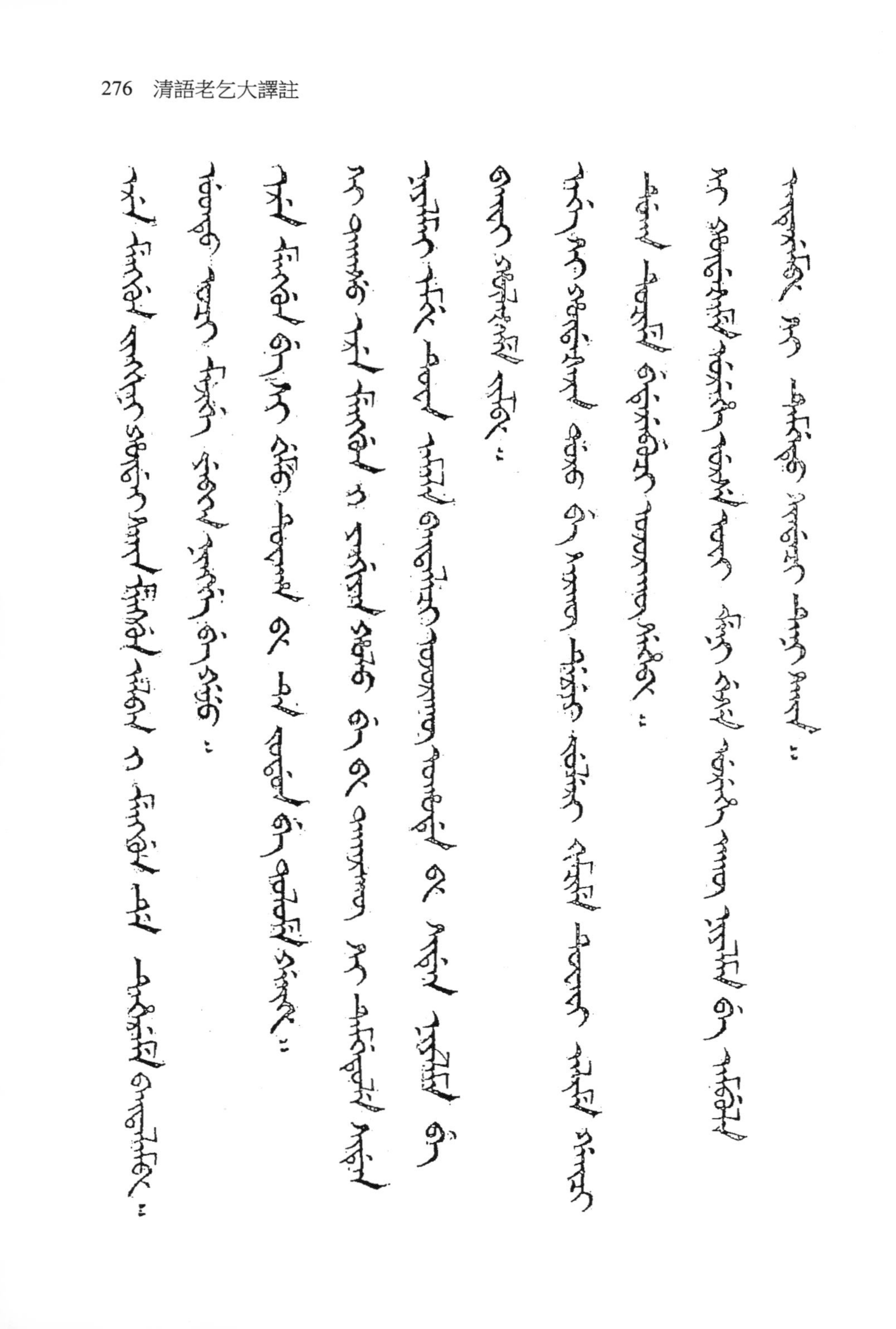

[illegible]

[illegible]

[illegible]

[illegible]

[illegible]

[illegible]

[illegible]

[illegible]

[illegible]

[illegible]

ere menggun jingkini hūdai sain menggun, alban i menggun de tehereme baitalambi.
uttu oci majige yebken ningge be gaju.
ere menggun be si gemu tuwaha, bi te jodon be tolome gaiki.
si takasu ere menggun i yargiyan holo be bi takarakū, si temgetule, siden niyalmai emgi tuwa, amala baitalaci ojorakū ohode, bi siden niyalma be baifi hūlašame jimbi.
age si hūdašara doro be sarkū, derei juleri kimcime tuwafi alime gaici, duka tucime bederebuci ojorakū sehebi.
si hūdašame urehe urse ofi meni gese urehe akū niyalma be ambula eiterembi, si temgetu sindaci teni sain.

---

這銀子是真正市價好的銀子，當官銀使用。
若是這樣，把好一點的拿來吧！
這銀子你都看了，我現在點收葛布吧！
你且慢，這銀子的真假我不認識，你做記號，與證人一同看吧！以後不能使用時，我找證人來兌換。
阿哥，你不知道做買賣的道理，語云：當面查看接受，出門後概不退還。
因為你是熟悉做買賣的人，對於像我們這樣不熟悉的人多有欺騙，你做記號纔好。

---

这银子是真正市价好的银子，当官银使用。
若是这样，把好一点的拿来吧！
这银子你都看了，我现在点收葛布吧！
你且慢，这银子的真假我不认识，你做记号，与证人一同看吧！以后不能使用时，我找证人来兑换。
阿哥，你不知道做买卖的道理，语云：当面查看接受，出门后概不退还。
因为你是熟悉做买卖的人，对于像我们这样不熟悉的人多有欺骗，你做记号纔好。

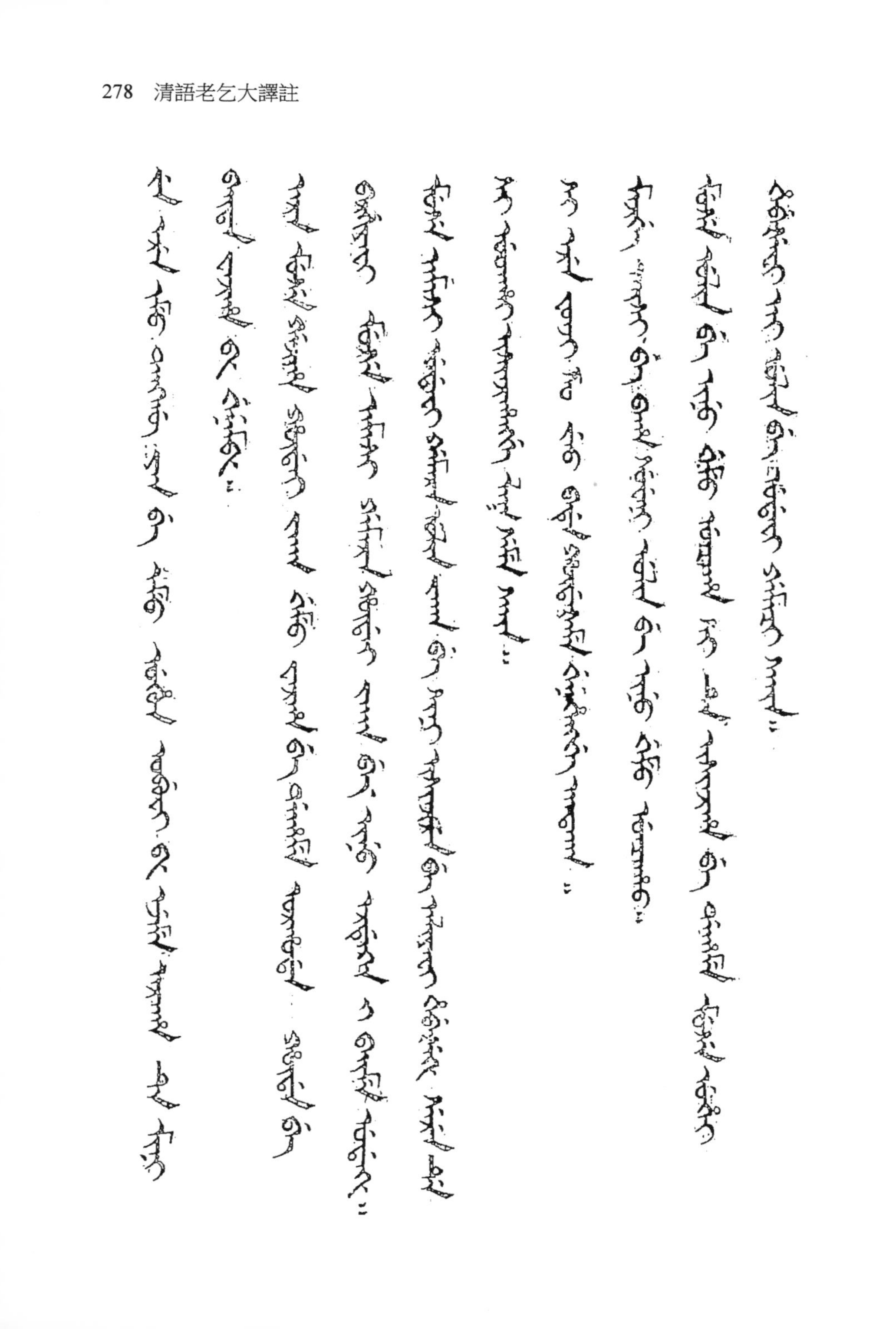

je ere emu tanggū yan be emu uhun obufi bi ejeme araha, te mini baita wajiha bi genembi.
ara muse gajiha hūdai jaka gemu wajiha be dahame, orhoda hūda be bargiyafi, muse amasi gamara hūdai jaka be inu erdeken i baime udaki.
muse amasi udafi gamara ulin jaka be sini isinjire be aliyafi hebešeki sere de si uthai isinjihangge lak seme sain.
si ere fonji dzo jeo bade hūdašame genehengge antaka？
majige aisi be baha, suweni ulin be inu gemu uncahao？
muse ulin be inu gemu uncaha, si te isinjiha be dahame, muse uhei hebešefi ai ulin be udafi gamaci sain？

---

是，這一百兩做為一包，我記下了，現在我的事完了，我要走了。
哎呀！我們帶來的貨物既然都賣完了，收了人參的價錢，我們帶回去的貨物也要及早地尋找購買吧！
我們買了帶回去的貨物等你到來商量時，你就來的正好。
你這一向到涿州地方去做的買賣如何？
得了一點利益，你們的貨物也都賣了嗎？
我們也把貨物都賣了，你現在既已到來了，我們一同商量買些什麼貨物帶去好？

---

是，这一百两做为一包，我记下了，现在我的事完了，我要走了。
哎呀！我们带来的货物既然都卖完了，收了人参的价钱，我们带回去的货物也要及早地寻找购买吧！
我们买了带回去的货物等你到来商量时，你就来的正好。
你这一向到涿州地方去做的买卖如何？
得了一点利益，你们的货物也都卖了吗？
我们也把货物都卖了，你现在既已到来了，我们一同商量买些什么货物带去好？

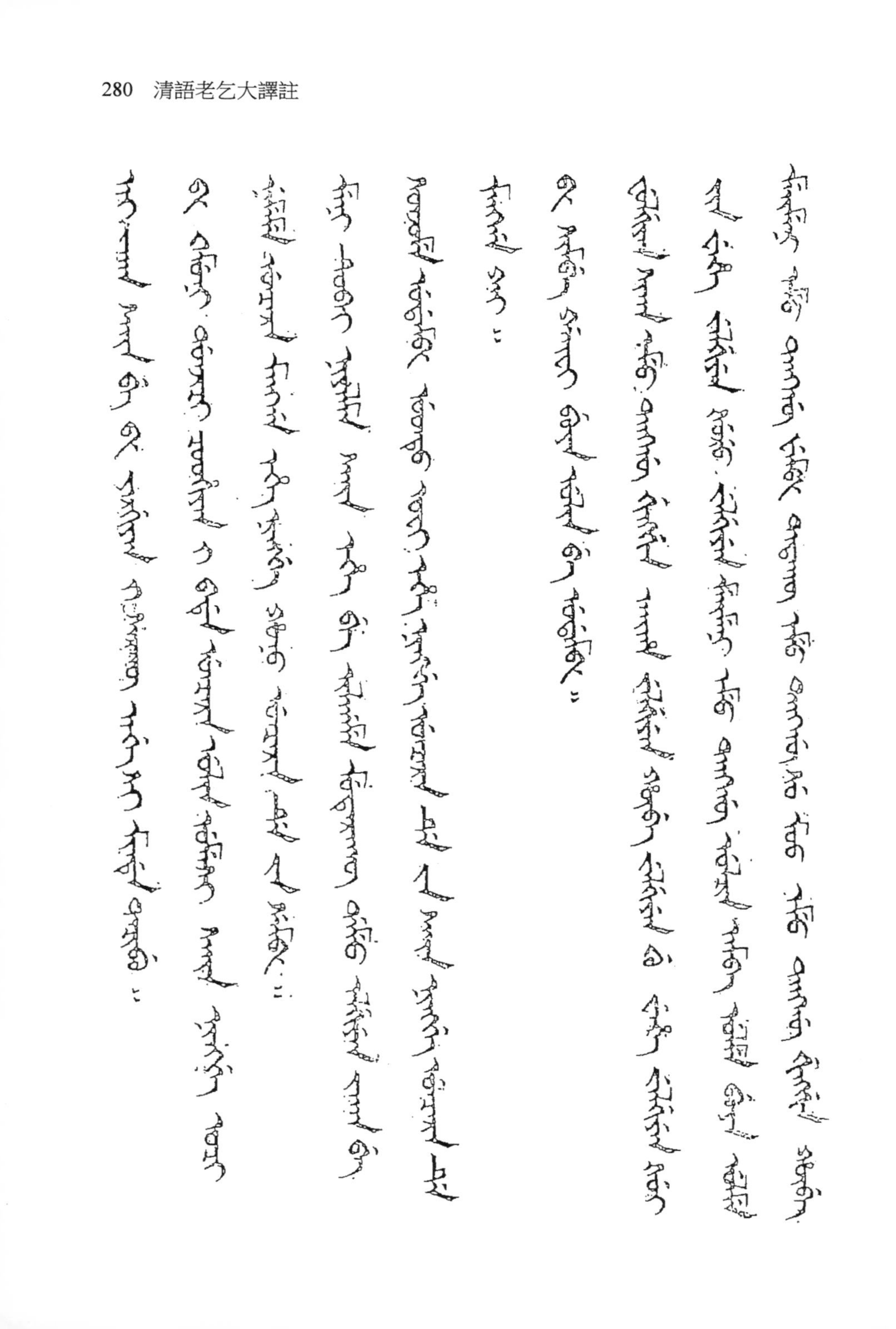

[illegible]

ai jaka sain be bi yargiyan i sarkū, age si minde tacibu .
bi kemuni donjici coohiyan i bade uncara ulin, umesi sain ningge oci nememe uncara mangga, ehe ningge hono uncara de ja sembi.
meni tubai niyalma sain ehe be ilgame muterakū, damu elgiyen jaka be sonjome udambi, uttu ofi ehe ningge uncara de ja, sain ningge uncara de mangga kai.
bi simbe gaifi buya ulin be udambi.
fulgiyan sika[1] emu tanggū ginggin, aiha jelgiyen hūbe jelggiyen, gu wehe jelgiyen šui jin wehe jelgiyen, šuru jelgiyen meimeni emu tanggū ulcin, amba ulme buya ulme meimeni emu tanggū fempi, patakū emu tanggū, su moo emu tanggū ginggin, hūbe

---

什麼貨物好，我實在不知道，阿哥你教我吧！
我早聽說朝鮮地方所賣的貨物，若是十分好的更加難賣，不好的還容易賣。
我們那裡的人不能辨別好壞，只挑多的東西買，因此不好的容易賣，好的難賣啊！
我帶你買些零碎的貨物。
紅帽纓一百斤，琉璃帽帶、琥珀帽帶、玉石帽帶、水晶石帽帶、珊瑚帽帶各一百串，大針、小針各一百封，鑷子一百個，蘇木一百斤，

---

什么货物好，我实在不知道，阿哥你教我吧！
我早听说朝鲜地方所卖的货物，若是十分好的更加难卖，不好的还容易卖。
我们那里的人不能辨别好坏，只挑多的东西买，因此不好的容易卖，好的难卖啊！
我带你买些零碎的货物。
红帽缨一百斤，琉璃帽带、琥珀帽带、玉石帽带、水晶石帽带、珊瑚帽带各一百串，大针、小针各一百封，镊子一百个，苏木一百斤，

---

1　“sika”，　意即「鬃毛」，可作帽纓。韓文諺解作「象毛」，漢譯即「帽纓」，為鬃毛製成品。

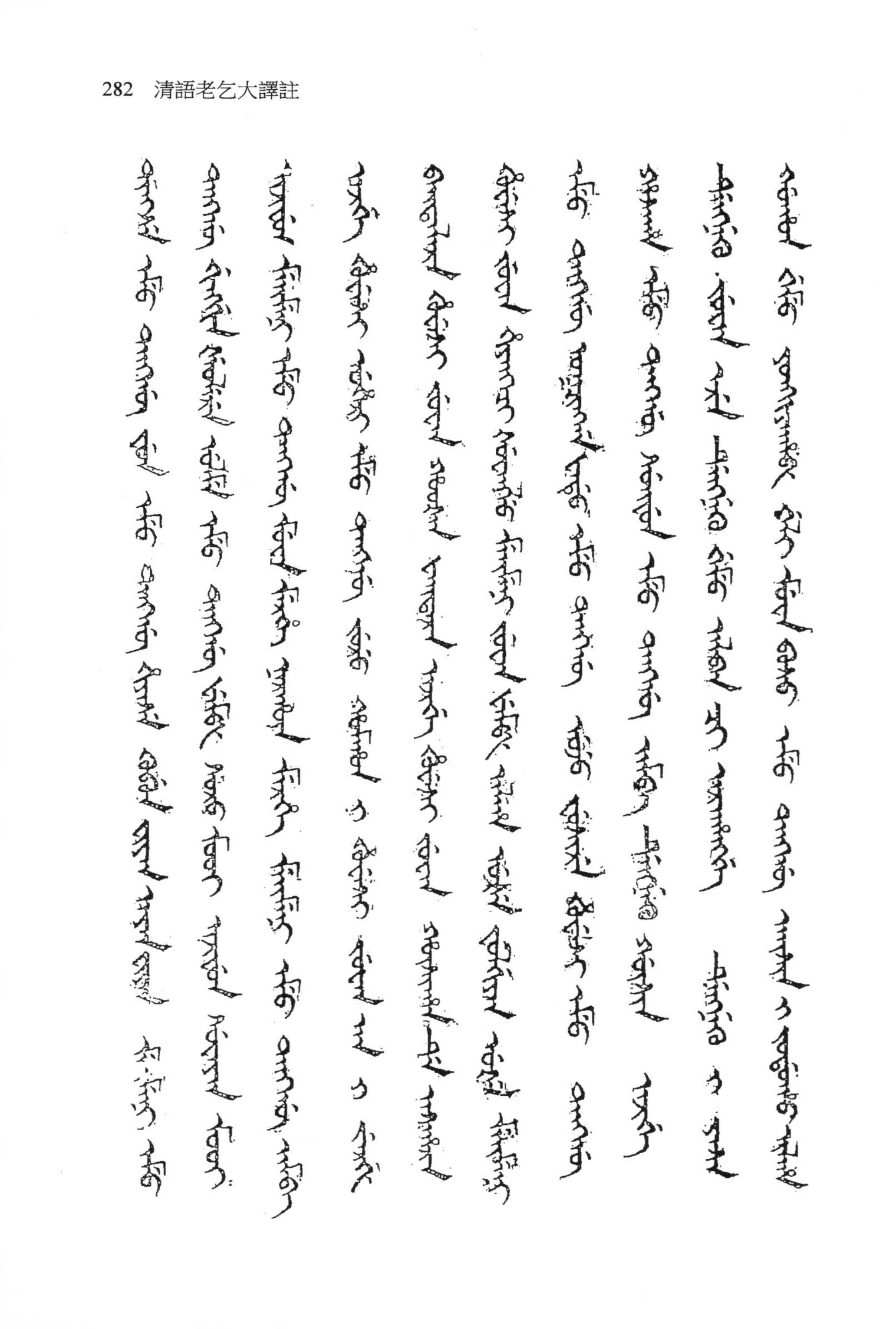

dingse emu tanggū, fun emu tanggū hiyase, kubun fiyan ayan fiyan meimeni emu tanggū ginggin, šeolere ulme emu tanggū fempi, soro mooi ijifun, suwayan mooi ijifun meimeni emu tanggū, muwa merhe narhūn merhe meimeni emu tanggū, amba ajige huwesi uheri emu tanggū, juru homhon i huwesi juwan, an i jergi baitalara huwesi juwan, hoošan faitara ajige huwesi juwan, hūsihan de ashara huwesi juwan, hiyangci šuwanglu meimeni juwan fempi, alha uše fulgiyan uše meimeni emu tanggū, okcingga fadu emu tanggū, uju fusire huwesi emu tanggū, hashan emu tanggū, suifun emu tanggū, amba dengneku gūsin, ajige dengneku juwan, ere dengneku gemu alban ci arahangge, dengneku i yasa gohon gemu yongkiyahabi, geli muwa boso emu tanggū, aisin i jodoho ilha

---

琥珀頂子一百副，面粉一百匣，棉胭脂、臘胭脂各一百斤，繡花針一百封，棗木梳子、黃楊木梳子各一百個，粗篦子、細篦子各一百個，大小刀共一百把，雙鞘小刀十把，平常使用的刀子十把，裁紙小刀十把，女裙上佩帶的小刀十把，象棋、雙陸各十封，花帶、紅帶各一百條，蓋囊一百個，剃頭刀一百把，剪子一百把，錐子一百把，大戥子三十支，小戥子十支，這戥子都是官家做的，戥子的星鈎都完備，還有粗布一百疋，

---

琥珀顶子一百副，面粉一百匣，棉胭脂、腊胭脂各一百斤，绣花针一百封，枣木梳子、黄杨木梳子各一百个，粗篦子、细篦子各一百个，大小刀共一百把，双鞘小刀十把，平常使用的刀子十把，裁纸小刀十把，女裙上佩带的小刀十把，象棋、双陆各十封，花带、红带各一百条，盖囊一百个，剃头刀一百把，剪子一百把，锥子一百把，大戥子三十支，小戥子十支，这戥子都是官家做的，戥子的星钩都完备，还有粗布一百疋，

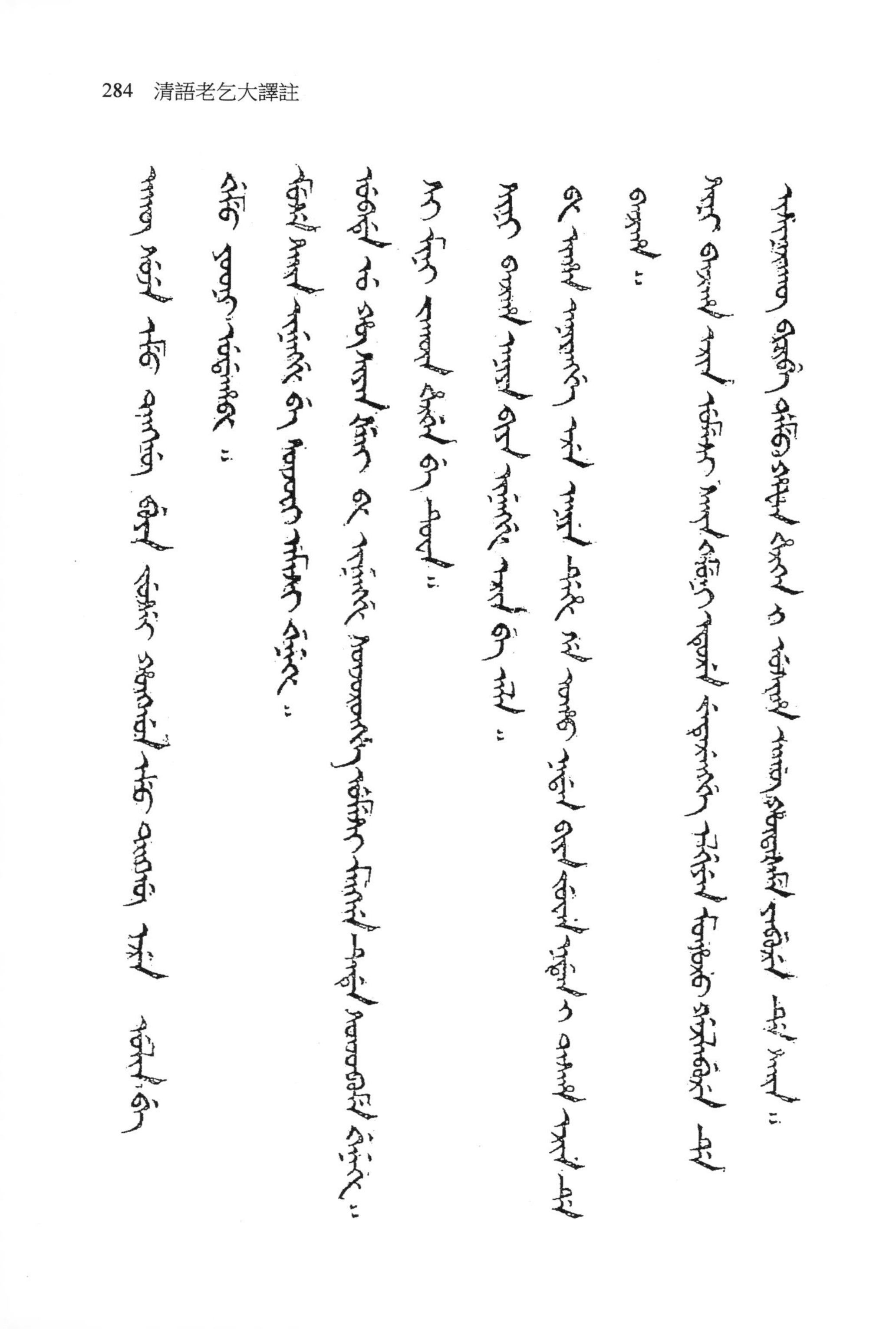

[illegible]

[illegible]

[illegible]

[illegible]

[illegible]

[illegible]

[illegible]

[illegible]

[illegible]

[illegible]

akū suje emu tanggū, buya jusei honggon emu tanggū, ere ulin be gemu yooni udahabi.
muse sain inenggi be sonjofi amasi geneki.
ubade u hū siyan šeng bi, inenggi sonjorongge umesi mangga, tede sonjobume geneki.
si mini jakūn hergen be tuwa.
sini banjiha aniya biya inenggi erin be ala.
bi ihan aniyangge, ere aniya dehi se oho, nadan biya juwan nadan i tasha erin de banjiha.
sini banjiha erin umesi sain kemuni eture jeterengge elgiyen mohoro gajilabure[1] de isinarakū bicibe, damu hafan hergen i usiha akū, hūdašame yabure de sain.

---

織金無花緞一百疋，小孩子們的鈴子一百個，這些貨物都全買了。
我們擇個好日子回去吧！
這裡有五虎先生，善於擇日，去叫他擇吧！
你看看我的八字吧！
你的生年月日時刻告訴我吧！
我是屬牛的，今年四十歲了，七月十七日寅時生。
你的生辰十分好，雖然衣食尚豐不至於窘迫，但是沒有官星，做買賣很好。

---

织金无花缎一百疋，小孩子们的铃子一百个，这些货物都全买了。
我们择个好日子回去吧！
这里有五虎先生，善于择日，去叫他择吧！
你看看我的八字吧！
你的生年月日时刻告诉我吧！
我是属牛的，今年四十岁了，七月十七日寅时生。
你的生辰十分好，虽然衣食尚丰不至于窘迫，但是没有官星，做买卖很好。

---

1 漢語「窘迫」，滿文讀如“gacilabure”，此作“gajilabure”，疑誤。

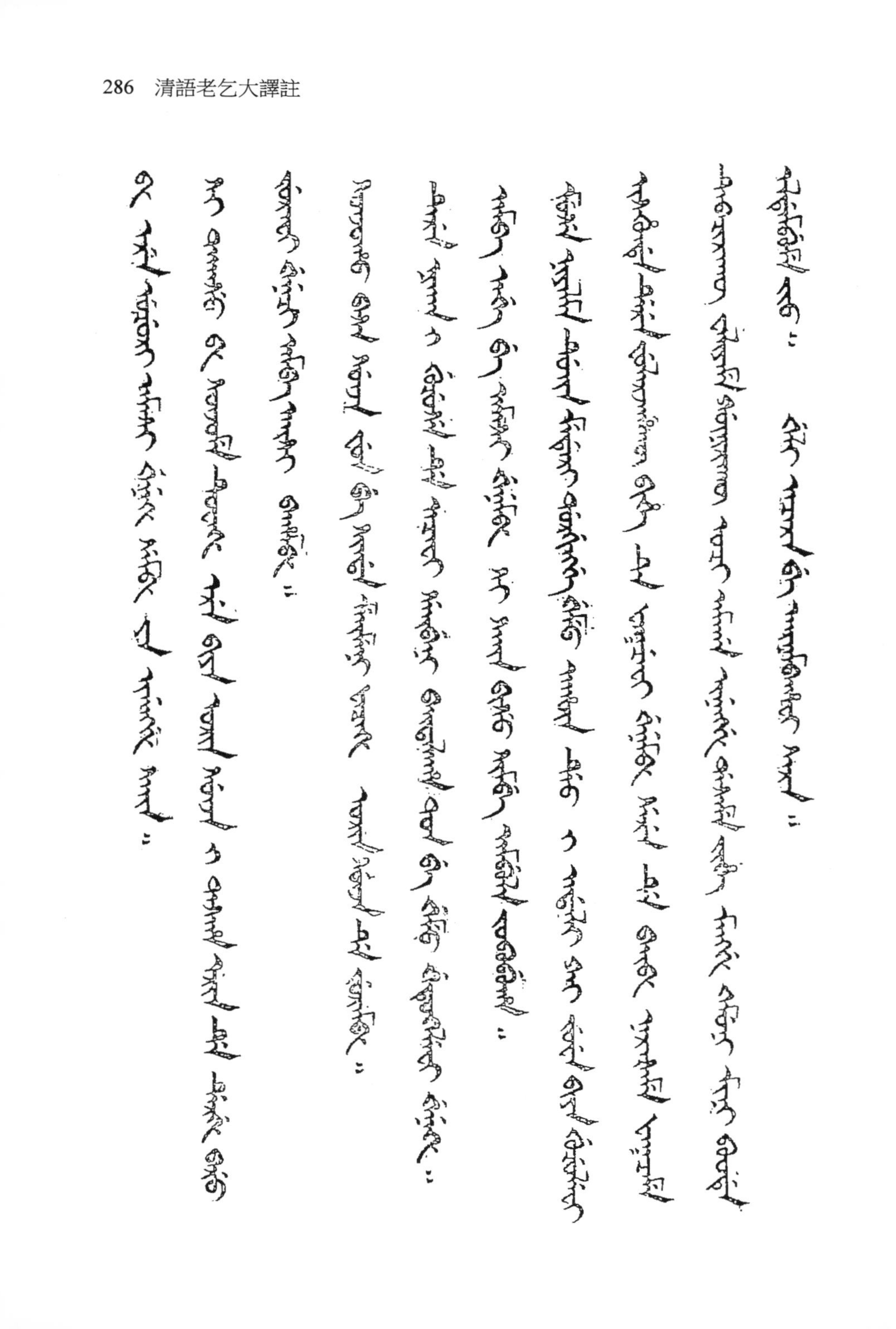

[illegible]

bi ere ucuri amasi geneki sembi, ya inenggi sain？
si takasu bi sonjome tuwaki, ere biya orin sunja i tasha erin de, dergi baru jurafi geneci amba aisi bahambi.
sonjoho basa sunja fun be sinda meimeni facaki, orin sunja de jurambi.
tere nikan i gucuse de acafi, seibeni baitalaha ton be gemu getukelefi geneki.
amba age be amasi genembi, si sain bisu, simbe ambula jobobuha.
muse niyalma duin mederi dorgingge gemu ahūn deo i adali kai, juwe biya guculefi ishunde dere fularjahakū bihe, te fakcafi genembi sere de, baibi narašame fakcame tebcirakū waliyame gūnirakū oci, amaga inenggi dasame jihe manggi, kemuni mini boode eldembume jio. geli acara be ainambahafi sara？

---

我這幾天想要回去，哪一個日子好？
你且慢，我擇擇看吧！本月二十五日寅時，向東啟程前往時可得大利。
把擇日子的工錢五分錢放下各自散去，到二十五日啟程。
會見那漢人伙伴，以前所用的數目都算清楚後走吧！
大阿哥，我們要回去，你好好珍重吧！打擾你太多了。
我們人四海之內皆如兄弟啊！交了兩個月的朋友，彼此不曾面紅，現在分開要走了，徒然感到戀戀不忍分離，如蒙不棄，日後再來時，仍請光臨寒舍吧！又怎麼得知再相見呢？

---

我这几天想要回去，哪一个日子好？
你且慢，我择择看吧！本月二十五日寅时，向东启程前往时可得大利。
把择日子的工钱五分钱放下各自散去，到二十五日启程。
会见那汉人伙伴，以前所用的数目都算清楚后走吧！
大阿哥，我们要回去，你好好珍重吧！打扰你太多了。
我们人四海之内皆如兄弟啊！交了两个月的朋友，彼此不曾面红，现在分开要走了，徒然感到恋恋不忍分离，如蒙不弃，日后再来时，仍请光临寒舍吧！又怎么得知再相见呢？

## 附錄 ㈠滿文字母表

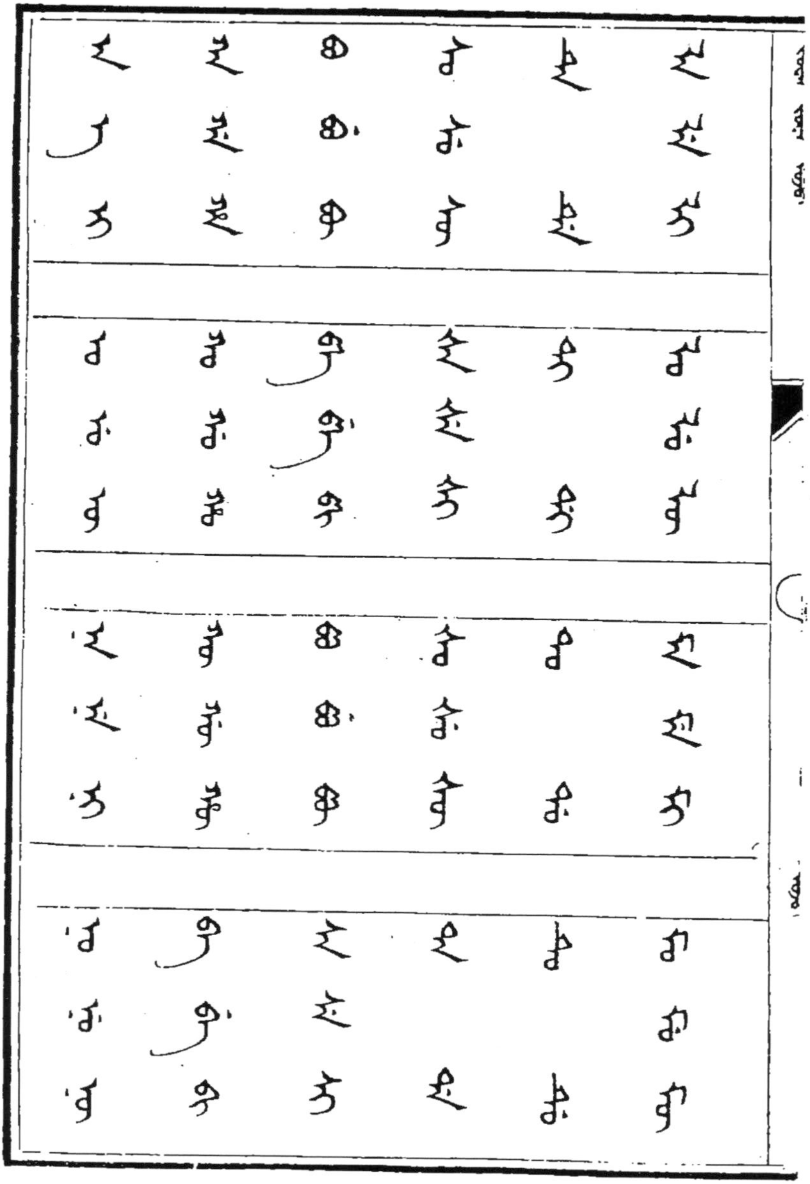

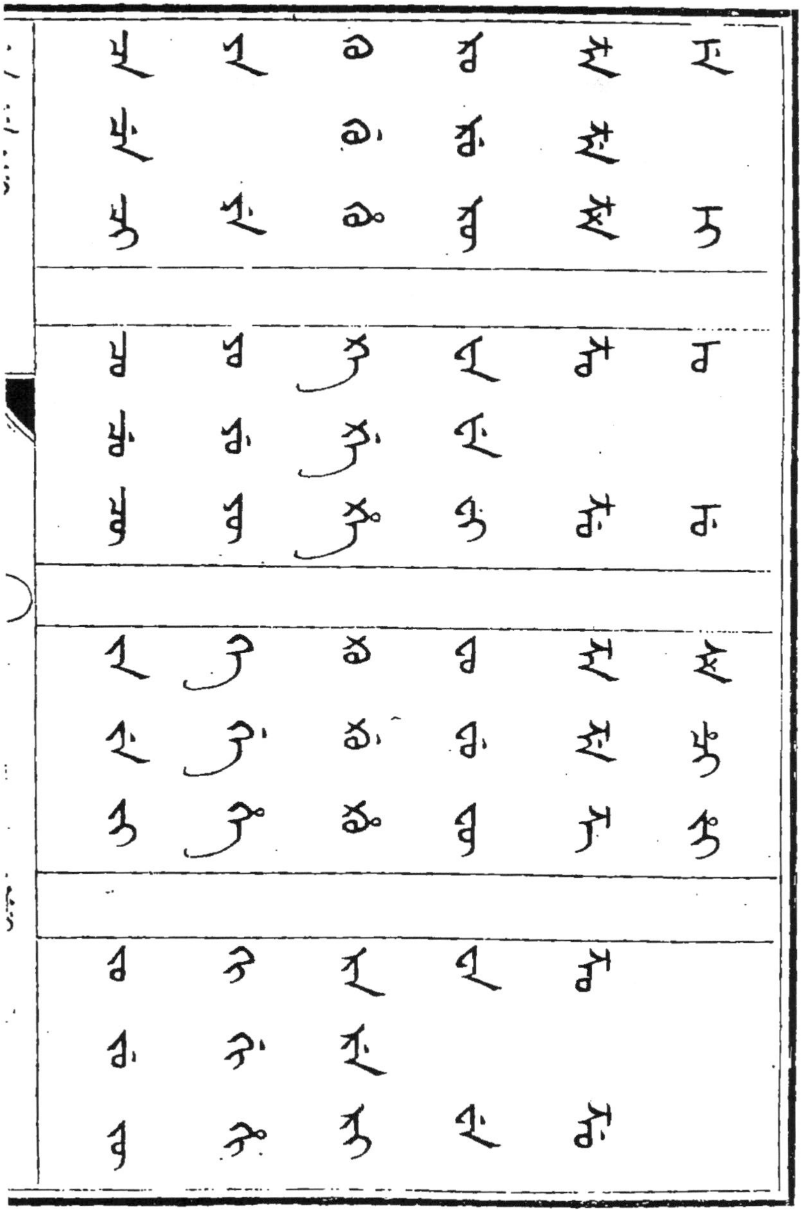

附錄 (二)滿文運筆順序(清文啓蒙)

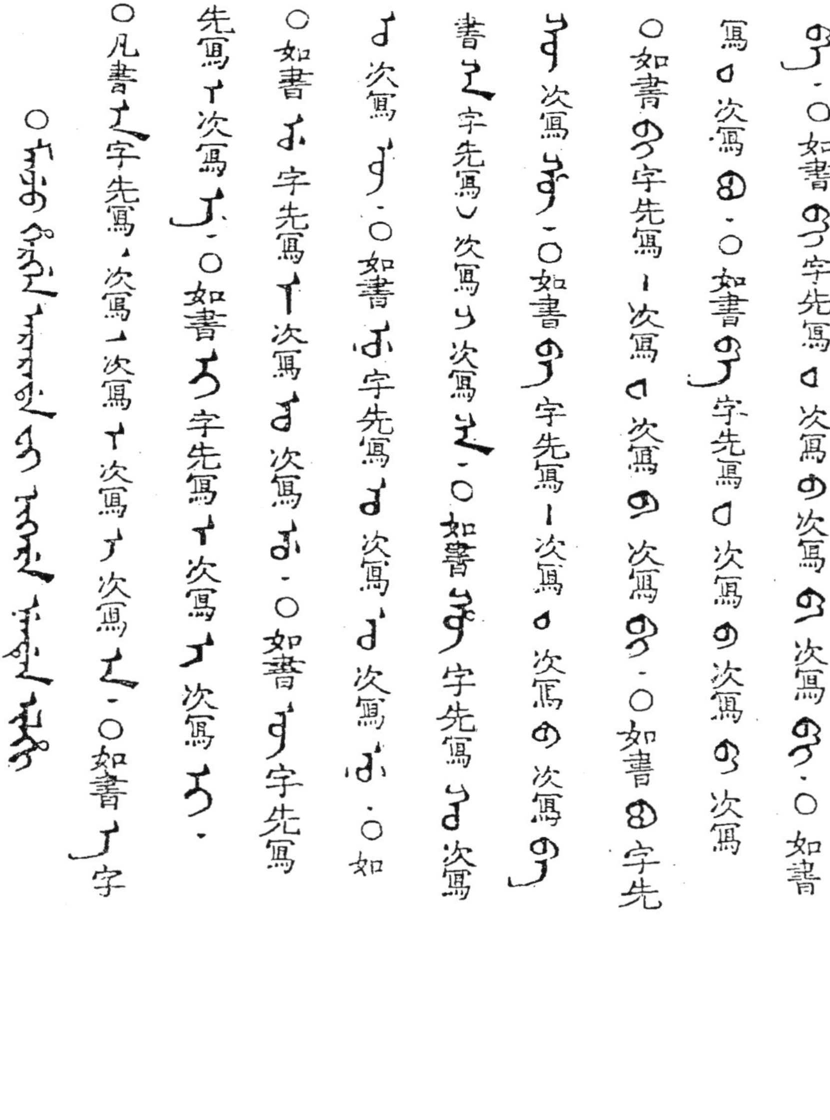

。○如書 字先寫 次寫 次寫 次寫 。○如書
寫 次寫 。○如書 字先寫 次寫 次寫 次寫
○如書 字先寫 次寫 次寫 次寫 。○如書 字先
次寫 。○如書 字先寫 次寫 次寫 次寫
書 字先寫 次寫 次寫 。○如書 字先寫 次寫
次寫 。○如書 字先寫 次寫 次寫 。○如
○如書 字先寫 次寫 次寫 。○如書 字先寫
先寫 次寫 。○如書 字先寫 次寫 次寫 。
○凡書 字先寫 次寫 次寫 次寫 。○如書 字
○

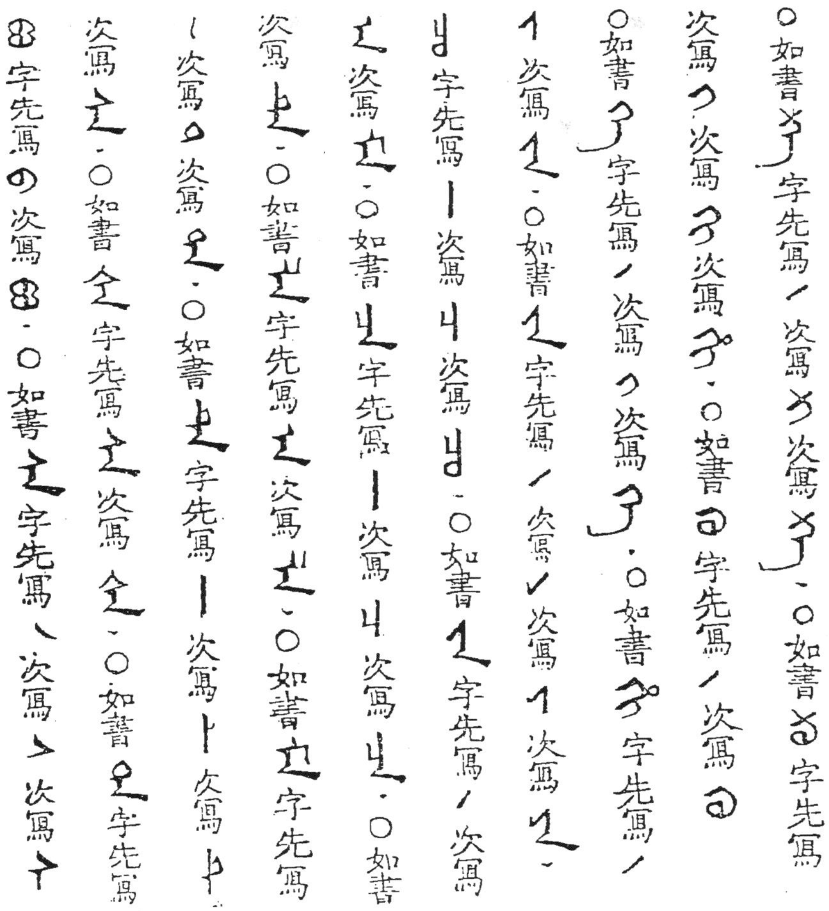
○如書　字先寫　次寫　次寫　・○如書　字先寫
次寫　次寫　次寫　・○如書　字先寫　次寫
○如書　字先寫　次寫　次寫　・○如書　字先寫
次寫　・○如書　字先寫　次寫　次寫　次寫
字先寫　次寫　次寫　・○如書　字先寫　次寫
次寫　・○如書　字先寫　次寫　次寫　・○如書
次寫　・○如書　字先寫　次寫　・○如書　字先寫
次寫　次寫　・○如書　字先寫　次寫　次寫
次寫　・○如書　字先寫　次寫　・○如書　字先寫
字先寫　次寫　次寫　・○如書　字先寫　次寫　次寫

○如書　字先寫　次寫　次寫　·○如書　字
　次寫　·○如書　字先寫　次寫　次寫　·
　·○如書　字先寫　次寫　·○如書　字先寫
○如書　字先寫　次寫　· 如書　字先寫　次寫
次寫　·○如書　字先寫　次寫　次寫　·
○如書　字先寫　次寫　·○如書　字先寫
字先寫　次寫　次寫　·○如書　字先寫　次寫　·
書　字先寫　次寫　次寫　次寫　·○如書
　字先寫　次寫　·○如書　字先寫　次寫　○如
　次寫　·○如書　字先寫　次寫　次寫　·○如書

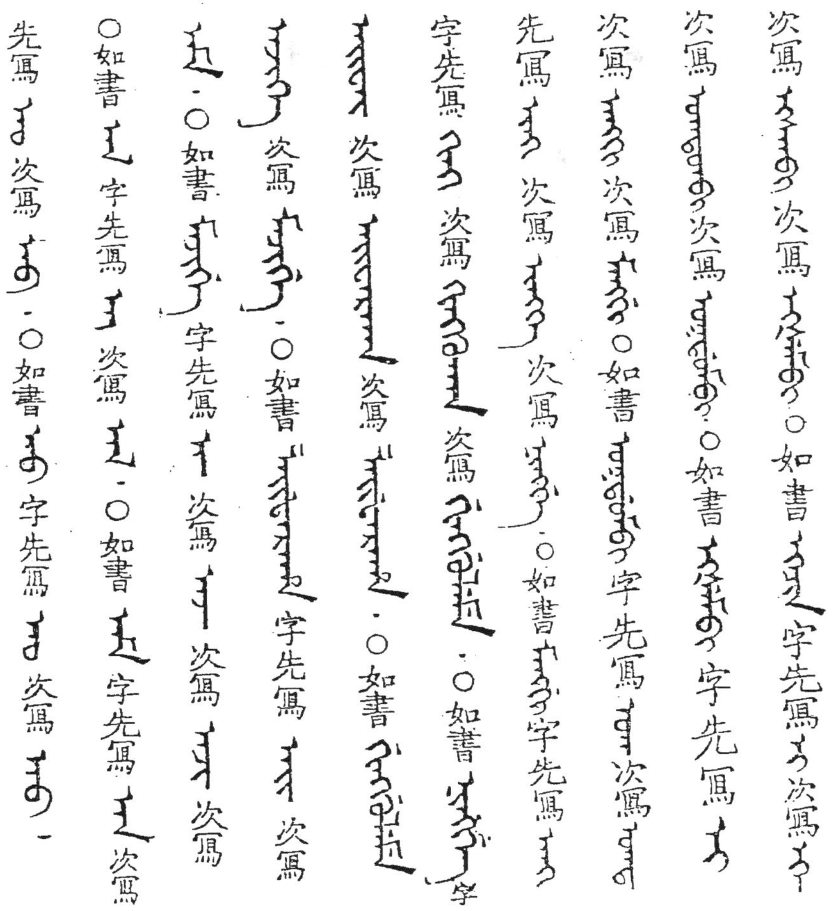
次寫 次寫 ○如書 字先寫 次寫
次寫 次寫 ○如書 字先寫
次寫 次寫 ○如書 字先寫 次寫
先寫 次寫 次寫 ○如書 字先寫
字先寫 次寫 次寫 ○如書 字
次寫 次寫 ○如書
次寫 ○如書 字先寫 次寫
○如書 字先寫 次寫 次寫
○如書 字先寫 次寫 ○如書 字先寫 次寫
先寫 次寫 ○如書 字先寫 次寫

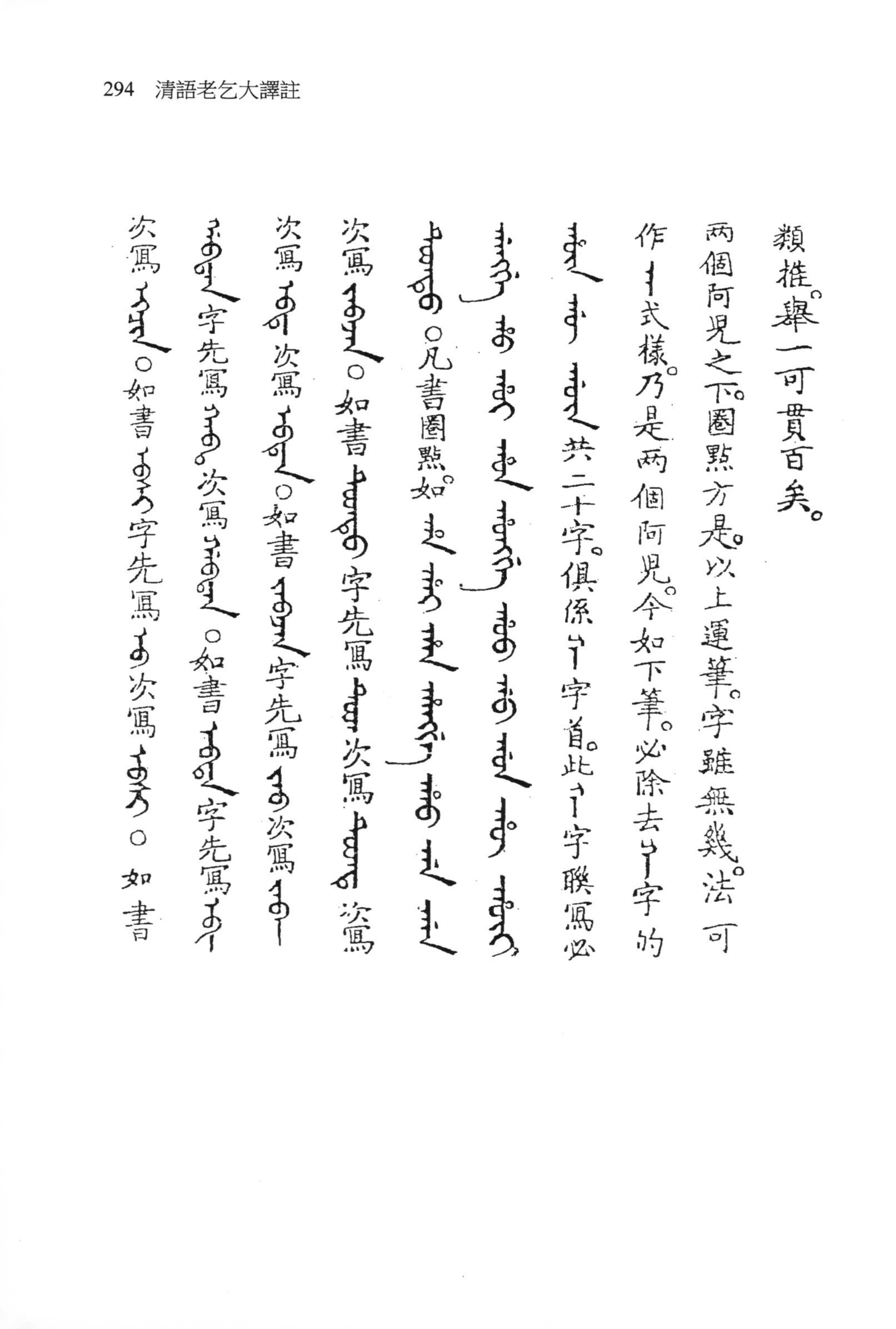

類推。舉一可貫百矣。
兩個阿兒之下。圈點方是。以上運筆。字雖無幾。法可
作ᠨ式樣。乃是兩個阿兒。今如下筆。必除去ᠨ字的
[illegible] [illegible] [illegible] 共二十字。俱係ᠨ字首。此ᠨ字聯寫必
[illegible] [illegible] [illegible] [illegible] [illegible] [illegible] [illegible] [illegible] [illegible] [illegible]
[illegible] ○凡書圈點如。[illegible] [illegible] [illegible] [illegible] [illegible] [illegible] [illegible]
次寫 [illegible] ○如書 [illegible] 字先寫 [illegible] 次寫 [illegible] 次寫
次寫 [illegible] 次寫 [illegible] ○如書 [illegible] 字先寫 [illegible] 次寫 [illegible]
[illegible] 字先寫 [illegible] 次寫 [illegible] ○如書 [illegible] 字先寫 [illegible]
次寫 [illegible] ○如書 [illegible] 字先寫 [illegible] 次寫 [illegible] ○ 如書